साल में
1000 Productive
घंटे कैसे बढ़ाएँ

साल में 1000 Productive घंटे कैसे बढ़ाएँ

लक्ष्य केंद्रित टाइम मैनेजमेंट से असीम सफलता और खुशियाँ पाएँ

संजय कुमार अग्रवाल

प्रकाशक

प्रभात प्रकाशन प्रा. लि.

4/19 आसफ अली रोड, नई दिल्ली–110002

फोन : 23289777 • हेल्पलाइन नं. : 7827007777

इ–मेल : prabhatbooks@gmail.com ◆ वेब ठिकाना : www.prabhatbooks.com

संस्करण

2025

मूल्य

पाँच सौ रुपए

मुद्रक

श्री साई प्रिंटर्स, साहिबाबाद

---★---

SAAL MEIN 1000 PRODUCTIVE GHANTE KAISE BARHAYEN
by Shri Sanjay Kumar Agarwal

Published by **PRABHAT PRAKASHAN PVT. LTD.**
4/19 Asaf Ali Road, New Delhi-110002

ISBN 978-93-5322-911-5

₹ 500.00

वंदना

पूजनीय माता सरस्वती का मैं पूर्ण श्रद्धा एवं विश्वास के साथ धन्यवाद करता हूँ, जिन्होंने मुझे अपना आशीर्वाद प्रदान किया और मुझे इस पुस्तक के पाठकों के जीवन में सकारात्मक योगदान देने और बदलाव लाने का माध्यम बनाया।

मैं माता सरस्वती के दिव्य आशीर्वाद का आह्वान करता हूँ एवं यह विनम्र प्रार्थना करता हूँ कि वे इस पुस्तक के पाठकों को दिव्य ज्ञान का आशीर्वाद दें ताकि वे अपने जीवन के हर क्षेत्र में उचित निर्णय ले सकें एवं उचित कार्य कर सकें।

पुस्तक परिचय

हम सभी जानते हैं कि हम जीवन में अपने द्वारा चुने गए विकल्पों के परिणाम हैं। हम जीवन में विभिन्न निर्णय लेते हैं; कुछ अच्छे परिणाम देते हैं, कुछ नहीं। यहाँ मैं आपको यह आश्वासन दे सकता हूँ कि जब आप इस पुस्तक को पढ़ना खत्म करेंगे, तब आप गर्व से कहेंगे कि इस पुस्तक को पढ़ने का निर्णय आपके अब तक के जीवन का सबसे अच्छा निर्णय था। क्या आप अनुमान लगा सकते हैं कि मैंने इस वाक्यांश 'अब तक' का प्रयोग क्यों किया है? इसका उत्तर यह है कि मुझे पक्का यकीन है कि इस पुस्तक को पढ़ने से आपको बहुत ज्ञान मिलेगा, जिससे आप अपने शेष जीवन में और भी बेहतर निर्णय लेने के लिए ज्यादा सक्षम बन जाएँगे।

इस पुस्तक में व्यक्त हर विचार और शब्द का निजी जीवन में अभ्यास किया गया है और सावधानीपूर्वक मूल्यांकन किया गया है। बीते समय में मैंने देखा है कि मेरी कार्यशालाओं में, लोगों की भागीदारी गहरे मंथन में तब्दील हो जाती है, जो उनके लिए बेहतर परिणाम लाती है। मैंने इस पुस्तक को प्रतिभागियों की माँग पर लिखा है, ताकि वे भी अनंत विकल्पों के बीच सही फैसले करके अपने सपनों के भविष्य को साकार कर सकें, भले ही वे मेरी कार्यशालाओं में व्यक्तिगत तौर पर उपस्थित न भी हों, इसीलिए इस पुस्तक को पढ़ने के दौरान, आपकी सक्रिय भागीदारी आवश्यक है।

आप पाएँगे कि यह अपनी तरह की अनूठी पुस्तक है। आमतौर पर 'समय प्रबंधन' (Time Management) या 'लक्ष्य निर्धारण' (Goal Setting) विषयों के लेखक इनमें से किसी एक विषय को मुख्य विषय की तरह उठाते हैं और दूसरे विषय को पहले विषय के एक अध्याय के रूप में व्यक्त किया जाता है, क्योंकि ये दोनों विषय एक-दूसरे के पूरक हैं, जबकि इस पुस्तक में, मैंने दोनों विषयों को विस्तार से प्रस्तुत किया है, क्योंकि मेरा मानना है कि आपके द्वारा प्राप्त अतिरिक्त समय का उपयोग आपके लक्ष्यों को प्राप्त करने के लिए किया जा सकता है; चाहे ये आपके पारिवारिक लक्ष्य हों, स्वास्थ्य संबंधी लक्ष्य हों, कॅरियर संबंधी लक्ष्य हों या किसी भी अन्य प्रकार के लक्ष्य हों।

यह पुस्तक तीन प्रमुख अवधारणाओं के इर्द-गिर्द घूमती है। पहली अवधारणा 'नकारात्मक' से 'सकारात्मक' की ओर बढ़ने के बारे में है, चाहे यह आपके विचार हों, कार्य हों, व्यवहार हो, भाषा हो या आपके समय उपयोग के पैटर्न आदि हों। दूसरी अवधारणा अवचेतन मन की शक्ति को प्रभावी ढंग से समझना है, ताकि अपने सपनों के जीवन की ओर बढ़ने के लिए इसका उपयोग किया जा सके और तीसरी अवधारणा कर्म और कर्मफल के सिद्धांतों के बारे में समझना है ताकि अपने जीवन के उद्देश्य की पूर्ति के लिए उसका सही तरीके से इस्तेमाल किया जा सके।

G.O.P.T.A.© (**गौप्टा**)—Goals Oriented Positive Thinking & Actions (**लक्ष्योन्मुख सकारात्मक सोच एवं कार्य**) के लिए मेरे द्वारा बनाया गया एक संक्षिप्त शब्द है। मेरा मानना है कि किसी भी क्षेत्र में सफलता के लिए यह आवश्यक है कि आपके सभी कार्यों को लक्ष्योन्मुख होना चाहिए और आपका सोच सकारात्मक होना चाहिए। एक संपूर्ण अध्याय इस अवधारणा को विस्तार से समझाने के लिए समर्पित है।

हम सभी अपने दैनिक जीवन में समय की कमी से जूझ रहे हैं और हमारी सबसे बड़ी चुनौती यह है कि हम एक दिन के घंटों की संख्या में वृद्धि नहीं कर सकते, क्योंकि 24 घंटों का दिन भगवान् की देन है। हमारे हाथ में सिर्फ इस उपलब्ध 24 घंटे के दिन का पहले से कहीं बेहतर तरीके से उपयोग करना है। इस प्रकार, यदि आप रोजाना 3 अतिरिक्त उत्पादक घंटे हासिल करते हैं, तो प्रतिवर्ष लगभग 1,000 उत्पादक घंटे और अगले 50 वर्षों में 50,000 उत्पादक घंटे अपने जीवन में जोड़ सकेंगे, जिनका इस्तेमाल आप अंतिम अध्यायों में बताए अनुसार, अपने विभिन्न लक्ष्यों की प्राप्ति के लिए कर सकते हैं।

जब आप इस पुस्तक को पढ़ेंगे, तो कई बार आपके भीतर से कुछ उपयोगी विचार आएँगे। मेरा सुझाव है कि यदि आप वास्तव में अपना जीवन बदलना चाहते हैं, तो अपने साथ एक छोटी नोटबुक रखें। तुरंत अपनी नोटबुक में या अपने मोबाइल फोन या कहीं भी उस विचार को लिख लें, जिसे आप बाद में देख सकते हैं। हम सभी जानते हैं कि सामान्यत: कोई भी अपने दिमाग में सबकुछ याद रख पाने में सक्षम नहीं है। कई बार आपको लगता है कि आप पहले से ही इस विचार को जानते थे। जब भी आपको ऐसा लगे तो आत्म निरीक्षण करें कि क्या आप वास्तव में उसका अनुसरण कर रहे हैं या नहीं। यदि नहीं, तो अच्छे उपयोगी विचारों का पालन करना शुरू करें, क्योंकि आपके जीवन के लिए अच्छे विचारों को लागू करने की सकारात्मक पहल के बिना कुछ भी नहीं बदलेगा।

मैं आपको इस पुस्तक को कम-से-कम तीन बार पढ़ने का सुझाव देता हूँ। पहली बार पढ़ते वक्त आपको पुस्तक की विषयवस्तु का अवलोकन होगा। दूसरी बार

में आपको न सिर्फ अपने लिए उपयोगी विचार नजर आने लगेंगे, बल्कि आपके सोच की प्रक्रिया उन विचारों पर काम करना शुरू कर देगी कि आप उनका उपयोग कैसे कर सकते हैं। मैं आपको आश्वासन देता हूँ कि तीसरी बार पढ़ने के बाद आप निश्चित रूप से अपने सपनों के जीवन के करीब पहुँचने लगेंगे। आप उन तरीकों को सीख लेंगे, जिनसे आसानी से प्रतिदिन 3 उत्पादक घंटे हासिल किए जा सकते हैं। मेरा मानना है कि इस पुस्तक को तीन बार पढ़ने में लगाया गया समय आपके समय का सबसे अच्छा निवेश होगा।

मैं गारंटी देता हूँ कि यदि आप इस पुस्तक को तीन बार पढ़ते हैं और GOPTA, यानी 'लक्ष्योन्मुख सकारात्मक सोच एवं कार्य' की शक्ति का 3 महीने तक उपयोग करते हैं, तो आपका जीवन पहले से बेहतर हो जाएगा।

मेरा दृढ़ विश्वास है कि भाषा केवल विचारों के संचार का एक माध्यम है। एक शिक्षाविद् एक सरल विषय को उठाता है और इसे इतना जटिल तरीके से पेश करता है कि समझना मुश्किल हो जाता है; जबकि एक कुशल संचारक बेहद जटिल विषय को भी सरल तरीके से प्रस्तुत करता है, जिसे समझना और उसका अनुसरण करना आसान होता है। मैं हमेशा अपने दिल से निकले विचारों को सीधे संबोधित करने में विश्वास करता हूँ। यही कारण है कि मेरी कार्यशालाओं के प्रतिभागियों ने हमेशा मेरी प्रस्तुतियों की सादगी की सराहना की है और यही कारण है कि मैंने इस पुस्तक में आसान भाषा का इस्तेमाल किया है, ताकि मैं आपसे दिल से दिल के स्तर पर सीधी बातचीत कर सकूँ।

यह पुस्तक मेरी अत्यंत लोकप्रिय पुस्तक 'साल में 1000 Productive घंटे कैसे बढ़ाएँ' का हिंदी रूपांतरण है, अनुवाद नहीं; क्योंकि अनुवाद के शुरुआती प्रयासों में मैंने पाया कि शब्दशः अनुवाद से विषयवस्तु की मूल भावना चुटहिल हो रही थी। संवाद की आसानी के लिए मैंने बहुत से अंग्रेजी के शब्दों को वैसे ही इस्तेमाल किया है ताकि वे आसानी से पाठकों की समझ में आ सकें, जैसे pattern, delegation, underperformer आदि। अंग्रेजी के quotes का मूलतत्त्व मर न जाए, इसलिए उन्हें अंग्रेजी में ही प्रस्तुत किया गया है। इसमें जोखिम है, क्योंकि ऐसा करना हिंदी अनुवादों की प्रथा नहीं रही है, लेकिन अपने प्रिय पाठकों की बेहतर समझ के लिए मैं कोई भी जोखिम उठाने के लिए सहर्ष तैयार रहता हूँ।

आप सभी को अभूतपूर्व सफलता के लिए अग्रिम हार्दिक शुभकामनाओं के साथ।

—संजय कुमार अग्रवाल
(Time and Goal Guru)

आभार

यह किताब मेरे परिवार के सदस्यों को समर्पित है, विशेष रूप से मेरी पत्नी प्रीति और बेटियों तरु एवं हर्षी को, जो मेरे ज्यादा समय के हकदार थे, परंतु जिन्होंने मुझे इस पुस्तक पर काम करने की लगातार प्रेरणा दी और इस पुस्तक को अंतिम रूप देने और इसे संपादित करने में पूर्ण सहयोग दिया। मैं अपने माता-पिता एवं मेरे बड़े भाई श्री अजय कुमार अग्रवाल का विशेष रूप से आभारी हूँ, जिन्होंने बचपन से पग-पग पर मेरा उचित मार्गदर्शन किया।

मैं अपने विभाग, केंद्रीय उत्पाद शुल्क एवं सीमा शुल्क के प्रति भी बेहद आभारी हूँ, जहाँ मैंने 25 से भी ज्यादा वर्षों तक सेवा की और जहाँ मुझे विभिन्न क्षमताओं में काम करके बहुत कुछ सीखने के अवसर प्राप्त हुए, विशेषकर, मुंबई के छत्रपति शिवाजी अंतरराष्ट्रीय हवाई अड्डे पर एयर कस्टम्स अधिकारी के रूप में; केंद्रीय उत्पाद शुल्क आसूचना निदेशालय (Directorate General of Central Excise Intelligence) में वरिष्ठ आसूचना अधिकारी (Senior Intelligence Officer) के रूप में और नेशनल एकेडमी ऑफ कस्टम्स, एक्साइज एंड नारकोटिक्स के एक नियमित अतिथि लेक्चरर के रूप में कार्य करने के मौके मिलने से मुझे जीवन के विभिन्न क्षेत्रों के लोगों से मिलने के अवसर प्राप्त हुए। जीवन से उनकी आकांक्षाओं और जीवन की समस्याओं का बारीकी से विश्लेषण करने के बाद मैंने यह पाया कि आज की भाग-दौड़ की जिंदगी में, अधिकांश लोगों के जीवन की सबसे बड़ी समस्या जीवन के विभिन्न क्षेत्रों में संतुलन का अभाव है। इस बात ने मुझे वर्तमान एवं भावी पीढ़ियों की मानसिकता पर काम करने के लिए निर्णय लेने में बहुत मदद की।

मैं उन सभी लोगों के प्रति आभारी हूँ, जो मेरे जीवन में आए और जिन्होंने मुझे कुछ सबक सिखाए, भले ही वे अच्छे सबक थे या बुरे। मैं उन लोगों के प्रति भी आभारी हूँ, जिन्होंने इस पुस्तक को लिखने में मेरी यात्रा के दौरान मुझे प्रेरित किया।

मैं अपने प्रशंसकों और अनुयायियों का भी आभारी हूँ, जिन्होंने मेरे काम को पसंद

किया और मुझे 'Time and Goal Guru' के उपनाम से नवाजा। यह मेरे प्रशंसकों का असीम प्यार एवं अनुरोध ही है, जिसने मुझे इस पुस्तक को लिखने के लिए प्रेरित किया एवं मुझे अपनी वेबसाइट, ब्लॉग और फेसबुक पेज आदि का नाम भी इसी उपनाम पर आधारित रखने के लिए प्रेरित किया। मेरी पुस्तक 'How to Add 50000 Productive Hours to Your Life' को पसंद कर उसकी अभूतपूर्व सफलता के लिए सभी पाठकों का धन्यवाद करता हूँ। इसके हिंदी अनुवाद की बेहद माँग की वजह से ही यह हिंदी रूपांतरण संभव हो पाया।

मैं भूतकाल के और वर्तमान के विभिन्न लेखकों का बहुत आभारी हूँ, जिन्होंने समय प्रबंधन और लक्ष्य निर्धारण विषयों पर बहुत शोध किया है और मानव जाति के लाभ के लिए अपने उस शोध के परिणामों को साझा किया है।

मैं विशाल ज्ञान का भंडार प्रदान करने के लिए इंटरनेट का भी बेहद आभारी हूँ, क्योंकि बिना इंटरनेट के इतनी जानकारी पाना आज की दुनिया में कल्पना से परे है। मैं सर्च इंजन गूगल और यूट्यूब का भी धन्यवाद करता हूँ, जो एक शोधकर्ता का कार्य आसान बनाते हैं। मैं दूसरों के लाभ के लिए बहुत सी उपयोगी जानकारी और ज्ञान साझा करने के लिए मंच प्रदान करने के लिए फेसबुक, LinkedIn और अन्य वेबसाइटों का भी आभारी हूँ।

अनुक्रम

खंड-5

उत्पादकता बढ़ाने के लिए उपलब्ध समय का सदुपयोग

खंड-6

साल में 1000 Productive घंटे कैसे बढ़ाएँ

खंड-1

समय प्रबंधन एवं लक्ष्य निर्धारण करने का महत्त्व

इस खंड में आप सीखेंगे–

- समय प्रबंधन का महत्त्व।
- नींद और बाकी आवश्यक जरूरतों के अतिरिक्त आपके पास कितना समय बचता है, इसकी पहचान कैसे करें?
- आपको अतिरिक्त समय की आवश्यकता क्यों है?
- समय प्रबंधन आनंद प्राप्ति के लिए है, तनाव बढ़ाने के लिए नहीं।
- आपका समय कहाँ खर्च होता है (समय सारणी बनाकर)
- 'लक्ष्य' क्या है?
- लक्ष्य निर्धारण के क्या फायदे हैं?
- क्यों लोग अपने लक्ष्य निर्धारित नहीं करते?
- लक्ष्य निर्धारण में आनेवाली कठिनाइयाँ, जैसे कि खुद को सीमित करनेवाले विश्वास एवं समय के दुरुपयोग की आदतें।

1

समय प्रबंधन का महत्त्व

> Time is life. To waste your time is to waste your life; to manage your time is to manage your life.
>
> —Alan Lakein

वातावरण में निःशब्दता छा गई।

कौसानी की खूबसूरत वादियों में अभी हाल ही में एक वर्कशॉप के दौरान जब मैंने लोगों से एक साधारण-सा प्रश्न पूछा तो कोई भी उसका उत्तर देने के लिए तैयार नहीं था। सवाल था कि 'क्या किसी ने कभी अपनी जेब से 500 रुपए का नोट निकालकर फाड़ा है; या अपने माता-पिता या किसी और को ऐसा करते देखा है।'

काफी कोशिशों के बाद भी, जैसी कि उम्मीद थी, हर एक का जवाब था 'नहीं'।

आप जानना नहीं चाहेंगे, क्यों? पैसा कमोबेश सबके पास होता है और 500 रुपए कोई भी बरबाद कर सकता है, लेकिन कभी कोई अपना नोट नहीं फाड़ता। 500 रुपए तो क्या, 10 रुपए का नोट भी नहीं फाड़ता, लेकिन 'समय', जो कि सीमित है, यानी एक दिन में सबके लिए सिर्फ 24 घंटे, उसे हम सब आसानी से बरबाद कर देते हैं।

कारण सिर्फ एक है। पैसा कमाने के लिए आपको मेहनत करनी पड़ती है, इसलिए आप उसे बरबाद करना नहीं चाहते, क्योंकि आप मेहनत की कमाई की कीमत समझते हैं। बचपन से आपने अपने माता-पिता, अपने बुजुर्गों एवं आस-पास के लोगों को पैसे की इज्जत करते देखा है, लेकिन साथ-साथ आपने उन्हें बेकार के कामों में वक्त की बरबादी करते भी देखा है। चूँकि आपको किसी ने समय की कद्र करना सिखाया नहीं, इसीलिए आप बचपन से यह मानकर चल रहे हैं कि जब तक हम जिंदा हैं, हमारे पास अनंत समय है और मुफ्त भी है।

परंतु सच्चाई इसके बिल्कुल विपरीत है। आपके पास सीमित समय है और इसी सीमित समय में आपको काफी सारे काम करने हैं। सबसे पहले तो आपको वक्त की कीमत समझनी होगी। समय दरअसल आपके जीवन का एक टुकड़ा है। आप किसी काम को करने में जितना भी वक्त लगाते हैं, यह समझ लीजिए कि अपनी जिंदगी का उतना टुकड़ा उस काम पर लगाते हैं; चाहे वह पढ़ाई हो, मौज-मस्ती हो, लोगों से मेलजोल हो या टेलीविजन देखना हो, दोस्तों से गप्पें लड़ाना हो या राजनीतिक बहस हो। एक बार अगर आप यह सिद्धांत समझ जाएँगे तो समय के इस्तेमाल का आपका नजरिया अपने आप बदलने लगेगा।

एक पुरानी कहावत है, 'Time is money' (समय ही धन है)। मैं यह नहीं कहूँगा कि यह पूरी तरह से गलत है, लेकिन हम इसका जो मतलब निकालते हैं, वह गलत है। बचपन से हमने हर चीज की कीमत को पैसों में आँकने का नजरिया बना लिया है, लेकिन समय को हम पैसों में नहीं तौल सकते। समय अनमोल है और सीमित है। यदि आपका पैसा नष्ट हो जाए तो वापस आ सकता है, लेकिन खोया हुआ वक्त पैसे या ताकत से भी वापस नहीं आ सकता।

समय प्रबंधन स्वयं का प्रबंधन है

एक प्रचलित मिथक है कि समय का प्रबंधन किया जा सकता है, दरअसल सच्चाई यह है कि समय का प्रबंधन नहीं किया जा सकता है। आप केवल स्वयं को व्यवस्थित कर सकते हैं ताकि आप अपने पास उपलब्ध समय को बेहतर ढंग से इस्तेमाल कर सकें। सच पूछें तो एक निश्चित दिशा में, यानी आपके लक्ष्यों को प्राप्त करने की दिशा में, आपके समय का योजनाबद्ध उपयोग ही समय प्रबंधन है।

> **एक निश्चित दिशा में, यानी आपके लक्ष्यों को प्राप्त करने की दिशा में, आपके समय का योजनाबद्ध उपयोग ही समय प्रबंधन है।**

सफल समय प्रबंधन का मतलब यह नहीं है कि आप जितने भी काम करना चाहते हैं, उन सभी कामों को करने के लिए आपको समय उपलब्ध हो जाए। वास्तव में इसका मतलब यह है कि आपका अपने निर्णयों पर पूर्ण नियंत्रण हो, यानी आप कौन से कार्य करेंगे और किस समय पर करेंगे और कौन से कार्य आप बाद में करने के लिए स्थगित करेंगे।

पहचानें कि वस्तुतः नींद और दैनिक कामों के अलावा आपके पास कितना समय बचता है

हम सभी जानते हैं कि कुछ समय का उपयोग हमारे नियंत्रण से बाहर है और हमें कुछ कार्य करने ही होंगे, चाहे हम उन्हें पसंद करें या नहीं। नींद, रोजमर्रा के दैनिक कार्य और स्कूल या कार्यस्थल के लिए जाने का समय हमारे समय का एक बड़ा हिस्सा खाते हैं, हालाँकि अच्छी खबर यह है कि इन क्षेत्रों में भी अपने समय को बचाने के लिए खुद को बेहतर ढंग से व्यवस्थित किया जा सकता है। जब आप अपने समय की योजना बनाते हैं, तो आपको यह देखना होगा कि इन अनिवार्य गतिविधियों में समय लगाने के बाद आपके पास सचमुच कितना समय बचता है, जिसे आप अपनी इच्छा से इस्तेमाल कर सकते हैं। यद्यपि समय उपयोग के पैटर्न अलग-अलग व्यक्तियों के लिए अलग अलग होते हैं, लेकिन एक आदर्श दैनिक समय उपयोग का पैटर्न कुछ इस प्रकार दिखता है—

8 घंटे — नींद

8 घंटे — कार्यस्थल/स्कूल

8 घंटे — रोजमर्रा के कार्य, कार्यस्थल/स्कूल के लिए तैयार होना, नाश्ता/डिनर लेना, स्कूल या कार्यस्थल आने-जाने में लगनेवाला समय।

अपने समय उपयोग के पैटर्न को ठीक से समझे बिना आपके पास उपरोक्त तीसरी श्रेणी में मात्र 2-3 घंटों का समय बचता है, जिसे आप अपनी मर्जी से इस्तेमाल कर सकते हैं। समय उपयोग के पैटर्न में सुधार करके आप अपने जीवन में प्रतिदिन 3 या अधिक उपयोगी घंटे बढ़ा सकते हैं। यहाँ यह बता देना आवश्यक है कि आपको पहले से उपलब्ध 24 घंटों के अलावा 3 घंटे नहीं मिलेंगे, बल्कि असल में आप अपने नियंत्रण में पूर्व में उपलब्ध रहनेवाले 2-3 घंटों के अतिरिक्त यह 3 उत्पादक घंटे प्राप्त कर सकेंगे। इस प्रकार आप प्रभावी रूप से अपने नियंत्रण में रहनेवाले उत्पादक समय को लगभग दोगुना कर सकते हैं।

प्रतिदिन 3 घंटे, यानी एक वर्ष में लगभग 1,000 अतिरिक्त उत्पादक घंटे। यदि इन सिद्धांतों को एक युवा द्वारा अपने शेष जीवन के 50 वर्षों के दौरान लागू किया जाता है, तो वह अपने जीवन में 50,000 उत्पादक घंटे जोड़ सकता है, जिसे वह अपनी इच्छा से उपयोग कर सकता है।

अतिरिक्त समय की आवश्यकता क्यों है?

आप सोच रहे होंगे कि मेरा जीवन सहजता से चल रहा है; मैं समय पर अपने काम

कर लेता हूँ; मैं एक दिन में 3-4 घंटे टी.वी. देखता हूँ; मैं अपने दोस्तों के साथ पार्टियाँ करता हूँ; मैं परिवार के साथ सप्ताहांत का आनंद लेता हूँ; जीवन में और क्या चाहिए, जिसके लिए मुझे समय प्रबंधन का कौशल सीखने की आवश्यकता है। यहाँ मैं आपको यह बताना चाहता हूँ कि अतिरिक्त समय के लाभों की अभी आप कल्पना भी नहीं कर सकते हैं। जब आपके पास 3 या अधिक अतिरिक्त घंटे होंगे तो आप उनका सदुपयोग इन कामों के लिए कर सकते हैं—

- अपने स्वास्थ्य की बेहतर देखभाल करने के लिए सुबह की सैर; शारीरिक व्यायाम; प्राणायाम; ध्यान आदि की शुरुआत के लिए।
- अपने लक्ष्यों की प्राप्ति के लिए कार्य करने के लिए।
- बच्चों की पढ़ाई-लिखाई की देखभाल करने के लिए।
- अपने परिवार और दोस्तों में अपने प्रियजनों के साथ अतिरिक्त समय बिताने के लिए।
- कोई भी कौशल, जो आप बचपन से सीखना चाहते थे, जैसे कोई वाद्य यंत्र बजाना सीखना या नृत्य इत्यादि सीखना।
- आपको आनंद देनेवाली गतिविधियों के लिए ज्यादा समय देना।
- सामाजिक सेवा के लिए अतिरिक्त समय।
- अपनी पसंद के खेल खेलना; जैसे गोल्फ, शतरंज, क्रिकेट या फुटबॉल आदि, जिसके लिए आप अपने वर्तमान व्यस्त कार्यक्रमों में से समय निकालने में असमर्थ हैं।
- फुर्सत के कुछ पल प्राप्त करने के लिए ताकि आप वह कर सकें, जो आप करना चाहते हैं या सिर्फ खाली बैठने का आनंद लेने के लिए भी।

समय प्रबंधन तनाव नहीं, आनंद लाएगा

बहुत बार आपको लगता है कि आप कुछ काम करना चाहते हैं, लेकिन आपके पास उसके लिए समय नहीं है। सभी लोगों के लिए बहुत सारी चीजों के लिए समय निकालना एक बड़ी चुनौती है, फिर चाहे वे छात्र हों, गृहिणियाँ हों, कर्मचारी हों, नियोक्ता हों या व्यापारी हों। सब शिकायत करते हैं कि सभी चीजें पूरी करने के लिए दिन में कभी भी पर्याप्त समय नहीं होता है। यहाँ मैं आपको यह बताना चाहता हूँ कि समय प्रबंधन का सार 'प्राथमिकता निर्धारण' है। यह स्वयं का प्रबंधन है। आप सोचेंगे कि हमारे पास पहले से कम समय है; हमें नियोजन और प्राथमिकता के लिए समय कहाँ से मिलेगा।

यहाँ मैं यह स्पष्ट करना चाहता हूँ कि वास्तविक कौशल, जिन कामों को आप करना है, उन सभी कार्यों को सूचीबद्ध करके; अपनी निर्धारित की गई प्राथमिकताओं

के अनुसार उन्हें पूरा करने के लिए एक योजना विकसित करने और इस योजना के अनुसार, कार्यवाई करने में निहित है। समय प्रबंधन आपके जीवन को और कठिन बनाने के लिए नहीं है। सिर्फ इसलिए कि आपने अपना समय ठीक से व्यवस्थित करने का फैसला किया है, आपको अत्यधिक काम का लती बनने की जरूरत नहीं है, बल्कि यह तो आपको और अधिक बेहतर तरीके से काम करने और अपने कार्यों को और अधिक आसानी से पूरा करने में सहायता करने के लिए है। समय प्रबंधन आपके जीवन को अच्छी तरह से जीने के लिए है, ताकि आप जो कुछ भी करना चाहते हैं, उसे समय दे सकें और सबकुछ में आपकी मौज-मस्ती भी शामिल है, खाली बैठना भी शामिल है और रात के आसमान पर सितारों की चमक देखने की विलासिता भी शामिल है।

दिन में 24 घंटे भगवान् का निर्णय है

भगवान् ने समय सभी को एक समान दिया है और आप इस संबंध में भगवान् से शिकायत नहीं कर सकते कि उसने आपको किसी और से कम समय दिया है। यहाँ एक बात समझना बहुत महत्त्वपूर्ण है, जिसे समझने के बाद ही आप सही ढंग से समझ पाएँगे कि समय उपयोग के पैटर्न को क्यों बदला जाना आवश्यक है। आपने परमेश्वर की विभिन्न रचनाओं को देखा है—ब्रह्मांड, पृथ्वी, प्रकृति, मानव शरीर आदि। सोचो, यह कितना विस्मयकारक है कि इतने भारी ग्रह भी हवा में लटक रहे हैं; आपके शरीर के कई हिस्सों से कई अलग-अलग प्रकार के स्राव निकलते रहते हैं, जो शरीर के समुचित विकास के लिए उपयोगी एवं आवश्यक होते हैं। प्रकृति में सबकुछ बिल्कुल संतुलित है। प्राचीनकाल से आज तक, इनसान परमेश्वर के द्वारा बनाई सृष्टि में एक भी खामी नहीं ढूँढ़ पाया है।

अब सवाल यह उठता है कि यह किसने तय किया कि एक दिन में 24 घंटे होंगे। किसने तय किया कि पृथ्वी 24 घंटों में अपनी धुरी पर घूमेगी। इसका उत्तर एक ही है—सर्वशक्तिमान ईश्वर। इसका मतलब है कि भगवान् के सोच के अनुसार, 24 घंटों का समय सभी के लिए अपना काम पूरा करने के लिए इष्टतम समय है, फिर चाहे वह मानव जाति हो, पशु साम्राज्य हो या प्रकृति हो। 24 घंटे का दिन सर्वोत्तम है, क्योंकि यह भगवान् की रचना है। अब अपने आपको देखें। यदि आप अपने समय उपयोग के पैटर्न का बारीकी से विश्लेषण करते हैं तो आप पाएँगे कि अगर आप अपना समय सही ढंग से उपयोग करें तो आप 24 घंटों में सभी आवश्यक कार्य पूरे कर सकते हैं। यदि वर्तमान में आप ऐसा करने में सक्षम नहीं हैं तो सिर्फ दो वजहें हो सकती हैं या तो आप अपना समय ठीक से उपयोग नहीं कर रहे हैं और अपना समय बेवजह बरबाद कर रहे हैं; या आप अपनी क्षमता से अधिक काम के बोझ से दबे हुए हैं, जिसकी गहन समीक्षा और सुधारात्मक उपायों की आवश्यकता है।

समय प्रबंधन के लाभ

- आप कम समय में जरूरी चीजें कर पाते हैं, जिससे आपको अपने जीवन में जो कुछ भी करना चाहते हैं, उसे करने के लिए अधिक समय मिलता है। उन लोगों के साथ बिताने के लिए भी अधिक समय मिलता है, जो आपके दिल के करीब हैं, चाहे आपका परिवार हो या दोस्त।
- आप यह समझना शुरू करते हैं कि यदि आप कोई काम करने के लिए आवश्यकता से अधिक समय ले रहे हैं, तो आप एक तरह से अपने आनंद के समय से उस समय की चोरी कर रहे हैं।
- आप यह समझ जाते हैं कि कार्यस्थल पर बरबाद किया गया हर मिनट आपके पारिवारिक जीवन पर अतिरिक्त दबाव डालता है या तो आपको काम खत्म करने के लिए देर तक कार्यालय में बैठना पड़ता है या काम को घर ले जाना पड़ता है।
- आपको अपने लिए पर्याप्त समय मिलने लगता है।

समय आखिर जाता कहाँ है (Time Log)

आप अक्सर यह सोचते होंगे कि आपका समय आखिर कहाँ उड़ जाता है, क्योंकि आप हमेशा व्यस्त रहते हैं और कभी-कभी महत्त्वपूर्ण कामों के लिए भी समय नहीं निकाल पाते, क्योंकि हम सब अलग-अलग तरीके से अपने समय का उपयोग करते हैं, पहले आपको कम-से-कम एक सप्ताह तक अपने समय के उपयोग के पैटर्न का बारीकी से निरीक्षण करना होगा। आप एक समय खाता (Time Log) बनाएँ। यह समय खाता आपको दिखाएगा कि एक सप्ताह के दौरान आपने अपना कितना समय उत्पादक गतिविधियों में बिताया और कितना समय अनुत्पादक गतिविधियों में बिताया।

यह विश्लेषण आपके लिए है, इसलिए इस प्रक्रिया में आपकी भागीदारी आवश्यक है। इसका लक्ष्य एक ऐसे समय उपयोग के पैटर्न का पता लगाना है, जो आपके लिए काम करे। प्रत्येक गतिविधि को ईमानदारी से दर्ज कीजिए और इसमें कोई भी हेर-फेर मत कीजिए। आखिरकार, यह आपकी नजरों में अपना विश्लेषण है और आप इसे किसी और को दिखाने नहीं जा रहे हैं।

समय खाते में प्रविष्टियाँ करते समय, हर 30 मिनट के बाद अपनी सभी गतिविधियों का ब्योरा रखें, ताकि आप अपनी गतिविधियों का बारीकी से विश्लेषण कर सकें एवं छोटी-छोटी रुकावटों और बाधाओं को भी देख सकें। यदि कोई आगंतुक 10.30 पर आता है और 10.48 पर जाता है, तो अपने समय खाते में दर्ज करें।

भावनाएँ और कार्यकुशलता स्तर भी दर्ज करें

मेरा सुझाव है कि जब आप अपना समय खाता लिखें तो यह भी लिखिए कि कोई कार्य करते वक्त आपने ताजगी महसूस की, थका हुआ महसूस किया या ऊब महसूस की आदि। इससे आपको पता चलेगा कि कौन सी गतिविधियाँ आपको खुशी देती हैं और कौन सी गतिविधियाँ आपके समय और ऊर्जा दोनों के लिए बोझ हैं।

इसके अलावा अपने पावर घंटे के बारे में अपना अनुभव लिखने की कोशिश करें। पावर घंटा, यानी जब आपकी ऊर्जा का स्तर अपने चरम पर था। यह भी लिखें कि किस वक्त आपकी ऊर्जा का स्तर कम था। यह भी लिखने का प्रयास करें कि क्या आप इस बात का पश्चात्ताप करते हैं कि किसी समय विशेष का इस्तेमाल आपने सही तरीके से नहीं किया। यह भावनात्मक विश्लेषण आपको बहुत मदद करेगा, जिसे आप बाद में समझेंगे।

आप में से ज्यादातर लोगों के लिए एक सप्ताह के बाद अपना समय खाता देखना एक चौंकानेवाला अनुभव होगा। आज तक, आपने अपने जीवन में इस प्रकार का समय खाता कभी नहीं देखा था। इससे आपको पता चल जाएगा कि आप कितना समय बेकार की चीजों में खर्च करते हैं। यह आपको यह भी दिखाएगा कि दिन के दौरान आपकी सबसे अधिक उत्पादक समयावधि कब होती है, अगर आप अपने समय खाते में कुछ समय बरबाद करनेवाले तत्त्व पाते हैं, तो भी घबराइए मत; हर किसी के पास होते हैं। घर या व्यवसाय में कुछ सामान्य समय बरबाद करनेवाले तत्त्व हैं—अचानक आनेवाले आगंतुक, अवांछित फोन कॉल, अनुत्पादक इ-मेल, आपकी मदद माँगनेवाले सहकर्मी आदि। यदि आप कम-से-कम 7 दिनों तक समय खाता बनाते हैं, तो यह आपको समझने में सहायता करेगा कि आप अपना समय कैसे बिताते हैं और कब आप अपने प्रदर्शन के उच्चतम स्तर पर होते हैं।

एक सप्ताह के लिए अपना समय खाता बनाने के लिए इस वर्कशीट का उपयोग करें—

गतिविधि	सप्ताह के दौरान कुल व्यतीत समय	क्या यह गतिविधि मुझे मेरे लक्ष्यों तक ले जा रही है	क्या यह गतिविधि अन्यथा आवश्यक या महत्त्वपूर्ण थी	क्या यह गतिविधि अनुपयोगी थी	क्या इसे किसी और को सौंपा जा सकता था	मैंने इस गतिविधि को किस वक्त किया	इसे करते वक्त मेरा ऊर्जा का क्या स्तर था	टिप्पणी

अपने समय खाते का विश्लेषण करें

अब अपने समय खाते का विश्लेषण यह पहचानने के लिए करें—

- आपके निजी जीवन में तीन सबसे अधिक समय लेनेवाली गतिविधियाँ, चाहे घर में या बाहर;
- आपके कार्यालय/व्यावसायिक जीवन में तीन सबसे अधिक समय लेनेवाली गतिविधियाँ;
- तीन सबसे अधिक समय लेनेवाली गतिविधियाँ, जो आपको अपने लक्ष्यों तक नहीं ले जा रही हैं। इनमें अत्यधिक टेलीविजन देखना; दोस्तों से अत्यधिक गपशप करना, चाहे मिलकर या मोबाइल पर; इंटरनेट का इस्तेमाल; सोशल मीडिया जैसे व्हाट्सएप/फेसबुक आदि का अत्यधिक उपयोग आदि शामिल हैं।
- आपके सबसे ज्यादा उत्पादक घंटे, यानी जब आपका शरीर और मन आमतौर पर सबसे जीवंत और ऊर्जावान होते हैं। क्या कोई समय था, जब आप बिना किसी रुकावट के लंबे समय तक काम कर सके, यदि हाँ, तो दिन के किस भाग में और उस वक्त आपकी ऊर्जा का स्तर क्या था? आमतौर पर दिन की कौन सी अवधि सबसे अधिक उत्पादक होती है और कौन सी अवधि कम उत्पादक होती है, चाहे जो भी कारण हों। क्या आप पहले की तुलना में दिन की दूसरी अवधि को अधिक उत्पादक बनाने के लिए कुछ कर सकते हैं?
- आपका रात्रिभोज का समय क्या था, नींद की गुणवत्ता क्या थी, अगर रात के खाने और नींद के बीच का अंतर 2 घंटों या 1 घंटे से भी कम था? ध्यान दें, क्या नींद की गुणवत्ता में कोई अंतर था, जब रात के खाने और नींद के बीच 2 घंटे से अधिक समय का अंतर था।
- सबसे आम प्रकार के और अक्सर रुकावट या परेशान (disturb) करनेवाले कारक क्या थे—जैसे कि अक्सर मोबाइल फोन बजना; सोशल मीडिया के संदेश; अवांछित आगंतुक; अनियोजित मीटिंग्स; अत्यधिक इ-मेल; कंप्यूटर या मोबाइल पर वीडियो गेम खेलने की अति इच्छा आदि। क्या इनमें से कुछ पर आप आत्म-अनुशासन से विजय पा सकते थे, उस प्रकार के विघ्न को कम करने के लिए क्या किया जा सकता है?
- क्या कुछ ऐसी गतिविधियाँ हैं, जो किसी और को सौंपी जा सकती हैं?

एक बार जब आप अपने समय खाते का विश्लेषण करना शुरू करते हैं, जो मेरा विश्वास है कि आपके लिए आँखें खोलनेवाला होना चाहिए, तो आप अपना समय बेहतर ढंग से प्रबंधित करना शुरू कर सकते हैं। अपने समय खाते का विश्लेषण करके, आप

अपनी नियमित दिनचर्या से कम उत्पादक कार्यों को खत्म करने में सक्षम होंगे। आप उन कार्यों की पहचान करने में सक्षम होंगे, जो वास्तव में आपका जरूरत से ज्यादा समय खा रहे हैं। आप यह भी पहचान लेंगे कि ऐसे कौन से क्षेत्र हैं, जिनमें आपके अधिक समय और ध्यान की आवश्यकता है, क्योंकि ये आपके लक्ष्यों को प्राप्त करने के लिए महत्त्वपूर्ण हैं।

अपने परिणामों का मूल्यांकन करते समय खुद से प्रश्न पूछें कि क्या समय का इस्तेमाल उसी तरह से हुआ, जिस तरह होना चाहिए था। इसके अलावा उन क्षेत्रों को पहचानें, जहाँ आपका अधिकतम समय जाता है—क्या यह आपका कॅरियर है, आपका परिवार या व्यक्तिगत मनोरंजन है, टी.वी. देखना, कंप्यूटर या मोबाइल पर खेल खेलना, फिल्में देखना या दोस्तों के साथ मिलना-जुलना है।

मैं शर्त लगा सकता हूँ कि जब आप एक हफ्ते के बाद अपना समय खाता देखेंगे तो आपके दिमाग में आनेवाला पहला विचार यह होगा कि पिछला सप्ताह वास्तव में एक असामान्य सप्ताह था और यह आपके वास्तविक समय उपयोग पैटर्न का प्रतिनिधित्व नहीं करता है। मुझे पता है कि आप ऐसा सोचनेवाले अकेले नहीं हैं। जब सच्चाई किसी भी व्यक्ति के सामने पहली बार आती है, तो उसकी पहली प्रतिक्रिया यही होती है और अगर आप मुझ पर विश्वास न करें, तो एक और सप्ताह के लिए समय खाता बनाकर देख लें।

यदि आपके पास अपने भविष्य के जीवन के लिए योजना नहीं है, तो आप समय का उचित प्रबंधन नहीं कर सकते। इसलिए हम अगले अध्याय में लक्ष्य निर्धारण के महत्त्व को समझेंगे।

G.O.P.T.A. POINTS

- ✓ बचपन से आपने अपने माता-पिता और बुजुर्गों को पैसा कमाने के लिए कड़ी मेहनत करते हुए देखा है, लेकिन समय को मुफ्त में बरबाद करते देखते रहे हैं।
- ✓ समय आपके जीवन का एक हिस्सा है।
- ✓ यदि आप अपने समय उपयोग के पैटर्न में सुधार कर लेते हैं, तो आप अपने जीवन में प्रतिदिन 3 या अधिक उत्पादक घंटे जोड़ सकते हैं।
- ✓ बेहतर समय उपयोग से आप कम समय में जरूरी चीजें कर पाते हैं, जिससे आपको अपने जीवन में जो कुछ भी करना चाहते हैं, उसे करने के लिए अधिक समय मिलता है। उन लोगों के साथ बिताने के लिए भी अधिक समय

मिलता है, जो आपके दिल के करीब हैं, चाहे आपका परिवार हो या दोस्त।

- ✓ आप उत्पादक या अनुत्पादक गतिविधियों पर कितना समय बिताते हैं, यह देखने के लिए एक सप्ताह के दौरान एक समय खाता बनाएँ और अपने समय उपयोग के पैटर्न का निरीक्षण करें।
- ✓ अपने पावर घंटे को पहचानें।

□

2

लक्ष्य निर्धारण का महत्त्व

> You cannot make it as a wandering generality.
> You must become a meaningful specific.
> **—Zig Ziglar**

सबसे पहले, हमें 'इच्छा' और 'लक्ष्य' के बीच का अंतर समझना जरूरी है। सरल शब्दों में, लक्ष्य एक ऐसी इच्छा है, जिस पर हम काम करने को तैयार हैं। अगर हमें कुछ प्राप्त करना है, लेकिन हम इसके लिए जरूरी काम करने के लिए तैयार नहीं हैं, तो यह सिर्फ हमारी इच्छा है, लक्ष्य नहीं। उदाहरण के लिए, किसी की इच्छा दुनिया भर में यात्रा करने की हो सकती है; लेकिन अगर वह ऐसा करने की योजना बनाकर उस योजना पर कार्यवाई नहीं करता है, तो यह इच्छा सिर्फ इच्छा या दिवास्वप्न ही बनी रहती है, लेकिन अगर कोई व्यक्ति अपनी इच्छा को हासिल करने की योजना बनाकर उसका पालन करने को तत्पर है, तो वह इच्छा 'लक्ष्य' बन जाती है। इच्छा इतनी तीव्र होनी चाहिए कि वह आपको उसके लिए कार्य करने की प्रेरणा दे सके। **आप इच्छा को तीव्र कैसे कर सकते हैं—इच्छाओं को लिखकर और उन्हें प्राप्त करने के फायदों को लिखकर।** एक बार लाभों की सूची 10-15-20 से पार हो जाती है तो इच्छा जुनून बन जाती है और आप अजेय हो जाते हैं।

लक्ष्य निर्धारण एक तीर छोड़ने की तरह है। यदि आप कार्यवाइ नहीं करते हैं, यानी तीर नहीं छोड़ते, तो आपकी इच्छा एक इच्छा मात्र ही बनी रहेगी। इस प्रकार किसी भी लक्ष्य को प्राप्त करने के लिए आवश्यक कदमों में सबसे महत्त्वपूर्ण एक ज्वलंत इच्छा का होना है; तब उस ज्वलंत इच्छा को लक्ष्य में बदलने के लिए कार्ययोजना बनाना और फिर उन लक्ष्यों को प्राप्त करने की दिशा में आवश्यक कार्य करना है। इस प्रकार समुचित कार्ययोजना इच्छा और लक्ष्य के बीच का पुल है एवं इच्छा और लक्ष्य के बीच का वास्तविक अंतर समुचित लक्ष्योन्मुख कार्य है।

> "Great Minds have purpose, others have wishes."
> —**Washington Irving**

लक्ष्य निर्धारण के लाभ

लक्ष्य निर्धारित करने का सबसे महत्त्वपूर्ण लाभ यह है कि यह हमें दिशा-बोध कराता है। लक्ष्य-प्राप्ति के संदर्भ में 'दिशा' और 'गति' दोनों अलग-अलग अवधारणाएँ हैं। यदि आप सही दिशा में जा रहे हैं, तो गति के धीमी या तेज होने से फर्क नहीं पड़ता। यहाँ मैं एक उदाहरण लेता हूँ। मैं कानपुर में रहता हूँ। क्या आप मेरे सही पते के बिना मेरे निवास तक पहुँच सकते हैं? संभव नहीं है। आप कानपुर पहुँच सकते हैं और यहाँ-वहाँ भटकने लग सकते हैं। शायद तुक्के से आप मुझे शहर में खोज भी लें, लेकिन संभावना यही है कि आपको बहुत वक्त लग जाएगा। इसके विपरीत, यदि आपके पास पहले से ही सही पता है, तो आप मुझ तक आसानी से पहुँच जाएँगे।

एक और उदाहरण लेता हूँ। मान लीजिए कि आपको कानपुर से लखनऊ जाना है। यदि आपको सही गंतव्य और मार्ग पता हो, तो आप चाहे जल्दी पहुँचें या देर से, लखनऊ पहुँचेंगे जरूर। यह महत्त्वपूर्ण नहीं है कि आप कार से यात्रा कर रहे हैं या बस से या फिर दुपहिया वाहन से या पैदल। यदि दिशा पता है तो आप एक के बाद एक मील का पत्थर पार करते हुए लखनऊ पहुँच जाएँगे। इस प्रकार कानपुर से लखनऊ पहुँचने में गति और वाहन का प्रकार महत्त्वपूर्ण नहीं है अपितु गंतव्य और दिशा के बारे में जानकारी महत्त्वपूर्ण है। यही बात लक्ष्यों पर भी लागू होती है। **यदि आपको अपने लक्ष्य, यानी गंतव्य का ही बोध नहीं है तो आप वहाँ पहुँचेंगे कैसे?**

अधिकांश लोग जीवन भर यहाँ और वहाँ दिशाहीन भटकते रहते हैं और कोई आश्चर्य नहीं कि उन्हें कुछ प्राप्त नहीं होता। जैसा कि जिग जिगलर कहते हैं, "You can not make it as a wandering generality. You must become a meaningful specific." इसलिए सबसे पहले हमें यह जानना होगा कि हमारे जीवन का असल उद्देश्य क्या है, ताकि सही ढंग से लक्ष्य निर्धारण की प्रक्रिया और प्रभावी समय प्रबंधन पर काम किया जा सके। एक समय में एक मील का पत्थर पार करें, लेकिन निश्चित दिशा में।

दिशा-बोध के अलावा, लक्ष्य निर्धारण प्रक्रिया के कई अन्य लाभ भी हैं—

- ➢ यह आपको लक्ष्य-प्राप्ति की दिशा में काम करने एवं अपने उत्साह को बनाए रखने के लिए प्रेरित करता है।

- यह आपकी ताकतों और कमजोरियों की पहचान करने में आपकी सहायता करता है।
- यह आपको बताता है कि आप अपने जीवन के लिए जिम्मेदार हैं, चाहे आप सफलता प्राप्त करें या असफलता का सामना करें।
- यह आपकी यह पहचान करने में मदद करता है कि आपके लिए क्या महत्त्वपूर्ण है और क्या अप्रासंगिक है या भटकाव लानेवाला है।
- यह आपको बताता है कि आप कब तक किसी लक्ष्य विशेष को प्राप्त करने की उम्मीद कर रहे हैं।
- यह विचारों में स्पष्टता प्रदान करता है और आपको बहुत सी चीजों के बीच सही चयन करने में सहायता करता है।
- इससे आपको कम महत्त्व के कार्यों पर कम ऊर्जा और समय देने में मदद मिलती है, जो आपको अपने लक्ष्यों की ओर नहीं ले जा रहे होते हैं।
- यह जीवन में बेहतर विकल्प चुनने में मदद करता है, जैसे बेहतर कॅरियर चुनना इत्यादि।
- यह सही तरह के लोगों के साथ संबंधों को चुनने में मदद करता है, जो आपको सही दिशा में आगे बढ़ने में मदद करते हैं।
- यह लक्ष्यों की उपलब्धि के बारे में जानकारी प्रदान करता है।
- यदि आप अपने लक्ष्यों तक पहुँचने की प्रक्रिया को जानते हैं, तो यात्रा के दौरान आपकी व्यग्रता का स्तर कम हो जाएगा।
- यह लक्ष्य-प्राप्ति के मार्ग में आनेवाली संभावित बाधाओं को जानने और उन पर काबू पाने के लिए रणनीति बनाने में मदद करता है, इसलिए यदि सचमुच कभी वह बाधा उपस्थित होगी, तो आप परेशान नहीं होंगे।
- यह आपको बताता है कि क्या सहायता आवश्यक होगी और कौन-कौन लोग आपके लिए सहायक होंगे। दूसरों के साथ लक्ष्य साझा करने से उन्हें आपकी योजनाओं के बारे में पता चलता है और आपको उनसे कुछ मदद मिल सकती है।
- यह सफलता के स्तर मापने के लिए पैमाने प्रदान करता है।
- लक्ष्य निर्धारण आपके बाएँ मस्तिष्क का कार्य है। एक बार जब आप लक्ष्य निर्धारण की प्रक्रिया पूर्ण कर लेते हैं तो आपके मस्तिष्क का रचनात्मक भाग अर्थात् दायाँ मस्तिष्क उसे प्राप्त करने पर काम करने के लिए स्वतंत्र हो जाता है।
- लक्ष्य निर्धारण के बाद आप दैनिक, साप्ताहिक और वार्षिक आधार पर क्या

करना जरूरी है, इस पर ध्यान केंद्रित कर सकते हैं।

- लक्ष्य निर्धारित करने से प्रदर्शन के स्तरों की निगरानी और सुधार में मदद मिलती है।
- और सबसे ज्यादा महत्त्वपूर्ण, अपने पूर्व निर्धारित लक्ष्यों को प्राप्त करने से हमारे आत्मविश्वास में अभूतपूर्व वृद्धि होती है और हमारी आत्म छवि बेहतर होती है।

> "Your mind is like a garden: if you do not deliberately cultivate flowers, weeds will grow automatically without any effort on your part. If you do not deliberately plant and cultivate positive thoughts, negative thoughts will grow in their place."
>
> **—'Kiss That Frog' by Brian Tracy**

केवल 3–5 प्रतिशत लोगों के पास लिखित लक्ष्य होते हैं और ये लोग उन लोगों की तुलना में बहुत अधिक हासिल करते हैं, जिनके पास लिखित लक्ष्य नहीं होते, बाकी लोगों की मजबूरी है कि उस काम में लगे रहें, जो उनकी पसंद का नहीं है। सफल लोग भविष्य–उन्मुख होते हैं। वे 20–25 साल आगे का सोच रखते हैं और उसी प्रकार अपनी योजना बनाते हैं और फिर मध्यम अवधि के लक्ष्यों और अल्पावधि लक्ष्यों में अपनी लक्ष्य–प्राप्ति की यात्रा को बाँटकर, अपने दीर्घकालिक लक्ष्य प्राप्त करने का प्रयास करते हैं। सफल लोग अपने सपनों पर काम करने के लिए हमेशा अपने आरामदेह सुविधा क्षेत्र (comfort zone) से बाहर आने के लिए तत्पर रहते हैं। इसके विपरीत, असफल लोग तत्काल लाभ और अपने आरामदेह सुविधा क्षेत्र के बारे में सोचते रहते हैं और भविष्य के बारे में नहीं सोचते हैं।

परंतु भविष्य में अपना ध्यान केंद्रित करते समय वर्तमान में जीना न भूलें। कुछ लोग अपने लक्ष्यों को प्राप्त करने में इतना मशगूल हो जाते हैं कि वे भविष्य में ही रहना शुरू कर देते हैं। यह आपके लिए अच्छा नहीं है। अपने भविष्य के सपने को वर्तमान के आनंद के रास्ते में न आने दें। प्रत्येक दिन अपनी पूरी जिंदगी जीते रहें और आभारी रहें।

क्यों लोग लक्ष्य निर्धारित नहीं करते हैं?

आप यह सोच रहे होंगे कि यदि लक्ष्य निर्धारण इतना ही महत्त्वपूर्ण है तो सभी लोग क्यों लक्ष्य निर्धारित नहीं कर लेते। ऐसा विभिन्न कारणों से होता है—

- सबसे बड़ा कारण यह है कि ज्यादातर लोग लक्ष्य निर्धारण की शक्ति को समझते नहीं हैं। यह आपकी परवरिश पर निर्भर करता है। यदि आपके परिवार में, आपने किसी को लक्ष्य निर्धारित करते और उसे प्राप्त करते नहीं देखा है, तो आपने लक्ष्य निर्धारण की प्रक्रिया का अनुभव ही नहीं किया है।
- अधिकांश लोग सोचते हैं कि चूँकि वे बिक्री या मार्केटिंग में नहीं हैं, इसलिए लक्ष्य उनके लिए नहीं हैं। यहाँ मुझे आपको यह बताना है कि 'लक्ष्य' सिर्फ बिक्री के टारगेट ही नहीं हैं और लक्ष्यों का इस्तेमाल सिर्फ बिक्री या मार्केटिंग के लोगों के लिए ही नहीं है। लक्ष्य आपके जीवन को प्रभावित करते हैं। आपको यह समझना चाहिए कि आप अपने द्वारा चुने गए विकल्पों और जीवन में अपने द्वारा किए गए कार्यों के परिणाम हैं। आप जहाँ हैं, वहाँ अतीत में चुने गए विकल्पों एवं अपने कार्यों की वजह से हैं और जहाँ आप भविष्य में होंगे, वह आपके अभी किए गए चुनावों और अब से किए गए कार्यों का प्रत्यक्ष परिणाम होगा। केवल लक्ष्य निर्धारण कार्यक्रम ही आपको जीवन में सही चुनाव करने के लिए प्रेरित कर सकता है।
- एक और कारण यह है कि लोगों को पता ही नहीं है कि लक्ष्य कैसे निर्धारित करें। ऐसे लोगों के लिए, यहाँ अच्छी खबर है। जो लक्ष्य निर्धारण कार्यक्रम मैं आपके साथ साझा करने जा रहा हूँ, वह इस संदर्भ में आपके ज्ञान की कमी को दूर करेगा और आप लक्ष्य निर्धारण की प्रक्रिया और लक्ष्य प्राप्त करने के प्रत्येक चरण को सीखेंगे।
- कुछ लोगों को लगता है कि वे पहले से ही अपने लक्ष्यों को जानते हैं और उन्हें लक्ष्य निर्धारित करने की प्रक्रिया से गुजरने की कोई जरूरत नहीं है, लेकिन यह सोच गलत है। उनके पास केवल इच्छाएँ हैं। जब तक वे इच्छाओं को लिखते नहीं हैं और उन इच्छाओं को पूरा करने के लिए आवश्यक कार्य नहीं करते, वे इच्छाएँ लक्ष्य नहीं बनेंगी।
- अन्य कारण अस्वीकृति या विफलता का डर है। तथ्य यह है कि अधिकांश आशंकाएँ निराधार हैं और कभी भी सच नहीं होती हैं।
- लोगों को लगता है कि लक्ष्य निर्धारण दूसरों के लिए तो ठीक है, लेकिन यह उनके स्वयं के लिए व्यावहारिक नहीं है। उनकी आत्म-छवि बहुत खराब होती है और वे खुद को लक्ष्यों को हासिल करने के योग्य नहीं पाते हैं।
- एक और कारण यह है कि लोग सोचते हैं कि वे इतना व्यस्त हैं कि उनके पास लक्ष्य निर्धारण करने के लिए समय नहीं है। यहाँ मैं आपसे कहूँगा कि आप कल्पना करें कि आप 100 किमी. की यात्रा पर हैं और आपके पास

अपनी कार के पेट्रोल टैंक में इतना ही पेट्रोल है, जो सिर्फ 20 किलोमीटर की यात्रा के लिए पर्याप्त है। क्या आप कहेंगे कि मैं जल्दी में हूँ; मेरे पास पेट्रोल लेने का समय नहीं है; मेरा 5 मिनट बरबाद हो जाएगा; मुझे देर हो जाएगी? हरगिज नहीं। आप चाहे जितनी भी जल्दी में हों, उस समय अपने पेट्रोल टैंक को भरना अत्यंत आवश्यक प्राथमिकता है, अन्यथा आप 20 किलोमीटर बाद रुक जाएँगे। लक्ष्य निर्धारण की प्रक्रिया में लगाए जानेवाले समय के बारे में भी यही स्थिति है।

यदि आप ठीक से अपने लक्ष्य निर्धारण में 20–30 घंटे निवेश करने का फैसला करते हैं, तो आप प्रतिदिन अपने जीवन में सफलतापूर्वक कम–से–कम 3 उत्पादक घंटे जोड़ सकते हैं, वह भी आपके बाकी के सारे जीवन के लिए, यानी 1,000 उत्पादक घंटे प्रतिवर्ष यानी अगले 50 वर्षों के दौरान 50,000 उत्पादक घंटे। आप खुद सोचिए कि क्या यह 20–30 घंटे का निवेश अपने भविष्य के लिए करने में समझदारी नहीं है? अपने भविष्य की योजना बनाने के लिए अपने समय के निवेश पर वापसी की दर की कल्पना कीजिए। यह एक बेहद छोटे समय का एक बारगी निवेश है, जिसका विशाल एवं आवर्ती प्रतिफल मिलना तय है, वह भी जीवन भर। वैसे भी, हम बेकार के कामों या फिजूल गपशप में समय बरबाद करने के उस्ताद हैं, यहाँ तक कि यदि हम सिर्फ एक सप्ताह के लिए कहीं घूमने जाते हैं, तो उसकी योजना बनाने में हम 20 घंटे से अधिक समय लगा देते हैं, तो फिर अपने पूरे जीवन की योजना बनाने के इस उत्पादक कार्य में अपने कुछ समय का निवेश करने का सकारात्मक विकल्प क्यों न चुनें, जो कि हमारे सपनों का भविष्य बना सकता है?

यदि आप सप्ताहांत के वक्त अगले सप्ताह के दौरान किए जानेवाले कार्यों की योजना बनाने एवं प्राथमिकता निर्धारण के लिए 15 मिनट के निवेश की आदत विकसित करते हैं, तो आप निश्चित रूप से अगले सप्ताह के दौरान अपने समय पर नियंत्रण हासिल कर लेंगे और आपका प्रदर्शन निश्चित रूप से बेहतर होगा।

इसी प्रकार, यदि आप रोजाना अगले दिन के दौरान किए जानेवाले कार्यों की योजना बनाने एवं प्राथमिकता निर्धारण के लिए 5 मिनट के निवेश की आदत विकसित करते हैं, तो कम समय में ज्यादा कार्य सुचारु रूप से कर सकेंगे और प्रतिदिन इस तरह 1 घंटे से अधिक बचा लेंगे। मेरी कार्यशालाओं के कई प्रतिभागियों ने मुझे बाद में बताया है कि अगले हफ्ते की कार्ययोजना पहले से ही बनाने से उनकी उत्पादकता में कई गुना वृद्धि हुई है। यदि आप नमूना देखना चाहते हैं, तो अभी अपने अगले सप्ताह की योजना बनाएँ और स्वयं अंतर देखें।

अच्छी खबर यह है कि उचित लक्ष्य निर्धारण से आप अपने सभी डरों पर विजय

पा सकते हैं एवं अपनी आत्म-छवि सुधार सकते हैं। अब यह पता लगाने की बारी आपकी है कि आपने अभी तक जीवन में कोई लक्ष्य क्यों नहीं निर्धारित किया और यदि निर्धारित किया था तो आप इसे पूर्णतः प्राप्त करने में सफल क्यों नहीं हुए।

G.O.P.T.A. POINTS

- ✓ लक्ष्य एक ऐसी इच्छा है, जिस पर हम काम करने को तैयार हैं।
- ✓ लक्ष्य-प्राप्ति की इच्छा को तीव्र करने के लिए इच्छाओं को **लिख लें**।
- ✓ यह भी लिखें कि आप किसी खास लक्ष्य को '**क्यों**' हासिल करना चाहते हैं।
- ✓ लक्ष्य-प्राप्ति के संदर्भ में 'दिशा' और 'गति' दोनों अलग-अलग अवधारणाएँ हैं। यदि आप सही दिशा में जा रहे हैं, तो गति के धीमी या तेज होने से फर्क नहीं पड़ता।
- ✓ यदि आप ठीक से अपने लक्ष्य निर्धारण में 20-30 घंटे निवेश करने का फैसला करते हैं, तो आप प्रतिदिन अपने जीवन में सफलतापूर्वक कम-से-कम 3 उत्पादक घंटे जोड़ सकते हैं; वह भी आपके बाकी के सारे जीवन के लिए।
- ✓ उचित लक्ष्य निर्धारण से आप अपने सभी डरों पर विजय पा सकते हैं एवं अपनी आत्म-छवि सुधार सकते हैं।

□

खंड-२

G.O.P.T.A. (गौप्टा) Goals Oriented Positive Thinking & Actions

(लक्ष्योन्मुख सकारात्मक सोच एवं कार्य)

इस खंड में आप सीखेंगे–

- G.O.P.T.A. (गौप्टा) क्या है?
- गौप्टा का इस्तेमाल लक्ष्य-प्राप्ति के मार्ग में आनेवाली बाधाओं पर काबू पाने में कैसे करें?
- स्वयं को सीमित करनेवाले विश्वासों से छुटकारा कैसे पाएँ?
- आत्मविश्वास में सुधार कैसे करें?
- घटिया आत्म-छवि से छुटकारा कैसे पाएँ?
- नकारात्मक समय उपयोग की आदतों को कैसे बदलें?
- अपने लक्ष्य के साथ एकाकार होने के लिए अवचेतन मन की शक्ति का उपयोग कैसे करें?
- सकारात्मक पुष्टियों की शक्ति को कैसे पहचानें?
- सकारात्मक सोच के लाभ।
- अपने अवचेतन मन से नकारात्मक सोच को बाहर कैसे निकालें?

3

G.O.P.T.A. (गौप्टा)

> Some people say that I have an attitude - May be I do. But I think that you have to. You have to believe in yourself when no one else does - that makes you a winner right there.
>
> **—Venus Williams**

G.O.P.T.A. (गौप्टा) मेरे द्वारा दिया गया एक संक्षिप्त शब्द है, जिसका मतलब है Goals Oriented Positive Thinking & Actions, यानी 'लक्ष्योन्मुख सकारात्मक सोच एवं कार्य', जैसा कि आप देख सकते हैं, G.O.P.T.A. के तीन अंग हैं—

1. **लक्ष्य-उन्मुख :** यदि आप लक्ष्य-उन्मुख होना चाहते हैं, तो सबसे पहले आप अपने लक्ष्यों की पहचान करेंगे और उसके बाद, आपकी हर सोच, हर कार्य और समय के उपयोग के सारे तरीके अपने लक्ष्यों को प्राप्त करने की दिशा में होंगे। यह समय प्रबंधन का आपका कौशल भी बेहतर करेगा, क्योंकि आप अपने आप से प्रश्न पूछने की कला सीख लेंगे कि 'मैं अभी जो भी कर रहा हूँ, वह मेरे समय का सबसे सही उपयोग है या नहीं'।

2. **सकारात्मक सोच :** यह आपके अवचेतन मन में सकारात्मक धारणाओं एवं सकारात्मक दृष्टिकोण को डालना और सकारात्मक मूल्यों तथा आदतों को मन में बिठाना है, जिससे कि आपके लक्ष्यों तक आपकी यात्रा रफ्तार पकड़ ले। सकारात्मक सोच आपको मन में दृढ़ विश्वास पैदा करने और अपनी छवि को बेहतर बनाने में सहायता करेगी, जो आपको अपने लक्ष्यों की ओर प्रेरित करेगी तथा आपकी प्रगति में आनेवाली रुकावटों को दूर करेगी। सकारात्मक सोच की इन पुरानी परिभाषाओं के इतर, मैं कहना चाहूँगा कि यदि आपमें सकारात्मक सोच है तो आप दूसरों को इसकी इजाजत नहीं देते कि वे आपको मानसिक, शारीरिक एवं भावनात्मक दृष्टि से नीचे गिरा सकें। मेरे गुरु कहते हैं कि हर परिस्थिति में आपको खड़े रहना चाहिए या खड़ा होते रहना चाहिए।

3. **कार्य :** अपने लक्ष्यों की दिशा में रोजाना अनुशासित एवं निरंतर कार्यवाई करना, क्योंकि कार्य के बिना सबसे अच्छी योजना भी किसी काम की नहीं होती और 'कार्यों' की इस पुरानी परिभाषा, यानी 'जब तक आप सफल नहीं होते, तब तक कार्य करते रहना', के अलावा मैं 'कार्य' की अपनी परिभाषा जोड़ना चाहूँगा और *'कार्य' की मेरी परिभाषा यह है कि आपको अपने ऊपर कार्य करना है, यानी आपको लक्ष्य-उन्मुख कौशल सीखने हैं; आपको लक्ष्य-उन्मुख आदतें विकसित करनी हैं; आपको लक्ष्य-उन्मुख संबंध बनाने हैं और आपको लक्ष्य-उन्मुख मूल्यों को हृदय से अपनाना है, यह बेहद जरूरी है।*

मैं कहूँगा कि आप कम-से-कम तीन ऐसे लोगों के बारे में सोचिए, जिन्हें आप बेहद सफल मानते हैं। आप पाएँगे कि वे सभी लक्ष्य-उन्मुख हैं, उनकी सोच सकारात्मक है और उन्होंने अपने लक्ष्यों को प्राप्त करने के लिए सही समय पर सही कार्य किए। उन्होंने लक्ष्य-उन्मुख संबंध बनाने, लक्ष्य-उन्मुख कौशल प्राप्त करने, लक्ष्य-उन्मुख आदतें बनाने और लक्ष्य-उन्मुख सकारात्मक मूल्यों को आगे बढ़ाने का हर संभव प्रयास किया।

इस कारण से ही मैं हमेशा कहता हूँ कि G.O.P.T.A. सफलता के लिए अनिवार्य है। नकारात्मक सोच से नकारात्मक परिस्थितियाँ पैदा होती हैं और सकारात्मक सोच रहस्यमय ढंग से सकारात्मक परिस्थितियों का सृजन करती है। यदि आप जीवन में इच्छित सफलता चाहते हैं, तो आप G.O.P.T.A. के उपर्युक्त तीन अंगों को अनदेखा नहीं कर सकते हैं।

लक्ष्य-प्राप्ति के मार्ग में आनेवाली बाधाओं को पार करने में गौप्टा का उपयोग

लक्ष्य-प्राप्ति की यात्रा के दौरान वैसे तो आपको विभिन्न बाधाओं का सामना करना पड़ता है, जिन्हें आपको दूर करते रहना होता है, लेकिन दो ऐसी बाधाएँ हैं, जो आपके लक्ष्य निर्धारण की प्रक्रिया को भी प्रभावित एवं बाधित कर सकती हैं, इसलिए लक्ष्य निर्धारण की प्रक्रिया और लक्ष्य-प्राप्ति के तरीके सीखने से पहले, इन दो घातक बाधाओं के बारे में समझना और उनसे पार पाना नितांत आवश्यक है।

ये दो घातक बाधाएँ हैं—

1. स्वयं को सीमित करनेवाले विश्वास, जो कि बचपन से ही हमारे सोच में विकसित हो जाते हैं और
2. नकारात्मक समय उपयोग की आदतें, जो आपके उत्पादक समय का एक बड़ा हिस्सा खा जाती हैं।

1. स्वयं को सीमित करनेवाले विश्वास

आपके विश्वास आपके बेहतर या बदतर जीवन के लिए जिम्मेदार होते हैं। स्वयं को सीमित करनेवाले विश्वास सही लक्ष्य निर्धारण और उन्हें प्राप्त करने में सबसे बड़ी बाधा होते हैं। इस तरह के स्वयं को सीमित करनेवाले विश्वासों के उत्पन्न होने के पीछे मुख्य कारण यह है कि हम जिस समाज में रहते हैं, वहाँ मुख्य रूप से नकारात्मक मानसिकता फैली हुई है और हम उसी नकारात्मक मानसिकता और विचारों के साथ बड़े होते हैं। मैं ऐसा नहीं कर सकता; मैं शारीरिक या मानसिक क्षमताओं में दूसरों से कम हूँ; मेरे पास कम पैसे हैं; मैं ज्यादा भाग्यशाली नहीं हूँ; मेरा व्यक्तित्व अच्छा नहीं है; मैं कम शिक्षित हूँ; मेरा तो स्वास्थ्य खराब रहता है; मेरे अधिकारी और मेरे सहयोगी मुझे या मेरे काम को पसंद नहीं करते; मेरी संवाद क्षमता अच्छी नहीं है आदि। ये नकारात्मक विचार और विश्वास अब तक आपको मिलनेवाली विफलता या अल्प सफलता के लिए जिम्मेदार हैं, अगर आपको लगता है कि आपकी कुछ सीमाएँ हैं, तो ये सीमाएँ आपके जीवन में नजर आने लगेंगी, क्योंकि आप खुद को एक असमर्थ व्यक्ति समझना शुरू कर देंगे। आपके विश्वास ही आपके व्यवहार और कार्यों के लिए जिम्मेदार हैं, जिनसे परिणाम उत्पन्न होते हैं।

ब्रेक छोड़ें

यदि आपके विश्वास आपके लक्ष्यों के अनुकूल नहीं हैं, तो आपका अवचेतन मन साइकिल के ब्रेक की तरह काम करेगा। हम सभी जानते हैं कि जब हम साइकिल में पैडिल चलाते हैं, तो साइकिल आगे बढ़ती है, अगर हम कम समय में ज्यादा दूरी तय करना चाहते हैं, तो हम तेज पैडिल चलाते हैं, लेकिन सोचिए क्या होगा, यदि हम पैडिल तो तेज चलाएँ, लेकिन साइकिल के ब्रेक भी दबाए रखें। जाहिर सी बात है कि तेजी से पैडिल चलाने पर भी साइकिल की रफ्तार में वृद्धि नहीं होगी। स्वयं को सीमित करनेवाले विश्वास रखना इसी तरह अपनी जीवनरूपी साइकिल में ब्रेक लगाए रखने के समान है, जिससे हमारी सफलता की रफ्तार बाधित होती है। उदाहरण के तौर पर कल्पना कीजिए कि क्या होगा, अगर कोई छात्र ज्यादा पढ़ाई तो कर रहा है, लेकिन उसके अंदर यह विश्वास कूट-कूटकर भरा हुआ है कि वह सफल नहीं हो सकता। जाहिर है कि उसे अपेक्षित सफलता नहीं मिलेगी। लक्ष्य-प्राप्ति की गति बढ़ाने के लिए हमें इन ब्रेक को छोड़ना ही पड़ेगा। हमें यह विश्वास करना प्रारंभ करना होगा कि हमारे अवचेतन मन में जो कुछ भी हम विश्वास करेंगे, वह हमारे लिए सच हो जाएगा।

एक बच्चा इन सीमित करनेवाले विश्वासों के साथ पैदा नहीं होता है। वह अपने माता-पिता, शिक्षकों, पड़ोसियों, मित्रों, आस-पास के माहौल आदि को देखकर ऐसे

विश्वासों को विकसित कर लेता है। अधिकांश सीमित करनेवाले विश्वास सीखे हुए विश्वास हैं। मैं आपको बचपन से सुने गए सभी नकारात्मक बातों की सूची बनाने का सुझाव देता हूँ। एक बार जब आप उन्हें लिखित रूप में देखेंगे, तो आप खुद पर हँसेंगे। यहाँ मैं आपको यह बताना चाहता हूँ कि आपको यह नहीं सोचना चाहिए कि आपके माता-पिता ने आप में अच्छे विश्वास पैदा नहीं किए। उन्होंने आपको अपना अच्छे से अच्छा दिया, लेकिन यदि कोई विश्वास आपके लिए उपयोगी नहीं है, तो अब उन सीमित करनेवाले विश्वासों को सही करने की जिम्मेदारी लेने की बारी आपकी है।

हम किसी भी प्रकार के सीमित करनेवाले विश्वासों के साथ पैदा नहीं हुए थे। हमने अपनी सीखने की प्रक्रिया के दौरान विश्वास इकट्ठे किए। किसी ने भी हमें अपनी विश्वास प्रणाली पर काम करना सिखाया ही नहीं। हमारी शिक्षा प्रणाली भी शैक्षणिक विषयों पर ज्यादा ध्यान केंद्रित करती है और बचपन से मानवीय व्यवहार के मनोवैज्ञानिक पहलुओं पर ध्यान केंद्रित नहीं करती है। यही कारण है कि बचपन से ही छात्रों में विभिन्न प्रकार के मनोविकार उत्पन्न होने लगते हैं, जो बाद के जीवन में अपना रंग दिखाते हैं। कालांतर में हमारा अवचेतन मन दूसरे लोगों द्वारा दिए गए विश्वासों और प्रोग्रामिंग से भर जाता है। असल में, विश्वास कोई सार्वभौमिक कानून नहीं हैं, हमीं उन्हें हमारे लिए सच बनाते हैं।

यहाँ मैं एक उदाहरण लेता हूँ। हम सभी ने ऐसा हाथी देखा है, जिसका एक पैर रस्सी के साथ बँधा होता है। वह इस रस्सी से छुटकारा पाने की कोशिश नहीं करता। जरा सोचिए कि वह उस लट्ठे की तुलना में कितना ताकतवर है, जिससे वह बँधा हुआ है। वह उस लट्ठे को आसानी से जमीन से उखाड़ सकता है, लेकिन उसके बचपन से उसके भीतर एक विश्वास विकसित हो गया है कि जब तक वह रस्सी से बँधा है, तब तक वह आगे बढ़ने में सक्षम नहीं है।

स्वयं को सीमित करनेवाले विश्वासों को हासिल करने का एक और कारण यह भी है कि अगर लोग किसी गतिविधि में असफल हो जाते हैं, तो वे यह सोचना शुरू कर देते हैं कि वे असफल व्यक्ति हैं। आपको यह समझना चाहिए कि एक गतिविधि में असफल होने का मतलब यह नहीं है कि आप जीवन में असफल हैं या रहेंगे। मान लीजिए कि कोई छात्र किसी प्रतियोगी परीक्षा में असफल रहता है या उसे उच्च मेरिट नहीं मिलती; तो क्या वह छात्र जीवन में विफल है ? हरगिज नहीं। उसे अपनी विफलता से सबक सीखना चाहिए और यह पहचानकर कि गलती कहाँ हुई, दूसरा प्रयास और बुलंदी से करना चाहिए।

इस विश्वास को विकसित करें कि 'मैं कर सकता हूँ'

अच्छी खबर यह है कि अभी भी देर नहीं हुई है और अगर हम अपने स्वयं को सीमित करनेवाले विश्वासों के प्रति जागरूक हो जाते हैं, तो हम नए प्रकार के वांछित

विश्वासों को विकसित कर सकते हैं, जो हमें हमारे लक्ष्य-प्राप्ति की दिशा में ले जाएँगे। खुद से पूछिए कि क्या आप अपने जीवन में वर्तमान से बेहतर परिणाम चाहते हैं या नहीं। अगर जवाब हाँ है, तो आपको अपनी आंतरिक विश्वास प्रणाली पर काम करना ही होगा। आपके विश्वास आपके व्यवहार और कार्यों को निर्देशित करते हैं और आपके व्यवहार और कार्य आपके जीवन में परिणाम लाते हैं, इसलिए यदि आप अपने वर्तमान जीवन में प्राप्त हो रहे परिणामों को बेहतर बनाना चाहते हैं, तो आपको अपने विश्वासों को बदलना ही होगा।

मैं आपको बचपन से आपके द्वारा किए गए अच्छे कामों की एक सूची बनाने का सुझाव देता हूँ। एक बार जब आप ऐसी सूची बना लेंगे तो आप पाएँगे कि आप जीवन में कई बार सफल हुए हैं। यह प्रक्रिया आपके अवचेतन मन के लिए 'मैं कर सकता हूँ' तरह के विश्वास हासिल करना आसान बना देगी और आपका अवचेतन मन 'मैं नहीं कर सकता' तरह के विश्वास आपकी विश्वास प्रणाली से बाहर निकाल फेंकेगा।

प्रारंभिक अस्वीकृति के बाद सफलता की कहानियाँ

संघर्ष के दिनों में हमारे परमप्रिय, सदी के महानायक **अमिताभ बच्चन** को एक रेडियो कंपनी द्वारा खराब आवाज के कारण खारिज कर दिया गया था। उसी आवाज के जादू ने लगभग आधी शताब्दी तक भारतीयों के दिलोदिमाग पर राज किया और दुनिया भर के लोगों ने उनकी आवाज को पसंद किया, यहाँ तक कि कई ऐसी फिल्मों में भी, जिसमें उन्होंने एक अभिनेता के रूप में अभिनय नहीं भी किया, उन्होंने फिल्म की शुरुआत में पृष्ठभूमि बताने के लिए अपनी आवाज दी। बालिका वधू, शतरंज के खिलाड़ी, लगान, परिणीता, जोधा-अकबर, कहानी, क्रिस-3 चंद ऐसी ही फिल्में हैं। यदि वे अपनी प्रारंभिक अस्वीकृति पर निराश हो जाते, तो कभी सफल नहीं हो पाते। **अल्बर्ट आइंस्टीन** को बचपन में ही स्कूल से निकाल दिया गया था। स्कूल के लोगों ने उनके माता-पिता से कहा कि वे शिक्षित होने के लायक नहीं हैं। यह अलग बात है कि उनके माता-पिता इस बात से दिली तौर पर सहमत नहीं हुए और उनकी शिक्षा के लिए अलग से व्यवस्था की। **थॉमस अल्वा एडीसन** को भी इस टिप्पणी के साथ स्कूल से निकाल दिया गया था कि उन्हें कुछ भी सिखाना समय की बरबादी होगा। हम सभी जानते हैं कि इन दो महान् अन्वेषकों ने आविष्कारों और खोजों की दुनिया में अतुलनीय योगदान देकर बीसवीं सदी पर अमिट छाप छोड़ी।

गुरुदेव रवींद्रनाथ टैगोर को भी शुरुआती दिनों में स्कूल से निकाल दिया गया था, लेकिन उन्होंने संगीत और साहित्य की दुनिया में स्थायी छाप छोड़ी और साहित्य के लिए प्रतिष्ठित नोबेल पुरस्कार प्राप्त कर देश को गौरवान्वित किया।

वाल्ट डिज्नी को अपने सपनों के उद्यम डिज्नीलैंड को वास्तविकता में बदलने से पहले सात बार दिवालिएपन का और एक बार नर्वस ब्रेकडाउन का सामना करना पड़ा था।

ऑस्ट्रेलिया के मीडिया दिग्गज, **कैरी पैकर** को अपने परिवार द्वारा बेवकूफ कहा जाता था और वह एक शैक्षणिक विफलता के रूप में देखे जाते थे, लेकिन उनकी दूरदृष्टि के कारण और अपनी रणनीतिक व्यावसायिक योजनाओं को सही रूप से अंजाम देकर वे ऑस्ट्रेलिया के सबसे धनी लोगों में से एक बन गए।

ऐसे लोगों की सफलता की कहानियों पर सैकड़ों पुस्तकें लिखी जा सकती हैं, जिन्हें शुरू में खारिज कर दिया गया था, परंतु बाद में उन्होंने अपने क्षेत्र में उत्कृष्टता हासिल की।

जब आप अपने प्रयास के प्रारंभिक चरणों में सफलता नहीं पाते या विफलता का सामना करना पड़ता है, तब आपको अपने अवचेतन मन को इस विश्वास के साथ भरना होगा कि आपका जन्म सफल होने के लिए हुआ है और जिस परमपिता परमेश्वर ने आपको इस दुनिया में भेजा है, उसने आपको अकेला नहीं छोड़ा है। जिस तरह आप हमेशा अपने बच्चों के साथ खड़े रहते हैं, चाहे वे कभी-कभी गलतियाँ भी करें, भगवान् भी हमेशा आपके साथ हैं। आगे पढ़ना बंद कीजिए और तीन बार दोहराइए, "जिस परमपिता परमेश्वर ने मुझे इस दुनिया में भेजा है, उस परमपिता परमेश्वर ने मुझे अकेला नहीं छोड़ा है। वह परमपिता परमेश्वर हमेशा मेरे साथ है।"

नकारात्मक से सकारात्मक की ओर बढ़ें

आप यह जानकर प्रसन्न होंगे कि आप अपने स्वयं को सीमित करनेवाले विश्वासों से बहुत आसानी से बाहर आ सकते हैं। इस पुस्तक की विषयवस्तु यही है कि आपको जीवन के हर क्षेत्र में नकारात्मक से सकारात्मक की ओर बढ़ना होगा। यदि आप स्वयं को सीमित करनेवाले विश्वासों से छुटकारा पाना चाहते हैं, तो आपको पहले अपने भीतर सकारात्मक विश्वास पैदा करने होंगे, जो आपके सिस्टम से धीरे-धीरे नकारात्मक विश्वासों को बाहर निकाल फेंकेंगे। मानव मन नकारात्मकता के प्रतिकार (antidotes) विकसित करने में सक्षम है और यह है **'सकारात्मकता'**। आपको सिर्फ गहरा आत्मनिरीक्षण करना होगा और फिर सही दिशा में कुछ सकारात्मक कार्य करने होंगे।

मैं यहाँ एक अभ्यास करने का सुझाव देता हूँ। एक प्याले में बिना दूध की चाय लीजिए। इसका रंग भूरा दिखाई दे रहा होगा। अब इस प्याले में साफ पानी डालिए। आप देखेंगे कि चाय का रंग हल्का होता जा रहा है, क्योंकि पानी डालने से चाय छलककर प्याले के बाहर गिर रही है। अब इस तरल में फिर कुछ मात्रा में चाय डालिए। आप

पाएँगे कि रंग फिर गाढ़ा भूरा होने लगा। अब प्याले में निरंतर साफ पानी डालते रहिए। आप पाएँगे कि यदि आप कुछ समय तक निरंतर साफ पानी डालते रहेंगे, तो प्याले में शेष तरल का रंग सफेद दिखने लगेगा। यह महत्त्वपूर्ण नहीं है कि स्वच्छ पानी प्याले में डालने की गति क्या है और चाय डालने की गति क्या है। महत्त्वपूर्ण यह है कि यदि स्वच्छ पानी की आपूर्ति निरंतर बरकरार रहती है और स्वच्छ पानी डालने की गति चाय डालने से अधिक है, तो तरल धीरे-धीरे साफ होता चला जाएगा।

हमारे अवचेतन मन के साथ भी कुछ ऐसा ही है। बचपन से कई नकारात्मक विश्वास और नकारात्मक विचार हमारे अवचेतन मन में अपनी जड़ें जमाए बैठे रहते हैं। इसके अलावा, चूँकि जिस दुनिया में हम रहते हैं, वहाँ अधिक-से-अधिक नकारात्मकता लगातार हमारे ऊपर हावी होने को तैयार रहती है, अत: आपको नए सकारात्मक विश्वासों के रूप में अपने अवचेतन मन को निरंतर सकारात्मकता उपलब्ध करानी होती है। चाय के प्याले के उदाहरण में तो आपके पास प्याले को उलटकर खाली करने और तब उसमें साफ पानी भरने का विकल्प भी होता है; लेकिन आपका मस्तिष्क ऐसे काम नहीं करता है। सबसे पहले आपको नए सकारात्मक विश्वासों को धीरे-धीरे अपने मन में जड़ें मजबूत करने का मौका देना होगा; ताकि धीरे-धीरे यह नए सकारात्मक विश्वास पुराने नकारात्मक विश्वासों को जड़ से उखाड़कर आपके अवचेतन मन से बाहर निकाल फेंके। उपरोक्त उदाहरण से, एक अपरिहार्य निष्कर्ष निकाला जा सकता है कि सकारात्मक इनपुट की मात्रा और गति इतनी महत्त्वपूर्ण नहीं है, लेकिन सकारात्मक विश्वासों का निरंतर प्रवाह बेहद महत्त्वपूर्ण एवं आवश्यक है। केवल सकारात्मकता के नियमित प्रवाह से ही नकारात्मकता की गहरी पैठी जड़ें आपके सिस्टम से बाहर निकल पाएँगी।

आइए हम गहरे पैठ बना चुके तरह-तरह के नकारात्मक विश्वासों और उनसे संबंधित सकारात्मक प्रेरणा के कुछ उदाहरण देखें कि कैसे दूसरे लोगों ने उन्हीं हालातों में सफलता प्राप्त की—

नकारात्मक विश्वास	दूसरों से सकारात्मक प्रेरणा
मैं तो मामूली सी नौकरी कर रहा हूँ। मैं अपनी बेहतरी के लिए कुछ भी नहीं कर सकता।	धीरूभाई अंबानी अपने शुरुआती दिनों में एक पेट्रोल पंप पर काम करते थे। उनकी दूरदृष्टि ने उन्हें दुनिया के सबसे बड़े व्यापारिक साम्राज्यों में से एक बनाने के लिए प्रेरित किया।
मैं जो कुछ भी करता हूँ, उसमें बार-बार असफल रहता हूँ।	अमेरिका के राष्ट्रपति बनने से पहले अब्राहम लिंकन भी विभिन्न चुनावों में 15 बार हारे थे।

मैं बहुत गरीब परिवार का हूँ।	पूर्व राष्ट्रपति एपीजे अब्दुल कलाम एक गरीब परिवार के थे। उन्होंने जो शिक्षा हासिल की और वैज्ञानिक ज्ञान के जिस उच्चतम स्तर को हासिल किया, वह हमारे लिए एक मिसाल है। इन दिनों, सिविल सेवा परीक्षाओं और न्यायपालिका परीक्षाओं में सफल होनेवाले छात्रों की इतनी कहानियाँ हैं, जिनके माता-पिता गरीब थे।
मेरी विषम परिस्थितियों की वजह से मैं अच्छी शिक्षा हासिल नहीं कर पाया।	फोर्ड मोटर्स के संस्थापक और मालिक हेनरी फोर्ड को भी उनके बचपन में अच्छी शिक्षा प्राप्त नहीं हुई थी।
मुझमें कोई शारीरिक अक्षमता है।	सुधा चंद्रन एक जीवित किंवदंती हैं। उन्होंने अपना एक पैर खो दिया था, लेकिन उन्होंने कृत्रिम पैर की मदद से नृत्य करना जारी रखा और आज वे नृत्य और अभिनय में एक सफल कॅरियर का आनंद ले रही हैं। हेलेन केलर एक मूक-बधिर शख्सियत थीं। उन्होंने महिलाओं के मताधिकार, श्रमिक अधिकार, समाजवाद और अन्य सामाजिक कार्यों के लिए अभियान चलाए। भारत में बनी फिल्म 'ब्लैक' उन्हीं से प्रेरित थी। जब उनसे पूछा गया कि अंधा होने से बुरा क्या हो सकता है, तो उन्होंने जवाब दिया कि अंधा होने से ज्यादा बुरा है कि आपके पास आँखें तो हों, पर कोई दूरदृष्टि न हो।

घटिया आत्म-छवि से छुटकारा पाएँ

अपनी **घटिया आत्म-छवि** से छुटकारा पाना निहायत जरूरी है, जिसके बिना आप सफलता की राह पर आगे नहीं बढ़ सकते, क्योंकि घटिया आत्म-छवि आपकी सफलता के रथ पर ब्रेक की तरह काम करती है।

खुद से कहना शुरू कीजिए कि 'मैं खुद को प्यार करता हूँ'। यह वाक्यांश 'मैं खुद से नफरत करता हूँ' का एक प्रतिकार (antidote) है। शुरू में आपको अपने आपको प्यार करने के लिए कोई कारण नहीं मिलेगा और आपको लगेगा कि यह वास्तव में असत्य है। कोई बात नहीं। फिर भी दोहराते रहिए कि 'मैं खुद को प्यार करता हूँ।' इसके पीछे एक बड़ा मनोवैज्ञानिक सोच है। अभी तक आप दोहराते रहे हैं कि 'मैं खुद से नफरत करता हूँ', इसलिए आपका अवचेतन मन भी स्वयं से नफरत करने के कारण ढूँढ़ने का आदी हो गया है। एक बार जब आप अपने आपसे कहना शुरू करेंगे कि 'मैं खुद से प्यार करता हूँ', तो भले ही शुरू में यह झूठ या अटपटा लगे, लेकिन धीरे-धीरे आपके अवचेतन मन की नए सिरे से प्रोग्रामिंग हो जाएगी, जो आपको यह सोचने के कारण ढूँढ़ने के लिए मजबूर करेगी कि आपको अपने आपसे प्यार क्यों

करना चाहिए।

मैं यह भी सुझाव देना चाहूँगा कि इसे केवल अवचेतन मन के लिए ही नहीं छोड़ देना चाहिए वरन् आपको अपने चेतन मन के साथ भी नए इनपुट प्रदान करते रहना चाहिए। यदि आप अपने आपको असफल मानते हैं, तो मैं आपको अपने अतीत में झाँकने का सुझाव दूँगा ताकि आप देख सकें कि आपने अतीत में कौन सी अच्छी चीजें की हैं, जिनसे आप सफल हुए हैं। मेरा विश्वास कीजिए, आप कई पेज भर देंगे। यह आपके अवचेतन मन की सकारात्मक प्रोग्रामिंग शुरू करने के लिए एक अच्छा प्रारंभिक बिंदु होगा। यह आपको बेहतर महसूस कराएगा और आपके आत्मविश्वास को बढ़ाएगा एवं आपके भीतर यह सोच विकसित होने लगेगी कि जब मैं अतीत में भी सफल हो चुका हूँ, तो मैं भविष्य में भी सफल हो सकता हूँ।

अपने अतीत के बारे में सोचिए। आप पाएँगे कि सैकड़ों गतिविधियाँ हैं, जिन्हें आपको शुरू में करना मुश्किल लगता था, लेकिन समय के साथ और अभ्यास के साथ, आप उत्तम बन गए। याद कीजिए, जब आपने साइकिल चलाना सीखा था, तब आपके दिल में भय का क्या स्तर था कि आप दो पहियों पर साइकिल कैसे संतुलित करेंगे; या आप गिर जाएँगे और घायल हों जाएँगे। याद कीजिए, 2 का पहाड़ा याद करना कितना मुश्किल था, लेकिन अभ्यास के बाद आप 17 और 19 के कठिन पहाड़ों को याद रखने के भी अभ्यस्त हो गए थे। आपको हमेशा समझना चाहिए कि शुरू में कोई भी नई चीज मुश्किल लगेगी, लेकिन अभ्यास के साथ, आप बेहतर और बेहतर और बेहतर बनते चले जाएँगे।

कभी-कभी लोग सोचते हैं कि कोई उन्हें पसंद नहीं करता है या वे चाहते हैं कि उन्हें हर व्यक्ति पसंद करे। यहाँ मैं आपको यह बताना चाहता हूँ कि दुनिया में ऐसा कोई नहीं हुआ, जिसे सारे लोग पसंद करते हों, यहाँ तक कि गौतम बुद्ध, यीशु मसीह, महात्मा गांधी, नेल्सन मंडेला, दलाई लामा को भी हर किसी ने पसंद नहीं किया था। आपको एक नई सोच विकसित करनी होगी कि मैं अच्छा हूँ और अगर कुछ लोग मुझे पसंद नहीं भी करते हैं, तो भी कोई फर्क नहीं पड़ता है।

मैं जोरदार अनुशंसा करता हूँ कि कृपया आगे पढ़ना रोक दीजिए और इस बिंदु पर गहराई से विचार करने के लिए कुछ समय दीजिए, क्योंकि आपके अवचेतन मन की सकारात्मकता के साथ फिर से प्रोग्रामिंग इस पुस्तक को पढ़ने का सबसे महत्त्वपूर्ण लाभ है, लेकिन याद रखिए, सिर्फ मानसिक रूप से ऐसा मत कीजिए। कृपया एक कागज और पेन का इस्तेमाल कीजिए। मैं आपको गारंटी देता हूँ कि एक बार जब आप कागज पर विचार करना शुरू कर देंगे, तो आप कभी नहीं पछताएँगे।

विश्वास कीजिए कि यदि किसी और ने यह किया है तो मैं भी कर सकता हूँ

अवचेतन मन और विश्वास प्रणाली की शक्ति का एक सुंदर उदाहरण 4 मिनट से कम समय में एक मील दौड़ने का इतिहास है। वर्ष 1954 से पहले कोई भी व्यक्ति चार मिनट से भी कम समय में एक मील की दूरी दौड़ने में सफल नहीं हुआ था। ऐसा माना जाता था कि ऐसा करना मनुष्य के लिए शारीरिक रूप से असंभव था। यह खतरनाक भी माना जाता था और रिसर्च बताती थीं कि यदि कोई यह कोशिश करेगा, तो उसके दिल और नर्वस सिस्टम पर गंभीर प्रतिकूल प्रभाव पड़ सकता है, जिससे उसकी मृत्यु तक हो सकती है। 6 मई, 1954 को रोजर बैनिस्टर ने 4 मिनट से भी कम समय में (3 मिनट 59.4 सेकंड) एक मील की दूरी तय की। एक लंबे समय से चला आ रहा मिथक टूट गया और इससे दूसरे लोगों के मन में भी यह विश्वास घर कर गया कि वे भी ऐसा कर सकते हैं।

आपको जानकार हैरानी होगी कि रोजर बैनिस्टर का रिकार्ड केवल 45 दिन तक चला। 1954 से अभी तक 20,000 से अधिक व्यक्तियों ने 4 मिनट से कम समय में एक मील की दूरी तय की है। आखिर क्या बदल गया है ? विश्वास कि शरीर के लिए यह करना संभव है; दिल फट नहीं जाएगा; नर्वस ब्रेकडाउन नहीं होगा। विश्वास बदल जाने के बाद कई धावक 4 मिनट से कम समय में एक मील चलने में सक्षम हो गए। यह न केवल पैरों का परीक्षण था, लेकिन यह पूरे शरीर का परीक्षण और सोच तंत्र का भी परीक्षण था। रोजर बैनिस्टर स्वयं एक न्यूरोलॉजिस्ट थे। उन्होंने अपने शरीर के साथ ही अपने मानस पर भी काम किया और इसके लिए प्रयास करने का फैसला किया। शोधों ने साबित किया है कि शरीर और मन के बीच एक निश्चित लिंक है। जो भी आप सोचते हैं या विश्वास करते हैं, वह आपके प्रदर्शन को प्रभावित करेगा और आपके जीवन को आकार देगा और आपको सफलता प्राप्त करने में सहायता करेगा।

मैं आपको एक और उदाहरण देता हूँ। 1953 में सर एडमंड हिलेरी और तेनजिंग नोर्गे द्वारा माउंट एवरेस्ट पर विजय प्राप्त की गई और उसके बाद विभिन्न पर्वतारोहियों द्वारा माउंट एवरेस्ट पर चढ़ने की एक नियमित परंपरा शुरू हुई। यह केवल एक नया विश्वास विकसित होने के कारण हुआ कि ऐसा करना संभव है और अगर कोई और ऐसा कर सकता है, तो मैं भी इसे पहले के माउंट एवरेस्ट विजेताओं द्वारा अपनाए गए रास्तों और व्यवस्थित प्रक्रियाओं का पालन करके माउंट एवरेस्ट पर विजय प्राप्त कर सकता हूँ।

क्या आप इस बात पर यकीन करेंगे कि वर्ष 2013 में जापान के यूचिरो मिउरा

(Yuichiro Miura) ने 80 साल 224 दिनों की उम्र में माउंट एवरेस्ट पर चढ़ने में सफलता प्राप्त की। वर्ष 2010 में, संयुक्त राज्य अमेरिका के जॉर्डन रोमेरो (Jordan Remero) ने महज 13 साल 10 महीने और 10 दिन की उम्र में माउंट एवरेस्ट पर सबसे कम उम्र में चढ़ने का कीर्तिमान बनाया। 2014 में, भारत की एक युवा लड़की, मालावथ पूर्णा (Malavath Purna) सिर्फ 13 साल और 11 माह की उम्र में माउंट एवरेस्ट पर चढ़ गई और अब दिल थामकर बैठिए, क्योंकि आप यह जानकर चकित हो जाएँगे कि वर्ष 2001 में एरिक वेंमेयर (Erik Weighenmayer) नामक एक अंधे व्यक्ति ने भी माउंट एवरेस्ट पर फतह हासिल करने में सफलता प्राप्त की।

यह सब क्या दरशाता है ? यह इस विश्वास की ताकत को दरशाता है कि पहले के पर्वतारोहियों द्वारा चिह्नित एवं अनुक्रमित मार्ग और व्यवस्थित प्रक्रियाओं का पालन करके माउंट एवरेस्ट पर भी फतह प्राप्त की जा सकती है, उम्र और लिंग से कोई फर्क नहीं पड़ता। मानव इच्छा और दृढ़ संकल्प की कोई सीमा नहीं है। आपको बस किसी भी कार्य को करने के लिए विश्वास करना होगा।

> By following the route and systematic process followed by earlier climbers, even Mount Everest can be peaked, age & sex don't matter. There is no limit to human will, determination and resolve. You have to just believe it to do it.

चाँद पर मानव के कदम पहुँचना भी ऐसा ही एक मील का पत्थर था। इससे पहले, चाँद पर जाने की बात सोचना भी कल्पना से परे था, लेकिन एक बार यह हो जाने के बाद, अब चंद्रमा और अन्य ग्रहों के लिए मानव मिशन भेजना एक नियमित बात हो गई है। उन्हें बस पहले इस्तेमाल किए गए नुस्खों का पालन करना होता है।

एक समय, एकदिवसीय अंतरराष्ट्रीय क्रिकेट में यह कल्पना करना भी मुश्किल था कि कोई खिलाड़ी केवल 50 ओवर तक चलनेवाली एक पारी में 200 रन बना सकता है, लेकिन वर्ष 2010 में सचिन तेंदुलकर ने न केवल 194 रनों के 13 साल पुराने कीर्तिमान को तोड़ा, बल्कि उन्होंने एकदिवसीय अंतरराष्ट्रीय मैचों के इतिहास का पहला दोहरा शतक भी जड़ दिया। यह न केवल 200 रनों के जादुई आँकड़े की वजह से ही एक मील का पत्थर था, बल्कि इस तथ्य के कारण भी था कि उस समय सचिन तेंदुलकर की उम्र लगभग 37 साल थी और हम सभी जानते हैं कि 37 साल की आयु एक उच्च स्तर की क्रिकेट के लिए बहुत ज्यादा मानी जाती है। इस घटना ने अन्य खिलाड़ियों को विश्वास दिलाया कि यदि एक 37 वर्ष के उम्रदराज व्यक्ति द्वारा एकदिवसीय अंतरराष्ट्रीय मैच में

200 रन बनाए जा सकते हैं, तो वे भी यह कर सकते हैं। उसके पश्चात् वीरेंद्र सहवाग ने 2011 में 200 से ज्यादा रन बनाए, यहाँ तक कि रोहित शर्मा ने तो एक बार 250 रन का आँकड़ा भी पार किया है। क्या आप यकीन करेंगे कि सचिन तेंदुलकर द्वारा 200 रनों की उस पारी के बाद, एक पारी में 200 या उससे अधिक रन कई बार बनाए जा चुके हैं। ऐसा कैसे संभव हुआ ? इसलिए, क्योंकि सचिन तेंदुलकर ने बाकी खिलाडियों के मन में एक विश्वास पैदा किया कि अगर कोई और ऐसा कर सकता है, तो मैं भी कर सकता हूँ।

> Hope is born when we see or hear about someone who overcame difficult odds to become successful and we say, "May be I can do that, too."
>
> **—Zig Ziglar**

एक बात जो मैं यहाँ विशेष रूप से कहना चाहता हूँ, वह यह है कि अब तक आप जिस विश्वास प्रणाली के साथ जी रहे थे और जो आपके खिलाफ काम कर रही थी, उसी विश्वास प्रणाली का उपयोग आप थोड़ी जागरूकता के साथ अपने लिए काम कराने के लिए कर सकते हैं। आपको ऐसा विश्वास पैदा करना होगा कि अगर किसी और ने पहले ऐसा किया है, तो मैं भी ऐसा कर सकता हूँ, क्योंकि अब सफल होने का नुस्खा उपलब्ध है।

अब देखें, आप अपने जीवन में इस सिद्धांत को कैसे लागू कर सकते हैं। मैं एक छात्र का उदाहरण लेता हूँ, जो या तो CAT/CLAT/IIM आदि जैसी प्रवेश परीक्षाओं की तैयारी में लगा है या सिविल सेवा जैसी परीक्षाओं के लिए तैयारी कर रहा है या पेशेवर पाठ्यक्रम जैसे चार्टर्ड अकाउंटेंसी आदि के लिए तैयारी कर रहा है। हर परीक्षा में उम्मीदवार विफलता से डरते हैं। उन्हें लगता है कि हर साल इस परीक्षा विशेष में बहुत सारे उम्मीदवार विफल हो जाते हैं। उनका आत्मविश्वास कम होना शुरू हो जाता है और उनका अवचेतन मन भी उनके आत्मविश्वास को डिगाने में भरपूर भूमिका निभाना शुरू कर देता है। इसके विपरीत, यदि आप देखें कि हर साल ऐसे भी छात्र होते हैं, जो चार्टर्ड एकाउंटेंट बन जाते हैं या जो प्रवेश स्तर की परीक्षा पास करते हैं या आईएएस आदि बनते हैं, तो आपका आत्मविश्वास बढ़ेगा। आपको केवल सफलता के मार्ग का पालन करने की आवश्यकता है। आपको अपनी पढ़ाई पर ज्यादा ध्यान देना होगा और सफलता के लिए आवश्यक कुछ योग्यताएँ विकसित करनी होंगी। देखिए कि सफल लोग क्या करते हैं और उसी रास्ते का अनुसरण कीजिए और एक अजेय व्यक्ति बन जाइए। आपको गौप्टा का पालन करना होगा, यानी अपने लक्ष्यों की दिशा में सकारात्मक सोच के साथ अनुशासित कार्यों को करना होगा।

अस्थायी असफलता जीवन का अंत नहीं है

अक्सर लोग अस्थायी असफलताओं को जीवन की समाप्ति मान लेते हैं और यह विश्वास करने लगते हैं कि वे हर जगह विफल होते हैं और विफल होते रहेंगे, लेकिन यह सही नहीं है। ऐसा कोई व्यवसाय नहीं है, जिसे अस्थायी असफलताओं का सामना नहीं करना पड़ता। अपने जीवन के प्रत्येक क्षेत्र में आपको अस्थायी असफलता का सामना करना पड़ सकता है; लेकिन जीवन रुकता नहीं है। इसे अपनी प्रगति के मार्ग में अवश्यंभावी हिस्से के रूप में देखना चाहिए और अस्थायी असफलताओं से सबक सीखकर जीवन में आगे बढ़ते रहना चाहिए। यह मानकर नहीं बैठ जाना चाहिए कि हम असफल हैं। महान् प्रेरक वक्ता जिग जिगलर कहते हैं, 'विफलता एक घटना है, व्यक्ति नहीं' (Failure is an event, not a person)। यदि आप किसी परीक्षा में सफल नहीं हुए हैं, तो इसका मतलब यह नहीं है कि आप जीवन में भी असफल हो गए या यह जीवन का अंत है। जीवन चलता रहता है और आपको अलग-अलग अवसर प्रदान करता रहता है। संभव है, कभी पहले की तुलना में भी बेहतर अवसर आपके हाथ आ जाए। आपको खुले दिमाग के साथ अगले मौके को दोनों हाथों से लपकने के लिए तैयार रहना चाहिए।

नेपोलियन हिल कहते हैं, यदि आपके भीतर सफलता का वास्तविक बीज है, तो थोड़ी प्रतिकूल परिस्थिति या अस्थायी हार केवल उस बीज का पोषण करने और इसे परिपक्व करने का काम करेगी। जब दिव्य चेतना चाहती है कि कोई महान् व्यक्ति या महिला दुनिया में कुछ आवश्यक सेवा प्रदान करे, तो उस भाग्यशाली व्यक्ति का किसी तरह की असफलता के माध्यम से परीक्षण किया जाता है। यदि आप ऐसे किसी दौर से गुजर रहे हैं, जिसे आप असफलता मानते हैं, तो धैर्य रखें; आप अपने परीक्षण के समय से गुजर रहे हो सकते हैं।

असीम व्यक्ति बनें

कल्पना कीजिए कि आपके लिए कोई सीमाएँ नहीं हैं। कल्पना कीजिए, आपके पास अलादीन का जादुई चिराग है, जो आपको कोई भी मनपसंद सकारात्मक विश्वास अपने भीतर पैदा करने की आपकी इच्छा को साकार कर सकता है। आप क्या विश्वास चुनना पसंद करेंगे? मेरे हिसाब से तो आपको 'मैं सफल होने के लिए बना हूँ' का चयन करना चाहिए। आखिरकार, आप ईश्वर की रचना हैं और ईश्वर की रचना घटिया कैसे हो सकती है? जब मैं अपने सपनों की परियोजना 'साल में 1000 Productive घंटे कैसे बढ़ाएँ' पर काम कर रहा था, मैं इस दृढ़ विश्वास से भर गया था कि मुझे इस काम के

लिए सर्वशक्तिमान ईश्वर द्वारा चुना गया है और मुझे सफलता मिलनी निश्चित है, क्योंकि वे मुझे इस काम को करने के लिए वांछित ऊर्जा व शक्ति प्रदान कर रहे हैं, और वही इस प्रक्रिया के दौरान मेरा मार्गदर्शन भी कर रहे हैं तथा मेरे रास्ते में आनेवाली बाधाओं को दूर कर रहे हैं; यदि कोई भी रुकावट मेरे रास्ते में आएगी, तो ईश्वर द्वारा उस रुकावट से पार पाने और आगे बढ़ने के लिए शक्ति प्रदान की जाएगी।

इसी प्रकार, यदि आपकी आतंरिक विश्वास प्रणाली आपसे कहती है कि आप सफल होने में सक्षम नहीं हैं, तो बस सोचना शुरू कीजिए कि आप सफल हो सकते हैं और चमत्कारिक परिवर्तन देखिए। विश्वास प्रणाली में यह परिवर्तन आपके सोच की प्रक्रिया में परिवर्तन के रूप में प्रकट होगा और आपके कार्य भी उसी अनुरूप होने लगेंगे। यदि आपकी विश्वास प्रणाली कहती है कि आप अपनी कमाई में वृद्धि करने में सक्षम नहीं हैं, तो अपने अतीत में झाँकिए और अपने आपसे पूछिए कि क्या आप पहले से ही अपने शुरुआती वेतन से अपनी आय के स्तर में वृद्धि कर चुके हैं या अपने व्यवसाय की शुरुआती आय में वृद्धि कर चुके हैं। यदि हाँ, तो इसका मतलब है कि आप जानते हैं कि आय एक अवधि में बढ़ जाती है और आप पहले से ही अपनी आय बढ़ाने की कला जानते हैं। आपको बस इस वृद्धि दर (Growth Rate) की गति को बढ़ाना सीखना है। इस दिशा में पहला कदम यह विश्वास करना है कि आप ऐसा कर सकते हैं। फिर आपको यह पता लगाना होगा कि आपको कौन से कौशल सीखने की आवश्यकता है और इस वृद्धि दर को हासिल करने के लिए किन-किन लोगों से रिश्ते विकसित करने की आवश्यकता होगी। इसे हम विस्तार से बाद में समझेंगे।

याद रखें, यदि आप अपनी क्षमताओं में विश्वास करते हैं, तो आपकी अपेक्षाएँ स्वत: ही बढ़ जाएँगी। अपेक्षाओं के साथ आपकी सकारात्मक कारखाइयाँ स्वत: बढ़ जाएँगी और आप सफलता के मार्ग में आनेवाली चुनौतियों और बाधाओं को जीतने में सक्षम होंगे।

स्वयं को सीमित करनेवाले विश्वासों पर काबू कैसे पाएँ

पहला कदम स्वयं को सीमित करनेवाले विश्वासों की पहचान है। यह सबसे जटिल काम है; सकारात्मक विश्वासों को खोजने और विकसित करने से भी ज्यादा जटिल। यदि आप सही सीमित विश्वास की पहचान करने में सफल हो जाते हैं तो समझिए कि आपने आधी लड़ाई जीत ली। असल में होता क्या है कि जब आप सीमित करनेवाले विश्वासों को पहचानने की कोशिश करते हैं, तो आपकी सोच प्रक्रिया कुछ सतही विश्वास आपके सामने प्रस्तुत करती है, जो कि सचमुच आपको सीमित नहीं कर रहे होते हैं। दरअसल ये सिर्फ ब्रेक हैं, असफलता के पीछे के वास्तविक कारण नहीं।

आपको मूल सीमित करनेवाले विश्वासों की पहचान करनी है।

उदाहरण के लिए, अगर आप अपना वजन कम करने की कोशिश करते हैं और आप आत्मनिरीक्षण करने की कोशिश करते हैं, तो आपका अवचेतन मन आपको सुझाव देगा कि आप वजन कम नहीं कर सकते, क्योंकि आप सुबह घूमने जाना पसंद नहीं करते। यह सही नहीं है। यह केवल सतही विश्वास है। असल में मुख्य विश्वास यह है कि सुबह-सुबह घूमने के लिए आप अपने बिस्तर को छोड़ना पसंद नहीं करते हैं। आप व्यायाम करने के लिए समय नहीं निकालना चाहते हैं और आपने अभी तक अपने जीवन में इसे प्राथमिकता नहीं दी है। एक बार जब आप अपने सीमित करनेवाले विश्वास को सही तरह से पहचान लेंगे, तो यह पता लगाना आसान हो जाएगा कि कैसे इस पर काबू किया जाए।

यहाँ एक बार फिर मैं सकारात्मक से नकारात्मक पर काबू करने की आवश्यकता पर जोर देना चाहता हूँ। हमें अपने स्वयं के सीमित करनेवाले विश्वासों को एक-एक करके पहचानना होगा और उन्हें गौप्टा की मदद से सही विश्वासों द्वारा बदलना होगा।

> Some people say, 'I will believe it when I see it.' I prefer to say, 'I will see it when I believe it.'
>
> **—Dr. Robert Schuller**

अच्छी खबर यह है कि एक आसान और व्यवस्थित कार्ययोजना का पालन करके, आप सकारात्मक विश्वासों को आसानी से हासिल कर सकते हैं और नकारात्मक विश्वासों को उखाड़ फेंक सकते हैं। मैं यहाँ एक व्यावहारिक उदाहरण लेता हूँ। मान लीजिए कि आपकी वर्तमान आय 50,000 रुपए प्रतिमाह है और आप प्रतिमाह 2 लाख रुपए अर्जित करना चाहते हैं। आपका अवचेतन मन आपसे कहेगा कि आप उस राशि की कमाई करने में सक्षम नहीं हैं या यह बहुत बड़ा लक्ष्य है। यहाँ आपकी विश्वास प्रणाली आपके लक्ष्य के अनुकूल नहीं है और आपकी गति में ब्रेक लगा रही है। अच्छी खबर यह है कि आप अपने प्रत्येक सीमित करनेवाले विश्वास को एक व्यवस्थित कार्ययोजना का पालन करके सुधार सकते हैं और उपयोगी विश्वास हासिल कर सकते हैं।

- आपको पहले पहचानना होगा कि आपको सीमित करनेवाले विश्वास कौन-कौन से हैं, जो आपको जीवन के किसी भी क्षेत्र विशेष में पीछे खींच रहे हैं।
- अब यह पहचानने की कोशिश करें कि ये विश्वास आपके अवचेतन मन में कैसे गहरे पैठ गए।
- अब सबसे महत्त्वपूर्ण हिस्सा यह है कि इस विश्वास को क्यों बदला जाए! इस विश्वास को दूसरे सकारात्मक विश्वास द्वारा बदल देने से आपको क्या

लाभ मिलेगा? यह आपको भविष्य में आनेवाले किसी भी कठिन समय में आवश्यक प्रेरणा प्रदान करेगा।

- अब आपको यह पता लगाना होगा कि आपको कौन से सकारात्मक विश्वासों की आवश्यकता है। कुछ ऐसा चुनिए, जो अगर सच हो जाए तो आपकी जिंदगी बदल देने में सक्षम हो। मान लीजिए कि आपका पुराना विश्वास यह था कि आप अपनी आय में वृद्धि नहीं कर सकते। इसके बदले आप यह विश्वास चुन सकते हैं कि आपका अपनी आय पर पूर्ण नियंत्रण है और आप अपनी आय बढ़ा सकते हैं।
- दृश्यीकरण (visualise) करना प्रारंभ करें कि आपने इस नए विश्वास को ठीक से अपना लिया है।

लेकिन आप केवल विश्वास करके ही सफल नहीं हो जाएँगे। आपको गौप्टा से अपनी नई विश्वास प्रणाली को समर्थन प्रदान करना होगा। धीरे-धीरे आपका अवचेतन मन आपके नए विश्वास का समर्थन करने के लिए साक्ष्य माँगेगा, जिसे आपको उपलब्ध कराना होगा। आप सप्ताह में अतिरिक्त समय काम करने के रूप में; या कोई अंशकालिक काम करना प्रारंभ करने के रूप में; या पहले की तुलना में अधिक कार्यकुशल तरीके से कार्य करने के रूप में ठोस साक्ष्य प्रदान कर सकते हैं। याद रखें, गौप्टा बहुत शक्तिशाली है, जो आपके मूल सिद्धांतों को आमूलचूल बदल सकता है। आपको कुछ क्षेत्रों में अपने कौशल में सुधार करना होगा और अपनी नई विश्वास प्रणाली का समर्थन करने के लिए आवश्यक ज्ञान भी प्राप्त करना होगा।

आपको अपने दिमाग में दिए जानेवाले इनपुट का सही तरीके से चयन करना होगा। आपको किन लोगों के साथ जुड़ना है, इसे चुनने में भी सावधान रहना होगा, क्योंकि आपके सहयोगी आपकी विश्वास प्रणाली को प्रभावित करते हैं। अगर आप किसी नए विश्वास को हासिल करने के लिए प्रयास कर रहे हैं, तो उन लोगों का साथ करने की कोशिश करें, जो आपकी नई विश्वास प्रणाली को प्रोत्साहित करें। आप अपने क्षेत्र में अपने ज्ञान को बढ़ाने के लिए भी लगातार काम करते रहें और यदि संभव हो तो अपने क्षेत्र में किसी मार्गदर्शक की तलाश करें। आपने यह ध्यान दिया होगा कि यदि कोई आपसे कहता है कि आप कुछ काम करने के काबिल हैं, तो आपकी दक्षता बहुत बढ़ जाती है।

मान लीजिए कि आप बिक्री के क्षेत्र में सफल होना चाहते हैं, तो आपको बिक्री से संबंधित कौशल सीखना चाहिए। यदि आप किसी कार्यालय में हैं, तो आपको यह पता होना चाहिए कि कार्यालय में सफलता की नई ऊँचाइयों को हासिल करने के लिए आपको कौन से कौशल सीखने से मदद मिलेगी। यदि आप एक डॉक्टर हैं, तो आपको मेडिसिन के क्षेत्र में नवीनतम शोधों से स्वयं को अद्यतन रखना होगा। यदि आप

इंटीरियर डेकोरेटर हैं, तो आपको अपने क्षेत्र में दुनिया भर के रुझानों के साथ अपने ज्ञान को अद्यतन रखना होगा। सिर्फ विश्वास करना ही पर्याप्त नहीं है। आपको लक्ष्योन्मुख सकारात्मक सोच और सकारात्मक रचनात्मक कार्यों द्वारा अपनी नई विश्वास प्रणाली का समर्थन करना होगा और नई विश्वास प्रणाली अपना जादू दिखाएगी। नवप्राप्त ज्ञान और नए सीखे गए कौशल से आपका आत्मविश्वास बढ़ेगा और आंतरिक सकारात्मकता बढ़ जाएगी।

सकारात्मकता अँधेरे कमरे में प्रकाश की तरह काम करती है। सिर्फ 5 वॉट का एक छोटा सा बल्ब अँधेरे को दूर करने में सक्षम होता है। सकारात्मकता के लिए, मैं आपको अपनी दैनिक दिनचर्या की जाँच करने और कुछ नई आदतें अपनाने का सुझाव देता हूँ, जैसे रोजाना व्यायाम करना; रोज पढ़ना; बिना किसी उम्मीद के किसी की मदद करने की आदत; छोटे-छोटे मौकों पर मुस्कुराने की क्षमता विकसित करना। इन सबका असर आपके समग्र व्यक्तित्व एवं आपके अवचेतन मन पर भी होगा और धीरे-धीरे स्वयं को सीमित करनेवाले विश्वास आपके सिस्टम से बाहर निकलने के लिए मजबूर हो जाएँगे। हमेशा चाय के प्याले के उदाहरण को याद रखें, जहाँ चाय पानी के निरंतर प्रवाह के लिए जगह बनाती है। एक समय आएगा, जब आपका अवचेतन मन नए नकारात्मक विचारों या विश्वासों को आपके मन में प्रवेश करने से रोकना शुरू कर देगा।

तो आज प्रण करें कि आप पहले उन विश्वासों की पहचान करेंगे, जो आपके लक्ष्यों के अनुरूप नहीं हैं और पुराने मानसिक अवरोधों को दूर करने और अपने लक्ष्यों को प्राप्त करने के लिए आवश्यक नए विश्वासों को प्राप्त करने के लिए हरसंभव प्रयास करेंगे। आप अपने परिवार के सदस्यों, अपने सहयोगियों, मित्रों और अन्य लोगों की मदद ले सकते हैं। एक बार जब आप अपने लक्ष्यों के साथ अपने विश्वासों और कार्यों को एकाकार कर लेते हैं, तो सकारात्मक परिणाम स्वचालित रूप से प्रकट होने लगेंगे।

2. नकारात्मक समय उपयोग की आदतें

लक्ष्य निर्धारण की प्रक्रिया सीखने से पहले आपको अपने कुछ नकारात्मक समय उपयोग की आदतें बदलने के लिए तैयार रहना होगा। सबसे पहले हमें हमारे समय उपयोग के पैटर्न की पहचान करने की जरूरत है। उसके बाद ही हम पहचान पाएँगे कि कौन सी गतिविधियाँ हमें अपने लक्ष्यों की ओर नहीं ले जा रही हैं।

मैं अपना स्वयं का उदाहरण लेता हूँ। मैं कंप्यूटर या मोबाइल पर खेल खेलने, क्रिकेट देखने और इंटरनेट सर्फिंग का बहुत शौकीन था। ये गतिविधियाँ मेरे उत्पादक समय का एक बड़ा हिस्सा खा रही थीं। जब मैंने अपनी सपनों की परियोजना पर गंभीरता

से काम करने का निर्णय लिया, तो सबसे पहले मैंने एक सप्ताह के दौरान एक समय खाता बनाकर उसका बारीकी से विश्लेषण किया। मैंने पाया कि इन तीन गतिविधियों ने चुपचाप मुझे अंदर ही अंदर खोखला करना शुरू कर दिया था। मैंने इन आदतों को बदलने का फैसला किया और उत्पादक गतिविधियों में उपयोग करने के लिए समय बचाने का फैसला किया, जिससे मैं अपने सपनों के और करीब जा सकूँ। जैसा कि मैं बार-बार नकारात्मक से सकारात्मक की ओर जाने के लिए कहता हूँ, मैंने खुद भी अपने अतिरिक्त समय का इस्तेमाल अपनी कार्यशाला की सामग्री तैयार करने में करने का निर्णय लिया। परिणाम आपके सामने है।

यहाँ मैं आपको यह बता दूँ कि रातोरात मैं इन तीनों आदतों से छुटकारा नहीं पा सका। आखिर पुरानी आदतें इतनी आसानी से कैसे पीछा छोड़ देतीं। इसमें लगभग एक वर्ष का समय लगा। ईमानदारी से कहूँ तो आज भी मैं पूरी तरह से इन आदतों से छुटकारा नहीं पा सका हूँ। इस प्रक्रिया के दौरान कई बार इन आदतों ने मुझे अपनी ओर खींचने की कोशिश की और कई बार मेरे प्रयास कमजोर पड़ गए। कई बार मैं हारा भी, लेकिन फिर मैंने खुद को नियंत्रित कर लिया। जब भी मुझे क्रिकेट देखने या कंप्यूटर गेम खेलने की इच्छा होती थी, मैंने खुद से पूछना शुरू कर दिया, 'क्या यह गतिविधि मुझे अपने लक्ष्य के करीब ले जा रही है?' जवाब हमेशा नकारात्मकता में मिलता था।

ऐसा नहीं है कि आज मैं क्रिकेट नहीं देखता हूँ या आज कंप्यूटर या मोबाइल गेम नहीं खेलता या इंटरनेट सर्फिंग नहीं करता, लेकिन सच्चाई यह है कि आज मैं क्रिकेट को उतनी ही तवज्जो देता हूँ, जितनी किसी भी और खेल को, जैसे टेनिस या फुटबॉल। अब मैं पूरे दिन तक क्रिकेट नहीं देखता। सिर्फ किसी बड़े टूर्नामेंट के फाइनल जैसे मैच ही पूरे देखता हूँ। मैं अभी भी मोबाइल गेम खेलता हूँ, लेकिन थोड़े समय के लिए, आदत के रूप में नहीं। मैं अभी भी इंटरनेट सर्फिंग करता हूँ, लेकिन मैं अब सिर्फ उन्हीं वेबसाइटों पर जाता हूँ, जहाँ मैं वाकई जाना चाहता हूँ। हमें यह पहचानना होगा कि क्या हम सिर्फ मौज-मस्ती के लिए अपने समय का उपयोग कर रहे हैं और उन गतिविधियों पर अपने समय का अत्यधिक उपयोग कर रहे हैं, जो हमें हमारे लक्ष्यों के करीब नहीं ले जा रही हैं।

आपको यह समझना होगा कि इस जागरूकता को विकसित करने में समय लगता है। इसे रातोरात विकसित नहीं किया जा सकता। नकारात्मक समय उपयोग की आदतों से सकारात्मक समय उपयोग की आदतों की तरफ बढ़ना इतना आसान भी नहीं है। इसमें बहुत दृढ़ संकल्प लगता है। कम-से-कम एक सप्ताह के लिए अपने समय खाते का विश्लेषण करके सबसे ज्यादा नकारात्मक समय उपयोग की आदतों के बारे में जागरूक होना सही दिशा में पहला व सबसे अहम कदम है और फिर पुरानी आदतों को बदलने के लिए समय उपयोग की अच्छी आदतों को विकसित करने का प्रयास करें।

G.O.P.T.A. POINTS

- ✓ G.O.P.T.A. (गौप्टा) का मतलब है 'लक्ष्योन्मुख सकारात्मक सोच एवं कार्य'।
- ✓ लक्ष्य निर्धारण की प्रक्रिया और लक्ष्य प्राप्त करने के तरीकों में दो घातक बाधाएँ होती हैं : (i) स्वयं को सीमित करनेवाले विश्वास और (ii) नकारात्मक समय उपयोग की आदतें।
- ✓ यदि आपके विश्वास आपके लक्ष्यों के अनुकूल नहीं हैं, तो आपका अवचेतन मन साइकिल में ब्रेकिंग सिस्टम की तरह काम करेगा।
- ✓ हम किसी भी प्रकार के सीमित करनेवाले विश्वासों के साथ पैदा नहीं हुए थे। हमने इन्हें सीखा है, इसलिए हम इनकी जगह दूसरे अच्छे विश्वास सीख सकते हैं।
- ✓ बचपन से की गई अच्छी बातों की सूची बनाकर 'मैं इसे कर सकता हूँ' तरह के विश्वास अपने भीतर पैदा करें।
- ✓ यह विश्वास रखें कि जिस सर्वशक्तिमान ईश्वर ने आपको इस धरती पर भेजा है, उसने आपको अकेला नहीं छोड़ा है।
- ✓ अपने जीवन के हर क्षेत्र में नकारात्मक से सकारात्मक की ओर बढ़ें। चाय के प्याले के उदाहरण का दृश्यीकरण करते रहें।
- ✓ पहले के पर्वतारोहियों द्वारा चिह्नित एवं अनुक्रमित मार्ग और व्यवस्थित प्रक्रियाओं का पालन करके माउंट एवरेस्ट पर भी फतह प्राप्त की जा सकती है, उम्र और लिंग से कोई फर्क नहीं पड़ता। मानव इच्छा और दृढ़ संकल्प की कोई सीमा नहीं है। आपको बस किसी भी कार्य को करने के लिए विश्वास करना होगा।
- ✓ अस्थायी असफलता जीवन का अंत नहीं है।
- ✓ विश्वास करें कि 'मैं सफल होने के लिए जन्मा हूँ।'
- ✓ स्वयं को सीमित करनेवाले विश्वासों की पहचान करें, जो आपको जीवन के किसी भी क्षेत्र विशेष में पीछे खींच रहे हैं। अब पहचान करें कि आपको कौन सा सकारात्मक विश्वास अपनाने की आवश्यकता है और फिर उसे गौप्टा से सहयोग करें।

□

4

अवचेतन मन की शक्ति

> Whatever we plant in our sub-conscious mind and nourish with repetition and emotion will one day become a reality.
>
> **—Earl Nightingale**

मुझे यकीन है कि आपने कंप्यूटर का प्रयोग जरूर किया होगा। इसे चलाने के लिए एक बुनियादी ऑपरेटिंग सिस्टम की जरूरत पड़ती है, जैसे 'माइक्रोसॉफ्ट विंडोज' या 'मैक' आदि। आप अपनी आवश्यकताओं के अनुसार, अतिरिक्त प्रोग्राम और एप्लिकेशन खरीदते हैं और कंप्यूटर पर इंस्टॉल (Install) करते हैं। जब आपको किसी प्रोग्राम की आवश्यकता नहीं रहती, तो आप उसे अपने कंप्यूटर से हटा (uninstall) देते हैं। यदि आपको पता चलता है कि कंप्यूटर में कोई वायरस आ गया है, तो आप जल्दी-से-जल्दी उस वायरस से छुटकारा पाने का हरसंभव प्रयास करते हैं। आप अपने अवचेतन मन की तुलना बुनियादी ऑपरेटिंग सिस्टमवाले कंप्यूटर से कर सकते हैं। कालांतर में, आपने अपने सिस्टम में विभिन्न प्रकार के नकारात्मक विश्वास इंस्टॉल कर लिये हैं, जिनकी तुलना आप वायरस से कर सकते हैं। अच्छी खबर यह है कि आप नए सकारात्मक विश्वासों को स्थापित करके और संचित नकारात्मक विश्वासों को हटाकर, (uninstall) इन वायरस को अपने अवचेतन मन से बाहर निकालकर, अपने अवचेतन मन की पुनः प्रोग्रामिंग करके अपने मनचाहे भविष्य की पटकथा स्वयं लिख सकते हैं।

> You can rewrite the script of your future, by reprogramming your sub-conscious mind by installing new positive beliefs and uninstalling the accumulated negative beliefs and flush out these viruses out of your sub-conscious mind.

यह एक सामान्य जानकारी है कि आपका शरीर अरबों जीवित कोशिकाओं से बना होता है, जिनकी अपनी चेतना होती है और इन कोशिकाओं को मानव शरीर को बनाए रखने के लिए विशिष्ट कार्य आवंटित किए जाते हैं। आपका अवचेतन मन सार्वभौमिक अनंत चेतना और इन कोशिकाओं की सामूहिक चेतना के बीच का पुल है। आपका अवचेतन मन इन कोशिकाओं की चेतना को नियंत्रित करता है। यदि आप इस अवधारणा को समझ जाएँगे, तो आप अपनी प्रत्येक कोशिका की चेतना का नियंत्रण प्राप्त कर लेंगे। यही मुख्य कारण है कि यदि आप किसी भी प्रकार की बीमारी का विचार लंबे समय के लिए अपने अवचेतन मन में रखते हैं, तो वह बीमारी आपके शरीर में पनपने लगती है और यदि आप अपने अवचेतन मन को अपने लिए कुछ सकारात्मक करने के लिए निर्देशित कर सकते हैं, तो आपका अवचेतन मन आपके चेतन मन और शरीर की हर कोशिका को दिए गए निर्देशों का पालन करने के लिए निर्देशित करेगा। ऐसी कई कहानियाँ हैं, जहाँ किसी व्यक्ति को अवचेतन मन की शक्ति का उपयोग करके अच्छे स्वास्थ्य की प्राप्ति हुई। इस तरह अवचेतन मन की क्षमता का दोहन करने की तकनीक को 'auto suggestion' भी कहा जाता है, यानी स्वयं को सुझाव। आपको अपने लक्ष्य को देखना है; विश्वास करना है कि आप ऐसा कर सकते हैं और लक्ष्य-प्राप्ति रूपी पुरस्कार प्राप्त करने के लिए उचित मूल्य का भुगतान करने के लिए अपने आपको तैयार करना है। ऐसा करने से निश्चित तौर पर आपको लक्ष्य-प्राप्ति रूपी पुरस्कार प्राप्त होगा।

> "The principle of psychology through which you can impress your definite chief aim upon your subconscious mind is called Auto-suggestion, or suggestion which you repeatedly make to yourself."
>
> **—Napolean Hill**

विश्वास की शक्ति का उपयोग करें

आपको हमेशा याद रखना होगा कि आप किसकी संतान हैं। सोचिए यदि आप एक स्कूल में हैं और आप स्थानीय पुलिस अधीक्षक के बेटे हैं। आप कितने आश्वस्त होंगे कि आपको कोई छूने की हिम्मत भी नहीं कर सकता। यदि आप देश के प्रधानमंत्री के पुत्र हैं, तो आप आश्वस्त रहेंगे। आपको यह याद नहीं रखना पड़ता कि आप एस.पी. या प्रधानमंत्री के पुत्र हैं, क्योंकि आपका अंतर्मन इसे जानता है, इसलिए आप आश्वस्त रहते हैं कि यदि आपके साथ कुछ भी होता है, तो आपका पिता आपका ध्यान रखेगा।

लेकिन आप यह भूल जाते हैं कि वस्तुतः आप सर्वशक्तिमान ईश्वर की संतान हैं। आपको बार-बार याद रखने की आवश्यकता क्यों है कि आप वास्तव में किसकी संतान

हैं? कल्पना कीजिए, सर्वशक्तिमान परमेश्वर कितना शक्तिशाली है; आपको सिर्फ यह विश्वास विकसित करना है कि 'जिस परमपिता परमेश्वर ने मुझे इस दुनिया में भेजा है, उस परमपिता परमेश्वर ने मुझे अकेला नहीं छोड़ा है। वे परमपिता परमेश्वर हमेशा मेरे साथ हैं।' ऐसा प्रतिदिन 3 बार दोहराएँ। मैं आपको गारंटी देता हूँ कि दुनिया में कोई अन्य सकारात्मक विचार इससे अधिक शक्तिशाली नहीं है। यह सर्वशक्तिमान ईश्वर के साथ आपके जुड़ाव को मजबूत करता है। यह जुड़ाव न सिर्फ आपके आत्मविश्वास को बढ़ाएगा, बल्कि साथ-साथ आपके विभिन्न प्रकार के डरों पर भी काबू करने में सहायक होगा। बाधाएँ आ सकती हैं, लेकिन आपको उन पर काबू पाने के लिए साहस प्राप्त होगा। परमशक्ति से यह जुड़ाव आपके अवचेतन मन को अपने लक्ष्यों को प्राप्त करने के लिए उपयुक्त कार्यों का सुझाव देने के लिए पर्याप्त ईंधन भी प्रदान करेगा।

याद रखिए, सर्वशक्तिमान ईश्वर के साथ जुड़ाव होने से बेहतर कोई भावना नहीं है। अगर आप प्रार्थना में विश्वास करते हैं, तो आपके पास अपने लक्ष्यों को प्राप्त करने में मार्गदर्शन करने के लिए सर्वशक्तिमान ईश्वर से प्रार्थना करने का पूरा अधिकार है। आखिरकार आप ब्रह्मांड के पिता के समक्ष है। कल्पना कीजिए, अगर भगवान् आपके पीछे हैं, तो कौन आपके खिलाफ हो सकता है। जैसे आप अपने बच्चों की सभी इच्छाओं को पूरा करने के लिए कड़ी मेहनत करते हैं, ईश्वर भी आपको वह सबकुछ देता है, जो आपको चाहिए, हालाँकि यह अलग बात है कि आपकी माँग उचित होनी चाहिए। आपको खुद को बड़े पैमाने पर समाज के लिए रचनात्मक रूप से उपयोगी बनाने का प्रयास करना चाहिए। योगदानकर्ता बनें; सर्वशक्तिमान ईश्वर पर विश्वास करें और अपने जीवन में होनेवाले चमत्कार देखें।

प्रार्थना करते समय, आपका भाव धन्यवाद स्वरूप होना चाहिए, न कि माँग स्वरूप। याद रखिए, सर्वशक्तिमान ईश्वर आपकी जरूरतों को जानते हैं और वे स्वयं उन जरूरतों को उचित रूप से पूरा करेंगे। आपको अपनी प्रार्थनाएँ मौखिक रूप से पहुँचाने की जरूरत नहीं है। हाँ, आपको अपनी प्रार्थनाओं के माध्यम से अपना आभार व्यक्त करना सीखना होगा। भले ही आप जरूरत के समय कुछ माँगें, लेकिन जो भी भगवान् आपको देते हैं, हमेशा स्वीकार करने के लिए तैयार रहें। इसमें दो फायदे हैं; एक यह है कि यह कृतज्ञता को बढ़ाता है और दूसरा यह है कि आप नहीं जानते हैं कि परमेश्वर ने आपके लिए क्या सोचा है। यह आपकी अपेक्षाओं और प्रार्थनाओं से बहुत अधिक हो सकता है।

आप दूसरों के लिए भी विश्वास और प्रार्थना की शक्ति का उपयोग कर सकते हैं, खासकर उन लोगों के लिए, जो आपके साथ किसी भी रूप में जुड़े हुए नहीं हैं। यह आपके हृदय को विशाल बनाएगा और इसे दया भाव से भर देगा और आपका भगवान् के साथ जुड़ाव बढ़ेगा। इससे आपकी प्रार्थना और अधिक प्रभावी हो जाएगी।

लक्ष्य निर्धारण करके खुद को भविष्य में देखें और अवचेतन मन की शक्ति का इस्तेमाल पीछे की ओर दृश्यीकरण में करें

लक्ष्य निर्धारण करके खुद को भविष्य में देखिए और अवचेतन मन की शक्ति का इस्तेमाल पीछे की ओर दृश्यीकरण करने में कीजिए। कल्पना कीजिए कि आपके लिए कुछ भी हासिल करना संभव है। अपने आपको 5 साल बाद भविष्य में देखिए। कल्पना कीजिए कि आप भविष्य में एक आदर्श जीवन जी रहे हैं। फिर पीछे देखिए और खुद से पूछिए कि इस आदर्श स्थिति को हासिल करने के लिए आपने 5 वर्षों में क्या किया है। यह आपको अपने लक्ष्यों को प्राप्त करने के लिए आवश्यक कदम उठाने के लिए प्रेरित करेगा।

जैसा कि नेपोलियन हिल कहते हैं—

> "Science has established beyond the slightest room for doubt, that through the principle of Auto-suggestion any deeply rooted desire saturates the entire body and mind with the nature of the desire and literally transforms the mind into a powerful magnet that will attract the object of the desire, if it be within reason."

आपके अवचेतन मन की तीन प्रमुख उत्कृष्ट विशेषताएँ हैं। एक यह है कि यह आपके द्वारा दिए गए सभी इनपुट पर काम करता है, चाहे वे सकारात्मक हों या नकारात्मक; चाहे आंतरिक हों या किसी बाहरी स्रोत से। दूसरी यह है कि यह आपकी अनंत चेतना को वांछित परिस्थितियों को प्रकट करने के लिए या अपनी वांछित चीजों को हासिल करने के लिए हरसंभव प्रयास करता है। तीसरी यह है कि अवचेतन मन में आपके शरीर की हर कोशिका को वह काम करने के लिए निर्देश देने की शक्ति है, जो उसे करना चाहिए। अब यह आप पर निर्भर है कि आप अपने अवचेतन मन की अनंत शक्ति और अपनी अनंत बुद्धि को कैसे इस्तेमाल करते हैं। आप ब्रह्मांड की अनंत चेतना को अपने अवचेतन मन का मार्गदर्शन करने के लिए इस्तेमाल कर सकते हैं, ताकि आप अपनी लक्ष्य-प्राप्ति के लिए हरसंभव प्रयास कर सकें।

प्रारंभ में, आपके मन में संदेह और नकारात्मक विचार आएँगे कि लक्ष्य 'कैसे' (HOW) प्राप्त किया जाएगा, लेकिन आपको 'क्या' (WHAT) पर अपना ध्यान केंद्रित रखना होगा। अगर आप अपने लक्ष्य के 'क्या' वाले हिस्से के बारे में खुद को याद दिलाते रहें और लगातार अपेक्षित कार्यवाई करते रहें, तो 'कैसे' खुद अपना खयाल रख लेगा।

यदि आप एक घर खरीदना चाहते हैं, तो सिर्फ इच्छा मात्र से आपका घर निर्मित नहीं हो जाएगा, लेकिन अगर आप एक ज्वलंत इच्छा रखते हैं, तो यह आपको अपने सपनों के घर के लिए पर्याप्त पैसे की व्यवस्था करने के लिए उचित कदम उठाने के लिए प्रेरित करेगी। यद्यपि इच्छा अपने लक्ष्य-प्राप्ति के लिए सार्वभौमिक शक्तियों को सक्रिय करने की ओर पहला कदम है, लेकिन आपको भी अपने लक्ष्य को पूरा करने की दिशा में अनुशासित कार्यवाई के माध्यम से अपना काम करना होगा।

अवचेतन मन एक चुंबक की तरह है। जब आपके अवचेतन मन के हर हिस्से में आपका लक्ष्य कूट-कूट कर भर जाता है, तो इसमें ब्रह्मांड की सभी शक्तियों को लक्ष्य-प्राप्ति के लिए आकर्षित करने की क्षमता होती है। आपके कृत्य हमेशा आपके मन के प्रमुख विचारों के अनुरूप होते हैं। यदि आप अपने लक्ष्य-प्राप्ति के लिए पूरी तरह समर्पित हैं, तो आपका अवचेतन मन आपके लक्ष्यों को प्राप्त करने के लिए स्वचालित रूप से आपके कार्यों को प्रभावित करेगा।

जब आप पीछे देखकर अपनी योजना बनाते हैं और उस पर एक नजर रखते हैं, तो यह एक पारंपरिक भविष्य की योजना की तरह ही नजर आती है, हालाँकि इनमें भी भविष्य में देखकर पीछे की योजना बनाने की तरकीब दो वजहों से ज्यादा फायदेमंद है। पहली वजह यह है कि आप खुद को भविष्य में इस तरह देखते हैं, जैसे कि आपने पहले से ही अपना लक्ष्य हासिल कर लिया है और इस प्रकार अपने अवचेतन मन की शक्ति का इस्तेमाल आप उन लक्ष्यों को हासिल करने के लिए कर सकते हैं। दूसरी वजह यह है कि आपको यह पता चल जाता है कि लक्ष्य-प्राप्ति के लिए आपको क्या-क्या वांछित कदम उठाने हैं और आपके लिए यह आसान हो जाता है कि आप उन अनुत्पादक गतिविधियों में समय की बरबादी से बचें, जो आपको अपने लक्ष्यों की ओर नहीं ले जा रहे।

30 साल तक ऊँची कूद का विश्व रिकॉर्ड अपने नाम रखनेवाले महान् बाँस कूद खिलाड़ी (Pole Vaulter) सर्गेई बूबका कहते हैं कि मेरी और मेरे कोच की रणनीति यह थी कि हम दुनिया भर के सभी बेहतरीन पोल वॉल्टर्स की तसवीरें देखते थे और हमने उन तसवीरों में से सबसे अच्छे हिस्से लेकर एक ऐसे व्यक्ति की कल्पना की, जो कभी अस्तित्व में था ही नहीं। फिर हमने ऐसे व्यक्ति को साकार करने के लिए काम करना शुरू कर दिया।

> "The strategy of my coach and me was that we looked at pictures of all the best pole vaulters from around the world and we took the best parts from them and we created a person that had never existed. We then started to work toward being such a person."
>
> **—Sergei Bubka**

सकारात्मक पुष्टियाँ

अपने मन में एक छवि बनाएँ कि आप सफल हो रहे हैं। याद रखें, आपका अवचेतन मन उन चित्रों पर काम करता है, जो आप इसे इनपुट के रूप में उपलब्ध कराते हैं। अपनी सफलता पर संदेह न करें। यदि आप असफलता के बारे में सोचते हैं, तो आपका अवचेतन मन इस असफलता की तसवीर को हकीकत बना देगा।

संभावित बाधाओं का समझदारी से विश्लेषण करने और संभावित बाधाओं से अत्यधिक डरने में बहुत अंतर होता है। नियोजन प्रक्रिया के एक जरूरी भाग के रूप में संभावित अवरोधों के बारे में सोचना जरूरी है, ताकि वैकल्पिक रास्तों की योजना बना सकें।

बार-बार खुद को याद दिलाते रहें कि 'मैं अच्छा हूँ', 'मैं अच्छा हूँ', 'मैं अच्छा हूँ'; या 'मैं सर्वश्रेष्ठ का हकदार हूँ', 'मैं सर्वश्रेष्ठ के लायक हूँ'। जब आप इन छोटे-छोटे वाक्यांशों को दोहराते हैं, तो आपका अवचेतन मन इन पर विश्वास करना शुरू कर देता है और यह आपको दो तरीकों से परिणाम दिखाता है। एक यह है कि आप यह मानना शुरू कर देते हैं कि शारीरिक रूप से आप जो भी करते हैं, अच्छा करते हैं। दूसरा यह है कि आप यह विश्वास करना शुरू करते हैं कि आपका दृष्टिकोण और मूलभूत मूल्य भी अच्छे हैं और आप सर्वोत्तम हासिल करने के लायक हैं। कभी-कभी बदलाव के लिए, आप दोहराएँ कि 'मैं खुद से प्यार करता हूँ', 'मैं खुद से प्यार करता हूँ', 'मैं खुद से प्यार करता हूँ'। यकीन कीजिए, आपके अवचेतन मन के लिए सकारात्मक पुष्टियों से बढ़कर कुछ भी नहीं है। धीरे-धीरे, नकारात्मक भावनाएँ आपके अवचेतन मन से हट जाएँगी और आपके अवचेतन मन की सकारात्मकता के साथ फिर से प्रोग्रामिंग हो जाएगी, क्योंकि इस पुस्तक की विषयवस्तु नकारात्मकता से सकारात्मकता की ओर बढ़ना है, मैं आपको सुझाव देता हूँ कि जब भी आपको लगता है कि आपके भीतर कोई नकारात्मक भावनाएँ हैं, तो उन नकारात्मक भावनाओं से निबटने के लिए कोई सकारात्मक पुष्टि ढूँढ़ निकालें। गहराई से साँस लें और बाहर निकालें। ऐसा करते समय यह सोचें कि साँस लेने के साथ, आप सकारात्मक पुष्टियों को साँस के साथ भीतर ले रहे हैं और जब आप श्वास बाहर छोड़ रहे हैं, तो आपके भीतर गहराई तक बैठी नकारात्मक पुष्टियाँ आपके अवचेतन मन से बाहर निकल रही हैं। मैं गारंटी देता हूँ कि यदि आप इस विधि से प्रयास करते हैं, तो ऐसी कोई नकारात्मक भावना नहीं है, जो एक महीने के भीतर आपके अवचेतन मन से बाहर नहीं निकल सकती। यदि आप अपनी नकारात्मक भावनाओं के बारे में जागरूक होना शुरू करते हैं, तो इन पर काबू पाने के दूसरे चरण को आपका अवचेतन मन स्वयं अंजाम दे देगा।

आप अपनी आवश्यकताओं के अनुसार, सकारात्मक पुष्टियों की सूची तैयार कर

सकते हैं और इसे छोटे आकार के जेब में रखे जा सकने योग्य कार्ड पर लिख सकते हैं। दिन में कम-से-कम तीन बार ये सकारात्मक पुष्टियाँ दोहराएँ। आप अपने कंप्यूटर के स्क्रीनसेवर के रूप में ये पुष्टियाँ रख सकते हैं। मुख्य बात यह है कि आपको अपने अवचेतन मन को पूरे दिन सकारात्मक पुष्टियों से पूरित करना चाहिए।

चुनिंदा रहें

आप अपने अवचेतन मन को जो भी इनपुट प्रदान करते हैं, यह उसे बिना पूछताछ के स्वीकार कर लेता है। मैं ऐसा मानता हूँ कि आप अपने अवचेतन मन को एक कूड़ेदान नहीं बनाना चाहते हैं, जिसमें जब चाहें, कचरा डाल दिया जाता है। आपको अपने अवचेतन मन को इनपुट देने में चयनात्मक होना होगा। आपको क्या पढ़ना है और क्या नहीं; टी.वी. पर क्या देखना है और क्या नहीं; किसे दोस्त बनाना है, किसे नहीं; इन सबमें चुनाव करना सीखना होगा।

सकारात्मक परिणामों की अपेक्षा करें

उम्मीद बहुत महत्त्वपूर्ण है। आपको उम्मीद करनी होगी और विश्वास करना होगा कि आपके साथ सबकुछ सकारात्मक होगा। यहाँ मैं अपना अनुभव बाँटना चाहूँगा कि जब मैंने लक्ष्य-प्राप्ति के बारे में जागरूकता फैलाने और छात्रों और अन्य लोगों के बीच प्रभावी समय प्रबंधन के बारे में जागरूकता फैलाने का अपना अभियान शुरू किया, तो मैंने भारत और विदेशों में बड़ी तादाद में दर्शकों के सामने खुद को बोलते हुए देखने की कल्पना करनी शुरू कर दी। वास्तविकता में एक भी व्याख्यान देने से पहले, मैं अपने दिमाग में कई बार पूरे-पूरे व्याख्यान दे चुका था। एक सकारात्मक उम्मीद ने मेरे अवचेतन मन को भर दिया, जिससे मुझे अपने लक्ष्यों को प्राप्त करने के लिए उपयुक्त समय पर वांछित कार्य करने की प्रेरणा मिली। जब मैं अपनी पहली वर्कशॉप में बोलने के लिए खड़ा हुआ, तो मैं घबराया हुआ नहीं था, क्योंकि मैं अपनी कल्पना में पहले ही ऐसे कई व्याख्यान दे चुका था।

मैं तो कहूँगा कि सकारात्मक परिणामों की अपेक्षा कीजिए और आप उन्हें अपने अनुशासित कार्यों के आधार पर पा ही लेंगे, भले ही शीघ्र या थोड़ी देर से।

जब प्रसिद्ध हॉलीवुड अभिनेता जिम कैरी अपने शुरुआती दिनों में संघर्ष कर रहे थे तो वे सोचते थे कि हर कोई उनके साथ काम करना चाहता है और कई अच्छी फिल्में हैं, जो कि उनकी राह देख रही हैं। विश्वप्रसिद्ध प्रेरक वक्ता लेस ब्राउन कहते हैं कि रोजाना अपने मन को याद दिलाते रहें, 'यह संभव है, यह संभव है, यह संभव है।' (It's possible, It's possible, It's possible)

G.O.P.T.A. POINTS

- ✓ आपका अवचेतन मन कंप्यूटर के बुनियादी ऑपरेटिंग सिस्टम की तरह है। आप नए सकारात्मक विश्वासों को स्थापित करके और संचित नकारात्मक विश्वासरूपी विषाणुओं को बाहर निकालकर अपने अवचेतन मन की फिर से सकारात्मक प्रोग्रामिंग करके अपने सुनहरे भविष्य की इबादत स्वयं लिख सकते हैं।
- ✓ आपका अवचेतन मन सार्वभौमिक अनंत चेतना और आपके शरीर की कोशिकाओं की सामूहिक चेतना के बीच का पुल है। आपका अवचेतन मन इन कोशिकाओं की चेतना को नियंत्रित करता है।
- ✓ याद रखें, आप सर्वशक्तिमान ईश्वर के पुत्र हैं।
- ✓ आपको केवल यह विश्वास विकसित करना है कि 'जिस परमपिता परमेश्वर ने मुझे इस दुनिया में भेजा है, उस परमपिता परमेश्वर ने मुझे अकेला नहीं छोड़ा है। वह परमपिता परमेश्वर हमेशा मेरे साथ हैं।'
- ✓ अपने भविष्य की कल्पना कीजिए, जैसे कि आप अपने लक्ष्य प्राप्त कर चुके हों।
- ✓ आपको 'क्या' (WHAT) पर अपना ध्यान केंद्रित किए रखना है। यदि आप अपने लक्ष्य को याद करते रहें और लगातार लक्ष्योन्मुख कार्य भी करते रहें, तो 'कैसे' (HOW) अपनी सुध आप लेगा।
- ✓ अवचेतन मन एक चुंबक की तरह है। जब आपके अवचेतन मन के हर हिस्से में आपका लक्ष्य कूट-कूटकर भर जाता है, तो इसमें ब्रह्मांड की सभी शक्तियों को लक्ष्य-प्राप्ति के लिए आकर्षित करने की क्षमता होती है।
- ✓ बार-बार खुद को याद दिलाते रहें कि 'मैं अच्छा हूँ', 'मैं अच्छा हूँ', 'मैं अच्छा हूँ'; या 'मैं सर्वश्रेष्ठ का हकदार हूँ', 'मैं सर्वश्रेष्ठ के लायक हूँ'।
- ✓ अपने अवचेतन मन को कोई भी इनपुट देने में चयनात्मक रहिए।
- ✓ आपको उम्मीद करनी होगी और विश्वास करना होगा कि आपके साथ सबकुछ सकारात्मक होगा।

□

5

सकारात्मक सोच

> Positive thinking will let you do everything better than negative thinking will.
>
> —Zig Ziglar

आपका मन किसी भी अनुभव को दोबारा याद करने में सक्षम है। यह आप पर निर्भर है कि आपने भूतकाल में अपने मस्तिष्क को कैसे विचारों के इनपुट उपलब्ध कराए हैं। यदि आपने अपने मन को सकारात्मक विचारों का भंडारगृह बनाया है, तो यह जब चाहे आपकी इच्छानुसार किन्हीं भी यादों या भावनाओं को पुनः ताजा कर कर सकता है। किसी भी सुंदर पहाड़ी स्टेशन या समुंदर की किसी भी पिछली यात्रा को याद कीजिए, जहाँ आपने खूबसूरत नजारों का आनंद लिया था। आप पाएँगे कि सिर्फ इच्छा करने मात्र से ही आपका मस्तिष्क 5 साल, 10 साल या 20 सालों के बाद भी उस जगह की स्मृति को पुनः आपके मानस पटल पर उपस्थित करने में सक्षम है। यदि आपके दिमाग में शांतिपूर्ण सकारात्मक विचारों और भावनाओं का विशाल भंडार होता है, तो जब भी आप शांत बैठते हैं, तो उन भावनाओं में से कुछ सतह पर आ जाती हैं और आप उस अनुभव को पुनः प्राप्त करने लगते हैं, लेकिन यदि आपका मन नकारात्मक भावनाओं से भरा हुआ है, तो आप हर समय नकारात्मकता का अनुभव करेंगे। आधुनिक विद्वान् अक्सर इस अवधारणा को GIGO कहते हैं अर्थात् Garbage In Garbage Out। अभी तक आपके पास आपको दिए जानेवाले इनपुट पर कोई नियंत्रण नहीं था, लेकिन भविष्य में आपको स्वयं को दिए जाने इनपुट की गुणवत्ता को नियंत्रित करना सीखना होगा। एक बार जब आपका मन सकारात्मकता से भरने लगता है, तो पुराने नकारात्मक इनपुट को ताजा सकारात्मकता के लिए जगह बनानी ही पड़ती है। मैं अक्सर अपनी कार्यशालाओं में प्रतिभागियों से पूछता हूँ कि जब वे शब्द 'सकारात्मक सोच' सुनते हैं, तो वे क्या समझते हैं? वे कहते हैं कि मैं जो कुछ भी चाहता हूँ, वह मुझे मिल जाएगा; या जो भी मैं सोचूँगा, वह हो जाएगा; या मेरा भविष्य उज्ज्वल है और भविष्य में सबकुछ अच्छा ही होगा। यहाँ मैं यह स्पष्ट करना

चाहता हूँ कि ये सभी सिर्फ सकारात्मक सोच हैं, जो अच्छी और जरूरी तो हैं, लेकिन सिर्फ ये सोच ही आपको आपके लक्ष्यों तक पहुँचाने में कोई बहुत बड़ी भूमिका नहीं निभा सकतीं। इन सब बातों के मूल में आपकी इच्छा है, जो कि आपको लगता है कि सिर्फ आपकी सकारात्मक सोच से ही पूरी हो जाएगी, लेकिन ऐसा होगा बिल्कुल नहीं। गौप्टा, यानी लक्ष्योन्मुख सकारात्मक सोच एवं कार्य के बिना कुछ भी होनेवाला नहीं है।

हाल ही में एक कार्यशाला के दौरान मैं एक छात्र से मिला, जिसने कहा कि अगले दिन उसे एक अच्छी कंपनी में नौकरी के लिए साक्षात्कार देने जाना है और वह इस कंपनी में शामिल होने के लिए बेताब है। यदि यह नौकरी उसे नहीं मिली तो वह बरबाद हो जाएगा। मैंने उससे कहा कि एक क्षणिक विफलता असफल जीवन की निशानी नहीं है। यह साक्षात्कार सिर्फ एक मौका है और आप सफल भले ही न हों, तब भी आप अगले दरवाजे पर दस्तक दे सकते हैं। वह थोड़ा आश्वस्त तो हुआ, पर बोला कि उसमें बिल्कुल भी आत्मविश्वास नहीं है। वह जानता है कि वह साक्षात्कार में असफल हो जाएगा, क्योंकि चाहे वह जो भी करे, कुछ भी अच्छा नहीं होता है।

मैंने उससे कहा कि यह सिर्फ घटिया आत्म-छवि के कारण है। उसे अकेले बैठकर गहरे आत्मनिरीक्षण से पता लगाना होगा कि यह विचार उसके दिमाग में कब और कैसे उत्पन्न हुआ। मेरे हिसाब से यह बचपन से की गई प्रोग्रामिंग ही होगी। चूँकि साक्षात्कार अगले दिन ही था और उसके साथ एक पूर्ण आत्मनिरीक्षण सत्र होना तुरंत संभव नहीं था, मैंने उसे सुझाव दिया कि अपने घर जाकर आराम करे और फिर अपने मन में सकारात्मक चिंतन करना प्रारंभ करे। मैंने उसे हमेशा की तरह अपना विशिष्ट सकारात्मक चिंतन सुझा दिया कि 'जिस परमपिता परमेश्वर ने मुझे इस दुनिया में भेजा है, उस परमपिता परमेश्वर ने मुझे अकेला नहीं छोड़ा है। वह परमपिता परमेश्वर हमेशा मेरे साथ है।'

मैंने उससे कहा कि वह इसे रात में 7 बार दोहराए; फिर सुबह 7 बार दोहराए और फिर साक्षात्कार के लिए जाने से पहले 7 बार दोहराए। मैंने यह भी सलाह दी कि साक्षात्कार के लिए अपनी बारी का इंतजार करते हुए भी चुपचाप इसे दोहराए। अब तक आप समझ गए होंगे कि नौकरी उसे ही मिली। क्या आप कल्पना कर सकते हैं यह क्यों और कैसे हुआ, रातोरात ऐसा क्या बदल गया? उसकी क्षमताएँ नहीं बदली थीं; रवैया नहीं बदला था; आत्मविश्वास नहीं बढ़ा था। सिर्फ उसकी विश्वास प्रणाली बदल गई थी। उसने दिल से यह महसूस करना सीख लिया कि वह अकेला नहीं है; उसे सर्वशक्तिमान ईश्वर का समर्थन प्राप्त है और वह सफल हुआ। अगर उसने ऐसा नहीं किया होता, तो वह साक्षात्कार के दौरान अपनी काबिलीयत पर ही निर्भर होता, जिस पर उसे बिल्कुल विश्वास नहीं था, लेकिन अब वह जान चुका था कि उसके पीछे ऐसा समर्थन है, जो कभी भी विफल नहीं होता है और वह भी सर्वश्रेष्ठ हासिल करने के योग्य है।

वह बचपन से अपनी नकारात्मक प्रोग्रामिंग के कारण विफल हो रहा था कि 'वह सफल नहीं हो सकता'। इससे पार पाने का एकमात्र उपाय था ईश्वर में विश्वास के रूप में अपने अवचेतन मन को सकारात्मक जानकारी देना। सकारात्मकता का निरंतर प्रवाह धीरे-धीरे आपकी विश्वास प्रणाली से सभी नकारात्मकता को खत्म कर देता है। याद रखें, आपके अवचेतन मन में नकारात्मकता के एंटीडोट्स, यानी सकारात्मकता बनाने की असीमित शक्ति है।

मौन की शक्ति

प्रतिदिन कम-से-कम 15 मिनट के लिए मौन का अभ्यास करें। जब आप अकेले बैठ सकें तो लगभग 15 मिनट का समय तय करें। इस दौरान, अपने मन को किसी प्रकार के विचारों से मुक्त करने की कोशिश करें; किसी से बात न करें; कुछ भी न बोलें; कुछ भी न सोचें; कुछ भी न पढ़ें; अपने मोबाइल फोन को मूक कर दें। यदि शुरुआत में आपको अपने मस्तिष्क को सोचने की प्रक्रिया से मुक्त करना मुश्किल लगता है, तो आप श्वास-प्रश्वास पर अपना ध्यान केंद्रित कर सकते हैं। जल्द ही आप पाएँगे कि आपका मन विचारमुक्त होने लगा है और सिर्फ श्वास-प्रश्वास पर ही ध्यान केंद्रित होने लगा है। धीरे-धीरे, थोड़े अभ्यास के बाद, आप अपनी इच्छानुसार संपूर्ण मौन का अनुभव करने की आदत विकसित कर लेंगे। आप आंतरिक शांति और स्थिरता का अनुभव करेंगे। यह उच्च आनंद की अवस्था होगी।

G.O.P.T.A. POINTS

- ✓ आपका मन किसी भी अनुभव को दोबारा याद करने में सक्षम है। यह आप पर निर्भर है कि आपने भूतकाल में अपने मस्तिष्क को कैसे विचारों के इनपुट उपलब्ध कराए हैं।
- ✓ सकारात्मक पुष्टि दोहराते रहें—जिस परमपिता परमेश्वर ने मुझे इस दुनिया में भेजा है, उस परमपिता परमेश्वर ने मुझे अकेला नहीं छोड़ा है। वह परमपिता परमेश्वर हमेशा मेरे साथ है।
- ✓ प्रतिदिन कम-से-कम 15 मिनट के लिए मौन का अभ्यास करें। इस दौरान, अपने मन को किसी प्रकार के विचारों से मुक्त करने की कोशिश करें; किसी से बात न करें; कुछ भी न बोलें; कुछ भी न सोचें; कुछ भी न पढ़ें; अपने मोबाइल फोन को मूक कर दें।

□

खंड-3

लक्ष्य-निर्धारण प्रक्रिया

इस खंड में, आप सीखेंगे–

- लक्ष्य निर्धारित करने की प्रक्रिया।
- जीवन के सभी क्षेत्रों में लक्ष्य निर्धारित करने की शक्ति।
- लक्ष्यों को लिखने की शक्ति।
- संभावित बाधाओं की पहचान करने की शक्ति।
- अपने मजबूत और कमजोर पहलुओं की पहचान करने की शक्ति।
- आवश्यक कुशलताएँ और आवश्यक मदद की पहचान करने की शक्ति।
- अपने लक्ष्य को साझा करने की शक्ति।
- अनुशासित और लगातार कार्य करते रहने की शक्ति।

6

जीवन के विभिन्न क्षेत्रों में अपना मूल्यांकन करें

> It is the continuous progress and maintaining an optimal balance among different walks of life, which is required by all and that is the true meaning of success.
>
> —**Alan Lakein**

लक्ष्य निर्धारण की प्रकिया में पूरी तरह उतरने से पहले, आपको जीवन के विभिन्न क्षेत्रों में अपना मूल्यांकन करना होगा। आपको यह समझना होगा कि जीवन के हर क्षेत्र में लक्ष्य निर्धारण आवश्यक है। आपको यह समझना होगा कि आपको अपने जीवन के विभिन्न पहलुओं पर एकसाथ ध्यान केंद्रित करके उनके बीच संतुलन बनाए रखना आवश्यक है।

आपका अवचेतन मन 'जीपीएस' (GPS) की तरह काम करता है

आप सोच रहे होंगे कि ऐसा मूल्यांकन क्यों आवश्यक है। मैं एक उदाहरण देता हूँ। आपने कहीं जाने के लिए दिशा खोजने के लिए जीपीएस (GPS) का इस्तेमाल किया होगा। जीपीएस के इस्तेमाल के वक्त आप उसे एक इनपुट प्रदान करते हैं अर्थात् आपका वांछित गंतव्य। जीपीएस आपके वर्तमान स्थानरूपी दूसरा इनपुट स्वत: प्राप्त कर लेता है, फिर यह आपको आपके वर्तमान स्थान से इच्छित गंतव्य तक ले जानेवाले विभिन्न मार्ग प्रस्तुत करता है। आपके द्वारा चुने गए मार्ग का अनुसरण करते हुए, यदि कहीं आप उस मार्ग से हट भी जाते हैं और दूसरा रास्ता पकड़ लेते हैं, तो पहले तो यह आपको ध्यानाकर्षित करने के लिए चेतावनी देता है। फिर भी यदि आप नहीं सुनते हैं,

तो यह आपके वर्तमान स्थान से वांछित गंतव्य तक पहुँचने के लिए वैकल्पिक रास्ते सुझा देता है।

आपका अवचेतन मन भी जीपीएस की तरह काम करता है। आपको अनिवार्य रूप से वांछित गंतव्य, यानी आपके लक्ष्य का इनपुट अपने अवचेतन मन को प्रदान करना होता है, फिर आपका अवचेतन मन उस लक्ष्य से संबंधित आपकी वर्तमान स्थिति की जानकारी चाहेगा। यह वर्तमान स्थिति वास्तव में उस मूल्यांकन से मिलेगी कि आप जीवन के विभिन्न क्षेत्रों में कहाँ पर हैं, विशेष रूप से उस लक्ष्य विशेष के संबंध में। एक बार जब आप यह दोनों इनपुट अपने अवचेतन मन को प्रदान करते हैं, तो यह आपके गंतव्य लक्ष्य तक पहुँचने के लिए मार्ग सुझाएगा। **सुझाए गए मार्गों का पालन करना आपका काम है।** यदि मार्ग में कुछ बाधाएँ आती हैं या आप मार्ग बदल लेते हैं, तो यह दूसरे रास्ते सुझाएगा, जिनका आपको अपने लक्ष्य तक पहुँचने के लिए अनुसरण करना होगा। यही कारण है कि आपको यह मूल्यांकन करना जरूरी है कि जीवन के विभिन्न क्षेत्रों में अभी आप कहाँ पर हैं, ताकि आपके अवचेतन मन को अपने लक्ष्यों तक पहुँचने के लिए रास्ते सुझाने के लिए शुरुआती बिंदु मिल सके।

सफलता, यानी जीवन में संतुलन

मेरी कार्यशालाओं के दौरान, मैं लोगों से एक आम सवाल पूछता हूँ कि उनके लिए सफलता का अर्थ क्या है ? ऐसा देखने में आता है कि कुछ लोग अपने कॅरियर में सफल होते हैं, लेकिन उनकी निजी जिंदगी में बहुत सी चुनौतियाँ होती हैं। कुछ लोग अपनी नौकरी या काम से नफरत करते हैं। कुछ लोग खुद को कॅरियर के साथ-साथ व्यक्तिगत जीवन में भी विफल पाते हैं। शुरुआती चर्चाओं के बाद, लगभग सभी एकमत हो जाते हैं कि निरंतर प्रगति और जीवन के विभिन्न क्षेत्रों में एक ठीक-ठाक स्तर का संतुलन बनाए रखना सभी के लिए जरूरी है और यही सफलता का सही अर्थ है।

यदि आपको लगता है कि आप पहले से ही सफल हैं, तो मैं आपको बधाई देता हूँ, लेकिन यहाँ मैं आपका ध्यान इस बात की ओर आकर्षित करना चाहता हूँ कि 'असफलता' शब्द को दो अलग-अलग अर्थों में परिभाषित किया जा सकता है। एक तो वह सामान्य अर्थ है, जिसे हम सभी दिन-प्रतिदिन की भाषा में समझते हैं अर्थात् 'सफलता की कमी'। मैं कहना चाहूँगा कि असफलता का एक और आयाम है और वह है आपकी वास्तविक क्षमता की तुलना में 'कम अच्छा प्रदर्शन' (underperformance)। यदि आपको लगता है कि आप सफल हैं, तो आपको विचारमंथन की आवश्यकता है कि चाहे आपने जिस भी स्तर की सफलता हासिल कर ली हो, क्या वह आपकी वास्तविक

क्षमताओं के अनुरूप है या नहीं, यहाँ तक कि अगर आपने जीवन में अच्छा प्रदर्शन किया है, तो भी दूसरों के साथ अपनी सफलता की तुलना न करें। हो सकता है कि वे आपके जैसे सक्षम न हों। आपको अपनी सफलता का आकलन सिर्फ अपनी वास्तविक क्षमता की तुलना में करना है।

मैं सिर्फ कॅरियर में सफलता या वित्तीय सफलता के बारे में ही बात नहीं कर रहा हूँ। आखिरकार, पैसा ही सबकुछ नहीं है। मेरा सुझाव है कि आप देखें कि अपने कॅरियर और वित्तीय आकांक्षाओं का पीछा करने के दौरान भी आप जीवन के विभिन्न क्षेत्रों में संतुलन बनाए रखने में सफल हुए हैं या नहीं। यदि आप अपने जीवन के सभी क्षेत्रों में ऊँचाइयों तक पहुँचते हैं और उनके बीच उचित संतुलन भी बनाए रखते हैं; तभी आपको यह विश्वास करने का अधिकार है कि आप सफल हैं, क्योंकि आप एक अंडरपरफॉर्मर (underperformer) नहीं हैं। मैं तो कहूँगा कि जैसे आप असफलता के पहले आम मापदंड पर बहुत से असफल लोग देखते हैं, उसी प्रकार दूसरे मापदंडों अर्थात् 'अपनी क्षमताओं के मुकाबले कम अच्छा प्रदर्शन' (underperformance) या 'जीवन के विभिन्न क्षेत्रों में संतुलन की कमी' में भी बहुत से असफल लोग पाएँगे। यदि आप अपनी वास्तविक क्षमता का समुचित दोहन करने में सक्षम नहीं हैं, तो यह आपके अंतर्निहित संसाधनों की बरबादी है।

आप पाएँगे कि सफल लोग भी खुश नहीं हो पाते, क्योंकि कोई व्यक्ति चाहे जितना सफल हो, उसे अपने से ज्यादा सफल व्यक्ति अपने पड़ोस में ही दिख जाता है। यहाँ मैं इस तथ्य पर जोर देना चाहता हूँ कि सफलता एक विशेष बिंदु नहीं है। यह एक प्रक्रिया है; यह एक यात्रा है। सफलता की ओर अपने कदम बढ़ाते समय आपको इस यात्रा का आनंद लेना होगा।

जब आप कटरा से माता वैष्णो देवी के पवित्र मंदिर की यात्रा करते हैं, तो आपको 12 किलोमीटर की दूरी पहाड़ पर चढ़नी होती है। खड़ी पहाड़ियों पर आप धीरे-धीरे आगे बढ़ते हैं, हमेशा अपने लक्ष्य को ध्यान में रखते हुए कि आप देवी-दर्शन के लिए मुख्य मंदिर की ओर बढ़ रहे हैं; लेकिन इस यात्रा के दौरान, हर कदम पर, आप अपनी यात्रा का आनंद उठाते रहते हैं। आप ब्रेक लेते हैं; आप खाते-पीते हैं; आप रास्ते में भक्तों के नए समूहों से जुड़ने का आनंद लेते हैं और यात्रा का आनंद लेते हुए उत्साहपूर्वक 'जय माता दी', 'जय माता दी' के जयकारे लगाते हुए अपने लक्ष्य, यानी देवी के पवित्र मंदिर की ओर बढ़ते जाते हैं।

हम खुशी की खोज में यहाँ-वहाँ घूमते रहते हैं। हमें लगता है कि जब हमें कुछ मिल जाएगा या हम कुछ मनचाहा खरीद लेंगे, तो हम खुश हो जाएँगे। अक्सर लोग अपनी क्रय-शक्ति को खुशी से जोड़कर देखते हैं। मैं तो कहूँगा कि यह सबसे बड़ा भ्रम

है। आपको समझना होगा कि खुशी भीतर से आती है। अगर हम विलासिता के बिना खुश नहीं हैं, तो यह निश्चित है कि हम विलासिता प्राप्त करके भी खुश नहीं हो पाएँगे। यदि आप एक घर का सपना देखते हैं, तो यह ठीक है; यह जीवन की एक आवश्यकता है, लेकिन अगर आप बहुत बड़ा या सबसे सुंदर घर चाहते हैं, तो मैं आपको यह बता दूँ कि अपने सपनों का आलीशान घर पूरा होने के 3 दिनों के भीतर आपको अपने शहर में ही एक बड़ा और अधिक सुंदर घर दिखाई दे जाएगा। यदि आप एक कार की चाहत रखते हैं, तो यह ठीक है; यह भी जीवन की एक आवश्यकता है, लेकिन अगर आप एक बड़ी और शानदार कार खरीदकर दिखावा करना चाहते हैं; तो मैं आपको यह बता दूँ कि अपनी शानदार कार खरीदने के 3 दिनों के भीतर ही आप पाएँगे कि आपका पड़ोसी या आपका दोस्त या आपका प्रतियोगी आपसे ज्यादा शानदार कार की सवारी कर रहा है। इस अंधी प्रतिस्पर्धा का कोई अंत नहीं है।

समाधान केवल अपने भीतर खुशी की खोज करना है और इस आतंरिक खुशी के लिए मैं अपनी कार्यशालाओं में हमेशा जीवन के विभिन्न क्षेत्रों में संतुलन पर जोर देता हूँ। यदि आप अपने जीवन के विभिन्न क्षेत्रों में संतुलन बनाए रख सकते हैं, तो खुशी अंदर से उभरकर आएगी। आपके पास भीतर से खुश रहने की पूरी शक्ति मौजूद है।

अपनी बात को साबित करने के लिए मैं अभी एक उदाहरण देता हूँ। अपने अतीत से किसी भी घटना को याद कीजिए, जिससे आपको खुशी मिली थी। कैसा महसूस कर रहे हैं, आप फिर एक क्षण के लिए खुश हो गए न, यह कितना आसान है ? अब अपने अतीत से किसी भी घटना को याद कीजिए, जिसने आपको अंदर से दुःखी किया था या गुस्सा दिलाया था। अब कैसा लग रहा है ? आप फिर से उदास या नाराज होने लगे। अब आप समझ सकते हैं कि अगर आप खुशी चाहते हैं, तो आपको खुशमिजाज विचारों के साथ जीना होगा और जल्द-से-जल्द दुःखद यादों या संबंधों से छुटकारा पाना होगा और जीवन के विभिन्न क्षेत्रों के बीच संतुलन बनाए रखने का प्रयास करना होगा।

किसी भी इमारत में कई खंभे होते हैं। यदि एक या दो खंभों की ऊँचाई कम या ज्यादा हो तो कल्पना करें कि भवन का क्या होगा। एक और उदाहरण लेता हूँ। मान लीजिए कि एक रथ 5 घोड़ों द्वारा खींचा जा रहा है। कल्पना करें कि यदि एक या दो घोड़े तो बहुत मजबूत हों और दूसरे कमजोर हों, तो क्या होगा। जीवन भी ऐसा ही है। आपको जीवन के विभिन्न क्षेत्रों में संतुलन बनाए रखना होगा। आमतौर पर कुछ लोग अपने कॅरियर और वित्त के क्षेत्रों में तो बहुत ध्यान देते हैं, लेकिन वे अपने स्वास्थ्य और परिवार की अनदेखी करना शुरू कर देते हैं। कुछ लोग आध्यात्मिक विकास पर ध्यान केंद्रित करना शुरू करते हैं और अपने परिवार और वित्तीय पहलुओं की अनदेखी करना शुरू कर देते हैं, जिससे उनके परिवार के लिए बहुत सी समस्याएँ खड़ी होने लगती

हैं। यह कैसी आध्यात्मिकता है, जिसके कारण आप जीवन के विभिन्न क्षेत्रों में संतुलन बनाए रखने में सक्षम नहीं हैं? जीवन की सहजता जीवन के विभिन्न क्षेत्रों में समुचित संतुलन बनाए रखने में है, हालाँकि मैं परिपूर्णता के बारे में बात नहीं कर रहा हूँ। मैं सिर्फ समुचित संतुलन की वकालत कर रहा हूँ।

क्योंकि जीवन के सभी क्षेत्रों का आपकी खुशी पर सीधा असर होता है, इसलिए आपकी खुशी और सफलता का बटन आपके हाथों में है, क्योंकि आप अपने जीवन के हर क्षेत्र में बेहतरी के लिए सचेत प्रयास कर सकते हैं और इस संतुलन को प्राप्त करने की ओर पहला कदम है—खुद का ईमानदारी से मूल्यांकन करना कि अपने जीवन के विभिन्न क्षेत्रों में 1–10 के पैमाने पर आप कहाँ हैं।

> You can have everything in life you want, if you will just help enough other people get what they want.
>
> —**Zig Ziglar**

यदि आप अपने स्वास्थ्य में सुधार करना चाहते हैं, तो वजन, Body Mass Index (BMI), ब्लड प्रेशर, कोलेस्ट्रॉल एवं शर्करा के स्तर आदि जैसे महत्त्वपूर्ण स्वास्थ्य मापदंडों पर खुद को मापें, जहाँ से आप स्वास्थ्य के अपने इच्छित स्तर की समुचित योजना बना सकते हैं। इसी तरह, वित्तीय मामलों में, आपको अपनी वर्तमान वित्तीय स्थिति का जायजा लेना होगा, ताकि भविष्य के लक्ष्यों की योजना बना सकें। अपनी वित्तीय खाता बहियों के अनुसार, आज अपनी वित्तीय स्थिति का मूल्यांकन करें; सभी परिसंपत्तियों और देनदारियों को लिखें, ताकि सही वस्तुस्थिति का अंदाजा लग सके।

ध्यान रहे, स्वयं का मूल्यांकन करते समय, स्वयं के प्रति ईमानदार रहें। इससे आपको अवास्तविक लक्ष्यों की बजाय अधिक यथार्थवादी और प्राप्य लक्ष्यों को निर्धारित करने में मदद मिलेगी, क्योंकि अवास्तविक लक्ष्य तय करने से उनके पूरा न हो पाने से बेवजह निराशा हाथ लग सकती है। याद रखें, ऊँचे लक्ष्यों का पीछा करते वक्त कुछ कम हासिल करना कोई अपराध नहीं है, इसलिए आपको हमेशा अपने लक्ष्य ऊँचे ही रखने चाहिए; लेकिन इष्टतम यथार्थवाद भी आवश्यक है।

जीवन के विभिन्न क्षेत्रों में वर्तमान स्थिति का मूल्यांकन करें

अपने वर्तमान जीवन को देखें और जीवन के विभिन्न पहलुओं में 1–10 के स्तर पर निम्न तालिका में अपनी वर्तमान वस्तुस्थिति का मूल्यांकन करें। फिर अपने आप से पूछें कि आप अपनी मौजूदा रैंकिंग को 10 की ओर ले जाने के लिए क्या कर सकते हैं।

जीवन पहलू (Life aspect)	वर्तमान स्थिति (1-10)	अपनी मौजूदा रैंकिंग को 10 की ओर ले जाने के लिए मैं क्या कर सकता हूँ ?
परिवार एवं व्यक्तिगत जीवन (Family and personal life)		
स्वास्थ्य (Health)		
रोजगार एवं वित्त (Career & Finance)		
व्यक्तिगत संतुष्टि एवं मौज-मस्ती (Personal fulfilment & enjoyment)		
योगदान (Contribution)		

[चित्र 6.1]

कल्पना कीजिए कि उपरोक्त मापदंड आपकी सफलतारूपी भवन के पाँच स्तंभ हैं। यदि इनकी ऊँचाई में संतुलन नहीं है, तो क्या आपके सफलतारूपी भवन को मजबूत आधार मिलेगा ? नहीं; भवन थोड़े वक्त बाद भरभराकर गिर जाएगा। यदि आपके पास उपरोक्त मापदंडों में से किसी पर 8, 9 या 10 नहीं भी है, तो भी आपको चिंता करने की कोई आवश्यकता नहीं है। असल में, किसी की भी जिंदगी में पूर्ण संतुलन की अपेक्षा रखना तो अव्यावहारिक ही है। हाँ, अगर आपके वर्तमान मूल्यांकन के अनुसार, आपके जीवन के विभिन्न क्षेत्रों में भारी असंतुलन है, तो जरूर चिंता का विषय है। इसे सकारात्मक प्रयासों से बेहतर करने की जरूरत है, ताकि जितना संभव हो सके, उतना संतुलन प्राप्त कर सकें।

मैं यह भी सुझाव दूँगा कि इस अभ्यास को केवल एक बार ही न करें। आपको इसे अपने पूरे जीवन भर बारंबार करना होगा। प्रत्येक छह महीने या कम-से-कम साल में एक बार यह जाँचें कि किन क्षेत्रों में वांछित परिणाम आ रहे हैं और किन क्षेत्रों को अधिक GOPTA की आवश्यकता है। मैं आपको गारंटी देता हूँ कि यदि आप इस तरीके से नियमित रूप से अपनी प्रगति की निगरानी करते हैं; तो आप अपना सफलता सूत्र पहचानने लगेंगे और निश्चित रूप से अपने सपनों को हासिल करेंगे और जीवन में अधिक संतुलन बना पाएँगे।

जीवन के सभी क्षेत्रों में लक्ष्य निर्धारित करने का निर्णय लें

आमतौर पर, जब भी लोग लक्ष्य निर्धारण के बारे में बात करते हैं, वे सिर्फ कॅरियर/वित्तीय लक्ष्यों या ज्यादा से ज्यादा स्वास्थ्य लक्ष्यों के बारे में बात करते हैं। यहाँ मैं

आपको आगाह कर दूँ कि किसी एक क्षेत्र के लक्ष्य केवल उसी विशिष्ट क्षेत्र पर आपका ध्यान केंद्रित रखेंगे और ऐसा करना हमारे जीवन के कई अन्य महत्त्वपूर्ण क्षेत्रों की उपेक्षा कर सकता है। यद्यपि हम अपने जीवन के किसी एक या दो क्षेत्रों में अपने लक्ष्य प्राप्त करने में सफल हो सकते हैं, लेकिन हमें खुशी नहीं मिलेगी, क्योंकि अन्य क्षेत्र उपेक्षित रहेंगे। जीवन में खुशी पाने के लिए, जीवन के सभी पहलुओं में लक्ष्य निर्धारण आवश्यक है। अपने जीवन के विभिन्न पहलुओं में संतुलन बनाना आपके चुनाव पर निर्भर नहीं रहना चाहिए। यह अहम आवश्यकता है। आपको अपने समय उपयोग के ढाँचे को व्यवस्थित करने की जरूरत है, ताकि आपको वे काम करने के लिए ज्यादा समय मिल सके, जिन्हें आप लंबे समय से करना चाहते थे और अपने प्रियजनों के साथ उत्तम समय बिताने के लिए भी समय उपलब्ध हो जाए।

क्या आपने कभी किसी नट को एक-एक करके हवा में गेंद उछालकर कई गेंदों को एक साथ संतुलित करते देखा है। वह किसी भी गेंद को जमीन पर गिरने नहीं देता। नट हवा में अलग-अलग गेंदों को संतुलित करते वक्त बाकी गेंदों पर भी ध्यान केंद्रित रखता है। यहाँ ध्यान देने योग्य बात यह है कि बाकी गेंदों पर ध्यान रखना उसके लिए वैकल्पिक नहीं होता, आवश्यकता होती है, क्योंकि अगर एक भी गेंद जमीन पर गिर जाएगी, तो खेल खत्म हो जाएगा। हमें भी उसी नट की तरह जीवन के विभिन्न पहलुओं में संतुलन बनाए रखना होगा। हमें भी एक नट की भाँति एक साथ जीवन के सभी पहलुओं पर समुचित ध्यान देते रहना होगा।

परिवार और व्यक्तिगत जीवन

लक्ष्यों के बारे में बात करते वक्त सबसे पहले लोग अपने कॅरियर और वित्त के बारे में बात करते हैं। मेरा सुझाव है कि आपको अपने परिवारिक लक्ष्यों को शीर्ष पर रखना चाहिए।

हम सामाजिक प्राणी हैं और एक परिवार समाज की बुनियादी इकाई है। मैंने जीवन के इस क्षेत्र को पहली प्राथमिकता देने का सुझाव इसलिए दिया है, क्योंकि आप जो भी करते हैं, आपका परिवार हमेशा आपके अवचेतन मन में होता है। यदि आप अपनी नौकरी या व्यवसाय कर रहे हैं, तो आपकी बुनियादी इच्छा पैसे कमाने की है। अपने अंदर गहराई तक झाँककर देखिए और आप पाएँगे कि आप मुख्य रूप से अपने परिवार के लिए पैसे कमाना चाहते हैं। यदि आप एक अच्छा घर बनाना चाहते हैं, तो आप उसमें अपने परिवार के साथ रहने का आनंद लेना चाहते हैं। अगर आप कोई शानदार वस्तु, जैसे महँगी कार खरीदना चाहते हैं, तो आप परिवार के साथ इसका आनंद लेना चाहते हैं। परिवार हमेशा आपके अवचेतन मन में रहता है। मैं चाहता हूँ कि आप इस बात को याद

रखने का सक्रिय अभ्यास करें। यदि आप अपने अवचेतन मन पर इस धारणा को नहीं बैठा पाते हैं, तो जीवन के अन्य क्षेत्रों में लक्ष्य निर्धारण और बड़ी से बड़ी दिखनेवाली सफलता भी अर्थहीन है।

कल्पना कीजिए कि आज से पाँच साल बाद आप अपने पारिवारिक जीवन का आनंद ले रहे हैं। अब कल्पना कीजिए कि तब आपका परिवार कैसा दिखता है; आपके परिवार का आकार क्या है; आपकी जीवन शैली क्या है; आप किस घर में रह रहे हैं और कहाँ; आपके घर का आकार क्या है; आपके पति या पत्नी और आपके बच्चों के साथ आपके संबंध कैसे हैं आदि-आदि।

स्वास्थ्य

आमतौर पर, हम अपने स्वास्थ्य को अनुदत्त (granted) मान लेते हैं, लेकिन जब हम बीमार पड़ते हैं, तब हमें अच्छे स्वास्थ्य की महत्ता समझ आती है। स्वास्थ्य लक्ष्यों को प्राथमिकता देनी चाहिए, क्योंकि अच्छे स्वास्थ्य से बड़ी कोई नियामत नहीं है।

कल्पना कीजिए, यदि आप अपने सपनों के अच्छे स्वास्थ्य और फिटनेस के स्तर को प्राप्त करने में सक्षम हो जाते हैं, तो आपका स्वास्थ्य और फिटनेस किस स्तर का होगा। क्या आप किसी भी प्रकार की बीमारी से मुक्त हैं (इसमें कभी-कभी वाली बीमारी, जैसे जुकाम, बुखार आदि शामिल न करें); आपका आदर्श वजन क्या है; आपके ब्लड प्रेशर, कोलेस्ट्रॉल एवं रक्त शर्करा आदि के स्तर क्या हैं; क्या आप नियमित रूप से सुबह टहलने जाते हैं और नियमित व्यायाम और ध्यान करते हैं; क्या आप अपने शरीर की जरूरत के अनुसार, सोच-समझकर खाते हैं या तात्कालिक इच्छानुसार कुछ भी खा लेते हैं; क्या आप पर्याप्त पानी पीते हैं; क्या आपका शरीर लचीला है; क्या आप पूरे दिन ऊर्जावान महसूस करते हैं आदि-आदि।

रोजगार एवं वित्त

कॅरियर लक्ष्यों को निर्धारित करने की दिशा में पहला कदम अपने आप से एक प्रश्न पूछना है—यदि सबकुछ आपके सोचे अनुसार होता चला जाए, तो 5 वर्षों के बाद आपका कॅरियर क्या होगा? कल्पना कीजिए कि अब से 5 साल बाद आप अपने सपनों के आदर्श कॅरियर में हैं। देखें कि आप किस कॅरियर में हैं; किस शहर में काम कर रहे हैं; आपने किन कुशलताओं और क्षमताओं को विकसित किया है; आपके कार्यस्थल में आपकी स्थिति क्या है आदि।

अब अपनी वर्तमान वार्षिक आय देखें। वर्तमान में आपकी बचत और कुल निवेश क्या हैं और कितने मूल्य के हैं; भविष्य में वित्तीय आवश्यकताएँ क्या हैं; क्या

आपकी सेवानिवृत्ति के बाद का जीवन सुरक्षित है; आपकी वर्तमान योजना के अनुसार, सेवानिवृत्ति के समय आपके पास पर्याप्त धन होगा या कुछ और आवश्यक है; आपकी सेवानिवृत्ति के समय निवेश की कुल राशि क्या होनी चाहिए; आप कब अपनी सेवानिवृत्ति की योजना बना रहे हैं आदि।

अब आपको 5 साल बाद के अपने सपनों के जीवन और आज के जीवन में अंतर की पहचान करनी होगी और आवश्यक कार्यवाई के साथ इस खाई को भरना होगा। इसके लिए आपको आवश्यक कौशल और क्षमताओं को सीखना होगा और सकारात्मक संबंधों को विकसित करना होगा, जिससे आप अगले 5 वर्षों में अपने सपनों की इच्छित सफलता प्राप्त कर सकते हैं।

अक्सर लोग मुझसे पूछते हैं कि अगर वे अपनी नौकरी बदलने की स्थिति में नहीं हैं, तो उन्हें क्या करना चाहिए। सामान्यत: मेरा जवाब यही होता है कि हर जगह विकास की संभावनाएँ हैं, लेकिन अपने कॅरियर की संभावनाओं या अपनी आय में किसी भी वृद्धि की उम्मीद करने से पहले, आपको अपने संगठन के लिए अपने मूल्य में वृद्धि करनी पड़ेगी। व्यावहारिक रूप से यह लगभग असंभव है कि आप अपने संगठन के लिए अपने मूल्य को बढ़ा लें, फिर भी आपका संगठन उसकी तरफ ध्यान न दे या आपको किसी भी रूप में पुरस्कृत न करे। देखिए कि सफल लोग क्या कर रहे हैं और उनका अनुसरण करने का प्रयास करें। यदि आप वह करेंगे, जो सफल लोग कर रहे हैं, तो सफलता की ओर आपकी यात्रा आसान हो जाएगी। यदि आप वह नहीं करना चाहते, जो सफल लोग कर रहे हैं, तो आपको अपनी यात्रा में परेशानी का सामना करना पड़ सकता है।

अब अपने वर्तमान घर को देखिए। क्या यह किराए पर है या आपके स्वामित्व में है, क्या आप इस घर से संतुष्ट हैं या आप बड़ा घर या बेहतर स्थान पर घर चाहते हैं? अपने आदर्श घर के बारे में सोचिए और खुद को अपने सपने के घर में चक्कर लगाते हुए देखने की कल्पना कीजिए। अब अपनी सपनों की कार के बारे में सोचिए और अपने आपको उसे चलाते हुए देखने की कल्पना कीजिए।

इसी तरह वित्तीय मामलों में भी आपको अपनी वर्तमान वित्तीय स्थिति का लेखा-जोखा करना होगा, ताकि भविष्य के लक्ष्यों की तदनुसार योजना बना सकें। आज अपना कुल वित्तीय मूल्यांकन करें, ताकि आपके वित्तीय विवरण के अनुसार, सभी परिसंपत्तियों और देनदारियों को देखकर वास्तविक स्थिति का आकलन किया जा सके।

व्यक्तिगत संतुष्टि एवं मौज-मस्ती

व्यक्तिगत जीवन में आपकी इच्छाएँ क्या हैं? गोल्फ या शतरंज खेलने के लिए

पर्याप्त समय; परिवार के साथ विश्व भ्रमण; या किसी विषय में शोध करना; या कोई नया कौशल सीखना, जो आपको पसंद है, जैसे गिटार बजाना, बागवानी या कुछ और। अपने जीवन के इस क्षेत्र में अपने लक्ष्यों को प्राप्त करते हुए देखने की कल्पना कीजिए।

माता-पिता, अड़ोस-पड़ोस और समाज के लिए योगदान

हम सभी की अपने माता-पिता और अपने समाज के प्रति कुछ जिम्मेदारियाँ हैं। सोचिए, आप अपने माता-पिता के जीवन में और समाज के प्रति क्या योगदान देना चाहते हैं। आप कैसी विरासत छोड़ना चाहते हैं। विश्व प्रसिद्ध लेखक रॉबिन शर्मा ने तो इस विषय पर पूरी किताब लिखी है, 'कौन रोएगा आपकी मृत्यु पर' (Who Will Cry When You Die)। इस पुस्तक को पढ़ें और आप पाएँगे कि आपने अपने माता-पिता और समाज से बहुत कुछ लिया है और आपको इसे वापस देना ही चाहिए। कितना और किस रूप में, यह फैसला आपको करना है।

अपने जीवन के विभिन्न पहलुओं में, जैसे परिवार, कॅरियर और वित्त, स्वास्थ्य, दोस्ती, मनोरंजन/पर्यटन, आध्यात्मिक योगदान या किसी अन्य क्षेत्र, जो भी आपके दिल के करीब हो, की एक सूची बनाइए। एक मिनट के लिए अपनी आँखें बंद कीजिए। एक गहरी श्वास लीजिए और पहचानने का प्रयास कीजिए कि कौन सा क्षेत्र आपके लिए सबसे महत्त्वपूर्ण है और क्यों। फिर पहचानने का प्रयास कीजिए कि आप अपनी वर्तमान जीवनशैली में किस क्षेत्र पर कितना समय दे रहे हैं। पिछले हफ्ते के दौरान इन गतिविधियों को दिए गए घंटों को लिख लें और इसकी समीक्षा करें। यह आपके सोच की तुलना में कैसा दिखता है।

अपनी आकांक्षाओं और आपके ध्यान (Focus) के बीच का अंतर पहचानिए। अब आप समझ गए होंगे कि आपका ध्यान कहाँ होना चाहिए और वास्तव में यह कहाँ है। आप भूतकाल में किए गए अपने चुनावों का परिणाम हैं। यदि आप हमेशा की तरह चुनाव करते रहेंगे, तो आप वैसे ही रहेंगे, जैसे अभी हैं। यदि आप अपने जीवन के महत्त्वपूर्ण क्षेत्रों में संतुलन बनाकर सुखी होना चाहते हैं, तो आपको अपने जीवन के उन क्षेत्रों पर ध्यान केंद्रित करना होगा, जो कि आवश्यक हैं, न कि अपनी पसंद के क्षेत्रों पर। इसे स्पष्ट रूप से समझना जरूरी है।

तो बस, अब कागज-कलम उठाइए और अपने जीवन के पाँच महत्त्वपूर्ण पहलुओं के लिए अपने मिशन स्टेटमेंट लिखना प्रारंभ कर दीजिए। यह आपकी जिंदगी की बड़ी तसवीर दिखाएगा, जो आपने पहले कभी नहीं देखी है।

आप जहाँ हैं, उसकी जिम्मेदारी लीजिए, क्योंकि आप अपने विकल्पों का ही परिणाम हैं। आपको बुरी आदतों का परिणाम भुगतना ही पड़ेगा जैसे जंक फूड या

वसायुक्त वस्तुएँ खाना, कोई व्यायाम न करना, कार्यालय में अनुत्पादक कार्यों में लगे रहना, अत्यधिक सामाजिक होना या कार्यालय/घर पर हर वक्त सिर्फ गपशप करते रहना आदि।

> "The person, who starts out going nowhere, generally gets there."
>
> —**Dale Carnegie**

अधिकांश लोग जीवन भर इधर-उधर बेवजह भटकते रहते हैं और कोई आश्चर्य नहीं कि उन्हें कुछ नहीं मिलता है।

G.O.P.T.A. POINTS

- ✓ आपका अवचेतन मन जीपीएस की तरह काम करता है। आपको अनिवार्य रूप से इसे वांछित गंतव्य और वर्तमान स्थिति का इनपुट प्रदान करना होगा।
- ✓ सफलता का अर्थ निरंतर प्रगति और जीवन के विभिन्न क्षेत्रों के बीच एक इष्टतम संतुलन बनाए रखना है।
- ✓ सफलता की यात्रा का आनंद लें।
- ✓ 'असफलता' शब्द को दो अलग-अलग अर्थों में परिभाषित किया जा सकता है—'सफलता की कमी' और 'अपनी वास्तविक क्षमता की तुलना में कम अच्छा प्रदर्शन'।
- ✓ अगर हम विलासिता के बिना खुश नहीं हैं, तो यह निश्चित है कि हम विलासिता प्राप्त करके भी खुश नहीं हो पाएँगे।
- ✓ जीवन के विभिन्न क्षेत्रों में संतुलन प्राप्त करने की दिशा में पहला कदम है—खुद का ईमानदारी से मूल्यांकन करना कि अपने जीवन के विभिन्न क्षेत्रों में 1-10 के पैमाने पर आप कहाँ हैं।
- ✓ ऊँचे लक्ष्यों का पीछा करते वक्त कुछ कम हासिल करना कोई अपराध नहीं है, इसलिए आपको हमेशा अपने लक्ष्य ऊँचे ही रखने चाहिए; लेकिन इष्टतम यथार्थवाद भी आवश्यक है।
- ✓ आप अपने जीवन के विभिन्न क्षेत्रों में जहाँ हैं, उसकी जिम्मेदारी लीजिए, क्योंकि आप भूतकाल के अपने चुनावों के परिणाम हैं।

□

7

लक्ष्य निर्धारण प्रक्रिया

> **An unwritten want is a wish, a dream, a never happen. The day you put your goal in writting is the day it becomes a commitment that will change your life.**
>
> **—Tom Hopkings**

जो भी चीजें आप जीवन में चाहते हैं, उन सभी की एक लिखित सूची तैयार करना लक्ष्य-निर्धारण प्रक्रिया का प्रथम चरण है। चाहे वे चीजें छोटी-मोटी ख्वाहिशें हों या बड़ी; जल्दी हासिल करना चाहते हों या लंबी अवधि में, सब लिखिए। अगर आप शादीशुदा हैं, तो इस प्रक्रिया में अपने पति-पत्नी और बच्चों को भी शामिल कर लीजिए। आत्ममंथन करें कि आप जीवन में क्या चाहते हैं। याद रखें, आपको अपने जीवन के हर क्षेत्र में अपने लक्ष्यों को लिखना होगा, चाहे ये पारिवारिक लक्ष्य हों, स्वास्थ्य लक्ष्य हों, कॅरियर लक्ष्य हों, वित्तीय लक्ष्य हों, या ऐसा कुछ भी, जो आप प्राप्त करना चाहते हैं, उसे लिखें। आप जो भी बनना चाहते हैं; आप जो भी सीखना चाहते हैं; आप जो भी करना चाहते हैं; आप जो भी योगदान देना चाहते हैं; बस जो कुछ भी आपके दिमाग में आता जाए, वह सब लिखते जाइए। यह आपकी इच्छाओं की सूची है और इसमें खुद की छोटी-छोटी इच्छाओं को भी शामिल करना चाहिए। इस सूची पर एक या दो दिनों तक काम़ करते रहें, जब तक इस सूची में लगभग 100 इच्छाएँ न लिख जाएँ।

लिखने की शक्ति असीम है

आपको अपने लक्ष्यों को लिखना होगा। कागज पर सोचने की आदत विकसित करनी होगी। मेरी कार्यशालाओं में अक्सर लोग पूछते हैं कि लिखना इतना महत्त्वपूर्ण क्यों है। उनका कहना होता है कि यदि हमारे पास एक इच्छा है, जो इतनी तीव्र है कि

यह हमारा जुनून बन गई है, तो फिर उसे लिखने की क्या आवश्यकता है; आखिर मैं अपना लक्ष्य कैसे भूल सकता हूँ? मेरा जवाब होता है कि आपका अवचेतन मन इसी प्रकार काम करता है। आँखें अवचेतन मन का द्वार होती हैं। जब आप लिखे हुए लक्ष्य पढ़ते हैं, तो लिखित शब्द आपके अवचेतन मन को उस लक्ष्य से संबंधित विचारों एवं संभावनाओं से अवगत कराते हैं। जैसा कि हम सभी जानते हैं, शब्द हमारी सोच प्रणाली का अभिन्न अंग हैं। शब्द अवचेतन मन में संबंधित चित्र एवं भावनाओं के माध्यम से अपनी बात पहुँचाते हैं। अपने लक्ष्य को लिखते वक्त आपके हाथों की चाल आपकी आँखों के माध्यम से आपके अवचेतन मन में गहरे पैठ बना लेती है और जब आप अपने 'लक्ष्य सारांश' (Goals Summary) को बारंबार पढ़ते हैं, तो आपका संकल्प गहरा और गहरा और गहरा होता चला जाता है।

जब शब्दों को पुन: लिखा जाता है, तो इसका और अधिक गहरा प्रभाव पड़ता है। इसीलिए अपने लक्ष्यों को बार-बार लिखना जारी रखें; यदि संभव हो तो प्रतिदिन। जब आप बार-बार लिखते रहेंगे तो इस पुनरावृत्ति से लक्ष्य और अधिक स्पष्ट होता जाएगा और आप लक्ष्य-प्राप्ति के लिए जरूरी कार्य करने के लिए प्रेरित होंगे। लिखित लक्ष्य आपकी विचारधारा को प्रभावित करते हैं और अपने लक्ष्यों को प्राप्त करने की दिशा में काम करने की प्रेरणा देते हैं। लक्ष्यों को लिखना आपकी रचनात्मकता को बढ़ाता है, इसलिए आपको उन सभी चीजों की एक मास्टर सूची तैयार करनी चाहिए, जिन्हें आप करना चाहते हैं या भविष्य में प्राप्त करना चाहते हैं। बड़ा या छोटा; प्राप्त करने योग्य या प्राप्त करने में मुश्किल लगनेवाला; चाहे मूर्खतापूर्ण भी प्रतीत हो, सबकुछ लिख लीजिए। इन इच्छाओं को प्राथमिकता के क्रम में तो हम बाद में जमाएँगे। अभी सिर्फ लेखन पर ध्यान दीजिए। इस उद्देश्य के लिए चित्र 7.1 पर उपलब्ध वर्कशीट का प्रयोग करें और इसे धीरे-धीरे भरें।

अब अगले कॉलम में एक श्रेणी डालें कि यह पारिवारिक लक्ष्य है या स्वास्थ्य लक्ष्य या कॅरियर लक्ष्य या आनंददायी लक्ष्य या जीवन में किसी तरह का योगदान देने आदि से संबंधित लक्ष्य है।

पहचानें कि आप इस लक्ष्य विशेष को क्यों प्राप्त करना चाहते हैं

आपको किसी भी लक्ष्य को प्राप्त करने की तीव्र ज्वलंत इच्छा विकसित करने के लिए यह पहचानना होगा कि आप वह लक्ष्य क्यों प्राप्त करना चाहते हैं। लिखिए कि किसी विशेष लक्ष्य को आप क्यों हासिल करना चाहते हैं। जितने अधिक कारण आप ढूँढ़कर लिख लेंगे, आपकी इच्छा और बलवती हो जाएगी। यदि आपने किसी लक्ष्य को प्राप्त करने के लिए कम-से-कम 5 कारण लिख लिये, तो कोई भी आपको इसे

प्राप्त करने से रोक नहीं सकता; क्योंकि इसका मतलब होगा कि यह तीव्र इच्छा आपके अवचेतन मन में गहरे पैठ बना लेगी और फिर आपका अवचेतन मन इस लक्ष्य की प्राप्ति के लिए आवश्यक कार्यवाई करने के लिए आपको आवश्यक प्रेरणा प्रदान करता रहेगा। एक आसान तरीका यह सोचना है कि क्या सकारात्मक होगा, यदि आप इस लक्ष्य को प्राप्त करते हैं; या फिर क्या नकारात्मक हो सकता है, यदि आप इस लक्ष्य को प्राप्त नहीं कर पाते हैं। इससे आपका सोच स्पष्ट हो जाएगा।

> IF there are no personal benefits, you motivation for completing the goal will be diminished.
>
> **—Zig Ziglar**

अब इच्छाओं को S.M.A.R.T.E.R. लक्ष्य में बदलें

अपनी इच्छा सूची पूरी करने के बाद, अब इन इच्छाओं में कुछ तत्त्व जोड़कर अपने मजबूत लक्ष्य बनाने का वक्त आ गया है। आइए, अब हम अपनी इच्छाओं को **S.M.A.R.T.E.R.** लक्ष्य बनाएँ।

S.	Specific but Simple	विशिष्ट, किंतु स्पष्ट
M.	Measurable	मापनीय
A.	Adjustable & Attainable	समायोज्य और प्राप्य
R.	Realistic	यथार्थवादी
T.	Time-bound	समयबद्ध
E.	Enjoyable & exciting	आनंददायक और रोमांचक
R.	Rewarding & reviewable	पुरस्कृत किए जाने और समीक्षा योग्य

विशिष्ट, किंतु स्पष्ट (Specific but Simple)

लक्ष्य निर्धारित करते समय विशिष्ट होना आवश्यक है। आप जो भी चाहते हैं, उसमें विशिष्ट रहें। 'मुझे अधिक पैसे चाहिए', 'मैं अपना वजन कम करना चाहता हूँ' या 'मुझे परीक्षा में अधिक अंक चाहिए' विशिष्ट नहीं हैं। ये सिर्फ इच्छाएँ हैं। आपको अपने लक्ष्य को विशिष्ट बनाना है, क्योंकि आकर्षण के नियम के अनुसार, ब्रह्मांड आपको वही देता है, जो आप उसे बताते हैं, इसलिए आपको अपना लक्ष्य इस तरीके से निर्धारित करना चाहिए कि 'मैं 5 लाख रुपए प्रतिमाह अर्जित करना चाहता हूँ' या 'मैं अपने वजन को 90 किलोग्राम से कम करके 70 किलोग्राम करना चाहता हूँ' या 'मैं गणित में अपने

अंकों को 85 प्रतिशत से 95 प्रतिशत तक बढ़ाना चाहता हूँ'।

विशिष्ट लक्ष्यों को लिखने का विशेष लाभ यह है कि यह हमें ठीक-ठीक पहचानने में मदद करता है कि हम 'क्या' चाहते हैं; 'क्यों' चाहते हैं और हम 'कैसे' इसे प्राप्त करने जा रहे हैं और फिर हमें अपनी सारी ऊर्जा को उस उद्देश्य की दिशा में केंद्रित करने और स्थानांतरित करने में सहायता करता है।

लक्ष्य ऐसा होना चाहिए, जिसे हासिल करना आपके लिए महत्त्वपूर्ण हो, अन्यथा आपके अंदर अपने लक्ष्य को प्राप्त करने के लिए कड़ी मेहनत करने के लिए आवश्यक जोश नहीं उत्पन्न होगा।

मापनीय (Measurable)

लक्ष्य मापनीय होने चाहिए और लक्ष्य-प्राप्ति के मार्ग में अपनी प्रगति को देखने के लिए आपके पास कोई मापदंड होना चाहिए। 'मैं प्रतिमाह 5 लाख रुपए अर्जित करना चाहता हूँ'; 'मैं 90 किलो से अपना वजन घटाकर 70 किलोग्राम करना चाहता हूँ'; 'मैं प्रतिमाह 2 अच्छी किताबें पढ़ना चाहता हूँ', ये सभी विशिष्ट एवं मापनीय लक्ष्य हैं। 'मैं अच्छी किताबें पढ़ना चाहता हूँ' मापनीय नहीं है, क्योंकि आपकी प्रगति की जाँच करने के लिए आपके पास कोई मापदंड नहीं है। जब आप अपनी प्रगति को मापते हैं, तभी आप सही रास्ते पर रहते हैं।

समायोज्य और प्राप्य (Adjustable & Attainable)

लक्ष्य समायोज्य (Adjustable) होना चाहिए और इस पर नियमित अंतराल पर नजर रखनी चाहिए। उदाहरण के लिए, यदि आपने अपने वजन को 12 महीनों में 12 किलोग्राम कम करने का लक्ष्य निर्धारित किया है (यानी औसतन 1 किग्रा प्रति माह) और आप पाते हैं कि आप पहले 6 महीनों में केवल 3 किग्रा वजन कम कर पाए हैं, तो या तो आपको अगले 6 महीनों में अपनी प्रतिमाह वजन कम करने की औसत दर में वृद्धि करनी होगी या अपने वजन कम करने के लक्ष्य को थोड़ा घटाना होगा और इसे 9 किग्रा पर लाना होगा, यानी 3 किलोग्राम पहले से ही प्राप्त और 6 किलोग्राम बाकी 6 महीनों में घटाया जाएगा।

आपको अपने मध्यावधि लक्ष्यों को प्राप्त न कर पाने की सूरत में बिना झिझक या अपराध बोध के अपने लक्ष्यों को बदलने के लिए तैयार रहना चाहिए। किसी भी इनसान के पास ऐसी दूरदर्शिता नहीं है कि वह ऐसी सटीक योजना बना सके, जिसे भविष्य में बदलने की आवश्यकता ही न पड़े। पहले से अचूक योजना न बना पाने के लिए आप खुद को कैसे दोषी ठहरा सकते हैं? वैसे भी, लक्ष्य तो प्रगतिशील होते हैं अर्थात् जब आप

एक मध्यावधि लक्ष्य की समीक्षा करते हैं, तो आप देख सकते हैं कि उस मध्यावधि लक्ष्य से भी अधिक हासिल करना संभव था, जैसे कि उपरोक्त उदाहरण में, यदि आप पहले 6 महीनों में अपना वजन 9 किलोग्राम घटाने में सफल हो जाते हैं, तो अगले 6 महीनों में केवल 3 किलोग्राम वजन कम करने का लक्ष्य रखना समझदारी नहीं होगी। इससे बेहतर होगा कि आप लक्ष्य को संशोधित कर लें; या तो लक्ष्य को कम अवधि में प्राप्त करने का लक्ष्य बना लें या पूर्ण अवधि में और ज्यादा वजन कम करने का लक्ष्य बना लें।

इसी तरह, मान लें कि आपका लक्ष्य एक साल बाद 1 लाख रुपए की मासिक आय का था और 6 महीने बाद आप पाते हैं कि आपकी मासिक आय 1.5 लाख रुपए हो चुकी है। इस अवस्था में यदि आप अपने लक्ष्य को ऊपर की तरफ संशोधित नहीं करते हैं, तो आप आगे की प्रगति के लिए आवश्यक प्रेरणा और उत्साह कैसे प्राप्त करेंगे?

हालाँकि स्पष्टता अत्यंत महत्त्वपूर्ण है, लेकिन यह भी सत्य है कि सफलता के लिए आपकी यात्रा में आपको लचीला होना चाहिए। आपकी यात्रा के दौरान आपको कई अप्रत्याशित चीजों का सामना करना पड़ता है और किसी भी समय तक की गई प्रगति के मूल्यांकन के बाद आपको अपने लक्ष्य को संशोधित करने के लिए लचीला होना चाहिए।

यथार्थवादी (Realistic)

यद्यपि आपको ऊँचे लक्ष्य निर्धारित करके अपनी सीमाओं को चुनौती देने का प्रलोभन हो सकता है, लेकिन आपको हमेशा ध्यान रखना चाहिए कि लक्ष्य हासिल किए जाने योग्य और यथार्थवादी होने चाहिए। यदि आप नौकरी में हैं और लक्ष्य बनाते हैं कि मैं 2 साल के भीतर देश का राष्ट्रपति बनूँगा; तो यह शायद ही संभव है। यदि आप दो साल में यह लक्ष्य हासिल नहीं कर पाएँगे तो ऐसा लक्ष्य निश्चित रूप से आपके लिए निराशाजनक साबित होगा। आपको यह समझना होगा कि देश के शीर्ष स्थान पर पहुँचने से पहले राजनेताओं ने अपने पूरे सक्रिय राजनीतिक जीवन के कम-से-कम 20-30 वर्ष बिताए होते हैं। इसी तरह, यदि आप अभी प्रतिमाह 20,000 रुपए कमा रहे हैं और कोई भी नया व्यवसाय शुरू करने के लिए आपके पास कोई पूँजी भी नहीं है और आप 2 सालों के भीतर 10 करोड़ रुपए प्रतिमाह कमाने का लक्ष्य निर्धारित कर लेते हैं, तो यह सामान्य परिस्थितियों में, इक्का-दुक्का अपवादों को छोड़कर, विफल ही होना है, तो आपको यह समझना चाहिए कि आपके लक्ष्यों को यथार्थवादी और प्राप्य होना चाहिए।

यथार्थवादी होने के साथ-साथ, आपको यह भी ध्यान रखना चाहिए कि आपको न तो बहुत छोटी अवधि में हासिल करने के लिए बहुत बड़ा लक्ष्य निर्धारित करना चाहिए

और न ही उपलब्ध समय की तुलना में बहुत छोटा लक्ष्य निर्धारित करना चाहिए।

छोटी अवधि के लिए बड़ा लक्ष्य निर्धारित न करें—यदि आप छोटी अवधि में हासिल करने के लिए बहुत ऊँचा लक्ष्य निर्धारित कर लेंगे, तो उसमें असफलता अवश्यंभावी होगी और आपका सारा उत्साह ठंडा पड़ जाएगा और आप लक्ष्य निर्धारण की शक्ति पर ही शक करना शुरू कर देंगे। मान लीजिए कि अभी आपका वजन 90 किलोग्राम है और आप दो महीने में 25 किलोग्राम वजन कम करने का लक्ष्य निर्धारित करते हैं, तो यह अवास्तविक होगा। इसी तरह, यदि आपने अभी अपनी आजीविका शुरू की है और प्रतिमाह 50,000 रुपए कमा रहे हैं, तो 2 साल में एक बड़े बँगले का लक्ष्य बनाना बेहद अवास्तविक होगा, क्योंकि अगले दो वर्षों में आप कुल 12 लाख रुपए कमाएँगे, जिसमें से आपको अपने खर्चों को भी पूरा करना होगा। 1 या 2 करोड़ रुपए के घर का सपना देखना या योजना बनाना आपको बड़ा कर्ज लेने के लिए मजबूर कर देगा, जिसे चुकाना शायद आपके लिए बहुत मुश्किल हो जाए।

छोटे लक्ष्य के लिए ज्यादा लंबा समय भी न निर्धारित करें—इसके विपरीत, यदि आप बहुत छोटे लक्ष्य के लिए बहुत लंबा समय रखते हैं, तो आपके प्रयासों में शिथिलता आ जाएगी। मान लीजिए कि आप एक साल में 3 किग्रा वजन कम करने की योजना बनाते हैं, तो तय मानिए कि पहले के 6-8 महीने तो आप कोई भी गतिविधि शुरू ही नहीं करेंगे, यह सोचकर कि आप आखिर के महीनों में लक्ष्य हासिल करेंगे। यदि आप अपने रिटायरमेंट से पहले, जो 25-30 साल बाद होगा, एक फ्लैट खरीदने की योजना बना रहे हैं, तो आप इस योजना के लिए कुछ काम नहीं करेंगे।

मूल बिंदु यह है कि लक्ष्यों को निर्धारित करते समय, आपको अपने आज के संसाधनों का उचित मूल्यांकन करना चाहिए और उसी के अनुसार उचित स्पष्ट, मापनीय और यथार्थवादी लक्ष्य बनाने चाहिए। लक्ष्य ऐसा होना चाहिए कि उसे हासिल करने के लिए आप अपने फोकस और ऊर्जा को उसी दिशा में लगा दें। यदि आप इसे प्राप्त करते हुए खुद को देख सकते हैं, तभी आपको अपने लक्ष्य के लिए कार्य करने की प्रेरणा मिलेगी, लेकिन याद रहे, आपको अपने साथ बहुत सख्त नहीं होना है। हमेशा अप्रत्याशित परिस्थितियों और अस्थायी असफलताओं के लिए गुंजाइश रखें।

समयबद्ध (Time-bound)

महत्त्वपूर्ण लक्ष्यों को हासिल करने के लिए हमेशा समय-सीमा निर्धारित करें और अपनी समय सीमाओं को हरसंभव निभाने का प्रयास करें। यदि कोई समय सीमा नहीं होगी और लक्ष्य हासिल करने की कोई शीघ्रता भी नहीं होगी, तो शुरुआत में शिथिलता का भय हमेशा बना रहेगा। आप पाएँगे कि समयबद्धता आपको अपनी सारी ऊर्जा और

एकाग्रता को आपके लक्ष्य-प्राप्ति के लिए लगाने के लिए प्रेरित करेगी, जैसे-जैसे समय-सीमा पास आने लगेगी, यह आपको कड़ी से कड़ी मेहनत करने के लिए प्रेरित करेगी, हालाँकि लक्ष्यों को प्राप्त करने के लिए पर्याप्त समय रखना चाहिए। इष्टतम समय पर विचार करते समय इस बात की तरफ से सतर्क रहना चाहिए कि बहुत कम या ज्यादा समय आपकी प्रेरणा और एकाग्रता को भटका न दे। अपने पूर्ण प्रयासों के बाद भी, यदि किसी कारणवश आप निर्धारित समय-सीमा में लक्ष्य प्राप्त नहीं कर पाते हैं, तो निराश होने की जरूरत नहीं है। इस वजह से आपका समग्र लक्ष्य कार्यक्रम पटरी से नहीं उतरना चाहिए।

आनंददायक और रोमांचक (Enjoyable & Exciting)

याद रखिए, जीवन के विभिन्न क्षेत्रों में लक्ष्य निर्धारण का उद्देश्य यही है कि आप अपने जीवन को बेहतर बनाना चाहते हैं और अपने आनंद के स्तर को बढ़ाना चाहते हैं। आपको अपने लक्ष्यों को इस प्रकार निर्धारित करना चाहिए, जिससे उन्हें प्राप्त करने में आपको आनंद प्राप्त हो। यहाँ मेरा उदाहरण देखिए। यदि मैं अपनी सरकारी नौकरी जारी रखता तो 60 साल की उम्र में सेवानिवृत्त होता। अब मेरा लक्ष्य इस उम्र तक विश्वस्तर पर अपनी कार्यशालाओं के आयोजन का है। यह रोमांचक भी है और मनोरंजक भी, क्योंकि इस प्रक्रिया के दौरान, मैं पूरी दुनिया की यात्रा करूँगा; वह भी अपनी जेब से एक भी पैसा खर्च किए बिना।

पुरस्कृत किए जाने और समीक्षा योग्य (Rewarding & Reviewable)

आपको नियमित अंतराल पर अपनी प्रगति की समीक्षा करनी चाहिए। अल्पावधि या मध्यावधि लक्ष्यों की प्राप्ति पर अपने और अपने परिवार के सदस्यों के लिए एक पारितोषिक तय रखें, ताकि उत्साह बना रहे। हमेशा लक्ष्यों की समीक्षा करते रहें। यदि आपने वर्तमान लक्ष्य को आसानी से हासिल कर लिया, तो अगला लक्ष्य कुछ कठिन बनाइए। यदि आपके लक्ष्य को हासिल करने के लिए उम्मीद से ज्यादा समय या प्रयास लगा, तो अगला लक्ष्य कुछ आसान बनाइए। यदि परिस्थितियों में कोई बड़ा परिवर्तन आया है, तो आप अपने लक्ष्यों को बदल सकते हैं। मूल बिंदु यह है कि आपको हमेशा अपने लक्ष्यों की समीक्षा करते रहना चाहिए कि क्या वे अभी भी प्रासंगिक हैं या उनमें से कुछ बेमानी हो गए हैं या उनमें किसी प्रकार के संशोधन की आवश्यकता है। जैसे यदि कोई व्यक्ति 25 वर्ष का है और वह कॅरियर और परिवार की शुरुआत करने की योजना बना रहा है, तो वह जीवन की एक तसवीर की कल्पना करेगा, लेकिन 10 साल बाद, यानी 35 वर्ष की आयु में, उसे मूल्यांकन करना होगा कि वह जीवन में कहाँ पहुँचा है।

वह मूल योजना से अधिक या कम सफल हो सकता है। उसकी पारिवारिक स्थिति मूल योजना से भिन्न हो सकती है। उसे स्थिति का जायजा लेकर पुनः अगले 5 या 10 वर्षों के लिए योजना में संशोधन करना होगा।

S.M.A.R.T.E.R. लक्ष्यों को अंतिम रूप देने के लिए और संशोधन

लक्ष्य प्रथम काल (First tense) में लिखें—'मैं' का प्रयोग करते हुए लक्ष्य लिखें। आपका अवचेतन मन आसानी से उन लक्ष्यों को स्वीकार करता है, जिनमें 'मैं' शब्द शामिल होता है।

सकारात्मक लिखें, जो भी आप चाहते हैं—नकारात्मक लक्ष्य न बनाएँ, यानी जो नहीं चाहते, वह न लिखें। वह लिखें, जो चाहते हैं। यदि आप दिल का दौरा नहीं चाहते हैं, तो यह न लिखिए कि 'मैं दिल का दौरा नहीं चाहता'। इसके बजाय स्वस्थ रहने का लक्ष्य बनाइए। यह एक सकारात्मक लक्ष्य है। अवचेतन मन और ब्रह्मांड नकारात्मक शब्द नहीं सुनते। यदि आप इसे यह इनपुट प्रदान करते हैं कि 'मैं दिल का दौरा नहीं चाहता', तो यह सुनेगा कि 'मैं दिल का दौरा चाहता हूँ' और यह आपके लिए अच्छा नहीं होगा।

दृश्यीकृत करें कि आपने पहले ही लक्ष्य हासिल कर लिया है—अपने अवचेतन मन की ताकत का दोहन खुद को अपने लक्ष्यों तक पहुँचते हुए देखने में करें, जैसे कि आप पहले ही लक्ष्य प्राप्त कर चुके हों। अपना लक्ष्य इस तरह लिखें, जैसे कि आपने पहले ही उसे प्राप्त कर लिया हो और तब आपको जो महसूस हो रहा होगा। कल्पना कीजिए, अगर आप आय का वांछित स्तर या परीक्षा में वांछित अंकों या वांछित फिटनेस लक्ष्य प्राप्त करते हैं, तो आप कैसा महसूस करेंगे। खुद को लक्ष्य हासिल किए हुए दृश्यीकृत करें। अगर आपका लक्ष्य घर खरीदने का है, तो अपने आपको उस घर में रहते हुए देखने की कल्पना करें। यदि आपका लक्ष्य एक कार खरीदने के लिए है, तो अपने सपनों की गाड़ी चलाते हुए खुद को देखने की कल्पना करें। यदि आप एक वक्ता बनना चाहते हैं, तो बड़ी भीड़ के सामने खुद को बोलते हुए देखने की कल्पना करें, जहाँ श्रोता आपके व्याख्यान/सेमिनार में आपकी प्रस्तुति के लिए तालियाँ बजाकर सराहना कर रहे हैं। सिर्फ यह लिखने की बजाय कि 'मैं अपना वजन कम करके 75 किलो करना चाहता हूँ', लिखिए कि 'मैं 75 किलो वजन पर अच्छे स्वास्थ्य का लाभ ले रहा हूँ और ऊर्जावान और उत्साही महसूस कर रहा हूँ।' आपका स्पष्ट दृश्यीकरण आपके अवचेतन मन को सक्रिय करेगा और यह आपकी प्रेरणा को लगातार गति देगा और आपकी लक्ष्य-प्राप्ति की गति में वृद्धि हो जाएगी।

अपने लक्ष्य में तारीख जोड़ें—अपने लक्ष्य में समय-सीमा रखने के लिए एक तारीख जोड़ना मत भूलिएगा। 30 सितंबर, 2020 को मैं ऊर्जावान और उत्साही महसूस कर रहा हूँ और 75 किलो वजन के साथ अच्छे स्वास्थ्य का लाभ ले रहा हूँ। यह एक आदर्श SMARTER लक्ष्य है अर्थात् विशिष्ट भी, मापनीय भी, प्राप्य भी, यथार्थवादी भी, समयबद्ध भी, आनंदरूपी पुरस्कार लिये भी और सबसे बड़ी बात, सरल और स्पष्ट भी है।

इच्छाओं से SMARTER लक्ष्य तक बढ़ें

अपनी समस्त इच्छाओं को चित्र 7.1 में दी गई वर्कशीट में लिखें और एक-एक को SMARTER लक्ष्य बनाएँ। इस वर्कशीट में आप अपनी पसंद के अनुसार, कुछ क्षेत्र जोड़ सकते हैं या हटा सकते हैं और अपना खुद का चार्ट तैयार कर सकते हैं।

इच्छाएँ	जीवन पहलू	मैं इस लक्ष्य को क्यों हासिल करना चाहता हूँ		यह कब तक हासिल किया जाना है?	मेरा S.M.A.R.T.E.R. लक्ष्य
		इस लक्ष्य को प्राप्त करने के संभावित लाभ क्या हैं?	यदि मैं इस लक्ष्य को प्राप्त नहीं करता, तो क्या नकारात्मक हो सकता है?		

[चित्र 7.1]

जीवन के प्रत्येक पहलू के लिए अपने S.M.A.R.T.E.R. लक्ष्य का संक्षेप बनाएँ

एक बार आप अपने जीवन के प्रत्येक पहलू में अपने सभी लक्ष्यों के संबंध में उपरोक्त सभी कवायद पूरी कर लें, तो अपने परिणामों को चित्र 7.2 में दी गई वर्कशीट में सारांशित करें। यह वर्कशीट आपके लक्ष्यों को संक्षेपित करने में आपकी सहायता करने के लिए एक सुझाव मात्र है;

आप अपनी पसंद के अनुसार, कुछ क्षेत्र जोड़ सकते हैं या हटा सकते हैं और अपना खुद का चार्ट तैयार कर सकते हैं।

मेरा S.M.A.R.T.E.R. लक्ष्य संक्षेप

जीवन पहलू Life Aspect	
दिनांक Date	
मेरा S.M.A.R.T.E.R. लक्ष्य	
इस जीवन पहलू से संबंधित मेरी परिकल्पना/ अभिलाषा है :	
क्या विशिष्ट लक्ष्य/इच्छा पूर्ण की जानी है ?	
इस लक्ष्य को हासिल करने से क्या लाभ होंगे ?	
लक्ष्य-प्राप्ति को कैसे मापा जाएगा ?	
अगर मैं तेज या धीमी गति से प्रगति करता हूँ, तो क्या लक्ष्य लचीला है ?	
अपेक्षित बाधाएँ	
आवश्यक योग्यताएँ	
आवश्यक रिश्ते	
कितने समय में लक्ष्य हासिल होने की उम्मीद है ?	
कार्य बिंदु	
आवधिक समीक्षा	

[चित्र 7.2]

लक्ष्य-प्राप्ति की तय अवधि के अनुसार, अपने लक्ष्य को व्यवस्थित करें

अब अपनी सूची के अगले कॉलम में, अपने प्रत्येक लक्ष्य को हासिल करने के लिए निर्धारित तिथि डालें और उसके बाद अपने लक्ष्यों को दीर्घावधि, मध्यावधि और लघु अवधि के लक्ष्यों में व्यवस्थित करें।

➤ **दीर्घकालिक लक्ष्य** (Long term goals) आपके जीवन के बुनियादी लक्ष्य हैं। ये लक्ष्य आपके जीवन की बड़ी तसवीर दरशाते हैं; उदाहरण के लिए, कॅरियर चुनना; चुने हुए कॅरियर में उपयुक्त नौकरी पाना या स्वरोजगार

करना; शादी और बच्चों की योजना बनाना; सेवानिवृत्ति के बाद के जीवन की योजना बनाना; आध्यात्मिक प्रगति की योजना बनाना; घरेलू सामान खरीदने संबंधी योजना बनाना इत्यादि। जीवन के बुनियादी लक्ष्यों की पहचान करना आपको सभी अन्य जीवन पहलुओं के लिए लक्ष्य निर्धारण की प्रक्रिया के दौरान समग्र परिप्रेक्ष्य उपलब्ध कराएगा।

- **मध्यावधि लक्ष्य** (Medium term goals) दीर्घकालिक लक्ष्यों की यात्रा के दौरान के चेकपोस्ट की तरह हैं। ये नियमित अंतराल पर लक्ष्यों की दिशा में की गई प्रगति की समीक्षा करने का अवसर प्रदान करते हैं, ताकि दीर्घकालिक लक्ष्यों की प्राप्ति के लिए आवश्यक संशोधन किया जा सके।
- **अल्पावधि लक्ष्य** (Short term goals) दीर्घ अवधि के लक्ष्यों को प्राप्त करने के मार्ग के मील के पत्थर की तरह हैं, जैसे यात्रा के दौरान हमें एक के बाद एक मील के पत्थर पार करने होते हैं, उसी तरह अपनी लक्ष्य-प्राप्ति की यात्रा में हमें छोटे-छोटे लक्ष्य प्राप्त करने होते हैं। ये आत्मविश्वास बढ़ाने का काम करते हैं; जब आप किसी भी अल्पावधि लक्ष्य को प्राप्त करते हैं, तो आप खुशी और आत्मविश्वास से भर जाते हैं।

अगले 25 वर्षों में प्राप्त किए जानेवाले (यदि आप इतना आगे देख सकते हैं), 10 साल में, 5 साल में, 1 वर्ष या और जल्दी प्राप्त किए जानेवाले लक्ष्यों के अनुसार, अपनी सूची को क्रमवार व्यवस्थित कर लें। अपने त्वरित लक्ष्यों को प्राप्त करने के लिए अपनी दीर्घकालिक योजना को छमाही, तिमाही, मासिक और आखिर में साप्ताहिक स्तरों में बाँट लें और फिर पहचान लें कि प्रत्येक को प्राप्त करने के लिए किन दैनिक गतिविधियों की आवश्यकता होगी।

आपके दीर्घकालिक, मध्यम अवधि और अल्पावधि लक्ष्यों की पहचान करने के बाद, निम्न तालिका में परिणामों का सारांश प्रस्तुत करें

लक्ष्य सारांश

जीवन पहलू समय	परिवार	स्वास्थ्य	कॅरियर	वित्त	वस्तुएँ	व्यक्तिगत पूर्णता/खुशी	योगदान
10 वर्ष							
5 वर्ष							
1 वर्ष							
6 माह							
1 माह							

[चित्र 7.3]

[यदि आपको आवश्यकता महसूस हो तो आप 25 वर्ष, 3 वर्ष और 3 महीने के लिए पंक्तियाँ जोड़ सकते हैं। इसी तरह, आप किसी अन्य क्षेत्र विशेष के लिए कॉलम भी जोड़ सकते हैं।]

उपरोक्त लक्ष्य सारांश चार्ट का लाभ यह है कि यह आपकी समस्त आकांक्षाओं का एक समग्र चित्रण प्रस्तुत करता है, चाहे आप इसे लेटे रूप में देखें या खड़े रूप में देखें। यह आपकी सभी इच्छाओं का सारांश है, जो कि SMARTER लक्ष्यों में बदल चुका है और जिसे आप रोजाना पढ़ सकते हैं। यह आपके अवचेतनमन को re-program करेगा और दीर्घकालिक लक्ष्यों और मध्यम अवधि के लक्ष्यों के रूप में आपके भविष्य के दृष्टिकोण के बारे में आपके अवचेतन मन को लगातार इनपुट देना जारी रखेगा। यह आपको यह भी बताएगा कि तत्काल क्या करने की आवश्यकता है, ताकि आप अपनी सफलता के रॉकेट को छोड़ने के लिए नियमित गतिविधिरूपी पर्याप्त ईंधन प्रदान करने को प्राथमिकता दे सकें। याद रखें, अनुशासित दैनिक कार्यरूपी पर्याप्त ईंधन के बिना आपका सफलता का रॉकेट प्रक्षेपित नहीं होगा।

अपने व्यक्तित्व के 'मजबूत' और 'कमजोर' बिंदुओं की पहचान करें

हम जीवन के सभी पहलुओं और सभी संबंधों में संपूर्ण नहीं हो सकते। हमारे व्यक्तित्व में कुछ 'मजबूत' बिंदु और कुछ 'कमजोर' बिंदु होते हैं। यद्यपि आप कोई भी लक्ष्य निर्धारित करने के लिए स्वतंत्र हैं, लेकिन याद रखिए, आपकी सफलता का स्तर आपके व्यक्तित्व पर निर्भर करेगा। मैं आपको अपने व्यक्तित्व का एक परीक्षण करने

का सुझाव देता हूँ। खुद से ईमानदार रहिएगा, क्योंकि यह आपका अपना विश्लेषण है, जिसे आपको किसी और को दिखाना नहीं है। अपने 'मजबूत' बिंदु और कुछ 'कमजोर' बिंदुओं की पहचान करने की कोशिश कीजिए।

मैं आपको यकीन दिलाता हूँ कि आपके पास दोनों की बड़ी लंबी सूची बन जाएगी। यहाँ एक सुझाव है, जो आपकी सोचने की प्रक्रिया और आपके जीवन में बहुत बड़ा अंतर लाएगा। **अपने 'कमजोर' बिंदुओं के कारण निराश मत होइए। इसकी बजाय, अपने 'मजबूत' बिंदुओं को और ज्यादा मजबूत करके अपनी लक्ष्य-प्राप्ति के लिए उनका अधिकतम लाभ लेने की कोशिश कीजिए, साथ ही अपने 'कमजोर' बिंदुओं पर भी काम करके, उनमें सुधार जारी रखिए।** अपनी कुशलताओं (skills) को सुधारने पर काम करना जारी रखिए। नियमित रूप से पढ़ने की आदत विकसित कीजिए। अपनी कुशलताओं में सुधार करने से न केवल आपके 'कमजोर' बिंदु बेहतर बनेंगे, बल्कि इससे आपके 'मजबूत' बिंदु भी और मजबूत होंगे। आप अपने जीवन के प्रत्येक क्षेत्र में इस तकनीक को लागू कर सकते हैं।

> Improving your skills will not only make you better on your 'Minus' points, it will also strengthen your 'Plus' points. You can apply this technique in each area of your life.

समय प्रबंधन विशेषज्ञ अपनी ताकतें (Strengths), कमजोरियाँ (Weaknesses), अवसर (Opportunities) एवं खतरों (Threats) का विश्लेषण करने का सुझाव देते हैं, जिसे आमतौर पर SWOT Analysis के नाम से जाना जाता है। इस आत्म-विश्लेषण के दौरान आपको अपने व्यक्तित्व की सही पहचान के लिए अपने आप से कुछ सवाल पूछने होंगे।

आपकी सुविधा के लिए, मैं यहाँ उन प्रश्नों की सूची दे रहा हूँ, जिन्हें मैंने स्वयं से पूछा था, जब मैं 'साल में 1000 Productive घंटे कैसे बढ़ाएँ' विषय पर अपनी कार्यशाला पर काम कर रहा था। मैंने बचपन से SWOT विश्लेषण के बारे में पढ़ा था। मैंने अपना लिखित विश्लेषण करने का फैसला किया। **मेरे प्रश्न आपको सही सवाल पूछने की ताकत दिखाएँगे।**

ताकतें–

- मेरी प्रमुख क्षमताएँ क्या हैं, जो इस लक्ष्य को प्राप्त करने में सहायक हो सकती हैं?

- क्या मेरे पास कोई विशेष ज्ञान या कौशल है ?
- इस लक्ष्य के लिए मेरे पास क्या संसाधन हैं ?
- मैं बाहर से किससे मदद पा सकता हूँ ?
- इस क्षेत्र में कौन-कौन से कौशल ताकत माने जाते हैं ?

कमजोरियाँ–

- मेरे मुख्य सीमित करनेवाले कारक कौन-कौन से हैं ?
- किन कौशल की आवश्यकता है, जिनकी मुझमें कमी है ?
- कोई अन्य सीमित कारक—जैसे पैसे की कमी, समय की कमी या बाहरी सहायता आदि।
- इस क्षेत्र में ऐसा क्या है, जो अभी मेरे लिए काम नहीं कर रहा है ? स्थिति को सुधारने के लिए क्या किया जा सकता है ?

अवसर–

- मैं अपने 'मजबूत' बिंदुओं का लाभ कैसे उठा सकता हूँ ?
- मेरे सामने उपलब्ध अवसर क्या हैं और दूसरों पर मेरी प्रतिस्पर्धात्मक बढ़त क्या है ?
- क्या कौशल विकसित करने होंगे और कैसे ?
- इस लक्ष्य को आगे बढ़ाने के लिए, क्या मेरी जीवनशैली में किसी बड़े बदलाव की आवश्यकता होगी ?

खतरे–

- आंतरिक खतरे क्या हैं ?
- बाहरी खतरे क्या हैं ?
- कौन-कौन सी बाधाएँ मार्ग में आ सकती हैं ?
- क्या मेरी कमजोरियों में से कोई भी ऊपर के खतरों के स्तर को बढ़ा सकती है ?
- क्या मेरी कोई विशिष्ट ताकत उपरोक्त खतरों को कम कर सकती है ?

यह प्रश्नों की संपूर्ण सूची नहीं है। आप अपने जीवन की वस्तुस्थिति के अनुसार अपने प्रश्न जोड़ सकते हैं। मेरा मुख्य जोर इस बात पर है कि आपको अपनी शक्तियों की पहचान करनी चाहिए, यानी 'मजबूत' बिंदु, जिनकी वजह से आपने अब तक सफलता पाई है और जिनकी वजह से आपको भविष्य में भी सफलता मिलेगी। **याद रखिए, आप**

अपनी कमजोरियों के कारण असफल नहीं होते; आप केवल इसलिए असफल होते हैं, क्योंकि आप अपनी कमजोरियों पर ध्यान केंद्रित करते रहते हैं। यदि आप अपने 'मजबूत' बिंदुओं पर अपना ध्यान केंद्रित करना सीख लेंगे और साथ में अपने 'कमजोर' बिंदुओं में सुधार करने की कोशिश करते रहेंगे, तो सफलता तेजी से मिलेगी। मैं तो कहूँगा कि भले ही आप अपनी कुछ कमजोरियों पर विजय न पा सकें, तो भी आप सफल होंगे, अगर आप अपनी शक्तियों पर ध्यान केंद्रित करना सीख लेंगे।

आप अपने जीवन के हर क्षेत्र में इसी पद्धति को लागू कर सकते हैं।

जब आप अपना SWOT विश्लेषण पूर्ण कर लें, तो कम-से-कम 10 कारण लिखिए कि आप अपने इस विशिष्ट लक्ष्य में क्यों असफल नहीं होंगे। यदि आप नियमित रूप से इस सूची को देखते रहेंगे, तो विश्वास कीजिए, दुनिया में कुछ भी कारणों की इस सूची की तुलना में आपके लिए अधिक प्रेरक नहीं हो सकता कि आप असफल क्यों नहीं हो सकते।

संभावित बाधाओं की पहचान करें

याद रखिए, बड़ी सफलता आपके पास आसानी से नहीं आनेवाली है। रास्ते में कुछ बाधाएँ जरूर आएँगी, क्योंकि जीवन में कुछ भी निर्विघ्न नहीं है, यहाँ तक कि छोटे-छोटे सुख प्राप्त करना भी मुश्किल है और उनका स्तर बनाए रखना तो और भी मुश्किल है। सफलता के मार्ग में बाधाएँ और झटके तो आएँगे ही। भले ही आप अप्रत्याशित बाधाओं का अनुमान नहीं लगा सकते हैं, फिर भी आपको लक्ष्य हासिल करने के लिए अपने रास्ते में आनेवाली सभी संभावित बाधाओं को सूचीबद्ध करने का हरसंभव प्रयास करना चाहिए, चाहे वे बाधाएँ बड़ी हों या छोटी। सोचिए, क्या कोई शारीरिक चुनौतियाँ या प्रतिकूल परिस्थितियाँ आपके रास्ते में आ सकती हैं? यदि आप पहले से सोच सकते हैं और उन्हें सूचीबद्ध कर लेते हैं, तो उन्हें दूर करने की रणनीति बना सकते हैं।

सबसे पहले आप उन कारणों की जाँच कीजिए, जिनकी वजह से आप अब तक अपने लक्ष्यों की दिशा में प्रगति नहीं कर पाए हैं। ढूँढ़िए कि आपकी प्रगति को अवरुद्ध करने के मूल कारण क्या हैं? अपनी सबसे बड़ी बाधा पहचानिए, जो आपको पीछे खींचती रही है। आप पाएँगे कि अधिकांश कारण आंतरिक हैं, जैसे घटिया आत्म-छवि, घटिया संवाद कौशल, घटिया बिक्री कौशल, खराब प्रेरक स्तर, अपने काम का निम्नस्तरीय ज्ञान, दूसरों को अपनी विफलताओं के लिए दोष देने की प्रवृत्ति आदि। याद रखें, जब आप खुद से सवाल पूछने लगते हैं कि ऐसा मेरे भीतर क्या है, जो मुझे पीछे खींच रहा है, तो जवाब आपको मिलने लगते हैं।

सफल लोग हमेशा समाधान के बारे में सोचते हैं, जबकि असफल लोग हमेशा समस्याओं के बारे में सोचते और बात करते रहते हैं। समस्याओं का हल निकालना एक हुनर है, जो किसी भी अन्य कौशल की तरह सीखा जा सकता है। हमने पहले से ही लक्ष्यों को प्राप्त करने में आनेवाली दो प्रमुख बाधाओं अर्थात् स्वयं को सीमित करनेवाले विश्वासों और नकारात्मक समय उपयोग की आदतों पर चर्चा की है। यहाँ हम कुछ और बड़े अवरोधों पर चर्चा करेंगे।

असफलता का डर

चाहे हम इसे स्वीकार करें या नहीं, हम सब जीवन में कभी न कभी असफलता का डर महसूस करते हैं। असफलता का डर अक्सर लोगों को पीछे खींचता है, यहाँ तक कि उन्हें अपने लक्ष्य की ओर पहला कदम उठाने से भी रोकता है। ऐसा स्वयं या दूसरों के नकारात्मक विचारों के कारण होता है। अपनी आस्था प्रणाली पर काम करके अपनी आत्म-छवि को सुधारना सभी प्रकार के डरों का सबसे अच्छा इलाज है। इसके अलावा, लक्ष्य-निर्धारण प्रक्रिया भी असफलता के डर का इलाज करती है, क्योंकि लक्ष्य निर्धारण की प्रक्रिया के दौरान, बड़ी परियोजनाओं को छोटे-छोटे आसानी से किए जा सकने योग्य हिस्सों में बाँट लिया जाता है और जब एक बार आप आश्वस्त हो जाते हैं कि आप सफलता के लिए वे छोटे-छोटे कदम उठा सकते हैं, तो आपके आत्मविश्वास का स्तर बढ़ता है और दैनिक कार्यवाई भी बढ़ जाती है। फिर भी यदि शुरू में आशातीत सफलता नहीं मिलती तो इसे जीवन के अंत के रूप में मत देखिए। उस अस्थायी असफलता से कुछ मूल्यवान सीखिए और आगे बढ़िए।

फोकस (Focus) की कमी

अपने लक्ष्यों पर फोकस करने और उन्हें प्राप्त करने के लिए काम करने की बजाय, हम अक्सर दूसरों की नकारात्मक राय की वजह से अपने लक्ष्यों से भटक जाते हैं। हमें अपने दिल की सुननी चाहिए और अपना सपना कभी दूसरों की राय का मोहताज नहीं बनाना चाहिए। लेस ब्राउन कहते हैं कि लोग आपके बारे में क्या सोचते हैं, इससे आपको कोई मतलब नहीं होना चाहिए (What others think of you is none of your business)।

बहाने-दृढ़ संकल्प की कमी

जो व्यक्ति हर बात के लिए बहाने बनाता है, वह निश्चित रूप से असफल होगा। आपने ऐसे लोगों के बारे में जरूर सुना होगा, जो हर बात के लिए बहाने बनाते हैं; वे क्यों

कुछ नहीं कर सके; सही अवसर उनके पास नहीं आया; वातावरण अनुकूल नहीं था; सरकारी नीतियाँ प्रतिकूल थीं; हवा उनके हिसाब से नहीं बह रही थी आदि-आदि। तय मानिए, जब तक आप बहाने बनाना बंद नहीं करते, आप सफल नहीं हो सकते। अवसर आएँगे और चले जाएँगे; आप मौकों का फायदा नहीं उठा पाएँगे।

> Excuses are the exit signs on the road of progress.
>
> **—John C. Maxwell**

आपको बहानों या दृढ़ संकल्प के साथ किए जानेवाले अनुशासित कार्यों के बीच चुनाव करना ही पड़ेगा। यह आपके ऊपर निर्भर है कि आप बहानों को कार्य के ऊपर रखने का चुनाव करते हैं; अपने आरामदेह सुविधा क्षेत्र को आवश्यक कार्यवाई के ऊपर रखने का चुनाव करते हैं; टी.वी. देखने को उपयोगी पुस्तकों के ऊपर रखने का चुनाव करते हैं; या फिर आप अपनी जीवन शैली में आवश्यक परिवर्तन करने के लिए खुद को अनुशासित करने का चुनाव करते हैं। आप सुबह की सैर, व्यायाम और नियमित ध्यान शुरू कर सकते हैं; दूसरों से अच्छे संबंध बनाने पर काम कर सकते हैं; अपनी कुशलताओं में सुधार करके अपनी उत्पादकता में वृद्धि कर सकते हैं, इत्यादि। आपके पास ढेरों विकल्प मौजूद हैं। बस आपको याद रखना है कि आपको अवांछित परिणामों पर रोने का कोई अधिकार नहीं है, जब तक कि आप मूल कारणों पर स्वयं काम करने के लिए तैयार न हों।

आरामदेह सुविधा क्षेत्र के गुरुत्वाकर्षण केंद्र

> Making life changing decisions can be likened to internal civil war. Conflicting armies of emotions, each with its own arsenal of reasons battle each other for supremacy of our minds.
>
> **—Jim Rohn**

अधिकांश लोगों को अपने आरामदेह सुविधा क्षेत्र से बाहर निकलना नामुमकिन लगता है और वे अपनी वर्तमान परिस्थितियों से खुश (वास्तव में उदासीन) रहते हैं, चाहे वह उनका घर हो या कामकाज या रिश्ते आदि। यह आरामदेह सुविधा क्षेत्र हमारे लक्ष्यों को प्राप्त करने में सबसे बड़ी बाधा है। 'आरामदेह सुविधा क्षेत्र' और 'बदलाव के प्रति आंतरिक प्रतिरोध' बचपन से ही विकसित हो जाते हैं और ये एक मजबूत गुरुत्वाकर्षण खिंचाव प्रदान करते हैं और आपके 'निर्णय' को आपके लक्ष्यों की दिशा

में नियमित रूप से कुछ सकारात्मक करने के लिए 'दृढ़ संकल्प' बनने की अनुमति नहीं देते और आपका तथाकथित 'निर्णय' केवल 'किसी दिन काम करने की इच्छा' मात्र ही रह जाता है।

> Comfort zone and internal resistance to change developed since childhood provide a strong gravitation pull, not allowing your 'decision' to become 'determination' to actually start doing something positive on regular basis and your so called 'decision' will remain a 'wish' only to be worked upon 'someday'.

जीवन प्रबंधन के संबंध में, 'बदलाव', 'आरामदेह सुविधा क्षेत्र' के बिल्कुल विपरीत है। हम अपनी दैनिक दिनचर्या, सामान्य कामकाज की आदतों, यहाँ तक कि कार्यस्थल जाने के मार्ग में भी यथास्थिति बनाए रखना चाहते हैं। जब बात बदलाव और आरामदेह सुविधा क्षेत्र से बाहर निकलने की आती है, तो आपके पास तीन विकल्प होते हैं—

1. चुपचाप बैठे रहें और उम्मीद करते रहें कि कुछ भी गलत नहीं होगा;
2. स्थिति का ठीक से आकलन किए बगैर, जल्दबाजी में प्रतिक्रिया करें, जिससे अक्सर गलत निर्णय हो जाते हैं; या
3. स्थिति का उचित आकलन करने के लिए GOPTA का उपयोग करने के लिए तत्पर रहें और जो कुछ भी करने की आवश्यकता है, करें; चाहे आप इसे पसंद करते हों या नहीं। जाहिर है, यह आपको जीवन में बेहतर नियंत्रण देता है और बाद में अनावश्यक तनाव या लज्जाजनक परिस्थितियों से बचाता है।

गौप्टा के तीसरे अंग अर्थात 'कार्य' को याद रखिए। परिवर्तन के खिलाफ, जो आंतरिक प्रतिरोध आपके भीतर बचपन से विकसित हो चुका है, उस पर विजय प्राप्त करके अपने आरामदेह सुविधा क्षेत्र से बाहर निकलकर उचित कार्य करने के लिए खुद को तैयार करना ही पड़ेगा। आप तब तक इस जाल में रहेंगे, जब तक कि आप अपनी आदतों को बदलने के लिए पर्याप्त प्रेरणा प्राप्त न कर लें और अपने आरामदेह सुविधा दायरे द्वारा बनाए गए दुश्चक्र से बाहर निकलने के लिए पर्याप्त जोर लगा सकें।

अच्छी खबर यह है कि मैं यहाँ आपके अवचेतन मन के स्तर पर आपके विश्वास तंत्र पर काम करने के लिए मौजूद हूँ। यह परिवर्तन आपको अपने आरामदेह सुविधा क्षेत्र से बाहर निकलने के लिए पर्याप्त प्रोत्साहन देगा और आपके दृढ़ संकल्प को अपने

शानदार भविष्य की ओर बढ़ने में आपकी सहायता करने के लिए मजबूत करेगा।

यदि आपके लक्ष्य इतने बड़े हैं कि वे आपको अपने आरामदेह सुविधा क्षेत्र से अनिवार्य रूप से बाहर निकलने के लिए मजबूर करते हैं, तो आपको रोकनेवाला कोई नहीं है। कार्य के बड़ा होने से डरने की जरूरत नहीं है। आप हमेशा इसे छोटे-छोटे भागों में बाँट सकते हैं। छोटे से ही सही, लेकिन 'प्रारंभ' करें। 'शुरुआत' और 'अनुशासित दैनिक कार्य' विशिष्ट उपलब्धियों की कुंजियाँ हैं।

बाधाओं पर काबू पाने के लिए दो रणनीतियाँ हैं। पहली, आपको अपने लक्ष्य से निगाह नहीं हटानी है और दूसरी, प्रेरणा खोए बगैर, हर व्यक्तिगत बाधा पर काबू पाने में GOPTA का प्रयोग है। इसके लिए, बाधाओं की सूची को प्राथमिकता के अनुसार, व्यवस्थित कीजिए और प्रत्येक बाधा को दूर करने के लिए रणनीति तैयार कीजिए। आपको खुद से सवाल पूछना होगा कि ऐसी कौन सी एक सबसे ज्यादा चुनौतीपूर्ण बाधा है, जिस पर विजय प्राप्त करने से आपको सबसे अधिक लाभ हो सकता है। यदि आपके और आपके लक्ष्य के बीच कुछ है, तो अपने आप से सवाल पूछकर इसे पहचान लें कि आपको अपने लक्ष्य तक पहुँचने से क्या रोक रहा है।

याद रखिए, यह 'आवश्यकता' ही है, जो आपको बदलने के लिए प्रेरित करती है। यदि आप वांछित कार्यवाई नहीं करते हैं, तो आपकी परिस्थितियाँ ही आपका भविष्य निर्धारित करेंगी। अपने आपसे सवाल पूछिए कि यदि आप आवश्यक कार्यवाई नहीं करेंगे, तो आपको कितना नुकसान उठाना होगा? आपको यह नहीं भूलना चाहिए कि यदि परिवर्तन भयावह है, तो परिवर्तन नहीं करना तो घातक हो सकता है।

उदाहरण के लिए, यदि आपका वजन सामान्य से लगभग 20 किलोग्राम अधिक है और आप हृदय से जानते हैं कि आपको सुबह चलना, नियमित व्यायाम करना और अपने आहार पर नियंत्रण करना चाहिए; लेकिन आरामदेह सुविधा क्षेत्र आपको सुबह अपना बिस्तर छोड़ने नहीं देता और आप सुबह टहलने के लिए नहीं जाते और व्यायाम नहीं करते हैं। यह आपके लिए घातक सिद्ध हो सकता है, जब बात अपने जीवनसाथी और अपने बच्चों के साथ उत्कृष्ट समय बिताने के लिए अपनी जीवनशैली को बदलने की आती है, तो आप भीतर से बहाने बनाना शुरू कर देते हैं कि आप परिवार के साथ ज्यादा समय इसलिए नहीं बिता पा रहे हैं, क्योंकि आप उन्हें अच्छा जीवन प्रदान करने के लिए बहुत कड़ी मेहनत कर रहे हैं, लेकिन आपको स्थिति का विश्लेषण करना सीखना चाहिए और परिस्थिति पर काबू करने के लिए 'लक्ष्योन्मुख, सकारात्मक सोच एवं कार्य' की शक्ति का दोहन करना चाहिए और जीवन के अलग-अलग क्षेत्रों में संतुलन बनाए रखने की हरसंभव कोशिश करते रहना चाहिए।

> Obstacles are those frightful things you see, when you take your eyes off your goal.
>
> **—Henry Ford**

बदलाव की आवश्यकता है या नहीं, यह जानने के लिए आप स्वयं से कुछ प्रश्न पूछ सकते हैं—

- समग्र रूप में, मेरी खुशी का स्तर क्या है?
- मेरे परिवार के सदस्यों, मालिकों, सहकर्मियों, पड़ोसियों आदि के साथ मेरे रिश्ते कैसे हैं?
- मेरे स्वास्थ्य मानक, जैसे—वजन, बीएमआई, रक्तचाप का स्तर, रक्त शर्करा का स्तर, कोलेस्ट्रॉल आदि के स्तर कैसे हैं?
- मेरी कल्पित आय के मुकाबले मेरी आय का स्तर क्या है?
- क्या मैं किसी भी तरह से समाज के प्रति योगदानकर्ता हूँ या मैं समाज से सिर्फ ले ही रहा हूँ?
- क्या मैं सतत विद्यार्थी हूँ या नहीं?
- क्या मैं एक अच्छा लक्ष्य निर्धारण करनेवाला और उन्हें हासिल करनेवाला हूँ या नहीं?
- क्या मैं 'लक्ष्योन्मुख सकारात्मक सोच एवं कार्य' के सिद्धांत का उपयोग करता हूँ या मैं गौप्टा के तीन आवश्यक अंगों में से किसी एक को भूल रहा हूँ?

आवश्यक कुशलताओं की पहचान करें

यह पहचानना महत्त्वपूर्ण है कि अपने लक्ष्यों को प्राप्त करने के लिए आपको कौन-कौन सी कुशलताएँ सीखने या विकसित करने की आवश्यकता है। यह संवाद कौशल, बिक्री कौशल, कोई भाषा सीखना, तेज गति से पढ़ना सीखना, तेज टाइप करना सीखना, कंप्यूटर सीखना, नेतृत्व कौशल, आशुलिपि सीखना आदि हो सकता है। कल्पना कीजिए कि आपके पास अलादीन का जादुई चिराग हो, जो आपको एक कुशलता हासिल करने में महारत दे सकता हो, तो आप कौन सा सबसे महत्त्वपूर्ण कौशल विकसित करना चाहेंगे, जो आपको आपके लक्ष्यों के और करीब ले जाए? हम बाद के अध्यायों में विस्तार से इस बारे में चर्चा करेंगे।

आवश्यक सहायता की पहचान करें

यह पहचानना महत्त्वपूर्ण है कि लक्ष्य-प्राप्ति के लिए आपको किन लोगों से मिलना होगा और किनके साथ अच्छे संबंध बनाने होंगे और आवश्यकता के वक्त कौन से संगठन आपको सहायता प्रदान करेंगे? जब आप सहायता के लिए देखते हैं, तो अवसरों के असीमित दरवाजे आपके लिए खुलने लगते हैं, एक के बाद एक, लेकिन याद रखिए, यह उम्मीद मत रखिएगा कि आपकी सूची में से 100 प्रतिशत लोग आपकी मदद करेंगे, चाहे वे आपके कितने भी करीब हों, अन्यथा आपको निराशा हाथ लगेगी। आपको बस व्यक्तियों या संगठनों की एक सूची बनानी है, जो आपकी मदद कर सकते हैं। उनमें से कितने सचमुच आपकी मदद करेंगे, यह देखनेवाली बात होगी। आप अपेक्षा कर सकते हैं कि आपकी सूची में से केवल 20-30 प्रतिशत लोग ही असल में आपके 80 प्रतिशत परिणामों के लिए जिम्मेदार होंगे।

अपने लक्ष्य साझा करें

मेरा अनुभव है कि अपने परिवार के सदस्यों और जिन लोगों पर आप भरोसा करते हैं और शुभचिंतक समझते हैं, उनके साथ अपने लक्ष्यों को साझा करना लक्ष्य-प्राप्ति के सबसे शक्तिशाली तरीकों में से एक है। इससे दो लाभ प्राप्त किए जा सकते हैं।

किसी के साथ लक्ष्य साझा करने से आपकी स्वयं के प्रति जवाबदेही बढ़ जाती है। जब आप किसी के साथ अपना लक्ष्य साझा करते हैं, तो आप प्रतिबद्ध महसूस करते हैं, क्योंकि आपने परिणाम दिखाने का वादा किया है और यही कारण है कि आप समुचित कार्यवाई करने के लिए प्रेरित महसूस करते हैं। मुझे याद है, जब मैं इस पुस्तक को लिख रहा था, एक बार मैंने अपनी बेटी के साथ, जो उस वक्त हैदराबाद में पढ़ाई कर रही थी, एक अल्पकालिक लक्ष्य साझा किया। एक सुबह अचानक उसने मुझसे फोन पर पूछा कि उस दिशा में मैं कितना काम कर चुका हूँ। मैं स्तब्ध रह गया, क्योंकि मैंने कोई उल्लेखनीय प्रगति नहीं की थी। तत्काल मुझे अपनी प्रगति तेज करने का अंदर से दबाव महसूस हुआ, जिससे मैं अपनी प्यारी बेटी की नजरों में गिर न जाऊँ कि मैंने कार्य नहीं किया।

एक अन्य लाभ यह भी हो सकता है कि आपको अन्य व्यक्तियों से कुछ मदद प्राप्त हो सकती है। वे आपको किसी प्रकार की अध्ययन सामग्री या आपके लक्ष्य से संबंधित किसी अन्य प्रकार की सामग्री या सहायता उपलब्ध करा सकते हैं। वे आपको किसी व्यक्ति से मिलवा सकते हैं, जो आपके लक्ष्य की प्राप्ति के लिए उपयोगी हो सकता है। उदाहरण के तौर पर, एक बार मैंने अपने एक वरिष्ठ अधिकारी के साथ, जो

मेरे विभाग में प्रधान आयुक्त थे, अपना लक्ष्य साझा किया। वे मुझे अपने एक पुराने मित्र से मिलवाने ले गए, जो तीस साल पुराने अंतरराष्ट्रीय वक्ता थे। उनसे मुझे इस क्षेत्र की बहुत बारीक और उपयोगी जानकारियाँ मिलीं।

जब भी आप किसी अन्य व्यक्ति के साथ अपने लक्ष्यों को साझा करते हैं, तो आपकी अपनी स्पष्टता बढ़ जाती है। इसके अलावा, आपके आत्मविश्वास का स्तर बढ़ता है, क्योंकि आपके अवचेतन मन को स्पष्ट संदेश मिलता है कि आप अपने लक्ष्यों को प्राप्त करने के बारे में संजीदा हैं।

हालाँकि यहाँ मैं आपको सावधान कर दूँ। किसी के भी साथ अपने लक्ष्य साझा न करने लगें। वे आपको निराश कर सकते हैं, क्योंकि आपका लक्ष्य उनके लिए हास्यास्पद या अवास्तविक हो सकता है। मुझे याद है, जब मैंने अपने करीबी दोस्तों के साथ समय प्रबंधन और लक्ष्य निर्धारण की कार्यशालाओं के बारे में अपना लक्ष्य साझा किया, तो उनकी टिप्पणी थी कि मेरा व्यक्तित्व इस प्रकार के काम के लिए जरूरी व्यक्तित्व से मेल नहीं खाता। इसके अतिरिक्त, मेरी अंग्रेजी उतनी उम्दा स्तर की नहीं है, जितनी कि हिंदी। मैंने इस फीडबैक को सकारात्मकता के साथ लिया और अपने दिखाई देनेवाले व्यक्तित्व और अंग्रेजी में प्रस्तुति देने के कौशल पर काम करना शुरू कर दिया, जब तक मैं अपने अंग्रेजी बोलने के कौशल को बेहतर बनाने पर काम कर रहा था, तब तक मैंने हिंदी-भाषी क्षेत्रों पर ध्यान केंद्रित करने का निर्णय लिया और पर्याप्त अभ्यास के बाद ही अंग्रेजी में कार्यशालाओं के लिए प्रस्तावों को स्वीकार करना शुरू किया।

लक्ष्य-प्राप्ति की ओर कदम बढ़ाना शुरू करें और दृढ़तापूर्वक लगे रहें

कुछ लोग लक्ष्य निर्धारण तो कर लेते हैं, लेकिन वे लक्ष्य हासिल करने में अच्छे नहीं होते, क्योंकि वो गौप्टा के तीसरे अंग, यानी 'कार्य' (Actions) को भूल जाते हैं, जो कि सफल और असफल लोगों के बीच सबसे बड़ा अंतर है।

लक्ष्य निर्धारण और प्राप्ति प्रक्रिया का सबसे महत्त्वपूर्ण पहलू वास्तव में 'करना' है और तब तक लक्ष्योन्मुख कार्य करना जारी रखना है, जब तक कि आप सफल नहीं हो जाते। सफल व्यक्ति कार्योन्मुख होते हैं। दूसरी तरफ, असफल व्यक्ति सिर्फ सपने देखते रहते हैं और अपने लक्ष्यों की पूर्ति के लिए काम करना शुरू करना ही नहीं चाहते। कभी-कभी, वे योजना भी बना लेते हैं, लेकिन उसे कार्यान्वित क्यों नहीं करते, ये वही बेहतर जानते हैं। वे भूल जाते हैं कि अगर वे चाँद पर भेजने के लिए अपना सफलतारूपी रॉकेट छोड़ना चाहते हैं, तो नियमित कार्यरूपी ईंधन उस सफलता के राकेट को छोड़ने और इसके चलते रहने के लिए आवश्यक होगा।

याद रखें, कुछ नया करने के लिए पहला कदम उठाना हमेशा मुश्किल होता है, लेकिन केवल आप ही हैं, जिसे अपने सपने के लिए काम करना है। आपका सपना आपको दिया गया है, किसी और को नहीं। यह आपकी जिम्मेदारी है कि आप अपने सपनों का पोषण करें और उन पर काम करें। एक बार शुरू करने पर एक के बाद एक सफलता के द्वार रहस्यमय तरीके से खुलने लगेंगे। जब मैं अपनी कार्यशालाओं के लिए और अपनी किताबें लिखने के लिए अपनी नौकरी छोड़ने की सोच रहा था, तो इसमें एक बड़ा खतरा था, क्योंकि मैं एक प्रतिष्ठित और सुरक्षित सरकारी नौकरी में था, लेकिन एक बार मैंने अपने सपने की परियोजना पर काम करने का फैसला कर लिया, तो सिर्फ अपनी आंतरिक आवाज सुनी कि अगर मैं अपने सपने के लिए काम नहीं करूँगा तो और कौन करेगा ? भले ही कोई अन्य मुझसे भी बेहतर करने में सक्षम हो, लेकिन मेरा सपना सिर्फ मेरा सपना है और केवल मैं समाज के बड़े लाभ के लिए ऐसा कर सकता हूँ। मैंने तय किया कि मैं यह सुविचारित जोखिम लूँगा और अपने सपने पर तब तक काम करता रहूँगा, जब तक सफल न हो जाऊँ। परिणाम आपके सामने है।

> **All of the best advice in the world will only help you if you can motivate yourself to take persistent, continuous action in the direction of your goals until you succeed.**
>
> **—Brian Tracy**

विफलता के डर के कारण कुछ लोग शुरुआत ही नहीं करते हैं, लेकिन याद रखें, यदि आप प्रारंभ करेंगे, तो सफलता की कुछ संभावनाएँ भी बनेंगी; लेकिन अगर आप प्रारंभ ही नहीं करेंगे, तब तो शत-प्रतिशत विफलता निश्चित है। प्रसिद्ध प्रेरक वक्ता जिम रोन (Jim Rohn) कहते थे कि केवल 10 प्रतिशत लोग करते हैं और 90 प्रतिशत नहीं करते हैं; नंबर कभी नहीं बदलेगा, केवल चेहरे बदल जाएँगे। यदि आप अपने चारों तरफ देखेंगे, तो आपको जिम रोन के उपरोक्त तर्क में सच्चाई नजर आएगी।

आपको अपने लक्ष्यों को प्राप्त करने की दिशा में निरंतर प्रयास करने होंगे; चाहे जो हो जाए। आपको यह तय करना होगा कि आप प्रयास नहीं छोड़ेंगे। यह तय है कि आपको सफलता की राह पर चुनौतियों और असफलताओं का सामना करना पड़ेगा, लेकिन ये सिर्फ गतिरोधक हैं। जिस तरह से आप सड़क पर चलते हुए गति अवरोधक आ जाने की वजह से अपने गंतव्य से निगाह नहीं हटाते हैं, उसी तरह आपको बाधाओं या अस्थायी असफलता की वजह से अपने लक्ष्यों से निगाह नहीं हटानी चाहिए। इन्हें अपनी प्रगति में सहायक समझें और आगे बढ़ते रहें, जब तक कि आप सफल नहीं हो

जाते। याद रखें कि अब आप इन अस्थायी असफलताओं का सामना करने के लिए पहले से बेहतर रूप से तैयार हैं। याद रखें, जब आप बच्चे थे और पैदल चलना सीख रहे थे और बार-बार असफल होते थे; तब आपकी माँ ने आपको बार-बार गिरने के बाद भी सीखने से नहीं रोका। धीरे-धीरे, आप अपनी गलतियों से सीखकर चलना सीख गए। कल्पना कीजिए कि क्या हुआ होता यदि आपकी माँ ने आपको चलना सीखने से रोक दिया होता, यह कहकर कि आपने पर्याप्त प्रयास कर लिये हैं और आपके लिए अब चलना सीखने की कोई संभावना नहीं नजर आती है। इसी तरह, जब आप साइकिल चलाना या कार चलाने का अभ्यास कर रहे थे, आप अपनी गलतियों से सीखकर आगे बढ़ रहे थे। यही सिद्धांत वास्तविक जीवन में भी लागू होता है। यह एक सर्वविदित तथ्य है कि शुरुआत में कम-से-कम 80 प्रतिशत उपक्रम लाभ नहीं देते, लेकिन अगर आप प्रयास नहीं छोड़ते, तो पैसा कमाना शुरू कर देते हैं। अक्सर लोग मुझसे पूछते हैं कि अपने सपने सच करने के लिए मुझे कितनी देर तक प्रयास करते रहना चाहिए और मेरा सामान्य जवाब होता है कि जब तक आप सफल न हो जाएँ।

> Success is going from failure to failure without loss of enthusiasm.
>
> **—Winston Churchill**

आप सभी ने मैडम क्यूरी का नाम सुना होगा। वे नोबेल पुरस्कार जीतनेवाली पहली महिला थीं। 1906 में, जब उनके शोध पूरे जोर पर थे, उनके पति की सड़क दुर्घटना से मृत्यु हो गई। उस समय उनकी छोटी बेटी केवल 16 महीने की थी। वे वस्तुतः बरबाद हो गई थीं, लेकिन उन्होंने अपने शोधकार्य को नहीं रोका। रेडियम और पोलोनियम नामक तत्त्वों की खोज के कारण उन्हें 1911 में रसायन विज्ञान के क्षेत्र में प्रतिष्ठित नोबेल पुरस्कार से सम्मानित किया गया। कल्पना कीजिए, उन्होंने 5 साल पहले अपने पति को खो दिया था और दु:ख से उबरने और दो बच्चों की देख-रेख के दौरान ही वे लगातार दृढ़संकल्प के साथ अपने शोधकार्य में नई ऊँचाइयाँ छूती रहीं और उन्हें दूसरी बार सर्वोच्च सम्मान जीतने का मौका मिला। उसकी शक्ति सिर्फ दो बार नोबेल पुरस्कार जीतने में नहीं है; वरन् उनके अदम्य साहसपूर्ण चरित्र में है, जिसके कारण वे निजी नुकसान और तकलीफों के बावजूद जीवन में आगे बढ़ने में सक्षम हो पाईं।

> I can summarize the lessons of my life in seven words: never give in; never, never give in.
>
> **—Winston Churchill**

सबसे महत्त्वपूर्ण बात यह है कि लक्ष्य निर्धारण के बारे में सभी बातें व्यर्थ हैं, अगर आप वांछित लक्ष्योन्मुख कार्य नहीं करते। बेहद सफल लोगों और कम सफल लोगों के बीच मुख्य अंतर यह है कि बेहद सफल लोग जानते हैं कि ऐसी अति उत्कृष्ट योजना के मुकाबले में, जिस पर कोई कार्य ही न किया जाए, एक साधारण योजना बेहतर है, जिस पर निरंतर कार्य किया जाए। सफल लोग 'कर्ता' होते हैं; वे गौप्टा की शक्ति को समझते हैं। वे जानते हैं कि अगर गौप्टा का अंतिम अंग, यानी 'कार्य' छोड़ दिया जाए, तो कुछ भी होनेवाला नहीं है, इसलिए अपने लक्ष्यों की दिशा में रोजाना कार्य करने की आदत विकसित कीजिए।

आपको अपने आरामदेह सुविधा क्षेत्र से बाहर आना होगा। यह वक्त केवल इच्छा करने के लिए नहीं है। यह आपके भविष्य निर्माण के लिए कार्यवाई करने का समय है। शुरू करने के लिए एक सही समय की प्रतीक्षा न करें; यह कभी नहीं आएगा। हालात बदलने का इंतजार न करें; ये कभी नहीं बदलेंगे। जैसे आप हैं, वैसे ही खुद को स्वीकार कीजिए और आज से अपना सर्वश्रेष्ठ प्रयास कीजिए, क्योंकि आज शुरू करने का सबसे अच्छा दिन है।

याद रखिए, यदि आज आप वह करते हैं, जो किया जाना जरूरी है, चाहे आप इसे पसंद करते हों या नहीं, तो वह दिन भी आएगा, जब आपके पास ढेर सारा समय और संसाधन होंगे, जिनसे आप जो भी करना चाहते हैं और जब भी करना चाहते हैं, वह कर सकेंगे, लेकिन अगर आज आप वह नहीं करेंगे, जो करना जरूरी है, तो कल आपको वह करने के लिए मजबूर होना पड़ेगा, जो जिंदगी आपसे कराएगी।

> Remember, if today you do, what is required to be done, whether you like it or not, the day will come, when you will have all the time and resources to do, whatever you want to do and whenever you like to do. But if today you don't do, what is necessary to do; you will be compelled to do, what life throws upon you.

G.O.P.T.A. POINTS

✓ अपने जीवन के हर क्षेत्र में, जितनी चीजें आप चाहते हैं, चाहे वे चीजें छोटी-मोटी ख्वाहिशें हों या बड़ी; जल्दी हासिल करना चाहते हों या लंबी अवधि में; सब लिखिए। चाहे ये पारिवारिक लक्ष्य हों, कॅरियर लक्ष्य हों, वित्तीय लक्ष्य हों

या ऐसा कुछ भी, जो आप प्राप्त करना चाहते हैं, उसे लिखिए।

- ✓ कागज पर सोचने की आदत विकसित कीजिए, क्योंकि आँखें अवचेतन मन का प्रवेश द्वार हैं।
- ✓ पहचानें कि आप किसी लक्ष्य विशेष को '**क्यों**' हासिल करना चाहते हैं।
- ✓ लक्ष्य SMARTER होना चाहिए अर्थात् विशिष्ट, मापनीय, समायोज्य, यथार्थवादी, समयबद्ध, आनंददायक और पुरस्कृत किए जाने योग्य। इसे ऐसे लिखना चाहिए, जैसे कि इसे पहले ही हासिल किया जा चुका है।
- ✓ अपने 'कमजोर' बिंदुओं के कारण निराश न हों। इसकी बजाय, अपने 'मजबूत' बिंदुओं को और मजबूत करते हुए उनसे अधिकतम लाभ लेने का प्रयास कीजिए, साथ ही, 'कमजोर' बिंदुओं पर काम करके सुधार की कोशिश जारी रखिए।
- ✓ प्रेरणा खोए बगैर, हर व्यक्तिगत बाधा पर काबू पाने में GOPTA का प्रयोग करे। अपने लक्ष्य से निगाह न हटाएँ।
- ✓ 'आरामदेह सुविधा क्षेत्र' और 'बदलाव के प्रति आंतरिक प्रतिरोध' बचपन से ही विकसित हो जाते हैं और ये एक मजबूत गुरुत्वाकर्षण खिंचाव प्रदान करते हैं और आपके 'निर्णय' को आपके लक्ष्यों की दिशा में नियमित रूप से कुछ सकारात्मक करने के लिए 'दृढ़ संकल्प' बनने की अनुमति नहीं देते और आपका तथाकथित 'निर्णय' केवल 'किसी दिन काम करने की इच्छा' मात्र ही रह जाता है।
- ✓ आवश्यक कुशलताएँ और सहायता की पहचान करिए।
- ✓ निरंतर अपने लक्ष्यों की दिशा में काम करना जारी रखिए।

□

खंड-4

लक्ष्य-प्राप्ति

इस खंड में, आप सीखेंगे–

- अपने जीवन के मुख्य उद्‌देश्य की पहचान कैसे करें?
- अपने जीवन की जिम्मेदारी कैसे लें?
- सकारात्मक मूल्यों और आदतों को विकसित करने के लाभ।
- प्रचुरता की मानसिकता को कैसे विकसित किया जाए?
- आजीवन शिक्षार्थी बनने के लाभ।
- अपने कौशल में सकारात्मक नजरिए का तड़का कैसे लगाएँ?
- सकारात्मक पुष्टियों की शक्ति।
- कारण और प्रभाव (Law of Cause & Effect) के सिद्धांत के लाभों का दोहन कैसे करें?
- आत्म-अनुशासन की शक्ति।
- फोकस की शक्ति।
- लक्ष्य-निर्धारण और लक्ष्य-प्राप्ति के दौरान लोगों द्वारा की जानेवाली बचकानी गलतियों से कैसे बचें?
- विद्यार्थी जीवन में कैसे बड़ी सफलता प्राप्त कर सकते हैं?
- चुने हुए विषयों का सोचे हुए कॅरियर के साथ सामंजस्य बैठाने के लाभ।

8

अपना जीवन उद्देश्य पहचानें

> There is some one thing that you can do better than anyone else in the world could do it. Search until you find out what this particular line of endeavour is, make it the object of your definite chief aim and then organize all of your forces and attack it with the belief that you are going to win.
>
> **—Napolean Hill**

आपने महसूस किया होगा कि लक्ष्य-निर्धारण प्रक्रिया का सबसे बड़ा लाभ यह है कि आपको पता चलता है कि आपकी कौन सी इच्छाएँ सिर्फ दिवास्वप्न हैं और आपकी कौन सी इच्छाओं को आपकी आंतरिक प्रेरणा का समर्थन प्राप्त है, जिससे कि आप उन्हें अपना 'लक्ष्य' कह सकें।

जब आप पिछले अध्याय में बताए गए आसान तरीकों का उपयोग करते हुए अपनी छुटपुट इच्छाओं को छोड़ करके अपने वास्तविक लक्ष्यों की पहचान कर लेते हैं, तो आप अगले चरण में पहुँच जाते हैं अर्थात् वांछित लक्ष्यों की प्राप्ति। जैसा कि मैं बार-बार कह रहा हूँ कि यह पुस्तक मुख्यत: दो सिद्धांतों के इर्द-गिर्द घूमती है। एक है—जीवन के हर क्षेत्र में सकारात्मक सोच की शक्ति का प्रयोग करके नकारात्मकता से सकारात्मकता की ओर बढ़ना और दूसरा है—अपने लक्ष्यों को प्राप्त करने की दिशा में अवचेतन मन की शक्ति को समझना और उसका सचेत दोहन करना। इन दोनों सिद्धांतों का उपयोग हर लक्ष्य पर विशेष ध्यान रखते हुए सही दिशा-बोध के साथ किया जाना आवश्यक है।

आप उन सभी लक्ष्यों की एक लिखित सूची बना चुके हैं, जो आप आनेवाले समय

में प्राप्त करना चाहते हैं। आपकी सूची में 10, 20 या 100 लक्ष्य भी हो सकते हैं; लेकिन आप पाएँगे कि इस लंबी सूची में एक लक्ष्य ऐसा जरूर होगा, जो आपके दिल के सबसे करीब होगा; जो आपके जीवन दर्शन को रेखांकित करता होगा और जिसके लिए आप सोचते हैं कि यदि आप इस लक्ष्य को प्राप्त कर लेते हैं, तो आप बेहद संतुष्ट और खुश हो जाएँगे। उस लक्ष्य की पहचान कीजिए। यही आपके जीवन का प्रमुख उद्देश्य है। यह आपके सभी प्रयासों में आपको प्रेरित करेगा और आपके सभी कार्यों का आधारभूत प्रसंग यही होगा।

आप जो हमेशा सोचते रहते हैं, वही बन जाते हैं। जब आप अपने उस लक्ष्य की पहचान कर लेते हैं, जो आपका जीवन उद्देश्य है, तो आप हमेशा उस लक्ष्य के बारे में सोचने लगेंगे। इससे आप अपने जीवन उद्देश्य को प्राप्त करने के लिए एकचित्त फोकस के साथ आगे बढ़ेंगे। आपका जीवन उद्देश्य आपके लक्ष्यों को प्राप्त करने के लिए आपके कार्यों का मार्गदर्शन करने के लिए आपके अवचेतन मन को सक्रिय करेगा।

आपका जीवन उद्देश्य न केवल आपका लक्ष्य है, बल्कि यह आपके जीवन में जो कुछ भी आप करते हैं, उसके पीछे की आंतरिक प्रेरणा है। यह आपके आंतरिक मूल्यों से संबंधित है। यह जरूरी नहीं कि यह आपको 'क्या' प्राप्त करना है, उससे संबंधित हो यह आपको 'क्यों' प्राप्त करना है, उससे संबंधित हो सकता है।

उदाहरण के लिए, जब मैंने एक प्रेरक वक्ता बनने का फैसला किया, तो धीरे-धीरे यह मेरा मुख्य लक्ष्य और जीवन उद्देश्य बन गया, लेकिन एक प्रेरक वक्ता बनना सिर्फ मेरा 'क्या' (WHAT) था। मेरे निर्णय के पीछे मेरा वास्तविक जीवन उद्देश्य मेरे उस 'क्यों' (WHY) में निहित था कि मुझे एक प्रेरक वक्ता क्यों बनना चाहिए। मेरे लिए मेरा 'क्यों' एक मूल्य (value) था, मेरा लक्ष्य नहीं। मैंने पाया कि मैं बड़े पैमाने पर समाज में योगदान देना चाहता हूँ। मैं स्कूल जानेवाली भविष्य की पीढ़ी की दूरदृष्टि पर काम करके उसमें सुधार करना चाहता हूँ और छात्रों को उनके जीवन के उद्देश्यों की पहचान कराना और उनके जीवन के उद्देश्य को प्राप्त करने की दिशा में अनुशासित कार्यों को करने के लिए प्रेरित करना और उनका मार्गदर्शन करना चाहता हूँ। इसके अलावा, मैं बाकी समाज के लिए भी काम करना चाहता हूँ, क्योंकि मैंने यह पाया था कि लोगों के जीवन के विभिन्न क्षेत्रों में संतुलन बुरी तरह गड़बड़ा गया है। मैं उनके जीवन के उद्देश्य की पहचान करने और उनके जीवन के उद्देश्य की दिशा में आगे बढ़ने में मदद करने के लिए काम करना चाहता था। मैं उनके लक्ष्यों को पहचानने और उनके लक्ष्यों को हासिल करने के लिए उनके उपलब्ध समय का सही प्रबंधन करने में मदद करना चाहता था। मैंने सोचा कि अगर मैं ऐसा कर सका, तो मेरा जीवन उद्देश्य स्वतः मेरी अपेक्षाओं को पूरा करेगा।

हालाँकि मेरी इच्छा सूची में 25 से भी अधिक लक्ष्य हैं, लेकिन समय प्रबंधन और लक्ष्य निर्धारण कार्यशालाओं के संचालन के माध्यम से समाज के लिए मूल्य जोड़ना मेरे बाकी सभी लक्ष्यों के पीछे का मार्गदर्शक बल है। जब मैं छात्रों को अपने सपने की पहचान करने और उन्हें हासिल करने के लिए उनका मार्गदर्शन करता हूँ, तो मुझे खुशी होती है। जब मैं बड़े लोगों का उनके सपने की पहचान करने और जीवन के अलग-अलग क्षेत्रों में संतुलन बनाए रखने के लिए मार्गदर्शन करता हूँ, तो मुझे खुशी होती है। यह मेरे लिए मेरे अन्य लक्ष्यों के लिए काम करने के पीछे की प्रेरणा शक्ति है, यहाँ तक कि मेरे अपने जीवन के विभिन्न पहलुओं में संतुलन भी मेरे जीवन के उद्देश्य से एकीकृत हो गया है। मेरे स्वास्थ्य लक्ष्य भी मेरे प्रमुख जीवन उद्देश्य के साथ एकीकृत हो गए हैं। मेरे प्रति मेरी स्वयं की जवाबदेही बढ़ गई है कि मुझे अपने शरीर का पर्याप्त ध्यान रखना होगा। लोगों के मनोवैज्ञानिक स्तर पर योगदान करके सामाजिक मूल्यों में योगदान करने के मेरे मुख्य जीवन उद्देश्य के इर्द-गिर्द ही मेरे समस्त कार्य घूमते रहे हैं।

इसका मतलब यह कतई नहीं है कि मुझे इसे अन्य लक्ष्यों से पहले प्राथमिकता देनी होगी। सभी लक्ष्य महत्त्वपूर्ण हैं। मैं सिर्फ इस बात पर जोर देने की कोशिश कर रहा हूँ कि मेरे जीवन का मुख्य उद्देश्य अब मेरे द्वारा किए जा रहे सभी कार्यों के पीछे मुख्य मार्गदर्शक शक्ति बन गया है, चाहे वह मेरा स्वास्थ्य हो, या प्रेरक वक्ता के रूप में अपना कॅरियर या मेरा निजी आनंद या मेरे जीवन के अलग-अलग क्षेत्रों में संतुलन बनाए रखना। क्या आपको लगता है कि मेरे जीवन उद्देश्य में विफलता का कोई अवसर है? मुझे ऐसा नहीं लगता है, क्योंकि सफलता की डिग्री में अंतर हो सकता है, लेकिन विफलता कभी नहीं मिलेगी, क्योंकि मैं हमेशा समाज में मूल्यों को जोड़ने के अपने जीवन उद्देश्य पर काम करता रहूँगा। मैं पहले दिन से ही जानता हूँ कि मैं दुनिया भर के 7 अरब लोगों तक नहीं पहुँच सकता हूँ; लेकिन जितने लोगों तक भी मैं पहुँच सकता हूँ, पर्याप्त हैं। ऐसा जीवन उद्देश्य होने का एक लाभ यह भी है कि यह संख्याओं या पैसे से जुड़ा नहीं है।

अब आपके जीवन उद्देश्य के बारे में बात करते हैं। मैं सुझाव देता हूँ कि कुछ समय के लिए पढ़ना बंद कीजिए और सोचिए कि आपका असल जीवन उद्देश्य क्या है। आपके दिल के सबसे करीब क्या है, आप जीवन में क्या हासिल करना चाहते हैं और इसके पीछे मार्गदर्शक बल क्या है? अधिकांश लोगों को किसी 'मूल्य' (Value) में उनके जीवन के उद्देश्य मिलते हैं। अपने सभी कार्यों के पीछे की प्रेरणा शक्ति ढूँढ़िए। क्या यह अधिक पैसा कमाना है; या संबंधों में सुधार; या व्यक्तिगत आनंद या दुनिया के दौरे का आनंद लेना है; या अपने माता-पिता का खयाल रखना; या किसी भी प्रकार का सामाजिक योगदान; या फिर कर्म सिद्धांत के लाभों का दोहन करके अपनी आध्यात्मिक प्रगति करना है।

आपको अपने सच्चे जीवन उद्देश्य खोजने के लिए अपने आपसे कुछ प्रश्न पूछने होंगे। पूछिए कि आप अपनी क्या पहचान विरासत में छोड़कर जाना चाहते हैं। अपनी छिपी क्षमताओं की पहचान करें और देखें कि आप अपने जीवन उद्देश्य की तरफ बढ़ रहे हैं या नहीं। यहाँ मैं एक शुरुआती बिंदु का सुझाव देता हूँ। अपने लक्ष्यों की सूची फिर से देखें और ऐसे लक्ष्य का पता लगाने की कोशिश करें, जिसकी उपलब्धि आपके जीवन को सबसे ज्यादा सकारात्मक तरीके से प्रभावित कर सकती है। संभवत: आपने अपने जीवन उद्देश्य की पहचान कर ली है।

शुरुआत में यथार्थवादी बनें

आपको ध्यान रखना चाहिए कि आपका जीवन उद्देश्य यथार्थवादी है और आपके दूसरे लक्ष्यों के सामंजस्य में भी है। यदि आप यथार्थवादी नहीं हैं, तो आप असफल होने की योजना बना रहे हैं। मान लीजिए कि मैं तय करता हूँ कि मैं कम-से-कम 100 करोड़ लोगों का मार्गदर्शन करूँगा, तो यह शुरू से ही अवास्तविक लगता है। कुछ समय बाद, मैं अपनी प्रेरणा खोना प्रारंभ कर दूँगा, क्योंकि मुझे यह संख्या प्राप्त नहीं होती दिखाई दे रही होगी, यद्यपि अगर कुछ चमत्कारी होता है और कभी भविष्य में मुझे लगता है कि ऐसी कोई तरकीब है, जिसके माध्यम से मैं ज्यादा से ज्यादा लोगों तक पहुँच सकता हूँ, तो हमेशा अपने लक्ष्य को संशोधित करने का विकल्प है, लेकिन शुरुआत में हमें उचित रूप से यथार्थवादी ही होना चाहिए।

अपने जीवन उद्देश्य में कमाई के अवसरों को देखें

इसमें कोई संदेह नहीं है कि आपको अपनी रोजी-रोटी के लिए कुछ करना होगा। एक बार जब आप अपना मुख्य लक्ष्य खोज लेते हैं, तो आपको उन तरीकों की पहचान करनी होगी, जिनसे आप अपने जीवन उद्देश्य पर काम करते वक्त अपनी रोजी-रोटी का प्रबंध कर सकते हैं।

अगर आपको लगता है कि इससे आप अच्छी आजीविका नहीं कमा सकते हैं, तो आप गलत हैं। ओपरा विन्फ्रे को देखिए, जो विश्व के सर्वश्रेष्ठ टॉक शो का आयोजन करती हैं। खेल हस्तियों और खेल से संबंधित व्यक्तियों को देखिए। प्रसिद्ध लेखकों, अभिनेताओं आदि को देखिए। यदि आप क्रिकेट पसंद करते हैं, तो आपको एक बल्लेबाज या एक गेंदबाज ही बनना जरूरी नहीं है। बहुत से संबद्ध क्षेत्र हैं, जिनमें शामिल होकर आप सफल हो सकते हैं। मेरा सुझाव है कि आपको उस काम का पता लगाना चाहिए, जिसमें आप सबसे अधिक आनंद लेते हैं और फिर उस क्षेत्र में कमाई के सर्वश्रेष्ठ अवसरों की तलाश करनी चाहिए।

याद रखिए, एक लड़की के पास हमेशा कॅरियरवाली महिला बनने या सिर्फ गृहिणी बनने रूपी दो विकल्प होते हैं; लेकिन अगर आप एक लड़के हैं, तो अपने परिवार के लिए आजीविका अर्जित करने की जिम्मेदारी आपकी ही है।

अपने लक्ष्यों को प्यार करना शुरू करें

आपको अपने लक्ष्यों के साथ प्यार हो जाना चाहिए। जब तक आप अपने लक्ष्यों के साथ प्यार में नहीं पड़ जाते, तब तक आपको न तो विश्वास होगा कि आप इन्हें प्राप्त कर सकते हैं और न ही आप अपने लक्ष्यों की दिशा में सकारात्मक सोच के साथ आवश्यक कार्यवाई करने के लिए अपने आप को प्रतिबद्ध कर पाएँगे। क्या आपने कभी किसी ऐसे व्यक्ति की सफलता की कहानी पढ़ी है, जो अपने लक्ष्यों से प्यार नहीं करता था, फिर भी सफल हो गया? जवाब होगा, 'नहीं'। आप जो भी कर रहे हैं, उसके प्रति आपको उत्साहित होना चाहिए। यदि आप अपने सपनों के बारे में उत्साहित नहीं होंगे, तो और कौन होगा?

आत्म-प्रतिबद्धता (Self Commitment) का मतलब है अपने जीवन की जिम्मेदारी लेना और अपने लक्ष्यों को प्राप्त करने की दिशा में दैनिक प्रगति के लिए खुद को जवाबदेह बनाना। अपने लक्ष्यों को प्राप्त करने के लिए प्रतिदिन कुछ-न-कुछ करने की आदत विकसित कीजिए। इसी तरह, हर रात अपनी प्रगति की निगरानी करने और अगले दिन के लिए कार्ययोजना तैयार करने का अनुशासन विकसित कीजिए। शुरुआत में यह मुश्किल और थोड़ा उबाऊ लग सकता है, लेकिन मैं आपको आश्वासन देता हूँ कि एक सप्ताह के भीतर, आप अपने लक्ष्यों को प्राप्त करने की दिशा में अपनी प्रगति देखने के बाद इस अभ्यास से प्यार करना शुरू कर देंगे।

जब आप प्रतिबद्ध होते हैं, चाहे वह आपका वजन घटाने का कार्यक्रम हो या कॅरियर हो या रिश्ते हों, तो आप समस्याओं पर ध्यान केंद्रित नहीं करेंगे, अपितु समाधान पर ध्यान केंद्रित करेंगे। प्रतिबद्धता के बिना, आरामदेह सुविधा क्षेत्र से बाहर आने के लिए आपके पास पर्याप्त आंतरिक बल नहीं होगा।

अल्फ्रेड नोबेल का मृत्युलेख

आपने अल्फ्रेड नोबेल का नाम सुना होगा। अल्फ्रेड नोबेल के मृत्युलेख के बारे में एक बहुत दिलचस्प कहानी है। एक बार, अल्फ्रेड नोबेल के भाई की मृत्यु हो गई। जब यह समाचार एक समाचार पत्र के कार्यालय पहुँचा; तो भूलवश उन्होंने समझा कि स्वयं अल्फ्रेड नोबेल की मृत्यु हो गई है। अखबार ने उनका मृत्युलेख छापा, जिसे अल्फ्रेड नोबेल ने खुद अखबार में पढ़ा। इस मृत्युलेख में उनकी प्राथमिक उपलब्धि को

'बारूद के आविष्कारक' के रूप में उल्लिखित किया गया था, जो कई युद्धों में बहुत सारे रक्तपात के लिए जिम्मेदार था। इस मृत्युलेख ने अल्फ्रेड नोबेल को हिलाकर रख दिया और उन्होंने तुरंत अपनी विरासत (legacy) को बदलने पर काम करना शुरू कर दिया। उन्होंने यह सुनिश्चित किया कि आखिरकार जब भी उनका मृत्युलेख लिखा जाएगा, उनकी विरासत कुछ अलग होगी। आज उन्हें नोबेल पुरस्कारों की स्थापना के लिए और नोबेल पुरस्कार के विजेताओं के लिए अपने जीवन भर की कमाई दे देने के लिए याद किया जाता है। हम सभी जानते हैं कि शांति, साहित्य, चिकित्सा, विज्ञान, अर्थशास्त्र और रसायन विज्ञान के क्षेत्रों में योगदान के लिए विश्व भर में नोबेल पुरस्कार सर्वोच्च सम्मान है।

तय कीजिए, आप कैसी विरासत छोड़ना चाहते हैं।

G.O.P.T.A. POINTS

- ✓ अपने जीवन के उद्‌देश्य की पहचान कीजिए। आपके दिल के सबसे करीब क्या है, आप जीवन में क्या हासिल करना चाहते हैं और इसके पीछे मार्गदर्शक बल क्या है?
- ✓ आपका जीवन उद्‌देश्य किसी 'मूल्य' में हो सकता है। अपने सभी कार्यों के पीछे प्रेरणा शक्ति का पता लगाएँ।
- ✓ जब आप हमेशा अपने जीवन के उद्‌देश्य के बारे में सोचना शुरू करते हैं, तो आपका जीवन उद्‌देश्य आपके अवचेतन मन को सक्रिय कर देगा, ताकि वह आपके लक्ष्यों को प्राप्त करने के लिए आपके कार्यों का मार्गदर्शन कर सके।
- ✓ जीवन उद्‌देश्य यथार्थवादी होना चाहिण और अपने अन्य लक्ष्यों के विरोध में नहीं होना चाहिए।
- ✓ अपने जीवन के उद्‌देश्य में कमाई के अवसरों की तलाश कीजिए।
- ✓ आत्म-प्रतिबद्धता का अर्थ है खुद के प्रति जवाबदेही।
- ✓ पहचानिए कि आप कैसी विरासत छोड़ना चाहेंगे।

□

9

अपने जीवन की जिम्मेदारी लीजिए

> The willingness to accept responsibility for one's own life is the source from which self-respect springs.
>
> —**Joan Didion**

आपको यह समझना होगा कि आपके अतीत और वर्तमान में जो कुछ भी अच्छा या बुरा घटित हुआ है या हो रहा है, वह आपके द्वारा पहले चुने गए सचेत विकल्पों की वजह से है और यदि आप अपने जीवन के किसी क्षेत्र में कुछ बदलना चाहते हैं, तो आपको अपने चुनावों और कार्यों में बदलाव की जिम्मेदारी लेनी होगी। आपको यह पता करने की आवश्यकता है कि आपको अभी ऐसा क्या करना होगा, जिससे आपके सपनों के भविष्य का निर्माण हो सके। यह आपके ही हाथों में है।

सफल लोग हमेशा कहते हैं कि मैं स्वनिर्मित व्यक्ति हूँ। क्या आपने कभी किसी विफल व्यक्ति को यह कहते हुए सुना है कि मैं स्वनिर्मित विफल हूँ? हर विफल व्यक्ति यही कहता है कि मैं अपनी किस्मत, परिस्थितियों, अवसरों, माता-पिता, पति या पत्नी, बॉस, उम्र, धर्म, जाति, देश आदि के कारण विफल हुआ हूँ।

आपको यह समझना होगा कि यदि आप हालात बदलने की प्रतीक्षा कर रहे हैं, तो कुछ भी बदलनेवाला नहीं है। आपको मनोवैज्ञानिक स्तर पर अपनी कंपनी का प्रमुख बनना होगा। प्रतिज्ञा कीजिए कि आप दूसरों को दोष नहीं देंगे और अपने जीवन की जिम्मेदारी खुद स्वीकार करेंगे और अपने लक्ष्यों को हासिल करने के लिए जो कुछ भी आवश्यक है, वह करना शुरू करेंगे। अपने आप से पूछिए, अगर आप अपनी कंपनी के प्रमुख हैं, तो क्या आप अपनी कंपनी के शेयरों में निवेश करना चाहते हैं; क्या आप खुद को एक विकास स्टॉक के रूप में देखते हैं, जिसमें विकास की संभावनाए मौजूद हों?

अपने जीवन की उस सबसे बड़ी समस्या को पहचानिए, जो आज आपकी प्रगति

को बाधित कर रही है। फिर देखिए, क्या इस स्थिति के लिए आप खुद को दोषी पाते हैं। अक्सर लोग अपनी परेशानियों के लिए दूसरों को दोष देते रहते हैं, लेकिन गहरे आत्मनिरीक्षण के बाद वे खुद में ही कुछ गड़बड़ पाते हैं। एक बार जब आप अपनी गलतियों को पहचान लेते हैं, तो सुधारात्मक कदम उठाना आसान हो जाता है। याद रखिए कि आप केवल अपने सपनों के जीवन के चित्रकार ही नहीं हैं; आप अपने प्रत्येक सपने के पीछे मुख्य प्रेरणादायक स्रोत और रचनात्मक बल भी हैं।

यदि आप अपने जीवन की जिम्मेदारी लेने का निर्णय लेते हैं, तो आप वे कौशल सीखने के लिए प्रतिबद्ध होंगे, जिन्हें सीखना लक्ष्य-प्राप्ति के लिए आवश्यक है; आप उस तरह का व्यवहार करना सीखेंगे, जो आपके लिए आवश्यक है; आप उन चीजों पर ध्यान केंद्रित करेंगे, जो आपको सफलता प्राप्त करने की ओर ले जाएँगी; आप हमेशा समाधान पर ध्यान केंद्रित करेंगे, बहानों पर नहीं। इसके विपरीत, यदि आप प्रतिबद्ध नहीं हैं और अपने जीवन की जिम्मेदारी नहीं लेते हैं और अपनी पसंद-नापसंद के हिसाब से ही जीवन व्यतीत करते हैं, तो आप अपनी विफलताओं के लिए दूसरों को दोषी मानते रहेंगे; आप अपने दुर्भाग्य या परिस्थितियों में ही विफलता के कारण ढूँढ़ते रहेंगे।

यदि आप अपने जीवन की जिम्मेदारी लेते हैं, तो आप तैयारी और अभ्यास के महत्त्व को समझेंगे। याद रखिए, आपकी असल क्षमताएँ असीमित है और जो कुछ भी आपने हासिल किया है, वह आपकी असीमित क्षमता की अभिव्यक्ति का आरंभ मात्र है। मैं एक उदाहरण लेता हूँ। मान लीजिए कि आप पिछले 10 वर्षों से डॉक्टर हैं। याद कीजिए, एक दिन था, जब आप डॉक्टर नहीं थे और चिकित्सा क्षेत्र के लिए अध्ययन कर रहे थे। उन सभी सालों में, आप तैयारी कर रहे थे। आपका चिकित्सा क्षेत्र में एक आधार बन गया और उचित समय पर आप डॉक्टर बन गए। इसी तरह, आपको पिछले 10 वर्षों के दौरान अपने अनुभवों को देखना चाहिए। यह आपके अच्छे आगामी जीवन का आगाज है। आपको एक निश्चित स्थिति में अपने आपकी कल्पना करनी चाहिए और अपने वर्तमान अनुभव को उस स्थिति के लिए पूर्व तैयारी के रूप में देखना चाहिए। यही तर्क हर क्षेत्र या व्यवसाय पर लागू होता है। आप किसी भी क्षेत्र में जितना अधिक से अधिक अभ्यास करते हैं, आपकी महानता की अभिव्यक्ति के लिए आपकी तैयारी बेहतर और बेहतर होती चली जाती है।

हालाँकि, मेरा सुझाव है कि कभी भी अपने क्षेत्र में नंबर 1 होने का लक्ष्य न बनाइए, क्योंकि आप दूसरों की प्रगति को नियंत्रित नहीं कर सकते। आपकी प्रतियोगिता खुद के साथ है। आपको पहले से कहीं ज्यादा बेहतर बनकर खुद को सुधारना होगा। मैं तो सुझाव दूँगा कि आपको अपने क्षेत्र के शीर्ष 10 प्रतिशत लोगों में गिने जाने योग्य विशेषज्ञ बनने का यथार्थवादी लक्ष्य निर्धारित करना चाहिए।

सुविचारित जोखिम लेने से मत डरिए

अपने जीवन की जिम्मेदारी लेते समय, करो या मरो, रवैये के साथ सुविचारित जोखिम लेने से डरिए मत।

जब कैसर ब्रिटेन पर कब्जा करने की इच्छा से ब्रिटिश द्वीप के लिए रवाना हुआ, तो उसने अपने सभी सैनिक और रसद उतारने के बाद सभी जहाजों को जलाने का आदेश दे दिया। उसने वापसी के सभी दरवाजे बंद कर दिए। तब उसने अपने सैनिकों को संबोधित किया कि अब या तो जीतेंगे या मरेंगे, अब हमारे पास कोई विकल्प नहीं है। यह 'करो या मरो' वाला रवैया है, जो सफलता की ओर ले जाता है। यदि आप आश्वस्त हैं, तो वापसी के सभी रास्तों को भूल जाइए। पूर्ण उत्साह के साथ आगे बढ़िए और आप सफल होंगे।

यहाँ मैं 'करो या मरो' के दृष्टिकोण के साथ सुविचारित जोखिम का एक वास्तविक जीवन से उदाहरण साझा करना चाहता हूँ। मेरे एक अच्छे मित्र हैं, धर्मेंद्र श्रीवास्तव, जो एक चार्टर्ड अकाउंटेंट हैं। उन्होंने मेरे साथ अपनी कहानी साझा की। उन्होंने बताया कि चार्टर्ड अकाउंटेंसी में सफल होने के बाद उन्हें केनरा बैंक में क्रेडिट मैनेजर की नौकरी की पेशकश की गई थी, जिसे उस समय एक प्रतिष्ठित नौकरी माना जाता था, लेकिन दिल से वे निजी प्रैक्टिस में उत्कृष्टता प्राप्त करना चाहते थे। सभी परिवारीजनों और दोस्तों ने उन पर पहले नौकरी करने के लिए दबाव डाला और सलाह दी कि नौकरी के दौरान ही अपनी निजी प्रैक्टिस भी जमाने का प्रयास करते रहें, लेकिन उनके पास एक दूरदृष्टि थी और उन्हें अपनी क्षमताओं में दृढ़ विश्वास था। उन्होंने नियुक्ति पत्र को फाड़कर कूड़ेदान में फेंक दिया, जिससे कि वापसी का कोई विकल्प ही न रहे और उन्होंने अपने सपने और अपने जुनून के लिए काम करने का साहसिक फैसला किया। इसमें जोखिम बहुत बड़ा था, क्योंकि जब आप किसी भी संस्थान से अपना पेशेवर कोर्स पूरा करते हैं, तो संस्थान परिसर की नियुक्तियों के रूप में बहुत से अच्छे अवसर आपके सामने आते हैं, लेकिन अगर आप उन प्रस्तावों को स्वीकार नहीं करते हैं, तो बाद में आपको नौकरी की तलाश में बाजार में भटकना पड़ता है, जो कि आज की दुनिया में बहुत मुश्किल काम है, लेकिन उनके विचारों में स्पष्टता थी। उन्होंने जोखिम उठाया, लेकिन उनका जोखिम सुविचारित था, क्योंकि उन्हें अपनी क्षमताओं में दृढ़ विश्वास था। उनके दृढ़ संकल्प ने उन्हें उचित समय पर बड़े पैमाने पर सफलता प्रदान की। आज वे केवल आयकर और सेवा कर के अत्यंत सफल पेशेवर अधिवक्ता ही नहीं, अपने क्षेत्र के विशेषज्ञ के रूप में ख्यातिप्राप्त वक्ता भी हैं और अंतरराष्ट्रीय स्तर पर व्याख्यान देते हैं।

जब मैंने 50 वर्ष की उम्र में सेवानिवृत्त होने की योजना बनाई और अपनी खुद की कार्यशालाएँ शुरू करने का फैसला किया, तो निर्णय बहुत कठिन था और मेरे

शुभचिंतक, परिवार और दोस्तों ने बहुत आलोचना की, लेकिन उन्हें यह नहीं पता था कि मैंने पहले से ही अपने निर्णय को विभिन्न कोणों से जाँच-परख लिया है और संभावित जोखिमों और बाधाओं को संभावित सफलताओं के समकक्ष तौलकर देख लिया है। यद्यपि मेरा वास्तविक विश्लेषण बहुत लंबा है और 8 पेज का है, यहाँ मैं आपको सिर्फ एक बानगी देने के लिए उसका सारांश दे रहा हूँ कि जीवन का इतना बड़ा निर्णय लेते समय, जोखिम को कैसे तौलें।

मैंने अपने आपसे पूछा कि मेरी दूरदृष्टि क्या है और मैं इन कार्यशालाओं को क्यों आयोजित करना चाहता हूँ? मुझे अंदर से एक जवाब मिला कि मैं वर्तमान और भावी पीढ़ियों की मानसिकता पर काम करना चाहता हूँ, जो कि समय की सख्त जरूरत है। फिर मैंने पूछा, इन कार्यशालाओं से मेरे लिए क्या फायदे हैं? जवाब था कि मुझे अपने और मेरे परिवार के लिए अधिक खाली समय मिलेगा; मैं सामाजिक सेवा करने के लिए स्वतंत्र हो जाऊँगा; मुझे मन की शांति मिलेगी, क्योंकि मेरे ऊपर किसी भी संगठन का कोई नियंत्रण नहीं होगा; मैं अपने समय पर नियंत्रण रख सकूँगा, क्योंकि अब मैं सप्ताह के सातों दिन अपने 24 घंटे की योजना बनाने की स्थिति में आ जाऊँगा; मैं नियमित रूप से सुबह टहलने में सक्षम हो जाऊँगा; मैं अभ्यास और ध्यान के लिए एक नियमित समय निकाल सकूँगा आदि और सबसे बड़ी बात कि अपने समय उपयोग के संबंध में मेरा पूर्ण नियंत्रण होगा, फिर मैंने लक्ष्योन्मुख कौशल और सहायता की आवश्यकता और संभावित खतरों और बाधाओं का विश्लेषण किया। जब मैंने अपना विश्लेषण समाप्त कर लिया, तो मैंने 15 कारणों की सूची बना ली कि मैं असफल क्यों नहीं हो सकता। इसके बाद मैंने अपने परिवार के सभी सदस्यों और करीबी शुभचिंतकों के साथ उपरोक्त विश्लेषण पर चर्चा की और निर्णय लिया कि मुझे सुविचारित जोखिम लेना ही चाहिए।

याद रखिए, आपका सपना आपका सपना है और सिर्फ आपको ही अपने सपने के लिए काम करना होगा। कोई और आपके सपनों पर काम करनेवाला नहीं है, यहाँ तक कि अगर आपको कुछ त्याग भी करना पड़ता है, तो कीजिए।

आपको क्या खुशी देता है?

अगर आपको लगता है कि आप अपने जीवन के नियंत्रण में हैं, तो आपको खुशी होगी। यदि आप पाते हैं कि आप अपने उन फैसलों पर नियंत्रण कर पा रहे हैं, जो आपके जीवन में सकारात्मक परिणाम ला रहे हैं, तो आप ज्यादा खुश होंगे, बनिस्बत उन परिस्थितियों के, जहाँ आपको लगता है कि आपका जीवन प्रत्यक्ष या अप्रत्यक्ष रूप से किसी और के द्वारा नियंत्रित होता है। पहली स्थिति में, आप जो भी करेंगे, उसमें बहुत आश्वस्त महसूस करेंगे और सफलता आपको खुशी देगी। दूसरी ओर, यदि आपको

लगता है कि कोई और आपके लिए महत्त्वपूर्ण निर्णय लेता है, तो आप एक पराजित व्यक्ति की तरह महसूस करेंगे और आत्मविश्वास से कुछ भी नहीं करेंगे।

इसलिए, यह पहचानना बहुत महत्त्वपूर्ण है कि कौन आपके फैसलों पर नियंत्रण रखता है और यदि अभी आपका अपने जीवन पर नियंत्रण नहीं है, तो स्थिति बदलने के लिए उचित कदम उठाने के लिए तैयार हो जाइए।

G.O.P.T.A. POINTS

- ✓ आपको मनोवैज्ञानिक स्तर पर अपनी कंपनी का प्रमुख बनना होगा।
- ✓ जो कौशल सीखने की आवश्यकता है, सीखें। जिस तरह के व्यवहार का अभ्यास करना आवश्यक है; करें। उन चीजों पर ध्यान केंद्रित करें, जो आपको सफलता प्राप्ति की ओर ले जाती हैं।
- ✓ पूर्व तैयारी और अभ्यास के महत्त्व को समझें।
- ✓ आपकी प्रतियोगिता खुद के साथ है। पहले से कहीं ज्यादा बेहतर बनकर आपको खुद को सुधारना होगा।
- ✓ सुविचारित जोखिम लेने से मत डरिए।
- ✓ याद रखिए, आपका सपना आपका सपना है और सिर्फ आपको ही अपने सपनों के लिए काम करना होगा। कोई और आपके सपनों पर काम करनेवाला नहीं है।
- ✓ यदि आप अपने निर्णयों के नियंत्रण में हैं, तो आपको अधिक खुशी होगी।

□

10

सकारात्मक मूल्य एवं आदतें

> Apart from values and ethics which I have tried to live by, the legacy I would like to leave behind is a very simple one that I have always stood up for what I consider to be the right thing and I have tried to be as fair and equitable as I could be.
>
> **—Ratan Tata**

यदि आपके मूल्य सकारात्मक हैं और आपको लगता है कि आप एक अच्छे इनसान हैं, तो आप अपने साथ सभी अच्छी चीजें होने की उम्मीद करेंगे। यदि आप अपने साथ अच्छी चीजें होने की उम्मीद करते हैं, तो आप सकारात्मक सोच के होंगे और भविष्योन्मुख होंगे और अन्य व्यक्तियों में भी सकारात्मक चीजें देखेंगे। आप जो भी करते हैं, आपको उसमें छिपे नैतिकता और मूल्यों के पीछे के दर्शन को समझना चाहिए।

पैसा अच्छे काम का सह-उत्पाद (By-product) है

आपको स्पष्ट रूप से समझना होगा कि आप जो भी कर रहे हैं, उसमें सफलता के अतिरिक्त, पैसा अच्छे काम का सह–उत्पाद (By-product) है। यदि आप धन ही चाहते हैं, तो आप पैसे की ओर भागेंगे; लेकिन यदि आप अच्छा काम करते हैं, तो आप पैसे का एक ऐसा चुंबक बन जाएँगे, जो सभी ओर से पैसे अपनी ओर खींचता है।

मैं स्वयं अपना उदाहरण लेता हूँ। जब मैंने अपनी स्वयं की कार्यशालाएँ प्रारंभ करने का फैसला किया, तो सर्वप्रथम मैंने इसके पीछे अपना असली मकसद खोज लिया। अंदर से कई जवाब आए थे। गहरे आत्मनिरीक्षण के बाद मुझे पता चला कि मैं भविष्य की पीढ़ी अर्थात् छात्रों के मानसिक सोच पर काम करके उसमें सकारात्मक बदलाव

लाने के लिए ऐसा कर रहा हूँ। मैं यह वर्तमान पीढ़ी की मानसिकता में सकारात्मक बदलाव लाने के लिए भी कर रहा हूँ, जिससे उन्हें जीवन के विभिन्न क्षेत्रों में संतुलन की अवधारणा को समझकर जीवन के प्रत्येक क्षेत्र में नकारात्मक से सकारात्मक की ओर बढ़ने में मदद मिले। अगर मैं ऐसा करता हूँ, तो निश्चित रूप से इस प्रक्रिया के दौरान पैसे भी उत्पन्न हो सकते हैं; लेकिन मुझे कमाई पर ध्यान नहीं देना चाहिए, हालाँकि धन जरूरी है, क्योंकि यह आपके लिए अच्छे विकल्प बढ़ाता है और रोजमर्रा के खर्चों को पूरा करने के लिए भी आवश्यक है, लेकिन मुझे केवल अच्छे काम पर ही ध्यान देना चाहिए। इस संबंध में, 'अच्छे काम' की मेरी परिभाषा मेरी कार्यशाला को इस तरह से प्रस्तुत करना है कि यह वास्तव में दर्शकों को सकारात्मक दिशा में आगे बढ़ने में मदद करे और पहले से कहीं ज्यादा बेहतर बना दे। अगर मैं ऐसा करता हूँ और मुझे पैसे भी मिलते हैं, तो यह अच्छा है; लेकिन अगर मुझे पैसे तो मिलते हैं, लेकिन मैं अपने श्रोताओं के जीवन में कोई सकारात्मक प्रभाव नहीं डाल पाता हूँ, तो ऐसा पैसा मेरे लिए अच्छा पैसा नहीं है। किसी कार्य को करने के पीछे की मानसिकता बहुत महत्त्वपूर्ण है। यदि मैं अपने योगदान पर ध्यान केंद्रित रखता हूँ, तो मुझे अपने को बेहतर और बेहतर बनाने के लिए लगातार अपने आप को बेहतर बनाते रहना होता है, जिससे मेरी गुणवत्ता में सुधार होता चला जाता है। एक बार जब मैं ऐसा करने में सक्षम हो जाता हूँ, तो पैसा सभी दिशाओं से स्वचालित रूप से मेरी तरफ आएगा। मेरी लोकप्रियता में वृद्धि होगी; अधिक कार्यशालाएँ आयोजित होंगी; अधिक किताबें लिखी जाएँगी; अधिक किताबें बिकेंगी; वगैरह-वगैरह। यही कारण है कि मैं हमेशा कहता हूँ कि सफलता के अलावा, धन अच्छे काम का सह-उत्पाद है।

याद रखें, आप जिस भी पेशे या व्यवसाय में हैं, आपका मकसद बहुत महत्त्वपूर्ण है, जो आपको अपने पेशे या व्यवसाय में नई बुलंदियों पर ले जाता है।

कृतज्ञ होना सीखें

दिल की गहराइयों से कृतज्ञता की भावना आपकी खुशी को आशातीत स्तरों तक बढ़ा सकती है। यह आपके मानसिक अवरोधों को खोलेगा और आपको अपने लक्ष्यों को प्राप्त करने में मदद करेगा, चाहे वे जितने बड़े या असंभव नजर आते हों। कृतज्ञता शर्तरहित होनी चाहिए, यानी कष्ट के समय भी हमें कृतज्ञ ही रहना चाहिए।

कृतज्ञ रहें कि आप जीवित हैं

यदि हम साँस ले रहे हैं, तो इसका मतलब है कि हम जीवित हैं। अक्सर हम अपने

जीवित होने को अनुदत्त (granted) मान लेते हैं। साँस लेने की सक्षमता सबसे ज्यादा वांछनीय है, क्योंकि यदि आप साँस नहीं ले सकते, तो इसका मतलब है कि आप मर चुके हैं। अगर आप अपने जीवन में विभिन्न प्रकार की समस्याओं से जूझ रहे हैं, तो भी यदि आप जीवित हैं, तो उम्मीद है कि आप उन कठिनाइयों पर विजय प्राप्त कर लेंगे। मुझे तो लगता है कि आपके पास कृतज्ञ होने का पर्याप्त कारण है कि आप साँस लेने में सक्षम हैं।

अपनी परवरिश के लिए कृतज्ञ हों

आपको कृतज्ञ होना चाहिए कि आपका पालन-पोषण आपके माता-पिता द्वारा किया गया है। दुनिया में बहुत से लोग इतने भाग्यशाली भी नहीं हैं। यदि आपको लगता है कि यह आपके अच्छे भाग्य के कारण है; तो सावधान रहिए, आप अपने अच्छे कर्मों के संचित भंडार को खत्म कर रहे हैं। आपको इसे फिर से भरना होगा, क्योंकि यह तो आप जरूर चाहेंगे कि अगले जन्म में भी, आपका पालन-पोषण केवल आपके माता-पिता द्वारा ही किया जाए।

जीवन के विभिन्न क्षेत्रों में अव्वल होने के लिए कृतज्ञ हों

याद कीजिए, पढ़ाई के दौरान जब आप अपनी कक्षा में शीर्ष 10 या शीर्ष 5 में आते थे तो कैसा महसूस करते थे! इसमें कोई संदेह नहीं है कि शीर्ष पर रहना हमेशा अच्छा लगता था, लेकिन आपकी भी अपनी सीमाएँ थीं और इसके अलावा, दूसरों के प्रदर्शन पर भी आपका कोई नियंत्रण नहीं था, इसलिए हमेशा अव्वल आना मुश्किल होता था, लेकिन फिर भी शीर्ष 10 में रहने से संतोष मिलता था। शीर्ष 5 में शामिल होने से और भी अधिक संतोष मिलता था।

अब इसी परिप्रेक्ष्य में अपने जीवन को देखिए। आप जीवन के हर क्षेत्र में अव्वल होना चाहते हैं, लेकिन आप हैं नहीं। आप हो भी नहीं सकते, क्योंकि आपकी अपनी सीमाएँ हैं। इसके अलावा, आपका दूसरों के प्रदर्शन पर कोई नियंत्रण नहीं है, लेकिन आपको यह याद रखना होगा कि आपके जीवन के विभिन्न क्षेत्रों में, आप दुनिया की आबादी के शीर्ष 10 प्रतिशत लोगों में हैं। कुछ क्षेत्रों में तो आप विश्व की शीर्ष 5 प्रतिशत आबादी में हैं और कुछ क्षेत्रों में तो आप दुनिया की शीर्ष 1 या 2 प्रतिशत आबादी में हैं।

क्या आप अपने जीवन के विभिन्न क्षेत्रों में उपरोक्त मापदंडों पर अपना त्वरित आकलन करना चाहेंगे?

अपनी वित्तीय स्थिति के बारे में, क्या आपको नहीं लगता कि आप दुनिया के शीर्ष 10 प्रतिशत या 5 प्रतिशत लोगों में हैं? यदि यह सही है, तो आपको ऐसा बढ़िया जीवन

प्रदान करने के लिए सर्वशक्तिमान ईश्वर का कृतज्ञ होना चाहिए, यहाँ तक कि अगर आप दावा करते हैं कि आप स्वनिर्मित व्यक्ति हैं, तो भी आपको आभारी होना चाहिए कि आपको पर्याप्त अवसर प्रदान किए गए हैं, ताकि आप उन अवसरों का लाभ उठाकर धन कमा सकें। क्या आपको नहीं लगता है कि आपने पहले से ही पर्याप्त धन जमा कर लिया है और अभी भी अधिक धन कमाने के अवसर मौजूद हैं? दुनिया के शीर्ष 100 लोगों की सूची बनाएँ और आप पाएँगे कि उनमें से कम-से-कम दो तिहाई लोग सामान्य पृष्ठभूमि से उठकर आए हैं। आपको कृतज्ञ होना चाहिए कि आप खुशनसीब हैं कि अपने अधिकांश सपनों को पूरा कर सके।

आपकी नौकरी/व्यवसाय के बारे में, क्या आपको नहीं लगता कि आप दुनिया के शीर्ष 10 प्रतिशत या 5 प्रतिशत लोगों में हैं? यदि यह सही है, तो आपको इसके लिए कृतज्ञ होना चाहिए। याद रखें, कम-से-कम 95 प्रतिशत अन्य लोगों के लिए आपकी नौकरी/व्यवसाय बहुत प्रतिष्ठित और ईर्ष्या का विषय हो सकता है। यह काम आपकी आजीविका का स्रोत है। आपको इस काम के लिए भगवान् का कृतज्ञ होना चाहिए।

आपके सामाजिक जीवन के बारे में, क्या आपको नहीं लगता कि आप दुनिया के शीर्ष 10 प्रतिशत या 5 प्रतिशत लोगों में हैं? यदि यह सही है, तो आपको इसके लिए कृतज्ञ होना चाहिए। आपको यह देखना होगा कि आपके पास अच्छा परिवार और दोस्त हैं। आप शानदार जीवन का आनंद ले रहे हैं।

आपके स्वास्थ्य के बारे में, क्या आपको नहीं लगता कि आप दुनिया के शीर्ष 10 प्रतिशत या 5 प्रतिशत लोगों में हैं? यदि यह सही है, तो आपको स्वास्थ्य के अधिकांश मापदंडों पर अच्छे स्वास्थ्य के लिए कृतज्ञ होना चाहिए। आपके शरीर में कुछ छोटी-मोटी समस्याएँ हो सकती हैं, लेकिन आप अभी भी देख पाने में सक्षम हैं; अभी भी अपने हाथों से काम करने में सक्षम हैं; अभी भी अपने पैरों पर खड़े रहने में सक्षम हैं; अभी भी सोचने में सक्षम हैं; अभी भी अपने दम पर अपनी दैनिक गतिविधियाँ करने में सक्षम हैं। आपको अपने अच्छे स्वास्थ्य के लिए आभारी होना चाहिए। छोटी-मोटी स्वास्थ्य समस्याएँ सभी के साथ हैं और समय बीतने के साथ चली जाएँगी। कल्पना कीजिए, क्या आप अपनी आँखें, यकृत, गुर्दा या दिल को पैसे के लिए बेचना चाहेंगे? जवाब होगा, हरगिज नहीं।

आपकी संपत्ति के संबंध में, क्या आपको नहीं लगता कि आप दुनिया के शीर्ष 10 प्रतिशत या 5 प्रतिशत लोगों में हैं? यदि यह सही है, तो आपको जो कुछ भी मिला है और जो कुछ भी आपने जमा किया है, उसके लिए आपको आभारी होना चाहिए। अधिकाधिक संपत्ति हासिल करने की इच्छाओं का कोई अंत नहीं है। आप एक बहुत खूबसूरत घर बनाते हैं, लेकिन अपने आस-पड़ोस में बेहतर मकान दिख जाता है। आप

शानदार कार खरीदते हैं, लेकिन आप अपने दोस्त या सहकर्मी को बेहतर कार की सवारी करते पाते हैं। आपको इस बात के लिए आभारी होना चाहिए कि आप इस संबंध में दुनिया की आबादी के शीर्ष 10 प्रतिशत में हैं।

हर चीज के लिए कृतज्ञ हों

अपने चारों ओर देखिए। अपनी देखने की क्षमता के लिए कृतज्ञ हों। अपने सामान के लिए कृतज्ञ हों। अपनी नौकरी के लिए कृतज्ञ हों। अपने घर के लिए कृतज्ञ हों, क्योंकि इससे आपको आश्रय मिलता है और आपको गर्मी, बारिश और ठंड से बचाता है। अपनी कमाई क्षमता के लिए कृतज्ञ हों। इस तरह हर छोटी-बड़ी चीजों के लिए आभारी होना, आपके अवचेतन मन का हिस्सा बन जाएगा और आपके समग्र दृष्टिकोण और हर स्थिति में सकारात्मकता दिखने लगेगी। एक बार जब आप हर जगह सकारात्मकता देखने लगते हैं, तो नकारात्मकता धीरे-धीरे आपके सोच की प्रक्रिया से बाहर निकल जाएगी। यह मुश्किल समय पर भी आपको मदद करेगा। जब हम खुश होते हैं, तो हम उन परिस्थितियों को आकर्षित करेंगे, जिससे हमें और खुशी मिलेगी। जब हम अपने अच्छे स्वास्थ्य के लिए आभार व्यक्त करते हैं, तो हम अपने शरीर की और अच्छी देखभाल करते हैं।

> Once being grateful for small things becomes part of your sub-conscious mind, your overall attitude will start seeing positive in every situation. Once you start looking at positivity, negativity will be gradually flushed out of your thinking process.

कुछ धर्मों में, यह उनकी संस्कृति का एक हिस्सा होता है कि वे जागने के बाद, कुछ भी खाने से पहले और सोने से पहले धन्यवाद देते हैं। यह ब्रह्मांड में सकारात्मकता पैदा करता है। हम सभी जानते हैं कि ब्रह्मांड में सबकुछ एक-दूसरे पर निर्भर है। अगर हम ब्रह्मांड को कृतज्ञता की ऊर्जा से भर देते हैं, तो ब्रह्मांड भी हमारे चारों ओर सकारात्मक ऊर्जा उपलब्ध कराता है, जिससे हमें बहुत लाभ मिलता है।

असफलता और कष्टों के दौरान भी कृतज्ञ रहें

हालाँकि यह अजीब और मुश्किल लग सकता है, लेकिन यह आवश्यक है। कारण और प्रभाव के सिद्धांत (कर्म के सिद्धांत) को याद रखिए, जिसके अनुसार, हमें अतीत के कारणों के परिणाम भोगने ही पड़ते हैं। यदि आज हम पीड़ित हैं, तो यह हमारे

अपने कार्मिक कारणों की वजह से है। आभारी रहें कि स्थिति और खराब नहीं है। मुझे पता है कि जिंदगी में ऐसी बहुत सारी अपूर्ण अपेक्षाएँ और बहुत सी निराशाएँ हैं, जिनके लिए आप शिकायत करना चाहते हैं।

लेकिन आपको याद रखना होगा कि जैसे ही हम अपने सोचने का और परिस्थितियों की तरफ प्रतिक्रिया करने का तरीका बदल लेते हैं और जो कुछ भी हमारे पास है, उसके लिए कृतज्ञ होना शुरू कर देते हैं, तो हमारे इर्द-गिर्द सबकुछ बदलना शुरू हो जाता है। हमारा जीवन बेहतर और बेहतर होता चला जाता है, लेकिन ध्यान रहे, कृतज्ञता दिल की गहराइयों से आनी चाहिए, न कि सिर्फ मुँह से।

कृतज्ञता ध्यान (Gratitude Meditation)

सोने से पहले, आपको 2-3 मिनट के लिए कृतज्ञता ध्यान (Gratitude Meditation) करना शुरू करना चाहिए। यदि आप सोने से पहले यह करना शुरू करते हैं, तो आप एक माह के भीतर अपनी परिस्थितियों में जबरदस्त बदलाव देखेंगे। जब बिस्तर पर लेटें, तो लंबी गहरी साँस लेना शुरू करें। अब मानसिक रूप से कहें कि मैं सर्वशक्तिमान ईश्वर का आभारी हूँ कि मैं जीवित हूँ; मैं अपने माता-पिता को मुझे जन्म देने और अच्छी परवरिश देने के लिए धन्यवाद करता हूँ। मानसिक रूप से कहें कि मैं ईश्वर का आभारी हूँ कि—

- मेरे पास रहने के लिए घर है,
- मेरे पास अच्छे पति/पत्नी और बच्चे हैं, जो स्वस्थ हैं,
- मेरे पास अच्छे दोस्त और अन्य रिश्तेदार हैं,
- मेरे पास अच्छी कमाई के योग्य कौशल और अच्छी नौकरी/व्यवसाय है,
- मेरे पास पर्याप्त धन है,
- मेरे पास सोने के लिए बिस्तर है,
- मेरे पास पहनने के लिए कपड़े हैं,
- मैं अपनी पसंद का भोजन जुटा सकता हूँ,
- मेरे पास पीने के लिए ३्रुद्ध पानी है,
- मेरे पास जूते हैं,
- मेरे पास अपना वाहन है, चाहे वह कार हो या साइकिल,
- मेरे पास इंटरनेट के साथ कंप्यूटर है,
- मेरे पास दुनिया देखने के लिए आँखें हैं; मैं पुस्तकें पढ़ सकता हूँ ताकि मैं सीख सकूँ,
- छुट्टियों के दौरान मैं अपने प्रियजनों के साथ यात्रा करने में सक्षम हूँ,

➢ मैं कभी-कभी बाहर जाने का खर्च भी वहन करने में सक्षम हूँ।

…और यह सूची कभी समाप्त नहीं हो सकती है, क्योंकि ऐसी चीजों की कोई कमी नहीं है, जिसके लिए हम कृतज्ञ हो सकते हैं।

शुरुआत में, आपको मानसिक रूप से उपर्युक्त वाक्यांशों को दोहराने में 2 या 3 मिनट की जरूरत हो सकती है, लेकिन एक बार जब आप हर बात के लिए दिली रूप से कृतज्ञ होने लगेंगे, तो धीरे-धीरे, अलग-अलग शब्द विलुप्त होने लगेंगे और आपकी कृतज्ञता हर चीज के लिए आपके आंतरिक आभार की गहरी समझ में बदल जाएगी। बाद में, इस कृतज्ञता-ध्यान में सिर्फ 10 सेकेंड लगेंगे, क्योंकि आप मानसिक रूप से केवल यही कहेंगे कि हर चीज के लिए, मैं ईश्वर के प्रति शुक्रगुजार हूँ। मेरा विश्वास है कि यह सफलता को आकर्षित करने की इस पृथ्वी पर सबसे शक्तिशाली तकनीक है। शर्त केवल यह है कि इसे दिल से किया जाना चाहिए, सिर्फ मुँह से नहीं।

दशमांश का नियमित दान करें

दशमांश दूसरों की मदद करने के लिए या किसी धर्मार्थ कार्य के लिए अपनी आय का दसवाँ हिस्सा देने की प्रथा है। कुछ लोगों के लिए तो यह जीवन का अहम हिस्सा होता है और वे अपनी आय के दसवें हिस्से को अपना मानते ही नहीं हैं। मदर टेरेसा की नजर में, गरीबों के प्रति करुणा का भाव ही दान का एक स्वरूप था। मदर टेरेसा कहती थीं, "My home is among the poor and not only the poor, but the poorest of them."

दशमांश के लाभ

➢ **यह आपको प्रचुरता की मानसिकता देता है**—जब आप अपनी आय का 10 प्रतिशत निकालते हैं, तो यह स्वयं दरशाता है कि आपका अवचेतन मन यह स्वीकार करता है कि आपकी आय का 90 प्रतिशत आपके लिए पर्याप्त है। यह अभाव की मानसिकता पर आपकी जीत है, जो कहती है कि आपकी आय का 100 प्रतिशत भी आपके कुल खर्च को पूरा करने के लिए पर्याप्त नहीं है। अभाव मानसिकता से प्रचुरता की मानसिकता की ओर बढ़ना आपके जीवन की परिस्थितियों को बदलने के लिए सबसे बड़ा उत्प्रेरक (catalyst) है।

जैसे ही आप प्रचुरता के बारे में सोचना शुरू करते हैं, आप जीवन में अधिक से अधिक प्रचुरता को आकर्षित करेंगे। आप विश्वास करना शुरू करेंगे कि ब्रह्मांड प्रचुरता से भरा है और आपको भी समृद्ध करना चाहता है। एक बार

जब आप पैसे के बारे में अपने विचारों की श्रेणी को बदलते हैं, जिससे कि आपके सोच का बड़ा हिस्सा अभाव मानसिकता के बजाय प्रचुर मानसिकता का हो जाए; तो आप देखेंगे कि आपके जीवन में धन का व्यवहार बदलना आपके हाथ में है।

- **आप एक योग्य कारण का समर्थन कर सकते हैं**—आजकल बहुत सारे संगठन सामाजिक और धर्मार्थ कार्य करने में जुटे हुए हैं। यदि आप किसी जरूरतमंद व्यक्ति की पहचान खुद करने की स्थिति में नहीं हैं, तो आप किसी कारण विशेष का समर्थन करने के लिए इन संगठनों को दान कर सकते हैं।

यदि आप दशमांश नहीं देते हैं, तो खुद को अपराधी मत समझिए

अगर किसी कारण से आप अपनी आय का 10 प्रतिशत नहीं दान करते, तो अपराधबोध से न भर जाएँ। जब भी दान दें, तो आनंदपूर्वक दें, अन्यथा दशमांश का वास्तविक उद्देश्य पराजित हो जाएगा। दशमांश निकालना आपके लिए तकलीफदेह अनुभव नहीं होना चाहिए। दशमांश का असली उद्देश्य कुछ अच्छा करना है। यदि आप पैसे बचाने की स्थिति में नहीं हैं, तो आप एक अच्छे कारण के लिए अपने समय का योगदान दे सकते हैं। आप सामाजिक या धार्मिक संगठनों में स्वयंसेवक बनकर सेवा कर सकते हैं, जो आप अपने समय का सही उपयोग समझते हों। आप दूसरों के साथ अपना ज्ञान साझा करके उन्हें कुछ सिखा सकते हैं। यदि आप धन या समय, दोनों ही नहीं बचा सकते हैं, तो भी आप दूसरों के लिए प्रार्थना करके ही कुछ अच्छा कर सकते हैं। आपके दशमांश देने के पीछे का इरादा वास्तविक दशमांश देने से ज्यादा महत्त्वपूर्ण है।

ब्रह्मांड के निर्माता सर्वशक्तिमान ईश्वर ने हमें आजीविका कमाने के लिए सक्षम बनाया है। हममें से कुछ दूसरों की तुलना में आर्थिक रूप से बेहतर होते हैं। आपकी चाहे जितनी भी वित्तीय आय हो, आमदनी के मामले में आप कुछ लोगों को खुद से नीचे की सीढ़ी पर पाएँगे। आपको समझना होगा कि यदि भगवान् ने आपको अधिक सक्षम बनाया है, तो अपने कमजोर भाइयों के साथ अपने धन का एक हिस्सा साझा करने की आपकी जिम्मेदारी बनती है।

मेरा सुझाव है कि आप अभी से दशमांश निकालने की शुरुआत करें और इसे एक वर्ष तक करें और फिर अपने जीवन में अंतर देखें। मैं गारंटी देता हूँ कि आप अपने माहौल में बदलाव देखकर आश्चर्यचकित रह जाएँगे, क्योंकि आप आसानी से अपनी आय के 90 प्रतिशत से जीवित रह सकते हैं, यह आपको प्रचुरता की मानसिकता से भर देगा और आप पहले से कहीं ज्यादा संतुष्ट महसूस करेंगे।

अपने दशमांश के छोटा होने का विचार न करें

ऐसे बहुत से लोग हैं, जो अपनी पूरी ज़िंदगी की कमाई का एक बड़ा हिस्सा दान में दे देते हैं। हमने बिल गेट्स, अजीम प्रेमजी, अनिल अग्रवाल और मार्क जुकरबर्ग आदि के धर्मार्थ कृत्यों की कहानियाँ सुनी हैं। इन लोगों द्वारा किए गए दान के आकार को देखकर कोई भी यह सोच सकता है कि उसके छोटे से दशमांश से क्या योगदान हो पाएगा।

यहाँ एक पहलू पर गौर किया जाना चाहिए कि दशमांश ईश्वर की आय में या समाज की कुल आय में आपका योगदान नहीं है; अपितु यह ईश्वर की ओर आपकी कृतज्ञता का प्रतीक है; यह स्वीकारते हुए कि आप आभारी हैं कि भगवान् ने आपको जरूरत से ज्यादा ही दिया है। भगवान् को आपके धन की ज़रूरत नहीं है, क्योंकि वे तो पूरे ब्रह्मांड के मालिक हैं। यदि आप दान देते हैं, तो आपको प्रचुरता की मानसिकता का लाभ मिलता है।

मदर टेरेसा के शब्दों में, यदि आप सौ लोगों को नहीं खिला सकें, तो सिर्फ एक को ही भोजन करा दें।

> "If you can't feed a hundred people, then just feed one."
>
> **—Mother Teresa**

छोटी शुरुआत करके धीरे-धीरे बढ़ो

यदि आपको दशमांश के रूप में 10 प्रतिशत निकालना मुश्किल लगता है, तो छोटी राशि से शुरू कीजिए। यदि आप अपनी आय के 1 प्रतिशत से शुरू करते हैं, तो आप शेष 99 प्रतिशत आय में अपने खर्चे चलाने के आदी हो जाएँगे। अगले महीने 1 प्रतिशत और योगदान बढ़ाइए। इस प्रकार 10 महीनों में, आप बिना किसी वास्तविक कठिनाई के अपनी आय का 10 प्रतिशत हिस्सा दान करना शुरू कर देंगे।

लेकिन ध्यान रहे, दशमांश शुरू करके किसी प्रत्यक्ष फल की उम्मीद करने के जाल में नहीं फँसना चाहिए। आपका दशमांश दान करने का फैसला अपने कम भाग्यशाली भाई-बंधुओं की मदद करने के लिया गया एक अच्छा कदम है। आप देते हैं, क्योंकि आपको लगता है कि किसी जरूरतमंद की मदद हो जाएगी और आप भी भगवान् की वृहद् योजना में अपना विनम्र योगदान दे सकेंगे। इसलिए यह अपेक्षा न करें कि आपका दशमांश तुरंत आपके लिए अच्छे भाग्य के रूप में परिवर्तित हो जाएगा। आपकी आवश्यकताओं को पूरा करने की गारंटी तो पहले से ही स्वयं सर्वशक्तिमान ईश्वर ने दी हुई है।

अच्छी आदतें विकसित करें

> Good habits are hard to learn, but easy to live with. Bad habits, on the other hand, are easy to learn but hard to live with.
>
> **—Brian Tracy**

यदि आप अपनी वर्तमान जीवन-स्थिति से संतुष्ट नहीं हैं और इसमें सुधार चाहते हैं, तो अपनी आदतों और नजरिए की जाँच करें। आपकी वर्तमान जीवनस्थिति आपकी आदतों और नजरिए का नतीजा है, यहाँ तक कि छोटी-छोटी बुरी आदतें भी आपकी सफलता के स्तर को प्रभावित कर सकती हैं। अत्यधिक गपशप करना, अत्यधिक टेलीविजन देखना, दूसरों की आलोचना करना, नियमित रूप से जंक फूड खाना, समय का पाबंद न होना, अत्यधिक खर्चीला होना आदि कुछ ऐसी बुरी आदतें हैं, जिन्हें ऐसी सकारात्मक आदतों से प्रतिस्थापित करने की आवश्यकता होती है, जो आपको अपने लक्ष्यों के करीब ले जा सकती हैं।

आप किसी प्रकार की अच्छी या बुरी आदतों के साथ पैदा नहीं हुए थे। आपने सभी आदतें बचपन से अभी तक सीखी हैं। एक शानदार सफल जीवन जीने के लिए आपको अपनी आदतों का सही चुनाव करना होगा। आपको ऐसी आदतें विकसित करनी होंगी, जो आपको जीवन के हर क्षेत्र में अपने लक्ष्यों के करीब ले जाएँ। एक अच्छी खबर यह है कि सभी अच्छी आदतें सजग प्रयास से सीखी जा सकती हैं और पुरानी नुकसानदेह आदतें सजग प्रयास से छोड़ी भी जा सकती हैं।

सबसे पहले आपको यह पता लगाना होगा कि आपकी कौन सी आदतें आपको जीवन में पीछे की ओर खींच रही हैं। अपने खुद के गहरे आत्मनिरीक्षण के अतिरिक्त, आप अपने परिवार के सदस्यों या शुभचिंतक मित्रों की मदद से इनकी पहचान कर सकते हैं। दूसरा चरण सकारात्मक आदतों को अपनाना होगा, जिससे आपकी नई सकारात्मक आदतें आपकी पुरानी नकारात्मक आदतों को आपके सिस्टम से उखाड़ फेकेंगी। आप अपनी प्रगति पर लगातार नजर रखने के लिए अपने परिवार के सदस्यों की मदद भी ले सकते हैं।

अक्सर लोग मुझसे पूछते हैं कि एक नई आदत को विकसित करने में कितना समय लगेगा। यह आदत की प्रकृति और इस आदत को पैदा करने की आपकी इच्छा की तीव्रता पर निर्भर करता है। मैंने कई बार फैसला किया (दरअसल सिर्फ इच्छा की) कि मैं अपना वजन कम करने के लिए नियमित रूप से सुबह टहलने जाऊँगा और नियमित व्यायाम करूँगा, लेकिन असफल होता रहा। एक सुबह मुझे खबर मिली कि मेरे एक

परिचित का दिल का दौरा पड़ने के कारण निधन हो गया है। इसने मेरे लिए एक चेतावनी का काम किया। मैंने सोचा कि क्या मैं भी डॉक्टरी चेतावनी की प्रतीक्षा कर रहा हूँ या मैं स्वयं सख्त अनुशासन का पालन कर सकता हूँ। यह आंतरिक बल इतना तीव्र था कि मैंने अपना सुबह टहलने का और नियमित व्यायाम का कार्यक्रम नहीं छोड़ा, हालाँकि सामान्य तौर पर यह कहा जाता है कि किसी भी नई आदत के विकास के लिए कम-से-कम 21 दिनों की आवश्यकता होती है।

नई आदत के विकास के चरण

1. स्पष्टतापूर्वक तय करें कि आप कौन सी आदत विकसित करना चाहते हैं।
2. आदत विकसित करने की प्रारंभिक अवस्था में नियमित रहें। बिना किसी अपवाद या विश्राम के लगातार जरूरी कार्य कीजिए। एक चार्ट बनाएँ और अगले 30 दिनों के लिए अपनी दैनिक प्रगति की निगरानी करें।
3. परिवार के किसी सदस्य या मित्र के साथ अपने संकल्प को साझा करें, ताकि वह आपके कार्यों की निगरानी कर सके।
4. स्वयं-सुझाव (auto-suggestion) एवं सकारात्मक पुष्टियों का प्रयोग करके अपने अवचेतन मन को सक्रिय करें।
5. एक अच्छी आदत विकसित करने के लिए अपने लिए कोई अच्छा सा इनाम तय करें।

एक समय में कई नई आदतों पर काम न करें

आपको अपने समग्र व्यक्तित्व में रातोरात बदलाव की उम्मीद नहीं करनी चाहिए। कठिनाइयों से बचने के लिए एकसाथ कई नई आदतों को विकसित करने का प्रयास करने की भूल मत कीजिएगा। एक समय में एक या दो नई आदतों पर ही काम करने का प्रयास करें। एक महीने बाद, जब आप इन 2 आदतों के साथ सहज होने लगते हैं, तो आप 1 या 2 और नई आदतों पर काम करना शुरू कर सकते हैं, क्योंकि पिछले महीने विकसित की गई आदतों को अब ज्यादा सजग ध्यान की आवश्यकता नहीं होगी। इस तरीके से, अपने आप को पूरी तरह से बदलने के लिए केवल 1 वर्ष का समय लगेगा। अगर बचपन से विकसित कुछ खराब आदतें एक वर्ष में अच्छी आदतों से बदल जाती हैं, तो यह कतई बुरा सौदा नहीं है।

कल्पना कीजिए यदि आपके पास अलादीन का जादुई चिराग होता तो आप कौन सी आदत बदलने की इच्छा करते। लिखिए, कौन सी आदत विकसित करना आपको अपने जीवन में सबसे ज्यादा सकारात्मक परिणाम दे सकता है, चाहे वह आपके कॅरियर

से संबंधित हो, या संबंधों से, वित्त से, स्वास्थ्य से या आपकी उत्पादकता से संबंधित हो।

कभी अपनी आदतों में रातोरात बदलाव की अपेक्षा न करें। आखिरकार, बुरी आदतें बचपन से, यानी बहुत लंबे समय से विकसित हुई हैं। बुरी आदतों की शृंखला को तोड़ने और अच्छी आदतें विकसित करने में समय तो लगेगा ही। असल कुंजी तो शुरू करना है। चाय के प्याले का उदाहरण याद करें। यदि आप सकारात्मकता डालना शुरू करते हैं, तो नकारात्मकता धीरे-धीरे आपके सिस्टम से बाहर निकल जाएगी। अधिकांश लोग लक्ष्य निर्धारित करते हैं और आशा करते हैं कि अच्छी आदतें खुद विकसित हो जाएँगी। यकीन मानिए, सिर्फ चाहने से ऐसा नहीं होगा। बुरी आदत को अच्छी आदत से बदलने के लिए आपको सचेत प्रयासों के दर्द तो झेलने ही होंगे।

> Habit is habit and not to be flung out of the window by any man, but coaxed downstairs a step at a time.
>
> **—Mark Twain**

मान लीजिए, आप सुबह की सैर शुरू करना चाहते हैं और आपकी पुरानी आदत 7 बजे उठने की है। आपको सुबह जल्दी उठने की आदत को पूर्ण सजगता से विकसित करना पड़ेगा। प्रारंभ में, आपका आरामदेह सुविधा क्षेत्र आपको जल्दी उठने की अनुमति नहीं देगा। जागने के बाद भी, आपका शरीर पैदल चलने के लिए बाहर जाने की इजाजत नहीं देगा, लेकिन आपको जागने के लिए सजग प्रयास करना होगा और टहलने के लिए बाहर जाना ही होगा, यहाँ तक कि आप पाएँगे कि टहलने के दौरान, आपका शरीर धीरे-धीरे आगे बढ़ना चाहता है, लेकिन आपको अपनी गति को जाँचते रहने के लिए अपनी इच्छाशक्ति का प्रयोग करना है, जिससे आप सुबह की सैर से वांछित स्वास्थ्य लाभ प्राप्त कर सकें। याद रखें, आपकी इच्छा शक्ति और अच्छी आदतें एक-दूसरे की सहयोगी हैं।

नई आदतों को विकसित करना एक चीनी बाँस के वृक्ष की तरह है। इसे विकसित होने में करीब 5 साल लगते हैं। प्रारंभ में, लगभग 5 वर्षों तक कोई प्रगति दिखाई नहीं देती है, लेकिन एक बार जब वह वृक्ष जमीन के ऊपर आता है, तो अचानक बहुत तेज गति से बढ़ता है। भले ही 5 सालों तक आपको वृक्ष दिखाई नहीं देता, लेकिन फिर भी आपको इसे पोषण देना पड़ता है। एक बार जब चीनी बाँस का पेड़ दिखाई देता है और तेजी से बढ़ता है, तो यह रातोरात सफलता की तरह दिखता है, लेकिन कल्पना कीजिए, क्या यह बढ़ पाता, यदि बिना किसी स्पष्ट परिणाम के 5 वर्षों तक इस पर काम नहीं किया गया होता। इसी प्रकार, एक किसान भले ही बीज बोने के समय फसल न देख सकता हो, फिर भी वह बीज बोता है; क्योंकि उसे भलीभाँति पता होता है कि यदि वह सही प्रक्रिया का पालन करता है, तो उचित समय पर फसल मिलेगी ही।

धैर्य रखें और अच्छी आदतें विकसित करने की कोशिश करते रहें। समय बीतने के साथ परिणाम दिखना शुरू होगा। पुराने पारंपरिक दृष्टिकोण की अपनी सीमाएँ हैं। आप मनोवैज्ञानिक स्तर पर तकलीफ और लाभों के दुष्चक्र में फँस जाते हैं। जब तक आप संभावित लाभों को संभावित तकलीफों के खिलाफ तौलकर नहीं देखेंगे, आप नई आदत पर काम जारी रखना मुश्किल पाएँगे। आपको अपनी बुरी आदतों को बदलने के लिए GOPTA की आवश्यकता है।

यहाँ मैं एक उदाहरण लेता हूँ। मान लीजिए कि आप सुबह देर से उठनेवाले व्यक्ति हैं, लेकिन रोज तड़के टहलना शुरू करना चाहते हैं। जब आप शुरू करते हैं, तो आप तय करते हैं कि आप सुबह देर तक सोने की अपनी बुरी आदत को बदल लेंगे। आप बहुत उत्साहित हो जाते हैं और हर किसी को यह बताने लगते हैं कि आप जल्दी उठना शुरू करके सुबह टहलना शुरू कर रहे हैं और अपना जीवन बदलने जा रहे हैं, लेकिन 2-3 दिनों के पश्चात, जब प्रारंभिक उत्तेजना और रोमांच खत्म हो जाता है तो आप इस आदत को बदलने के लिए सुबह उठने के लिए जरूरी दर्द से अभिभूत हो जाते हैं। आप अपने आरामदेह सुविधा क्षेत्र में रहने के तरीके ढूँढ़ना शुरू कर देते हैं। यही वह समय होता है, जब हार मानकर छोड़ देने की सबसे प्रबल संभावना होती है, लेकिन यदि आप इस चरण के दौरान खुद को मिलनेवाले पुरस्कार के बारे में याद दिलाते रहते हैं, तो आप अपनी नई आदत पर काम करना जारी रखेंगे और यदि आप जारी रखेंगे, तो लगभग 15 दिनों में आपको सुबह जल्दी उठने और टहलने के फायदे दिखने लगेंगे और आप संतुष्ट महसूस करना शुरू करेंगे और तब आपकी नई आदत देर से जागने की पुरानी आदत का स्थान ले लेगी। यह अपने आप को पुरस्कृत करने का समय है, क्योंकि आपने पुरानी नकारात्मक आदत के स्थान पर एक नई सकारात्मक आदत विकसित कर ली है।

यदि आप पहले से इस प्रक्रिया के बारे में जानते हैं, तो आप नई आदत विकसित करने के प्रारंभिक दर्द से निराश नहीं होंगे। चाय के प्याले का उदाहरण याद कीजिए। आपको अवचेतन मन को सकारात्मकता से भरना होगा और नकारात्मक आदत आपके सिस्टम से स्वचालित रूप से निकल जाएगी। याद रखिए, सकारात्मकता की मात्रा उतनी महत्त्वपूर्ण नहीं है, जितनी कि सकारात्मकता की नियमित आपूर्ति है।

बदलने की आवश्यकता के बारे में जागरूक रहें

यदि आप कड़ी मेहनत कर रहे हैं फिर भी वांछित परिणाम नहीं आ रहे हैं, तो अपने आप से कुछ प्रश्न पूछने का समय आ गया है। अपनी गतिविधियों से अवगत रहें और इसके पीछे के मूल कारण की पहचान करें। आपको यह पहचानना होगा कि—

1. **मजबूत क्षेत्र :** मैं ऐसा क्या कर रहा हूँ, जो सकारात्मक परिणाम ला रहा है।

यह आपको इस क्षेत्र पर अधिक ध्यान देने में मदद करेगा।

2. **कमजोर क्षेत्र :** मैं ऐसा क्या कर रहा हूँ, जो सकारात्मक परिणाम नहीं ला रहा है या नकारात्मक परिणाम ला रहा है। क्या मैं अत्यधिक टी.वी. देखने में अपना समय बरबाद कर रहा हूँ; क्या मैं अपनी जरूरत या हैसियत से ज्यादा धन खर्च कर रहा हूँ; क्या मैं अत्यधिक शराब पीने जैसी बुरी आदतों से जकड़ा हुआ हूँ; क्या मैं अपना भोजन चुनने में बेपरवाह हूँ और कभी भी, कुछ भी खा लेता हूँ; क्या मैं अपने कार्यस्थल पर अपना 100 प्रतिशत नहीं दे रहा हूँ आदि। आपको अपने जीवन में सभी ऐसे तत्त्वों की पहचान करनी है, जो आपको पीछे खींच रहे हैं।

यहाँ मैं आपको इस जागरूकता के पीछे का मनोविज्ञान बताना चाहता हूँ। अक्सर लोगों को लगता है कि 'बदलाव' मुश्किल है। इसका कारण यह है कि वे सीधे 'बदलाव' पर ध्यान केंद्रित करते हैं। यह अपने आप में गलत है। मैं एक शक्ति सूत्र सुझाता हूँ। पहले मूल कारण की पहचान कीजिए। यह आसान है, क्योंकि आपको सिर्फ खुद को जवाब देना है। एक बार जब आप समस्या के मूल कारण के बारे में जान जाते हैं, तब 'बदलाव' की बात आती है, जिसके लिए आपको कुछ सकारात्मक अनुशासित कार्यवाई करनी होगी। उदाहरण के लिए, यदि आप मोटे हैं और उच्च कोलेस्ट्रॉल स्तर से भी ग्रसित हैं, तो आपको कुछ खास काम करने होंगे, जैसे सुबह टहलना, नियमित व्यायाम, नियंत्रित आहार, उचित दवाएँ लेना आदि। लोग सोचते हैं कि यह मुश्किल है; लेकिन अगर आप इसे दो भागों में तोड़ लें, तो यह मुश्किल नहीं रह जाएगा। पहला भाग यह है कि आपको वस्तुस्थिति से अवगत होना चाहिए। यदि आपको पता चल जाए कि आपको ऐसा क्या करने की आवश्यकता है, जो आप अभी नहीं कर रहे हैं, तो अभी या बाद में, आप इस पर काम करना शुरू कर देंगे।

मैं अपना स्वयं का उदाहरण लेता हूँ। अपने कार्यालय से लौटते समय, मैं रास्ते में कुछ खाने के लिए रुकने का आदी था, जैसे आमलेट, जलेबी, चाट वगैरह। एक बार जब मैं इन चीजों को खाने के खतरों के बारे में जागरूक हो गया, तो ये आदतें धीरे-धीरे छूट गईं। जब मुझे एहसास हुआ कि मैं जरूरत से ज्यादा मोटा हूँ, तब भी मुझे सुबह टहलना शुरू करने में लगभग 2 महीने लग गए। मैं हमेशा इसे कल के लिए स्थगित कर देता था, लेकिन अंदर से पता था कि कुछ गलत हो रहा है। धीरे-धीरे घर वापस आते समय, कुछ खाने के लिए रुकने की मेरी आवृत्ति कम होने लगी। धीरे-धीरे पेस्ट्री या आइसक्रीम खाने की आंतरिक इच्छा कम होने लगी। धीरे-धीरे सुबह की सैर के लिए बाहर जाने की आदत विकसित होने लगी, हालाँकि शुरू में कभी-कभी टहलने की छुट्टी भी हो जाती थी, लेकिन धीरे-धीरे, नियमितता बढ़ने लगी। मुख्य मुद्दा यह

है कि 'जागरूकता' प्रथम हिस्सा है और 'करना' दूसरा हिस्सा है। केवल दूसरा हिस्सा मुश्किल है, लेकिन अगर हम दूसरे भाग से पहलेवाला भाग अलग कर देते हैं, तो यह आसान हो जाएगा।

अच्छी वित्तीय आदतें विकसित कीजिए

हम सभी जानते हैं कि हमारी विभिन्न जरूरतों और इच्छाओं को पूरा करना धन पर निर्भर करता है। आमदनी सभी व्यक्तियों की भिन्न-भिन्न होती है। कुछ अधिक कमाते हैं, कुछ कम। आपकी आय का जो भी स्तर हो, आप पाएँगे कि आपकी 'इच्छाएँ' आपकी आय से ज्यादा बढ़ी रहती हैं। आपको आवश्यक खर्चों और बेकाबू इच्छाओं पर होनेवाले टालने योग्य खर्चों के बीच अंतर जानने का प्रयास करना चाहिए; क्योंकि हमारी इच्छाएँ हमारी आय से अधिक होती हैं। केवल पैसा कमाना ही पर्याप्त नहीं है; भविष्य के लिए पर्याप्त बचत और बचाए गए पैसे का उचित निवेश भी बेहद आवश्यक है।

एक कारगर वित्तीय योजना में निम्नलिखित 4 अनिवार्य लक्षण होने चाहिए—

1. आय बढ़ाने के लिए निरंतर प्रयास।
2. भविष्य के लिए आय का एक हिस्सा (कर के बाद की आय का कम-से-कम 10 प्रतिशत) निवेश करना।
3. आय का दशमांश दान देना।
4. उचित बजट बनाकर शेष 80 प्रतिशत आय के भीतर अपने खर्चों को सीमित रखना।

बचपन से निम्नलिखित वित्तीय आदतों को विकसित करें और यदि आपने अभी तक इनमें से कुछ आदतें नहीं विकसित की हैं, तो अब बिना देरी किए विकसित करना शुरू करें—

1. अपने खर्चों को नियंत्रित करें। इच्छा और आवश्यकता के बीच अंतर जानना सीखिए।
2. भविष्य के लिए अपनी कर के बाद की आय का कम-से-कम 10 प्रतिशत बचाएँ।
3. निवेश पर अच्छा संचयी प्रतिफल पाने के लिए ब्याज का भी पुनः निवेश कर दें। अपनी इच्छाओं की संतुष्टि के लिए खर्च करने के लिए ब्याज का उपयोग न करें।
4. निवेश करते समय, मूलधन की रक्षा पर विशेष ध्यान दें। उच्च प्रतिफल की उम्मीद में अपने मूलधन की सुरक्षा का जोखिम न लें।

5. समाज में अपना मूल्य बढ़ाने के लिए अपनी कुशलताओं में निरंतर सुधार करते रहें, जिससे आपकी आय में वृद्धि हो।
6. निवेश करते समय केवल विशेषज्ञ की सुनिए, न कि नौसिखियों की, जो आपको मार्गदर्शन देने में सक्षम नहीं हैं।
7. किसी को व्यक्तिगत ऋण देने से पहले, इन तीन चीजों का ध्यान रखें—
   i. ऋण लेनेवाले व्यक्ति की हैसियत क्या है?
   ii. उस व्यक्ति की कमाई क्षमता और ऋण चुकाने की क्षमता क्या है?
   iii. क्या वह निर्धन है और खर्च के लिए ऋण ले रहा है। यदि ऐसा है, तो आपके ऋण के बुरा कर्ज (bad debt) बनने की पूरी संभावना है।
8. संचयी प्रतिफल (compounding) की असीम शक्ति का लाभ उठाने के लिए जल्दी शुरुआत करें।
9. निवेश करते सगय, टैक्स फ्री रिटर्न देखें।
10. निवेशों में अनुशासित रहें।
11. अपनी भविष्य की जरूरतों की गणना करते समय, मुद्रास्फीति के लिए समुचित समायोजन करें।
12. सेवानिवृत्ति के बाद की अवधि के लिए चिकित्सा बीमा खरीदें।
13. वित्तीय उत्तोलन (Financial Leverage) की शक्ति को समझकर उसका लाभ उठाइए।
14. संपत्ति और दायित्व के बीच का सही अंतर पहचानना सीखिए।
15. उच्च लागतवाले ऋण जल्द से जल्द चुका दीजिए—देरी से भुगतान के कारण लगनेवाले भारी क्रेडिट कार्ड के ब्याज से बचें। क्रेडिट कार्ड के नियम और शर्तें ध्यान से पढ़ें।
16. खपत के लिए खर्च को स्थगित करने की आदत डालिए। यह आपके आंतरिक तकाजे और खर्च के लिए संभावित राशि पर निर्भर करेगा कि कितने वक्त के लिए स्थगित करना है—एक दिन/सप्ताह/महीने/वर्ष। जितना अधिक आप खर्च को टालने की कला सीखते हैं, उतना ही आपके लिए फायदेमंद होगा।
17. अपने बच्चों को खर्चे टालने की आदत के लाभ बताएँ।
18. निवेश करते समय, अपनी जोखिम लेने की क्षमता (risk profile) और समय के क्षितिज (time horizon) को ठीक से समझें।
19. याद रखें, कम मूल्य पर खरीदकर भी लाभ बढ़ाया जा सकता है। सही अवसरों की प्रतीक्षा करें।
20. अपने नकदी के प्रवाह और कुल धन के प्रवाह की योजना बनाएँ।

21. कभी भी एक ही क्षेत्र में सारे निवेश न करें—निश्चित आयवाले निवेश विकल्प, तरलतावाले निवेश विकल्प, म्यूचुअल फंड, रियल एस्टेट, शेयर, सोना-चांदी आदि में निवेश करके विविधता बनाए रखें। पुरानी कहावत याद रखें 'Never put all your eggs in one basket'।

वित्तीय नियोजन में आम गलतियाँ

- वित्तीय ज्ञान हासिल करने में टालमटोल—लोग संपत्तियों और देनदारियों और अच्छे या बुरे वित्तीय लीवरेज की अवधारणाओं को नहीं समझना चाहते हैं।
- लोग आय से अधिक खर्च करना प्रारंभ कर देते हैं।
- लोग निवेश को टालने की असल कीमत नहीं समझते हैं।
- बिना सोचे-विचारे उच्च लागतवाला ऋण ले लेते हैं।
- क्रेडिट कार्ड के पैसे को मुफ्त समझने की भूल करते हैं, यह भूलकर कि बैंकवाले मूर्ख नहीं हैं, जो मुफ्त में आपको पैसा इस्तेमाल करने दें।
- वे योजनाबद्ध तरीके से बचत/निवेश नहीं करते।
- कुछ लोग निवेशों में अति रूढ़िवादी होते हैं।
- कुछ लोग निवेशों में अति आक्रामक होते हैं।
- कुछ लोग शराब पीने/जुआ खेलने/सट्टेबाजी जैसी बुरी आदतों पर बहुत अधिक खर्च करते हैं।
- लोगों के पास इंतजार करने के लिए पर्याप्त धैर्य नहीं होता है।
- वे बाजार के उतार-चढ़ाव का पूर्वाभास करने की असफल कोशिश करते हैं, चाहे वह शेयर बाजार हो या सर्राफा बाजार या जिंस बाजार हो।

G.O.P.T.A. POINTS

- ✓ यदि आपके मूल्य सकारात्मक हैं और आपको लगता है कि आप एक अच्छे इनसान हैं, तो आप अपने साथ सभी अच्छी चीजें होने की उम्मीद करेंगे। यदि आप अपने साथ अच्छी चीजें होने की उम्मीद करते हैं, तो आप सकारात्मक सोच के होंगे और भविष्योन्मुख होंगे और अन्य व्यक्तियों में भी सकारात्मक चीजें देखेंगे।
- ✓ आप जो भी कर रहे हैं, उसमें सफलता के अतिरिक्त पैसा अच्छे काम का सह-उत्पाद (By-product) है।
- ✓ कृतज्ञ होना सीखो। यह आपके मानसिक अवरोधों को खोलेगा और आपको

अपने लक्ष्यों को प्राप्त करने में मदद करेगा, चाहे वे जितने बड़े या असंभव नजर आते हों।

- ✓ कृतज्ञता शर्तरहित होनी चाहिए, यानी कष्ट के समय भी हमें कृतज्ञ ही रहना चाहिए।
- ✓ जीवन के विभिन्न क्षेत्रों में अव्वल होने के लिए कृतज्ञ हों।
- ✓ सोने से पहले 2-3 मिनट के लिए कृतज्ञता ध्यान (Gratitude Meditation) करना चाहिए।
- ✓ अपनी आय के दशमांश का नियमित दान आपको प्रचुरता की मानसिकता प्रदान करता है। अपने दशमांश के छोटे होने का विचार न करें। आप छोटे से शुरुआत कर सकते हैं और धीरे-धीरे अपना योगदान बढ़ा सकते हैं।
- ✓ यदि आप अपनी वर्तमान जीवनस्थिति से संतुष्ट नहीं हैं और इसमें सुधार चाहते हैं, तो अपनी आदतों और नजरिए की जाँच करें। आपकी वर्तमान जीवनस्थिति आपकी आदतों और नजरिए का नतीजा है।
- ✓ कभी भी अपनी आदतों में रातोरात बदलाव की अपेक्षा न करें। याद रखें, नई आदतों को विकसित करना एक चीनी बाँस के वृक्ष के बढ़ने की तरह है।
- ✓ आय में वृद्धि करने के लिए अच्छी वित्तीय आदतें अपनाएँ और अपनी कमाई के भीतर रहना सीखें।
- ✓ निवेश करते समय, मूलधन की रक्षा का विशेष ध्यान रखें। उच्च प्रतिफल की उम्मीद में अपने मूलधन की सुरक्षा का जोखिम न लें।
- ✓ समाज में अपना मूल्य बढ़ाने के लिए अपनी कुशलताओं में निरंतर सुधार करते रहें, जिससे आपकी आय में वृद्धि हो।

□

11

आजीवन विद्यार्थी बनें

> We now accept the fact that learning is a lifelong process of keeping abreast of change. And the most pressing task is to teach people how to learn.
>
> **—Peter Drucker**

जैसा कि मैंने पिछले अध्यायों में बताया है, इस पुस्तक की विषयवस्तु जीवन के हर क्षेत्र में नकारात्मक से सकारात्मक की ओर बढ़ना है। चाय के प्याले का उदाहरण याद कीजिए। उस उदाहरण से यह अपरिहार्य निष्कर्ष निकलता है कि सकारात्मकता की नियमित आपूर्ति आवश्यक है, भले ही उसकी आपूर्ति की गति एक व्यक्ति से दूसरे व्यक्ति में भिन्न हो सकती है। अब सवाल यह है कि आपको यह सकारात्मक आपूर्ति मिलेगी कहाँ से, कहाँ से आप नित नए उपयोगी विचार प्राप्त करेंगे? इसका जवाब आजीवन अनुशासित शिक्षार्थी बनने का निर्णय लेने में निहित है। आपको कम-से-कम दो मोर्चों पर सचेत प्रयास करने होंगे। एक है, प्रेरक पुस्तकें पढ़ना, प्रेरक टेप/सीडी सुनना/देखना और कार्यशालाओं में भाग लेना और दूसरा है, ऐसे नए कौशल सीखते रहना, जो आपको अपने लक्ष्यों की ओर ले जा सकते हैं।

प्रतिदिन पढ़ने की आदत विकसित करें

प्रतिदिन पढ़ने की आदत विकसित कीजिए। अगर आप रोजाना 15-20 मिनट के लिए अच्छी किताबें पढ़ना शुरू करते हैं, तो आप आसानी से हर महीने में कम-से-कम 2 पुस्तकें पढ़ लेंगे अर्थात् एक वर्ष में 24 पुस्तकें अर्थात् 10 साल में 240 पुस्तकें। कल्पना कीजिए कि उस व्यक्ति के मानसिक स्तर में क्या फर्क होगा, जिसने 10 साल

की अवधि में 240 पुस्तकें पढ़ी हैं, बनिस्बत उस व्यक्ति के, जिसने इस दौरान कोई पुस्तक नहीं पढ़ी।

सचेत चुनाव करें कि क्या पढ़ना है

अच्छी किताबें चुनने के लिए सचेत प्रयास करें। अच्छी किताब की एक अनिवार्य गुणवत्ता यह है कि या तो यह आपके अपने क्षेत्र में आपके ज्ञान को बढ़ानेवाली होनी चाहिए या आपको प्रेरित करनेवाली होनी चाहिए। जिस तरह हम कहते हैं कि आपको स्वस्थ भोजन खाना चाहिए और जंक फूड से बचना चाहिए, वही सिद्धांत पढ़ने पर भी लागू होता है। आखिरकार, पढ़ना भी एक तरह का मानसिक भोजन ही है। आप अपने मस्तिष्क को जंक फूड प्रदान नहीं कर सकते। उदाहरण के लिए, यदि आप एक डॉक्टर हैं, तो आंतरिक सजावट या कार डिजाइनिंग की किताब थोड़ी देर के लिए आपको आकर्षित तो कर सकती है, लेकिन यह आपको अपने लक्ष्यों की ओर नहीं ले जाएगी। क्षणिक खुशी और आकर्षण के लिए कभी-कभी एक कहानी की तरह अप्रासंगिक पुस्तक को भी पढ़ने में कोई बुराई नहीं है, लेकिन आपको यह जानना चाहिए कि आप इस जंक सामग्री पर अपना कितना समय लगा सकते हैं।

अच्छी किताबों का अपना पुस्तकालय बनाएँ

मैं सभी को अपने घर पर अच्छी किताबों का एक छोटा सा पुस्तकालय बनाने का सुझाव देता हूँ। सामान्यत: किसी से उधार लेकर पुस्तकें नहीं पढ़नी चाहिए। आप उधार की किताब से ज्यादा लाभान्वित नहीं होंगे, क्योंकि आप बाद के संदर्भ के लिए महत्त्वपूर्ण अंशों को चिह्नित करने की स्थिति में नहीं होंगे। इसके अलावा, यदि आप खुद पुस्तक खरीदते हैं, तो ये आपके घर पर उपलब्ध रहेगी और आपके परिवार के सदस्यों को भी समय-समय पर पढ़ने के लिए उपलब्ध रहेगी। अपने परिवार के सदस्यों, विशेष रूप से बच्चों को पढ़ने की आदत विकसित करने के लिए प्रोत्साहित करने की कोशिश करें। जब मैं लगभग 23 साल की उम्र में आजीविका के लिए अपने लखनऊ के घर को छोड़ कर गया था, तो मेरे व्यक्तिगत पुस्तकालय में 1000 से भी अधिक पुस्तकें थीं, जिनमें व्यक्तित्व विकास, धर्म और आध्यात्मिकता, अंक विज्ञान, हस्तलेखा शास्त्र, मार्क्स, लेनिन, रवीन्द्रनाथ टैगोर, शेक्सपियर, प्रेमचंद, मक्सिम गॉर्की इत्यादि सभी शामिल थे। मेरे बचपन के दौरान मेरे माता-पिता ने जो मेरे अंदर अच्छा साहित्य पढ़ने की आदत विकसित की, उसी ने मुझे वह बनाया, जो मैं आज हूँ।

मैं सुझाव दूँगा कि आपको अपनी व्यक्तिगत लाइब्रेरी में कम-से-कम इन पुस्तकों को अवश्य शामिल करना चाहिए—

1. The Power of Your Subconscious Mind by Dr. Joseph Murphy
2. The Power of Positive Thinking by Norman Vincent Peale
3. The Magic of Thinking Big by David Schwartz
4. As a Man Thinketh by James Allen
5. Think and Grow Rich by Napoleon Hill
6. How to Win Friends and Influence People by Dale Carnegie
7. The Monk Who Sold His Ferrari by Robin Sharma
8. Who Will Cry When You Die by Robin Sharma
9. See You at the Top by Zig Ziglar
10. Over the Top by Zig Ziglar
11. The Power of Now by Eckhart Tolle
12. The Secret by Rhonda Byrne
13. Goals by Brian Tracy
14. Eat That Frog by Brian Tracy
15. The Richest Man in Babylon by George Clayson
16. No Excuses—The Power of Self Discipline by Brian Tracy
17. The Alchemist by Paulo Coelho
18. How to Mind Map by Tony Buzan
19. Messages from the Masters by Dr. Brian Weiss
20. Men are from Mars Women are from Venus by John Gray
21. The Five Love Languages by Gary Chapman
22. Who Moved My Cheese by Dr. Spencer Johnson
23. The Law of Success by Napoleon Hill
24. The 7 Habits of Highly Effective People by Stephen Covey
25. Chicken Soup for the Soul by Jack Canfield and Hansen
26. Rich Dad Poor Dad by Robert Kiyosaki
27. Autobiography of a Yogi by Paramahansa Yogananda
28. How to Stop Worrying and Start Living by Dale Carnegie
29. Autobiographies of Mahatma Gandhi, Nelson Mandela, Abraham Lincoln, Benjamin Franklin, Thomas Jefferson, Theodore Roosevelt, Martin Luther King Jr.
30. At the Feet of the Master—J. Krishnamurti (Alcyone)

विश्वास कीजिए, जैसे आप मौज-मस्ती के लिए ब्रेक लेते हैं, अगर आप उपरोक्त पुस्तकों को पढ़ने के लिए एक लंबा ब्रेक लेते हैं, जैसे कि आप उपन्यास पढ़ते हैं, तो आप पूरी तरह से बदले हुए व्यक्ति होंगे। केवल यह छोटी लाइब्रेरी आपकी पूरी दुनिया को बदलने के लिए पर्याप्त है, यहाँ तक कि अगर आप पृथ्वी पर सबसे ज्यादा निराशावादी व्यक्ति हैं, तो भी आप सफलता की एक पूरी नई दुनिया देखेंगे, क्योंकि आपके जीवन के हर पहलू पर इसका असर पड़ेगा। जब आप महान् लोगों की जीवनियाँ और आत्मकथाएँ पढ़ते हैं, तो आप सीखते हैं कि कैसे उन्होंने अपने सामने आनेवाली समस्त बाधाओं से लड़ाई लड़ी और कैसे वह उन पर विजयी होकर उभरे हैं। जीवन के प्रति आपका दृष्टिकोण बदल जाएगा; परिस्थितियों के प्रति आपका रवैया और व्यवहार और आपका प्रतिक्रिया तंत्र बदल जाएगा। कुल मिलाकर, मैं यह कह सकता हूँ कि आप अपने सपनों के जीवन की ओर सबसे तेज घोड़े की सवारी करना प्रारंभ कर देंगे।

'Practising Sprititual Intelligence' और 'The Secret Red Book of Leadership' के प्रसिद्ध लेखक डॉ. अवधेश सिंह ने मुझसे पुस्तकें पढ़ने का एक बहुत दिलचस्प और महत्त्वपूर्ण लाभ साझा किया। उन्होंने बताया कि जब हम किसी पुस्तक को पढ़ते हैं, तो हम उन पुस्तकों के लेखकों से जुड़ जाते हैं, जैसे कि वे सीधे हमसे बात कर रहे हों और हमें मार्गदर्शन दे रहे हों, जो अन्यथा संभव नहीं है, क्योंकि आप अधिकांश लेखकों से सीधे नहीं मिल सकते हैं। उदाहरण के लिए, जब हम सुकरात या चाणक्य या बेंजामिन फ्रेंकलिन को पढ़ते हैं, तो हमारा मस्तिष्क उनके मस्तिष्क से जुड़ जाता है और हमें उन महान् लोगों से सीधे मार्गदर्शन के लाभ मिलते हैं।

मुझे उपरोक्त सुझाव बेहद उपयोगी और व्यावहारिक लगा। विभिन्न क्षेत्रों के सफल लोगों ने पुस्तकों के रूप में अपने जीवन के अनुभव साझा किए हैं। अगर हम इन पुस्तकों और आत्मकथाओं को पढ़ते हैं, तो ज्ञान का खजाना हमें अपने जीवन के सभी क्षेत्रों में अपने जीवन को बदलने में मदद कर सकता है। जैसा कि जिम रौन कहते हैं, एक किताब आपके 5 साल बचा सकती है; अगर आप दूसरों के अनुभव से सीख सकते हैं, तो पढ़िए, पढ़िए और पढ़िए।

जिस भी सेमिनार में भाग से सकते हैं, लीजिए। अपनी जेब से कुछ पैसे खर्च कीजिए। अपने संगठन द्वारा आपके लिए इसे प्रायोजित करने की प्रतीक्षा मत कीजिए। जब आप अपनी जेब से खर्च करते हैं, तो आप सबसे ज्यादा सीखते हैं। जब आपने अपने जीवन की जिम्मेदारी लेने का फैसला किया है, तो आपको अपने व्यक्तिगत विकास पर काम करना होगा और लक्ष्योन्मुखी पेशेवर कौशल सीखने होंगे। कभी-कभी, सेमिनार के वक्ता से मिला एक अच्छा विचार आपके जीवन को हमेशा के लिए बदल देता है। आपको स्वयं के सुधार के लिए अपनी आय का 5-10 प्रतिशत हिस्सा अलग

रखना चाहिए, जिससे आपको अच्छी किताबें खरीदनी चाहिए; अपनी कार में सुनने के लिए अच्छे सेमिनारों की सीडी आदि खरीदनी चाहिए; अच्छे प्रेरक सेमिनार में भाग लेना चाहिए या आपके अपने क्षेत्र में विशेषज्ञता हासिल करनेवाले सेमिनार में भाग लेना चाहिए। विश्वास कीजिए, यदि आप स्वयं के विकास पर अपनी आय का 5–10 प्रतिशत खर्च करते हैं, तो आपकी आय कई गुना बढ़ जाएगी। यह अपने आप में एक तरह का निवेश है। शुरुआत में, यह एक तरह की समय और पैसे की बरबादी दिखाई दे सकता है, लेकिन कालांतर में, यह आपको वांछित सफलता दिलाएगा, क्योंकि आपका व्यक्तित्व सफलता के लिए आवश्यक सभी गुण हासिल कर लेगा।

मैं तो सुझाव दूँगा कि यात्रा करते वक्त आपको हमेशा एक किताब अपने साथ रखनी चाहिए। हमेशा अपनी कार में कुछ प्रेरक सीडी रखें। आप यूट्यूब से कुछ प्रेरक भाषणों को भी डाउनलोड कर सकते हैं और यात्रा करते समय सुनने के लिए अपने मोबाइल फोन में भी इन्हें स्टोर कर सकते हैं।

नियमित पढ़ने की आदत आपको अपने जीवन में मीलों आगे ले जाएगी और अगर आपको लगता है कि आप पहले से ही श्रेष्ठ हैं, तो मैं आपको बधाई देता हूँ, लेकिन साथ ही यह भी याद दिलाना चाहूँगा कि सर्वश्रेष्ठ में भी और सुधार किया जा सकता है। मैं आपको चुनौती देता हूँ कि उपरोक्त सभी पुस्तकों को पढ़िए और अपने आप में अंतर देखिए और इस बदलाव की सबसे मजेदार बात यह होगी कि इसके लिए आपको कोई विशेष मेहनत भी नहीं करनी पड़ेगी।

नए कौशल सीखें

लक्ष्य निर्धारण प्रक्रिया से संबंधित अध्याय में हमने आपके लक्ष्यों को प्राप्त करने के लिए आवश्यक कुशलताओं से संबंधित कुछ बिंदुओं पर चर्चा की थी। कल्पना लीजिए, अगले क्षण आपको अलादीन का जादुई चिराग मिल जाए, जो आपको अपनी पसंद का एक नया कौशल प्राप्त करने या किसी वर्तमान कौशल को सुधारने में आपकी मदद कर सकता है, तो आप कौन सा कौशल प्राप्त करना या सुधारना पसंद करेंगे? सोचिए, कौन सा कौशल आपके जीवन में सकारात्मक बदलाव ला सकता है और लक्ष्य-प्राप्ति में आपकी सबसे अधिक मदद कर सकता है। इस कौशल को विकसित करने पर ध्यान दें, क्योंकि यह आपको अपने लक्ष्यों की ओर तेजी से ले जाएगा।

छात्रों के लिए मेरी विशेष कार्यशालाओं में, मैं हमेशा उन्हें तेज पढ़ने के कौशल, तेज टाइप करने का कौशल, माइंड मैप बनाने का कौशल और समय की बचत करने के लिए कंप्यूटर कमांड्स सीखने के लिए कहता हूँ। ये कौशल सिर्फ छात्रों के लिए ही नहीं,

बल्कि सभी के लिए उपयोगी हैं; क्योंकि इन दिनों, हम सभी को बहुत सारी सामग्री पढ़नी पड़ती है, महत्त्वपूर्ण चीजों को नोट करना पड़ता है और बहुत कुछ टाइप करना पड़ता है एवं कंप्यूटर पर भी काम करना पड़ता है। इन कौशलों के बारे में विस्तार से छात्रों और अभिभावकों के लिए विशेष अध्याय में चर्चा करेंगे।

अपने कॅरियर/पेशे से संबंधित विशेष कौशल सीखें

अपने क्षेत्र में विशेषज्ञ बनिए। लगातार अपने क्षेत्र में कौशल और ज्ञान बढ़ाते रहें। अपने कॅरियर या पेशे से संबंधित कौशल की पहचान करें, जिसे लगातार अद्यतन करने की आवश्यकता है। मान लीजिए कि आप आर्किटेक्ट व इंटीरियर डेकोरेटर हैं। जाहिर है कि आप इन दोनों क्षेत्रों के लिए जरूरी पेशेवर कोर्स कर चुके होंगे, लेकिन दुनिया तेजी से बदल रही है। ज्ञान विश्व स्तर पर फैल रहा है और आपको अपने क्षेत्र में तेजी से फैलते ज्ञान के साथ तालमेल रखना होगा और इन्हें अपने व्यवसाय में अपनाने का सतत प्रयास करते रहना होगा।

उदाहरण के लिए, यदि आप एक आर्किटेक्ट हैं, तो आपका मुख्य काम भवन के लिए एक नक्शा बनाना है। मानचित्र बनने के बाद ही एक बेहतर इमारत बन सकती है और आंतरिक साज-सज्जा की योजना बनाई जा सकती है। मेरा सुझाव है कि आप जापान जैसी आबादी का उच्च घनत्व रखनेवाले देशों के नक्शों का अध्ययन करें, जहाँ नक्शे उपलब्ध जगह के एक-एक इंच का भी उपयोग करने के हिसाब से बनाए जाते हैं। यदि आप जापानी नक्शों का अध्ययन करते हैं, तो यह आपके लिए भारत में बेहतर ढंग से नक्शे बनाने में सहायक होगा, क्योंकि आप अन्य आर्किटेक्ट्स से बेहतर तरीके से पूरी जगह के उपयोग की योजना बनाने में सक्षम होंगे। जो अपने कौशल को बेहतर बनाने के लिए आरामदेह सुविधा क्षेत्र से बाहर आने के लिए तैयार नहीं हैं, वे अभी भी पुराने तरीकों पर निर्भर हैं और रहेंगे।

यही सिद्धांत हर क्षेत्र पर लागू होता है। दूसरों से कुछ अलग और बेहतर करने के लिए आपको अपने काम के क्षेत्र में अपने ज्ञान और कौशल को अपग्रेड करने के लिए हमेशा तैयार रहना चाहिए। प्रसिद्ध प्रेरक वक्ता शिव खेड़ा कहते हैं, "विजेता अलग काम नहीं करते हैं, वे अलग तरीके से काम करते हैं।"

मैं एक आर्थोपेडिक सर्जन को जानता हूँ, जो घुटने के प्रत्यारोपण में माहिर हैं। शहर में कई अन्य सर्जन भी यह काम कर रहे हैं, लेकिन अपने अति व्यस्त कार्यक्रमों के बावजूद, ये सज्जन अपने क्षेत्र में हमेशा अद्यतन रहते हैं; जैसे कि घुटने के प्रत्यारोपण में विश्व में नवीनतम क्या शोधें हो रही हैं; किस प्रकार के नए कृत्रिम घुटने बाजार में उपलब्ध हैं, चाहे दुनिया में कहीं भी हों। इसमें कोई आश्चर्य नहीं है कि उनका सफलता

का अनुपात दूसरों की तुलना में बहुत अधिक है। शल्यक्रिया के बाद स्वास्थ्यलाभ की गति भी तेज है, क्योंकि उन्होंने ऐसी एक टीम विकसित की है, जो घुटने की शल्यक्रिया के बाद फिजियोथेरेपी के क्षेत्र में विशेषज्ञ है। इसकी तुलना बिक्री के बाद की बेहतर सेवा से की जा सकती है। इसमें कोई आश्चर्य नहीं है कि इस अतिरिक्त पेशेवर नजरिए से उनके पास अधिकाधिक रोगी पहुँचते हैं।

मैं इस तथ्य पर आपका ध्यान आकर्षित करना चाहूँगा कि यदि इस सर्जन का मकसद बुजुर्ग लोगों को लाभ पहुँचाने और एक तरह से उन्हें नया जीवन देने रूपी सामाजिक योगदान के लिए अपने जुनून के लिए काम करना है, तो वे सफल हैं, क्योंकि उनके पास कभी न खत्म होनेवाले मरीजों की कतार है, जो कि उन्हें उत्तम सेवा के लगातार मौके प्रदान करती है और यदि उनका मुख्य मकसद धन कमाना है, तो भी वे सफल हैं, क्योंकि उनके मरीजों की कतार कभी खत्म नहीं होनेवाली है।

निजी तौर पर मेरा यह अनुभव है कि सफल लोग मूल्यों से प्रेरित होते हैं। वे पैसे के पीछे नहीं भागते, बल्कि पैसा उनके पीछे भागता है। जैसा कि मैं हमेशा कहता हूँ, पैसा सफलता के अलावा, अच्छे काम का सह-उत्पाद है।

G.O.P.T.A. POINTS

- ✓ नकारात्मकता से भरी दुनिया में, सकारात्मक उपयोगी विचार पाने के लिए आपको आजीवन शिक्षार्थी बनना होगा।
- ✓ आप प्रतिमाह 2 किताबें आसानी से पढ़ सकते हैं।
- ✓ अच्छी किताबें चुनने के लिए सचेत प्रयास करें। अच्छी किताब की एक अनिवार्य गुणवत्ता यह है कि या तो यह आपके अपने क्षेत्र में आपके ज्ञान को बढ़ानेवाली होनी चाहिए, या आपको प्रेरित करनेवाली होनी चाहिए।
- ✓ अच्छी पुस्तकों का अपना छोटा सा पुस्तकालय बनाएँ।
- ✓ जब हम किसी पुस्तक को पढ़ते हैं, तो हम उन पुस्तकों के लेखकों से जुड़ जाते हैं, जैसे कि वे सीधे हमसे बात कर रहे हों और हमें मार्गदर्शन दे रहे हों।
- ✓ स्वयं के सुधार के लिए अपनी आय का 5-10 प्रतिशत भाग अलग रखें।
- ✓ हमेशा अपनी कार में कुछ प्रेरक सीडी रखें। आप यूट्यूब से कुछ प्रेरक भाषणों को भी डाउनलोड कर सकते हैं और यात्रा करते समय सुनने के लिए अपने मोबाइल फोन में भी इन्हें स्टोर कर सकते हैं।
- ✓ अपने कॅरियर/पेशे से संबंधित विशेष कौशल सीखिए।

□

12

अपनी कुशलताओं में नजरिए का तड़का लगाएँ

> Your attitude, not your aptitude, will determine your altitude.
>
> —**Zig Ziglar**

नजरिए (attitude) के बारे में कुछ भी बोलने से पहले मैं महान् क्रिकेटर सचिन तेंदुलकर का एक उदाहरण साझा करना चाहता हूँ। सचिन तेंदुलकर को विश्व क्रिकेट के इतिहास में सर्वश्रेष्ठ बल्लेबाजों में से एक माना जाता है और वे खेल के महानतम खिलाड़ियों की सूची में बहुत उच्च स्थान पर हैं। भारत में, उन्हें क्रिकेट का भगवान् माना जाता है। उन्होंने लगभग 25 वर्षों तक अंतरराष्ट्रीय क्रिकेट खेला और अंतरराष्ट्रीय क्रिकेट में 30,000 से अधिक रन बनानेवाले दुनिया के एकमात्र बल्लेबाज हैं। उनके खाते में 100 अंतरराष्ट्रीय सैकड़े और ऐसे कई रिकॉर्ड हैं, जो मेरे लिए गिनना भी संभव नहीं है।

आइए, अब हम देखते हैं कि उनकी स्कोरिंग दर क्या थी। 463 एकदिवसीय मैचों में उन्होंने 18,426 रन बनाए, जिसके लिए उन्होंने 21,367 गेंदों का सामना किया। ये रन बनाने के दौरान उन्होंने 2016 चौके और 195 छक्के लगाए, यानी कुल 9,234 रन चौकों और छक्कों से बने, यानी बाकी के 9,192 रन बनाने के लिए उन्हें 19,156 गेंदों का सामना करना पड़ा।

आप देख सकते हैं कि सचिन तेंदुलकर जैसा सर्वकालीन श्रेष्ठ बल्लेबाजों में से एक एवं उच्च प्रतिष्ठा और कौशलवाला खिलाड़ी भी हर गेंद को रन के लिए नहीं मार पाता था। क्या आप सोच सकते हैं, क्यों? इसका कारण यह है कि हर नई गेंद का सामना करते वक्त उन्हें उस गेंद विशेष की गुणवत्ता के आधार यह फैसला करना पड़ता

था कि उसे सुरक्षित खेलें या रन के लिए खेलें और सेकंड के एक छोटे से हिस्से में अपने उस निर्णय को लागू करने के लिए अपने सारे कौशल का इस्तेमाल करना पड़ता था। अपना विकेट बचाने के लिए खेलना या रन बनाने के लिए खेलना, दोनों के लिए 'तकनीक' की आवश्यकता है, लेकिन रन बनाने के लिए कमजोर गेंद की प्रतीक्षा करना 'नजरिए' का मामला है। एक खतरनाक गेंद से खुद का बचाव 'कौशल' की बात है, लेकिन अधिकतर गेंदों को रनों के लिए खेलने के प्रलोभन पर काबू रखना 'नजरिए' का मामला है।

आप देखते हैं कि क्रिकेट में यदि कोई बल्लेबाज 2 या 3 गेंदों पर रन नहीं बना पाता तो वह अगली गेंद पर जोखिम उठाकर रनों के घाटे की भरपाई करने की कोशिश करने लगता है, लेकिन यह एक खराब नजरिया है। 2 या 3 लगातार अच्छी गेंदों का सामना करने का यह मतलब नहीं है कि अगली गेंद स्वत: ही एक खराब गेंद होगी। इसी तरह, आपने देखा होगा कि जब कोई बल्लेबाज 2 या 3 लगातार गेंदों को सीमारेखा के पार पहुँचा देता है, तो वह अगली गेंद से भी छेड़खानी करने की कोशिश करता है।

लेकिन यह सही नजरिया नहीं है। आपको प्रत्येक गेंद को उसकी काबिलीयत के हिसाब से जाँच-परखकर खेलना होता है, जैसा कि सचिन तेंदुलकर करते थे। कभी-कभी तो उन्होंने एक ओवर में लगातार 5 गेंदें बिना रन के खेलीं, लेकिन फिर भी शायद ही कभी उन्हें उस ओवर की छठी गेंद पर बिना उस गेंद की योग्यता को परखे हुए अंधाधुंध खेलते हुए देखा हो। कभी-कभी उन्होंने लगातार 2 या 3 चौके/छक्के लगाए, लेकिन अगली गेंद पर वे बिना प्रलोभन के गेंद को एक रन के लिए मारकर बारी बदल लेते थे। अपनी तकनीक ने उन्हें एक महान् बल्लेबाज बनाया, लेकिन रनों के लिए हिट की जा सकनेवाली गेंदों की प्रतीक्षा करने के नजरिए ने उनके क्रिकेट कॅरियर को पर्याप्त लंबे समय तक जीवित रखा। लोग सोच सकते हैं कि उनकी सफलताएँ उनकी बल्लेबाजी के कौशल के कारण हैं, परंतु मुझे यकीन है कि उनकी सफलता उनके दृष्टिकोण के कारण है। आपने यह ध्यान दिया होगा कि जब भी उनकी आलोचना की जाती थी, उन्होंने कभी टी.वी. या सोशल मीडिया पर जवाब नहीं दिया। वे सिर्फ अपने बल्ले से अपनी आलोचनाओं का जवाब देते थे।

'कौन बनेगा करोड़पति' के सेट पर, मेजबान अमिताभ बच्चन ने उनसे कहा कि उनकी सफलता के पीछे निश्चित रूप से कड़ी मेहनत रही होगी। इस पर उन्होंने उत्तर दिया कि मेरे पिता हमेशा मुझसे कहते थे कि आप जो भी कर रहे हैं, उसमें निष्कपट और ईमानदार रहें, चाहे आप सफल हों या नहीं। उन्होंने यह भी कहा कि इसी आदर्श को ध्यान में रखते हुए उन्होंने अपनी शुरुआत की थी।

> "My father always told me that whether you will be successful or not, you are going to be sincere and very honest at what you are doing."
>
> **—Sachin Tendulkar**

मैं आशा करता हूँ कि सचिन तेंदुलकर का उदाहरण आपको बताने के लिए पर्याप्त है कि चाहे आपके पास अपने क्षेत्र में सबसे बेहतरीन कौशल भी है, तो भी आपको एक जीतनेवाला और निष्कपट दृष्टिकोण विकसित करना होगा, जो आपको अपने क्षेत्र में अभूतपूर्व ऊँचाइयों तक ले जाएगा। सफलता, प्रसिद्धि और पैसा आपके निष्कपट कार्य के सह-उत्पाद हैं। ऐसे कई क्रिकेट खिलाड़ी और अन्य खेल हस्तियाँ हैं, जो उपरोक्त पैराग्राफ में अपने छोटे कैरियर का कारण ढूँढ़ सकते हैं।

> My goal is always the same: to keep the other player from ever scoring a point. That doesn't always happen, but that's what I try for.
>
> **—Venus Williams**

यह सिद्धांत जीवन के हर क्षेत्र में लागू होता है, यहाँ तक कि डॉक्टर भी कुशल हैं, अधिवक्ता भी कुशल हैं, इंजीनियर भी कुशल हैं, कर्मचारी भी कुशल हैं; लेकिन सफलता उन तक नहीं आती, जो अपने कौशल में जिताऊ नजरिए का तड़का नहीं लगाते।

अब तक आप समझ गए होंगे कि सकारात्मक सोच के बिना अच्छे से अच्छा कौशल भी पर्याप्त नहीं है और वांछित कौशल के बिना सिर्फ सकारात्मक सोच भी पर्याप्त नहीं है। आपको अपने कौशल में सुधार करना होगा। यदि आप क्रिकेट खेल रहे हैं, तो आप पर्याप्त कौशल के बिना रन नहीं बना सकते हैं, चाहे आपकी जितनी भी सकारात्मक सोच हो। सही कौशल भी आवश्यक हैं। मैं आपकी जिंदगी के प्रत्येक क्षेत्र में अपने कौशल को सुधारकर सफलता के लिए मार्गदर्शन कर सकता हूँ, लेकिन अगर आपके दाँत में दर्द है, तो मैं उसकी सर्जरी नहीं कर सकता। भले ही मैं जो भी करता हूँ, उसके प्रति मेरा सकारात्मक दृष्टिकोण होता है, लेकिन मेरे पास दाँत का ऑपरेशन करने के लिए वांछित कौशल नहीं हैं। यह केवल एक दंत चिकित्सक द्वारा ही किया जा सकता है।

सकारात्मक सोच के बिना अच्छे से अच्छा कौशल भी पर्याप्त नहीं है और वांछित कौशल के बिना सिर्फ सकारात्मक सोच भी पर्याप्त नहीं है।

आप सोच रहे होंगे कि फिर सकारात्मक सोच का उपयोग क्या है। मैं आपको बता दूँ कि सकारात्मक सोच आपको अपने कौशल और अनुभव का उपयोग अपने लक्ष्यों को प्राप्त करने के लिए मदद करेगी। यह आपके कार्यों का सही संचालन करेगी, ताकि आप सही दिशा में आगे बढ़ सकें।

केवल नजरिया पर्याप्त नहीं है, केवल अच्छा विचार पर्याप्त नहीं है। केवल विश्वास और कड़ी मेहनत पर्याप्त नहीं है। आपको आवश्यक कौशल और प्रशिक्षण प्राप्त करना है, ताकि आप वांछित क्षेत्र में सफल हो सकें।

आपने देखा होगा कि कमजोर अर्थव्यवस्था में भी कुछ लोग सफलता के लिए अपना रास्ता तलाश लेते हैं, जबकि कुछ अन्य लोग अच्छी अर्थव्यवस्था में भी दिवालिया हो जाते हैं। यह अच्छे या बुरे मानसिक दृष्टिकोण की वजह से है। मेरा एक दोस्त है, जो हमेशा किसी भी अवसर में यही जवाब देता है, 'यह कैसे होगा', 'मैं ऐसा नहीं कर सकता', 'मुझे बताएँ, यह कैसे संभव है'। यहाँ मैं यह कहना चाहूँगा कि यदि आप पहले 'कैसे होगा' के बारे में सोचना शुरू कर देंगे, तो कुछ भी होनेवाला नहीं है। आपको पहले विश्वास करना होगा और फिर शुरू करना होगा। 'कैसे' स्वयं अपनी चिंता कर लेगा।

अक्सर लोग मुझसे पूछते हैं, अत्यधिक दबाव को कैसे संभालना है। मेरा जवाब यही है कि संकटकालीन परिस्थितियों में अतिरिक्त दबाव का सफल प्रबंधन ही एक सफल और असफल व्यक्ति के बीच अंतर दरशाता है। एक सफल व्यक्ति बिना घबराए स्थिति को सँभालता है और आसानी से अतिरिक्त दबाव को झेल लेता है, जबकि असफल व्यक्ति यह सोचने की आदत विकसित कर लेता है कि अतिरिक्त दबाव की स्थिति उसे परेशान करती है।

मैं यहाँ विराट कोहली का उदाहरण लेता हूँ, जिसे विश्व क्रिकेट में रनों के लक्ष्य का पीछा करने में सबसे माहिर माना जाता है। मैंने देखा है कि कुछ मैचों में, जहाँ विरोधी टीम को पहले बल्लेबाजी चुनने की जरूरत होती है, वहाँ भी वे पहले गेंदबाजी चुनते हैं, क्योंकि वे विराट कोहली के लिए लक्ष्य का पीछा करने के लिए रनों का लक्ष्य छोड़ने का साहस नहीं जुटा पाते। भले ही यह डर विरोधियों के दिमाग में हो, लेकिन इसके उलट, विराट कोहली को पूरा विश्वास रहता है कि चाहे जिस भी प्रति ओवर दर से रन बनाने हों, वे बना लेंगे, क्योंकि वे खुद पर विश्वास करते हैं। आप सोच सकते हैं कि वे ऐसा इसलिए करते हैं, क्योंकि उनके पास आवश्यक बल्लेबाजी कौशल है; लेकिन तथ्य

यह है कि कई अन्य खिलाड़ियों के पास उनके समकक्ष या बेहतर बल्लेबाजी कौशल मौजूद है। यह तो अतिरिक्त दबाव झेलने का उनका नजरिया है, जिससे वे बड़े मैचों में भी सफल हो जाते हैं।

आपको अपने जीवन के हर क्षेत्र में लक्ष्योन्मुख सकारात्मक सोच एवं कार्य (GOPTA) का उपयोग करना पड़ता है, खासकर आपकी विचार प्रक्रिया में। सामान्यतः एक दिन के दौरान आपके मस्तिष्क में 50,000 से भी ज्यादा विचार आते हैं। उन विचारों की गुणवत्ता और दिशा ही आपके जीवन में सफलता का स्तर तय करती है। आपको लगातार यह देखते रहना होगा कि क्या आपके विचार सकारात्मक हैं और आपको लक्ष्योन्मुख कार्य करने के लिए प्रेरित करते हैं या नहीं। याद रखें, जब आप यह देखने का नजरिया विकसित कर लेते हैं कि आपके जीवन में चीजें गलत क्यों हो रही हैं और किन क्षेत्रों पर ज्यादा ध्यान केंद्रित करने की आवश्यकता है, तब जीवन बदलना शुरू हो जाता है।

बचपन से सकारात्मक नजरिया विकसित करें

सकारात्मक नजरिए को प्रोत्साहित करने के लिए बचपन सबसे उपयुक्त समय है। यदि बचपन में ही नकारात्मक नजरिए के बीज बो दिए गए, तो वयस्क होते-होते नकारात्मकता का वृक्ष अपनी जड़ें मजबूत जमा लेगा। जो भी हम अपने बचपन में सीखते हैं, हमारे अवचेतन मन में हमेशा के लिए बस जाता है। यही कारण है कि माता-पिता को अपने बच्चों को शुरुआत से ही सही दृष्टिकोण विकसित करने में मदद करनी चाहिए।

एक बच्चे के लिए उसके माता-पिता सबसे अच्छे शिक्षक हैं, क्योंकि बच्चा ज्यादातर समय घर पर ही रहता है। मैं एक उदाहरण के साथ इसे विस्तार से समझाता हूँ। हम सभी जानते हैं कि एक बच्चा प्रतिवर्ष लगभग 200 दिन ही स्कूल जाता है, वह भी औसतन 6-7 घंटे प्रतिदिन। इसका मतलब यह है कि वह अपने सारे शिक्षकों के साथ मिलकर भी वर्ष में सिर्फ 1200-1400 घंटे ही बिताता है। इसका मतलब, वर्ष के कुल 8,760 घंटों में, वह बच्चा लगभग 7,000 घंटे अपने घर पर बिताता है। इसलिए माता-पिता बच्चे के लिए सबसे अच्छे शिक्षक होते हैं, क्योंकि बच्चा अपने माता-पिता को देखकर सर्वाधिक सीखता है। वह उनकी भाषा, उनके दृष्टिकोण, उनके मूल्यों, उनकी आदतों का पालन करने लगता है और चाहे जानबूझकर या अनजाने में ही उनकी नकल करने की कोशिश करता है। यही कारण है कि आपको अपने बच्चों के साथ अधिकाधिक समय व्यतीत करने की सलाह दी जाती है।

सभी अभिभावक चाहते हैं कि उनके बच्चों में बुरी आदतें न विकसित हों, लेकिन

जरा सोचिए, यदि आप अपने बच्चों के लिए सबसे अच्छे शिक्षक हैं, तो आप अपने बच्चों को क्या सीख दे रहे हैं। अपनी सबसे अच्छी आदतों को पहचानिए, जो आप अपने बच्चों को देना चाहते हैं और अपनी बुरी आदतों को भी पहचानिए, जो आप अपने बच्चों को नहीं देना चाहते हैं, साथ ही ऐसी अच्छी आदतें भी पहचानिए, जो भले ही आपमें न हों, लेकिन आप चाहते हैं कि आपके बच्चों में वे अच्छी आदतें विकसित हों।

अपनी सबसे अच्छी आदतों को पहचानिए, जो आप अपने बच्चों को देना चाहते हैं और अपनी बुरी आदतों को भी पहचानिए, जो आप अपने बच्चों को नहीं देना चाहते हैं, साथ ही ऐसी अच्छी आदतें भी पहचानिए, जो भले ही आपमें न हों, लेकिन आप चाहते हैं कि आपके बच्चों में वे अच्छी आदतें विकसित हों।

बचपन के दौरान, हमें बच्चों को छोटे से छोटे मौके पर प्रोत्साहित करना चाहिए और उनके साथ दोस्ताना व्यवहार करना चाहिए। मेरे बचपन में, मेरे माता-पिता पंचतंत्र आदि की कहानियाँ सुनाते थे, जिसमें कई नैतिक मूल्य छिपे होते थे। अभिभावकों को अपने बच्चे को एक कुशल संचारक बनने और उसमें खेल भावना विकसित करने की कोशिश करनी चाहिए। बच्चे के समुचित पालन-पोषण के लिए ये कौशल आवश्यक हैं। सर्वशक्तिमान ईश्वर के प्रति कृतज्ञता, करुणा, नम्रता, धर्मार्थ नजरिया, दूसरों के प्रति प्रेमपूर्ण रवैया आदि मूल्य बच्चे अपने माता-पिता को देखकर ही सीखते हैं। यही कारण है कि मैं सलाह देता हूँ कि बच्चों का उचित भरण-पोषण भले ही अभिभावकों के लिए मुश्किल काम है, लेकिन आप इसे थोड़ी जागरूकता और सजग प्रयासों से दोनों के लिए ही सुखद बना सकते हैं। बचपन में विकसित नजरिया पूरे जीवन के लिए बच्चे के अवचेतन मस्तिष्क में रहता है।

उदाहरण के लिए, आपने सुना होगा कि अपने स्कूली दिनों में, जब सचिन तेंदुलकर अपने कोच रमाकांत आचरेकर से क्रिकेट सीख रहे थे, तो आचरेकर उनके स्टंप पर एक सिक्का रखते थे, जो उस गेंदबाज को इनाम के रूप में मिलता था, जो सचिन को आउट करता था। इस प्रकार बचपन से सचिन इस सीख के साथ बड़े हुए कि उनका विकेट बहुमूल्य है। यह दृष्टिकोण उनके सक्रिय क्रिकेट जीवन के अंत तक उनके साथ रहा और वह हमेशा अपनी टीम के लिए अपने विकेट की अहमियत समझते रहे और उसकी इज्जत करते रहे।

ऐसे व्यक्ति बनें, जो आप दूसरों में देखते हैं

यह देखने की कोशिश करें कि आप दूसरे लोगों में कौन से कौशल या व्यवहार देखना चाहते हैं और अपने जीवन में उन कौशल और व्यवहार को विकसित करने का

प्रयास करें। मैं एक उदाहरण लेता हूँ। मान लीजिए कि आप अपने संगठन के प्रमुख हैं और आपको कुछ कर्मचारियों की भर्ती करनी है। आप अपने कर्मचारियों में कौन से गुणों की अपेक्षा रखेंगे ? जब मैं अपनी कार्यशालाओं में यह प्रश्न पूछता हूँ तो लोग एक-एक करके ढेर सारे गुण बताने लगते हैं। नीचे उन गुणों की एक सूची है, जो मैंने अपनी कार्यशालाओं में एकत्रित की है—

Honest	ईमानदार
Loyal & trustworthy	वफादार और भरोसेमंद
Sincere	कर्तव्यनिष्ठ
Having initiative	पहल करनेवाला
Takes responsibility	जिम्मेदारी लेनेवाला
Highly motivated	बेहद प्रेरित
Enthusiastic	उत्साही
Disciplined	अनुशासन प्रिय
Hard working	मेहनती
Punctual	समय का पाबंद
Keeping organisational goals above individual goals	संगठनात्मक लक्ष्यों को व्यक्तिगत लक्ष्यों से ऊपर रखनेवाला
Competent	सक्षम
Creative	रचनात्मक
Friendly	दोस्ताना
Smiling and humorous	मुस्कुराता और मनोविनोदी
Willing to work more than paid for	भुगतान से अधिक काम करने के लिए तत्पर
Goals oriented	लक्ष्योन्मुख
Sharing and caring	साझा करनेवाला और देखभाल करनेवाला
Having positive attitude	सकारात्मक दृष्टिकोण रखनेवाला
Prompt	शीघ्र कार्यवाई करनेवाला
Good leader	अग्रणी अधिनायक
Team player	सामूहिक योगदानकर्ता
Problem solver	समस्या निवारक
Good communicator	अच्छा संचालक

…और यह सूची कई पृष्ठों में चल सकती है।

अब देखिए कि उपरोक्त गुणों में से कितने कौशल से संबंधित हैं और कितने गुण नजरिए से संबंधित हैं।

अब खुद से कुछ सवाल पूछकर आत्मनिरीक्षण करने का समय है। यदि आप अपने कर्मचारियों में उपरोक्त गुण देखना चाहते हैं, तो आप स्वयं किस प्रकार के व्यक्ति हैं, क्या आपमें ये गुण हैं? यदि आप अपने कर्मचारियों में यह गुण देखना चाहते हैं, तो आप इन गुणों को स्वयं अपने अंदर क्यों नहीं विकसित करते हैं, ताकि आपका बॉस आप पर ज्यादा भरोसा कर सके, यदि आप अपने आदर्श मित्रों में इन गुणों को देखना चाहते हैं, तो आप इन गुणों को अपने आप में क्यों विकसित नहीं करते हैं, ताकि कोई आपमें एक आदर्श दोस्त देख सके? यदि आप अपने पति/पत्नी और बच्चों में उपरोक्त गुण देखना चाहते हैं, तो आप इन गुणों को स्वयं में क्यों विकसित नहीं करते हैं, ताकि आप बेहतर जीवनसाथी और अभिभावक बनें? यदि आप नौकरी कर रहे हैं और तबादले पर किसी नए स्थान पर जाते हैं, जहाँ 40-50 लोग काम करते हैं, तो उन व्यक्तियों में कौन सी ऐसी खूबी होगी, जो आपको सबसे पहले अपनी ओर आकर्षित करेगी। मेरा मानना है कि वह पहली खूबी एक खुशगवार व्यक्तित्व होगी। अपने आप से पूछें—क्या आप ऐसे खुशगवार व्यक्ति हैं; यदि नहीं, तो दूसरे लोग आपके प्रति क्यों आकर्षित होंगे? बातचीत के लिए कोई तो शुरुआती बिंदु होना चाहिए और मुझे लगता है कि खुशगवार व्यक्तित्व पहली छाप अच्छी छोड़ने के लिए सर्वोत्तम है।

मेरा सुझाव है कि आप अपने आपको इन गुणों से संपन्न दृश्यीक्रत करें, भले ही इनमें से कुछ गुण आपमें अभी न भी हों। एक कागज पर सभी गुण लिखें और सोने से पहले और जागने के बाद, यह दोहराएँ कि ये गुण आपके अंदर हैं। आप बार-बार दोहराएँ कि मेरे अंदर उपरोक्त सभी गुण हैं। प्रारंभ में आप पाएँगे कि कुछ गुण आपके अंदर नहीं हैं, लेकिन फिर भी बोलना जारी रखिए। अहसास पहला कदम है। एक बार जब आप यह पाएँगे कि कोई विशिष्ट गुण आपमें नहीं है, तो आपका अवचेतन मन आपके भीतर उस गुण को विकसित करने के तरीकों की तलाश शुरू कर देगा। ऐसा करके देखिए और केवल 30 दिनों में चमत्कार देखिए। आपकी सोच बदल जाएगी और आपका जीवन सफलता की दिशा में यू-टर्न लेने लगेगा। आप बेहतर नींद का आनंद लेंगे और तरोताजा जागेंगे; अधिक सकारात्मक विचार रखेंगे; आपकी आत्म-छवि बेहतर होगी; बेहतर खुशगवार व्यक्तित्व होगा; बेहतर उत्पादकता होगी। कुल मिलाकर, आप ज्यादा खुश और उत्साही व्यक्ति बन जाएँगे।

सकारात्मक पुष्टियाँ नकारात्मक पुष्टियों के सबसे मजबूत प्रतिकार (antidotes)

हैं। मान लीजिए, आप बारंबार दोहराते रहते हैं कि आप कोई विशिष्ट काम करने में सक्षम हैं; तो 'मैं ऐसा नहीं कर सकता' जैसा नकारात्मक विचार कितने समय तक आपके मन में रह सकता है? धीरे-धीरे नकारात्मक विचारों को सकारात्मक प्रतिज्ञान के लिए जगह बनाने के लिए आपके अवचेतन मन में जगह खाली करनी ही पड़ेगी और तब यह आपकी वास्तविकता बनना शुरू हो जाएगा।

प्रगतिशील रहें—हमेशा नए क्षितिज तलाशें

हम सभी अपने सपनों की दिशा में निरंतर प्रगति करते रहना और सफलता के नित नए क्षितिज देखना चाहते हैं। इसके लिए, आपको हमेशा अपने लक्ष्यों की ओर अपनी प्रगति की समीक्षा करते रहना चाहिए। यह आपको यह देखने में मदद करेगा कि आप सचमुच वांछित लक्ष्योन्मुख प्रगति कर रहे हैं या लक्ष्य-प्राप्ति के मार्ग पर निष्क्रियता (stagnation) का सामना कर रहे हैं। मैं यहाँ कुछ उदाहरण लेता हूँ।

कपिल शर्मा—कपिल शर्मा एक टी.वी. शो में कॉमेडी कर रहे थे। 4-5 साल बाद वैसी ही कॉमेडी करते-करते उन्हें अपनी प्रगति में ठहराव महसूस हुआ। एक नए स्तर की जरूरत थी। उन्होंने अंतरराष्ट्रीय स्तर पर स्टैंड-अप कॉमेडी करना शुरू किया। फिर उन्हें अपनी प्रगति में ठहराव महसूस हुआ, क्योंकि उनके प्रदर्शन की तुलना में उनके पास अधिक क्षमता थी, फिर एक नए स्तर की आवश्यकता थी। उन्होंने अपना टी.वी. शो 'कॉमेडी नाइट्स विद कपिल' शुरू करने का फैसला किया, जिसने उन्हें लोकप्रियता की नई ऊँचाइयों तक पहुँचा दिया। कुछ वक्त बाद, फिर ठहराव महसूस हुआ; एक नए स्तर की आवश्यकता महसूस हुई और उन्होंने एक फिल्म करके प्रशंसा प्राप्त की।

प्रियंका चोपड़ा—प्रियंका चोपड़ा ने जब अपना फिल्मी कॅरियर शुरू किया तो उनके नाम मिस वर्ल्ड का खिताब पहले से था, लेकिन खिताब का कोई फायदा नहीं होता, अगर आपमें प्रतिभा न हो। उसने अपनी प्रतिभा दिखाई और शीघ्र ही बॉलीवुड फिल्मों की सबसे सफल हस्तियों में से एक बन गई, लेकिन भूमिकाएँ कमोबेश समान थीं। एक नए स्तर की आवश्यकता थी। उन्होंने 'मैरी कॉम' फिल्म में काम किया, जहाँ उन्हें समीक्षकों और मीडिया से भरपूर प्रशंसा मिली। उन्हें निश्चित तौर पर आंतरिक संतुष्टि का अनुभव हुआ होगा, क्योंकि एक कलाकार हमेशा पहले से बेहतर प्रदर्शन करना चाहता है। फिर एक नए स्तर की आवश्यकता थी। उन्हें हॉलीवुड धारावाहिक 'क्वांटिको' में एक भूमिका की पेशकश की गई, जिसमें अभिनय करके उन्हें प्रशंसा मिली। अब वे हॉलीवुड की फिल्मों में अभिनय कर कर रही हैं।

क्रिकेट का खेल—आप अपने बचपन में रबर या प्लास्टिक की गेंद के साथ

क्रिकेट खेलते हैं; फिर कॉर्क की गेंद के साथ और उसके बाद चमड़े की गेंद से खेलते हैं। पहले आप अपने घर में खेलते हैं; फिर अपनी गली में; फिर पड़ोस के छोटे से मैदान में और फिर किसी बड़े मैदान की असली पिच पर खेलने का मौका मिलता है। यदि कोई खिलाड़ी तकनीक में तो बहुत अच्छा हो, लेकिन उसे अपने हाथों में भारी बल्ला पकड़ना न आता हो या उसने मैदान में असली पिच पर चमड़े की गेंदों का सामना न किया हो, तो क्या वह सफलता की सीढ़ियाँ चढ़ पाएगा ? यदि वह अधिक प्रतिस्पर्धी टीमों के साथ खेलना शुरू नहीं करता है, तो वह आगे नहीं बढ़ पाएगा और किसी का उस पर ध्यान नहीं जाएगा।

आपको हमेशा नए कौशल सीखकर और सकारात्मक दृष्टिकोण विकसित करके अपने को अगले उच्च स्तर पर छलाँग लगाने के लिए तैयार करना होगा। याद रखें, अगर आप जीवन में आगे नहीं बढ़ रहे हैं, तो एक तरह से आप पीछे जा रहे हैं, क्योंकि दूसरे तो आगे बढ़ रहे हैं।

औसत के नियम का लाभ उठाएँ

सफल लोगों की आत्मकथाएँ पढ़ें। जब आप किसी भी क्षेत्र में बड़ी सफलता की कहानियाँ पढ़ते हैं, चाहे वह व्यवसाय से संबंधित हों या खेलों से या किसी पेशे से, तो आप पाएँगे कि सफल लोगों ने अधिक प्रयास किए हैं और असफल लोगों की तुलना में किसी भी कार्य में अधिक समय तक मेहनत से काम किया। इसका मतलब है कि वे औसत के नियम को समझते हैं और अपने पक्ष में इसका लाभ उठाते हैं।

कल्पना कीजिए, एक बास्केटबॉल खिलाड़ी अपने प्रयासों में से लगभग 30 प्रतिशत चूक जाता है और दूसरा केवल 10 प्रतिशत चूकता है। यह संभव है कि पहला खिलाड़ी दूसरे की तुलना में ज्यादा सफल हो जाए, क्योंकि किसी भी मैच के दौरान, वह दूसरे खिलाड़ी की तुलना में ज्यादा बार प्रयास करके मौके बनाता है। इसलिए उसका स्कोर हमेशा बेहतर होगा और वह ज्यादा सफल होगा। याद रखिए, बास्केटबॉल में यह सिर्फ सफल प्रयासों की गिनती ही है, जो मायने रखती है; असफल प्रयासों की नहीं। इसी तरह, फुटबॉल में भी, असफल प्रयासों की संख्या नहीं, बल्कि सफल प्रयासों, यानी किए गए गोल की संख्या मायने रखती है। क्रिकेट में भी बनाए गए रनों की संख्या मायने रखती है और रिकॉर्ड बुक में दर्ज होती है, न कि बिना रन के खेली गई गेंदों की संख्या।

याद रखें, अगर आप ज्यादा बार या ज्यादा देर तक कोशिश करते हैं, तो आपको दो कारणों से बेहतर परिणाम मिलेगा। एक यह है कि औसत के सिद्धांत के अनुसार, ज्यादा कोशिशें ज्यादा परिणाम लाएँगी ही। दूसरा यह है कि आप जिसका भी ज्यादा

अभ्यास करते हैं, उसमें बेहतर बनते चले जाते हैं। भले ही आपको परिणाम दिखाई न दें, तो भी आप बेहतर हो जाते हैं। उदाहरण के लिए, यदि आप फुटबॉल खेलने का अभ्यास कर रहे हैं और आप 10 में से 2 या 3 प्रयासों को गोल में परिवर्तित करते हैं, तो कल्पना कीजिए कि 20 या 30 प्रयास करने पर क्या होगा। न केवल आपके गोल की संख्या अधिक होगी, असफल प्रयासों के माध्यम से प्राप्त किए गए अनुभव से आपको एक बेहतर खिलाड़ी बनने में भी मदद मिलेगी, अब यह आप पर निर्भर है कि आप अपने पक्ष में औसत के सिद्धांत का लाभ लेने के लिए कैसे GOPTA की शक्ति का दोहन कर सकते हैं।

> I've missed over 9,000 shots in my career. Twenty-six times I've been trusted to take the game winning shot and missed. I've failed over and over again in life. And that is why I succeed.
>
> **—Michael Jordan**

G.O.P.T.A. POINTS

- ✓ चाहे आपके पास अपने क्षेत्र में सबसे बेहतरीन कौशल भी है, तो भी आपको एक जीतनेवाला और निष्कपट दृष्टिकोण विकसित करना होगा, जो आपको अपने क्षेत्र में अभूतपूर्व ऊँचाइयों तक ले जाएगा। सफलता, प्रसिद्धि और पैसा आपके निष्कपट कार्य के सह-उत्पाद हैं।
- ✓ केवल नजरिया पर्याप्त नहीं है, केवल अच्छा विचार पर्याप्त नहीं है। केवल विश्वास और कड़ी मेहनत पर्याप्त नहीं है। आपको आवश्यक कौशल और प्रशिक्षण प्राप्त करना है ताकि आप वांछित क्षेत्र में सफल हो सकें।
- ✓ बचपन से सकारात्मक व्यवहार को विकसित करें, क्योंकि जो भी हम अपने बचपन में सीखते हैं, हमारे अवचेतन मन में हमेशा के लिए बस जाता है।
- ✓ अभिभावक बच्चे के सबसे अच्छे शिक्षक हैं, क्योंकि बच्चा ज्यादातर समय घर पर रहता है।
- ✓ सर्वशक्तिमान ईश्वर के प्रति कृतज्ञता, करुणा, नम्रता, धर्मार्थ नजरिया, दूसरों के प्रति प्रेमपूर्ण रवैया आदि मूल्य बच्चे अपने माता-पिता को देखकर ही सीखते हैं।
- ✓ ऐसे व्यक्ति बनें, जो आप दूसरों में देखते हैं।

- ✓ सकारात्मक पुष्टियाँ नकारात्मक पुष्टियों के सबसे मजबूत प्रतिकार (antidotes) हैं।
- ✓ प्रगतिशील रहें। हमेशा नए क्षितिज की तलाश करें। आपको हमेशा नए कौशल सीखकर और सकारात्मक दृष्टिकोण विकसित करके स्वयं को अगले उच्च स्तर पर छलाँग लगाने के लिए तैयार करना होगा। याद रखें, अगर आप जीवन में आगे नहीं बढ़ रहे हैं तो एक तरह से आप पीछे जा रहे हैं, क्योंकि दूसरे तो आगे बढ़ रहे हैं।

□

13

कर्म सिद्धांत का लाभ लें

> Shallow men believe in luck. Strong men believe in cause and effect.
>
> **—Ralph Waldo Emerson**

'कारण और प्रभाव' के सिद्धांत, यानी कर्म सिद्धांत (Law of Karma) के बारे में लोगों के मन में दो बड़ी गलतफहमियाँ हैं। एक यह है कि 'कर्म सिद्धांत' एक विशुद्ध आध्यात्मिक अवधारणा है और दूसरी यह है कि आध्यात्मिक अवधारणा होने के नाते, 60 साल या अधिक उम्र के पश्चात् इसका पालन किया जाना है।

यहाँ मैं आपको सुझाव दूँगा कि आप कर्म सिद्धांत को शुद्ध आध्यात्मिक परिप्रेक्ष्य से ही नहीं, बल्कि एक भौतिक परिप्रेक्ष्य से भी देखें, क्योंकि कर्म सिद्धांत का पालन करने में खुद का लाभ है, जैसा कि मैंने पहले भी चर्चा की है कि सफलता एक यात्रा है और इस यात्रा का अंतिम लक्ष्य जीवन में आगे बढ़ना है। अब तक आपने विभिन्न भौतिक लक्ष्यों के बारे में सोचा है। क्या आप किसी ऐसे लक्ष्य के बारे में सोच सकते हैं, जिससे बड़ा कोई लक्ष्य नहीं है। यह जीवन की सबसे बड़ी पहेली है और इस पहेली के लिए मेरा अपना जवाब है—'सकारात्मक कर्मों के प्रभावों के संचित भंडार में वृद्धि'। आत्मा की प्रगति के लिए यह आवश्यक है।

जो भी हम सोचते हैं, बोलते हैं या करते हैं, उनसे संस्काररूपी कारण बनते हैं, जो ब्रह्मांड में स्थायी रूप से बने रहते हैं। वक्त के साथ हर कारण का परिणाम हमारे जीवन में परिलक्षित होना निश्चित है। हम जो भी सोचते हैं, बोलते हैं या करते हैं, उनके परिणाम हमारे सामने आएँगे ही; चाहे जल्दी आएँ या देर से, इसी जीवन में आएँ या बाद के जीवन में। आज हम जो भी परिणाम प्राप्त कर रहे हैं, वह उन संस्कारों के परिणाम हैं, जो हमने अपने विचारों, शब्दों और कार्यों के माध्यम से अतीत में निर्मित किए हैं; चाहे इस जीवन में या पिछले जन्मों में। मैं कर्म सिद्धांत के पीछे के विज्ञान की गहराई में

नहीं जा रहा हूँ कि कर्म सिद्धांत कैसे काम करता है; क्योंकि हम सभी जानते हैं कि हमारे जीवन की वर्तमान परिस्थितियाँ हमारे संचित कर्मों के उस हिस्से का परिणाम हैं, जो कि हमारे जीवन में प्रकट होने के लिए पक चुके हैं, जिसे आमतौर पर 'भाग्य' कहा जाता है।

अब अपने जीवन की स्थिति और अपने इर्द-गिर्द की परिस्थितियों को देखिए। आमतौर पर आप पाते हैं कि दुनिया में बहुत से लोग बहुत आनंद ले रहे हैं और ऐसा प्रतीत होता है कि वे आपसे बेहतर जीवन जी रहे हैं, लेकिन आपको यह भी देखना होगा कि ऐसे बहुत से लोग हैं, जिनका जीवन स्तर कई मायनों में आपसे नीचे है। अपनी जीवन स्थिति को देखें और इसकी दूसरों की जीवन स्थिति से तुलना करने पर आप पाएँगे कि आप अभिजात वर्ग में हैं। अगर आपका जीवन स्तर दुनिया की आबादी के लगभग 80 प्रतिशत या 90 प्रतिशत लोगों के जीवन स्तर से बेहतर है, तो इसका यह मतलब निकलता है कि आप अपने संचित सकारात्मक कर्मों के परिणामों का भोग कर रहे हैं।

यहीं सबसे ज्यादा ध्यान देने की आवश्यकता है। यदि आप अपने जीवन में आनंद ले रहे हैं, तो क्या आपको नहीं लगता कि आप अपने संचित सकारात्मक कर्मों के खाते में जमा पूँजी धीरे-धीरे खत्म कर रहे हैं? यदि ऐसा है, तो क्या यह बुद्धिमानी नहीं होगी कि आपके सकारात्मक कर्मों के संचित शेष को कम-से-कम बरकरार रखने की दिशा में अभी से काम शुरू कर दिया जाए, क्योंकि संचित कर्मों का खाता तो इस जीवन से अगले जीवनों तक चलता रहता है? यही कारण है कि मैं हमेशा कहता हूँ कि कर्म सिद्धांत एक भौतिक विचार भी है। यह स्वयं की प्रगति के लिए इस सिद्धांत का सजग लाभ उठाने की बात करता है। अच्छे कर्म करके अपने संचित सकारात्मक कर्मों के खाते की भरपाई करते रहने में ही समझदारी है और यह सिद्धांत आप जितनी जल्दी समझ जाएँ, उतना अच्छा है; इसे समझने के लिए 60 साल की उम्र की प्रतीक्षा करने की कोई आवश्यकता नहीं है।

इसे मैं एक उदाहरण से समझाता हूँ। मान लीजिए कि आपके पास आपके बैंक खाते में 1,00,000 रुपए हैं और आपका मासिक खर्च 1,000 रुपए है। इसका मतलब है कि अगले 100 महीनों के लिए आपके पास पर्याप्त बैंक बैलेंस है। यदि आप अपना शेष अक्षुण्ण रखना चाहते हैं, तो क्या आप 60 महीने बीत जाने के बाद नई बचत करना शुरू करेंगे? यदि आप ऐसा करते हैं, तो आपको शेष 40 महीनों में प्रतिमाह बहुत बचत करनी होगी। जीवन भी इसी तरह काम करता है। आप 60 साल या अधिक उम्र तक सकारात्मक कर्मों के संचित खाते में नई जमा शुरू करने में देरी नहीं कर सकते।

इसे और सुगमता से समझने के लिए, मान लीजिए कि आपके जन्म के समय, आपके पास संचित कर्मों के खाते में 1,00,000 अच्छे अंक और 40,000 खराब अंक थे, जिनमें से कुछ अच्छे और कुछ बुरे अंकों के प्रभाव आपके वर्तमान जीवन में प्रकट

होने के लिए तैयार हैं। इस जीवन के दौरान आपकी वर्तमान जीवन स्थितियाँ इन संचित अच्छे या बुरे बिंदुओं के परिणामों की अभिव्यक्ति होंगी और साथ ही इस जीवनकाल के दौरान आपके विचार, बोलने और कार्यों की अभिव्यक्त होंगी। आप पहले से ही जानते हैं कि आप जिस भी जीवन स्थिति का भोग कर रहे हैं, आप कुछ अच्छे सकारात्मक कर्मों का फल भोगकर उनका शेष तेजी से समाप्त कर रहे हैं और साथ ही कुछ संचित नकारात्मक कर्मों का फल भोगकर उनका शेष भी समाप्त कर रहे हैं। अब आपका लक्ष्य होना चाहिए कि आपके शेष जीवन के लिए या अगले जन्मों तक ले जाने के लिए कम-से-कम अच्छे सकारात्मक कर्मों का शेष बनाए ही रखें या इस शेष को और भी बढ़ाएँ।

ऐसा सिर्फ ब्रह्मांड के लिए अपने मूल्य एवं योगदान में बढ़ोतरी करके किया जा सकता है। एक योगदानकर्ता बनें, न कि सिर्फ चूषक, जो सिर्फ ब्रह्मांड से लेता ही रहता है। ब्रह्मांड के लिए मूल्य जोड़ने के अवसरों को देखें, चाहे वह समाज के लिए योगदान हो या मित्रों के लिए या पड़ोसियों के लिए या किसी भी अन्य प्रकार का योगदान। आप सभी के लाभ के लिए, मैं जे. कृष्णमूर्ति के प्रति सम्मान के साथ उनकी कालजयी रचना 'At the Feet of the Master' से उद्धृत कर रहा हूँ—

> "God has a plan and that plan is evolution. When once a man has seen that and really knows it, he cannot help working for it and making himself one with it, because it is so glorious, so beautiful. So, because he knows, he is on God's side, standing for good and resisting evil, working for evolution and not for selfishness. If he is on God's side he is one of us and it does not matter in the least whether he calls himself a Hindu, or a Buddhist, a Christian or a Muslim, whether he is an Indian or an Englishman, a Chinese or a Russian."

आप देख सकते हैं कि यदि हम ईश्वर के पक्ष में रहने और दूसरों के लाभ के लिए अच्छे काम करने का निर्णय लेते हैं, तो वास्तव में हमें ही आत्मा की प्रगति के रूप में अमूल्य लाभ प्राप्त होगा। इसके पीछे कोई जटिल सिद्धांत नहीं है। जिस दिन आप इस सरल सिद्धांत को समझ जाएँगे, वही दिन होगा, जब समाज के लिए अपने समग्र मूल्य और योगदान को बेहतर करने के लिए आपके भीतर से आवाज आएगी। इसके परिणामस्वरूप आपके विचारों, शब्दों और कार्यों पर आपका नियंत्रण रहना शुरू हो जाएगा। आपका पूरा स्वयं अपने संचित सकारात्मक कर्मों के शेष को बनाए रखने या

बढ़ाने के काम में आपका मार्गदर्शन करने लगेगा, जिसके परिणामस्वरूप आपकी आत्मा की समग्र प्रगति और एक जीवन से दूसरे जीवन की यात्रा भी सुगम होगी।

जब भी आप किसी भी परिणाम को नापसंद करते हैं, तो उसके कारणों की ओर देखने की प्रवृत्ति विकसित कीजिए। यदि आप इस आदत को विकसित करते हैं, तो आप अच्छे कारणों का निर्माण करके कर्म सिद्धांत का लाभ उठाना शुरू कर देंगे, जो आपकी इच्छानुसार परिणाम लाएँगे। आप यह समझना शुरू कर देंगे कि मूलत: आपके विचार आपके जीवन में परिणामों के रूप में परिलिक्षित होते हैं और यदि आप अपने परिणामों को बदलना चाहते हैं, तो आपको अपने विचारों को बदलना होगा।

कर्म का सुनहरा नियम यह कहता है कि दूसरों के साथ वैसा कीजिए, जैसा आप चाहते हैं कि दूसरे आपके साथ करें। कर्म का रजत नियम यह कहता है कि दूसरों के साथ वैसा मत कीजिए, जैसा आप नहीं चाहते कि दूसरे आपके साथ करें। ये दोनों नियम स्वयं अपनी व्याख्या करने में सक्षम हैं। जो भी आप बोएँगे, कालांतर में आपको उनके परिणामरूपी फसल काटनी ही होगी। अगर आप समृद्ध होना चाहते हैं, तो दान करें। यदि आप दान करते हैं, तो कर्म सिद्धांत के प्रभाव से आपकी समृद्धि बढ़ जाएगी।

आपको कारण और प्रभाव के सिद्धांत के बारे में एक और बात भी याद रखनी चाहिए कि अधिकतर मामलों में, किसी भी कारण का परिणाम कुछ अंतराल के बाद परिलक्षित होता है और परिणाम कारणों से बहुत ज्यादा होता है, जैसे बीज बोने के कुछ समय बाद अधिक मात्रा में फसल मिलती है। आप एक बीज बोते हैं और एक नियत अवधि के बाद, आप केवल एक बीज के बराबर फसल नहीं काटते वरन् आप सालो-साल ढेर सारी फसल प्राप्त करते रहते हैं।

गौप्टा की प्रभावी उपयोगिता

अब तक, हम सोचते थे कि कारण और प्रभाव का सिद्धांत पूरी तरह से आध्यात्मिक अवधारणा है और इसका पालन हमें अपने बुढ़ापे में करना है। अब इसे सही तरह से समझने के बाद, हम सिर्फ कारण और प्रभाव के सिद्धांत का लाभ लेने के लिए GOPTA की शक्ति का समुचित दोहन करेंगे।

अब तक, हम सोचते थे कि हमारे साथ जो भी कुछ अच्छा या बुरा घटित होता है, उसके लिए भगवान् जिम्मेदार हैं। अब हम जान गए हैं कि हमारे जीवन में प्रकट होनेवाले परिणाम दरअसल अतीत में हमारे द्वारा बनाए गए कारणों की वजह से हैं, चाहे वे अच्छे हों या बुरे और अगर हम अपने परिणाम बदलना चाहते हैं, तो हमें कारणों पर काम करना होगा।

G.O.P.T.A. POINTS

- ✓ आप कर्म सिद्धांत को शुद्ध आध्यात्मिक परिप्रेक्ष्य से ही नहीं, बल्कि एक भौतिक परिप्रेक्ष्य से भी देखें।
- ✓ 'सकारात्मक कर्मों के प्रभावों के संचित भंडार में वृद्धि' ही वर्तमान जीवन का अंतिम लक्ष्य है।
- ✓ यदि आप अपने जीवन में आनंद ले रहे हैं, तो आप अपने संचित सकारात्मक कर्मों के खाते में जमा पूँजी धीरे-धीरे खत्म कर रहे हैं?
- ✓ अच्छे कर्म करके अपने संचित सकारात्मक कर्मों के खाते की भरपाई करते रहने में ही समझदारी है और यह सिद्धांत आप जितनी जल्दी समझ जाएँ, उतना अच्छा है, इसे समझने के लिए 60 साल की उम्र की प्रतीक्षा करने की कोई आवश्यकता नहीं है।
- ✓ एक योगदानकर्ता बनें, न कि सिर्फ चूषक, जो सिर्फ ब्रह्मांड से लेता ही रहता है। ब्रह्मांड के लिए मूल्य जोड़ने के अवसरों को देखें, चाहे वह समाज के लिए योगदान हो, या मित्रों के लिए, या पड़ोसियों के लिए या किसी भी अन्य प्रकार का योगदान।
- ✓ जब भी आप किसी भी परिणाम को नापसंद करते हैं, तो उसके कारणों की ओर देखने की प्रवृत्ति विकसित कीजिए। यदि आप इस आदत को विकसित करते हैं, तो आप अच्छे कारणों का निर्माण करके कर्म सिद्धांत का लाभ उठाना शुरू कर देंगे, जो आपकी इच्छानुसार परिणाम लाएँगे।

□

14

आत्म अनुशासन की शक्ति का दोहन करें

> If today you do, what is required to be done, whether you like it or not; the day will come, when you will have all the time and resources to do, whatever you want to do and whenever you like to do. But, if today you don't do, what is necessary to do; you will be compelled to do, what life throws upon you.
>
> **—Time and Goal Guru**

अस्वीकृति, बाधाएँ और असफलताएँ जीवन का हिस्सा हैं और आपकी लक्ष्य-प्राप्ति की यात्रा के दौरान आपको अक्सर इनका सामना करना पड़ता है, लेकिन इन्हें अपने भविष्य की दशा निर्धारित करने की इजाजत कतई मत दीजिए। आप इन स्थितियों से कैसे निपटते हैं और आप ऐसी स्थितियों में कैसे प्रतिक्रिया करते हैं, वही आपकी सफलता को निर्धारित करता है। आपको दैनिक आधार पर अपने लक्ष्यों की ओर बढ़ने के अनुशासन का पालन करना होगा। कभी-कभी, आपको कुछ ऐसी गतिविधियाँ भी करनी पड़ेंगी, जिन्हें आप पसंद नहीं करते हैं, लेकिन आपको अपने लक्ष्यों को प्राप्त करने के लिए इन गतिविधियों को करना है। मान लीजिए, आपके स्वास्थ्य लक्ष्यों के लिए आपको सुबह टहलने जाने की आवश्यकता है, लेकिन आपका शरीर 8 बजे तक सोना चाहता है। आपको अपने शरीर की सुनने की बजाय अपनी आवश्यकता की सुननी चाहिए और जल्दी उठकर टहलने जाने के दैनिक अनुशासन का पालन करना चाहिए।

खुद को प्रतिदिन कुछ ऐसा करने के लिए अनुशासित कीजिए, जो आपको अपने जीवन के उद्देश्य की ओर ले जाए। अपने जीवन उद्देश्य के लिए कम-से-कम कुछ भी करना आपकी दैनिक प्राथमिकताओं की सूची में होना चाहिए। छोटे दैनिक कार्यों से

आपका विश्वास बढ़ेगा कि आपका लक्ष्य प्राप्त करना संभव है। यदि आज आप वह करते हैं, जो किया जाना जरूरी है, चाहे आप इसे पसंद करते हों या नहीं, तो वह दिन भी आएगा, जब आपके पास ढेर सारा समय और संसाधन होंगे, जिनसे आप जो भी करना चाहते हैं और जब भी करना चाहते हैं, वह कर सकेंगे, लेकिन अगर आज आप वह नहीं करेंगे, जो करना जरूरी है, तो कल आपको वह करने के लिए मजबूर होना पड़ेगा, जो जिंदगी आपसे कराएगी।

G.O.P.T.A. POINTS

- ✓ अस्वीकृति, बाधाएँ और असफलताएँ जीवन का हिस्सा हैं और आपकी लक्ष्य-प्राप्ति की यात्रा के दौरान आपको अक्सर इनका सामना करना पड़ता है।
- ✓ आपको दैनिक आधार पर अपने लक्ष्यों की ओर बढ़ने के अनुशासन का पालन करना होगा।
- ✓ खुद को प्रतिदिन कुछ ऐसा करने के लिए अनुशासित कीजिए, जो आपको अपने जीवन के उद्द्देश्य की ओर ले जाए।
- ✓ याद रखिए, यदि आज आप वह करते हैं, जो किया जाना जरूरी है, चाहे आप इसे पसंद करते हों या नहीं, तो वह दिन भी आएगा, जब आपके पास ढेर सारा समय और संसाधन होंगे, जिनसे आप जो भी करना चाहते हैं और जब भी करना चाहते हैं, वह कर सकेंगे, लेकिन अगर आज आप वह नहीं करेंगे, जो करना जरूरी है, तो कल आपको वह करने के लिए मजबूर होना पड़ेगा, जो जिंदगी आपसे कराएगी।

□

15

अपने लक्ष्यों पर ध्यान केंद्रित रखें

> No horse gets anywhere, until he is harnessed. No steam or gas drives anything, until it is confined. No Niagara is ever turned into light and power, until it is tunnelled. No life ever grows, until it is focused, dedicated, disciplined.
>
> **—Harry Emerson Fosdick**

सफलता की राह पर चलने के लिए दैनिक अनुशासित कार्यों के रूप में बहुत से ध्यान-केंद्रित प्रयासों (focussed efforts) की आवश्यकता होती है। अधिकांश लोग मार्ग में आनेवाली बाधाओं और अवरोधों की संभावना से अभिभूत हो जाते हैं। जब आप अपने लक्ष्यों की दिशा में अपनी यात्रा शुरू करते हैं, तो ये आपके रास्ते में आएँगे ही। आपको GOPTA की शक्ति का दोहन करना होगा और अपने लक्ष्यों पर ध्यान केंद्रित रखना होगा। याद रखें, आपको अपनी शक्तियों पर ध्यान देना होगा, अपनी कमजोरियों पर नहीं। सफल लोग इसलिए सफल होते हैं, क्योंकि वे जानते हैं कि अपनी शक्तियों पर कैसे ध्यान केंद्रित करके अपनी लक्ष्य-प्राप्ति के लिए उनका दोहन किया जाए, जबकि विफल व्यक्ति अपनी कमजोरियों पर ध्यान केंद्रित करने के कारण ही विफल हो जाते हैं।

लक्ष्य पर निगाह रखिए, बाधाओं पर नहीं

आपको गंतव्य पर ध्यान केंद्रित करना होगा, बाधाओं पर नहीं। यहाँ मैं एक कार से एक स्थान से दूसरे स्थान तक जाने का उदाहरण लेता हूँ। जब आप सड़क पर चलते हैं, तो आपके दिमाग में क्या होता है—गंतव्य या मार्ग में आनेवाली बाधाएँ? जब आप एक स्थान से दूसरे स्थान तक जाने के लिए यात्रा शुरू करते हैं, तो रास्ते में बसें, ट्रक, कार, मोटरसाइकिल, साइकिल, पैदल चलनेवाले, बच्चे, जानवर, गति अवरोधक, सड़क में

गड्ढे, रेलवे क्रॉसिंग, ट्रैफिक जाम इत्यादि अनगिनत अवरोध आते हैं, लेकिन जब आप यात्रा शुरू करते हैं, तब आप संभावित अवरोधों पर ध्यान नहीं देते हैं; सिर्फ गंतव्य के बारे में सोचकर यात्रा आरंभ कर देते हैं। गंतव्य पर ध्यान केंद्रित करने से आपका ध्यान स्वत: अवरोधों से हट जाता है और अवरोध स्वचालित रूप से यात्रा के दौरान आते रहते हैं और गुजरते रहते हैं और आप अपनी यात्रा जारी रखते हैं। यदि आप मार्ग में आनेवाली संभावित बाधाओं पर ध्यान देने लगेंगे, तो अपने गंतव्य की ओर कभी यात्रा शुरू करने का साहस ही नहीं कर पाएँगे।

> Obstacles are those frightful things you see when you take your eyes off your goal.
>
> **—Henry Ford**

आपकी उत्पादकता में सुधार करने के लिए सबसे शक्तिशाली तकनीकों में से एक है लेजर की भांति तेज फोकस (laser sharp focus)। उपरोक्त उदाहरण में, आपके अवचेतन मन को गंतव्य पर ध्यान देने का निर्देश दिया गया है। यही सिद्धांत आपके जीवन के प्रत्येक लक्ष्य पर लागू होता है। जिन लक्ष्यों पर आपको ध्यान देना है, उनके बारे में आपको अपने अवचेतन मन को सटीक निर्देश देने चाहिए और फिर चमत्कार देखिए, क्योंकि जो व्यक्ति सही चीजों पर ध्यान केंद्रित करते हैं, वे उन लोगों की तुलना में अधिक प्राप्त करते हैं, जो अपने प्रयासों में लक्ष्योन्मुख ध्यान केंद्रित नहीं करते हैं।

आपने देखा होगा कि आपके कंप्यूटर में, अगर आप एकसाथ कई एप्लिकेशन खोल लेते हैं, तो आपका कंप्यूटर भी धीमा पड़ जाता है। आपके मन को भी, जो भी आप कर रहे हैं, उसके पीछे के विचारों पर सक्रिय काम करते रहना होता है। इसलिए जब भी आप अपने मस्तिष्क से बहुत ढेर सारे अलग-अलग काम कराने की कोशिश करते हैं, तो आप शारीरिक और मानसिक थकान महसूस करते हैं। इसके विपरीत, यदि आप अपने कामों की संख्या कम करते हैं और एक समय पर एक काम पर ध्यान केंद्रित करते हैं, तो आपका मस्तिष्क अधिक उत्पादक तरीके से काम करता है।

यदि आप हमेशा प्राथमिकता के क्रम में बनी सूची (Prioritised To-Do List) के साथ काम करने का अभ्यास करते हैं, तो आप उस कार्य पर ध्यान केंद्रित करने में सक्षम होंगे, जो आपके लिए तत्काल करना महत्त्वपूर्ण है। कार्यालय में, आपको कार्यालय के काम पर ध्यान केंद्रित करना चाहिए, लेकिन घर में आपको अपने कार्यालय की समस्याओं के बारे में ज्यादा चिंतित नहीं होना चाहिए। मैं आपको सुझाव दूँगा कि खुद से यह प्रश्न पूछना शुरू कीजिए कि ऐसा कौन सा कार्य है, जिसे अभी आपके लेजर की भाँति तेज फोकस की आवश्यकता है।

बेहतर फोकस के लिए विशिष्ट (Specific) बनें

इन दिनों उत्पादों की एक विस्तृत शृंखला पेश करने का प्रलोभन बहुत बड़ा है, लेकिन सफल लोगों को दूसरे क्षेत्रों में विविधीकरण के बारे में सोचने से पहले एक क्षेत्र में विशेषज्ञता हासिल करने की शक्ति पता होती है। सफल लोगों और संगठनों को किसी भी क्षेत्र विशेष में फोकस की शक्ति पता होती है। मैं तो कहूँगा कि आपके सोच को हमेशा गौप्टा द्वारा निर्देशित होना चाहिए।

याद रखिए, लोग कुछ अलग पसंद करते हैं, चाहे वे उत्पाद हों या सेवाएँ, यहाँ तक कि आपके बच्चे की उसे मिले हुए उपहार से भी ज्यादा उसकी आकर्षक पैकिंग में ज्यादा दिलचस्पी होती है। आपको अपने उत्पाद या सेवा को ऐसे तरीके से पेश करना होगा, जो पहली नजर में खरीदार को आकर्षित कर सके कि यह उसके जीवन में कुछ मूल्य जोड़ देगा।

मैं अपनी कार्यशालाओं में विभिन्न क्षेत्रों से आए बहुत से लोगों से मिलता हूँ। उनकी समस्याओं और आकांक्षाओं के गहन विश्लेषण के बाद, मुझे दो प्रमुख मुद्दे मिले, जो लगभग सभी के लिए आम हैं। एक तो मैंने यह पाया कि छात्रों में उनके भविष्य के बारे में स्पष्ट दृष्टि की कमी है और उनके जीवन में संतुलित सफलता हासिल करने के लिए सही पद्धति को अपनाने के बारे में समझ की कमी है, दूसरे मैंने पाया कि बड़े लोगों में भी एक आम समस्या है—जीवन के विभिन्न क्षेत्रों में पर्याप्त संतुलन का अभाव। मैंने इन दोनों वर्गों पर ध्यान केंद्रित करने का निर्णय लिया, हालाँकि पहली नजर में ऐसा लगेगा कि इस प्रकार तो सभी मेरे लक्षित वर्ग हैं, लेकिन सच्चाई यह है कि मैं अपने लक्षित वर्गों पर पूरा ध्यान केंद्रित करता हूँ, जिससे मैं अपनी कार्यशालाओं के दौरान उनकी विशिष्ट जरूरतों को पूरा कर सकूँ।

यदि आप अपने लक्ष्यों में बहुत विशिष्ट (specific) हैं, तो आप अपने लक्ष्यों पर ध्यान केंद्रित करने की बेहतर स्थिति में होंगे। जब मैं अपनी कार्यशाला के लिए काम कर रहा था, तो अपने लक्षित वर्गों तक जाने से पहले मुझे फैसला करना था कि मेरे लक्षित वर्ग के लोगों को कैसे पता चलेगा कि मेरी कार्यशाला उनके लिए सर्वश्रेष्ठ है और मेरे पास कौन सी अतिरिक्त प्रतिस्पर्धी श्रेष्ठता है, जो उन लोगों के पास नहीं है, जो पहले से इस क्षेत्र में सक्रिय हैं। [मैं जानबूझकर उन लोगों के लिए 'प्रतिद्वंद्वी' शब्द का उपयोग नहीं करता, क्योंकि वे मेरे प्रतिद्वंद्वी नहीं हैं; वरन् वे सभी मेरे सहयोगी हैं, क्योंकि वे भी वर्तमान एवं भावी पीढ़ी की मानसिकता पर काम करके समाज में मूल्य जोड़ने का ही काम करते हैं और इसलिए, एक तरह से सभी मेरे वरिष्ठ भाई-बंधु हैं।]

विशिष्ट (specific) होने का एक अन्य लाभ यह भी है कि अब मैं अपने लक्षित दर्शकों की विशिष्ट जरूरतों पर ध्यान केंद्रित कर पा रहा हूँ। वे क्या चाहते हैं या इस समय उनकी जरूरत क्या है; उनके जीवन में क्या कमी है; उन्हें किस दूरदृष्टि की जरूरत है; उन्हें जीवन के किन क्षेत्रों में संतुलन की आवश्यकता है; क्या उन्हें कौशल विकसित करने के महत्त्व के बारे में जानने की जरूरत है; क्या उन्हें सतत शिक्षा कार्यक्रम के बारे में जानने की जरूरत है आदि। एक बार जब मैं अपने लक्ष्य वर्ग की जरूरतों की पहचान कर लेता हूँ, तो मैं उन पर अपना ध्यान केंद्रित करता हूँ, ताकि मेरे दर्शकों की उन विशिष्ट जरूरतों को मैं संबोधित कर सकूँ।

सेवा पर ध्यान केंद्रित रखें

आपको यह भी पहचानना होगा कि आप दूसरों से अलग कैसे कोई चीज बना सकते हैं या प्रस्तुत कर सकते हैं। यही आपका 'विशिष्ट विक्रय बिंदु' (Unique Selling Point) होगा। अपने उत्पाद को सर्वश्रेष्ठ बनाने का प्रयास करें; बिक्री के बाद सर्वश्रेष्ठ सेवा देने का प्रयास करें आदि। आपकी विपणन (Marketing) रणनीति की सफलता आपके इस संप्रेषण की प्रभावशीलता पर निर्भर करेगी कि आप दूसरों की तुलना में कुछ बेहतर दे रहे हैं। जैसा कि जैक वेल्च ने एक बार कहा था, 'यदि आपके पास प्रतिस्पर्धात्मक श्रेष्ठता नहीं है, तो प्रतिस्पर्धा मत करो।' (If you don't have competitive advantage, don't compete.)

बेहतर फोकस के लिए विकर्षण (Distractions) से बचें

अपने लक्ष्य पर फोकस बनाए रखने के लिए विकर्षणों (Distractions) से बचना बेहद जरूरी है। इन दिनों हम काम करते समय तरह-तरह के विकर्षणों का सामना करते हैं। कभी कोई आगंतुक आ जाता है; कभी मोबाइल बजना शुरू हो जाता है; कभी इ-मेल और सोशल मीडिया पर कुछ आ जाता है। आपको अपने रास्ते में आनेवाले इन छोटे-छोटे विकर्षणों से निपटने के लिए कुछ सजग प्रयास करने पड़ते हैं, जैसे—

अपनी मेज को विकर्षण से मुक्त रखें—आपकी मेज पर फैली वस्तुएँ आपको ध्यान केंद्रित करने में बाधा उत्पन्न कर सकती हैं। यदि आप अपनी मेज पर थोड़ा सा ध्यान देंगे और उस पर से अनावश्यक दस्तावेजों और वस्तुओं को हटा देंगे, जो अभी आवश्यक नहीं हैं, तो आप अनावश्यक विकर्षण से बचेंगे।

बार-बार आनेवाली फोन कॉल—यदि आपका फोन बार-बार बजता है, तो

आप फोकस के साथ किए जा रहे कार्य के दौरान वॉइस मेल सुविधा का उपयोग कर सकते हैं। मोबाइल फोन को वाइब्रेशन या साइलेंट मोड में रखा जा सकता है और बाद में मिस्ड कॉल देखकर जवाब दिया जा सकता है। सोशल मीडिया और इ-मेल नोटिफिकेशन को साइलेंट मोड में रखा जा सकता है, ताकि आप उन्हें अपनी सुविधा के वक्त देख सकें।

अपने केबिन के दरवाजे को बंद रखें—अनावश्यक आगंतुकों से छुटकारा पाने के लिए आप अपने केबिन का दरवाजा बंद रखने की आदत डालें। इससे सिर्फ वही आगंतुक आपके पास आएँगे, जिन्हें सचमुच आपके पास किसी कार्य से आना है; यूँ ही चलते-फिरते कोई नहीं चला आएगा।

हमेशा एक To-Do List का उपयोग करें—यदि आप नियमित रूप से To-Do List का इस्तेमाल करते हैं, तो आपके पास किए जानेवाले कार्य पर बेहतर फोकस उपलब्ध होगा, क्योंकि आपको लंबित कार्यों के बारे में चिंता करने की आवश्यकता ही नहीं होगी। आपको पता चल जाएगा कि आप समय के अच्छे प्रबंधक हैं और आपने अपना समय अच्छी तरह से नियोजित किया हुआ है और यह समय इसी काम पर ध्यान देने का समय है।

काम से नियमित ब्रेक लें—काम से नियमित ब्रेक लेने की आदत विकसित करें। यह आपके मस्तिष्क को अतिभार से मुक्त करेगा। आराम के बाद, आप फिर से अगले महत्त्वपूर्ण काम पर ध्यान केंद्रित कर सकते हैं। ब्रेक का अर्थ सिर्फ कहीं बाहर घूमने-फिरने जाना ही नहीं है। सप्ताह के अंत में परिवार के साथ आनंद का एक दिन भी आपको तरोताजा करने और अगले सप्ताह के कार्यों के लिए ऊर्जा और उत्साह से भरने के लिए पर्याप्त है, ताकि आप लेजर की भाँति तेज फोकस के साथ बेहतर काम कर सकें।

पृष्ठभूमि में हलके संगीत का आनंद लें—हालिया शोधों से पता चला है कि पृष्ठभूमि में हलका-फुलका संगीत या किसी प्रकार का जप बेहतर एकाग्रता में महत्त्वपूर्ण भूमिका निभाते हैं, लेकिन आपको याद रखना होगा कि इससे दूसरों को परेशानी न हो। यदि आप किसी दूसरे द्वारा बजाए जा रहे संगीत की तेज आवाज से विचलित हो रहे हैं, तो आप इयरफोन का उपयोग कर सकते हैं।

पर्याप्त नींद का आनंद लें—कम नींद आपको दिन के दौरान सुस्त बना देती है और आप अपने हाथ में लिये काम पर पूरा ध्यान केंद्रित करने की स्थिति में नहीं होते।

G.O.P.T.A. POINTS

- ✓ आपको गंतव्य पर ध्यान केंद्रित करना होगा, बाधाओं पर नहीं।
- ✓ जिन लक्ष्यों पर आपको ध्यान देना है, उनके बारे में आपको अपने अवचेतन मन को सटीक निर्देश देने चाहिए और फिर चमत्कार देखिए, क्योंकि जो व्यक्ति सही चीजों पर ध्यान केंद्रित करते हैं, वे उन लोगों की तुलना में अधिक प्राप्त करते हैं, जो अपने प्रयासों में लक्ष्योन्मुख ध्यान केंद्रित नहीं करते हैं।
- ✓ बेहतर फोकस के लिए विशिष्ट (specific) रहें।
- ✓ उस कार्य पर ध्यान दें, जो आपको तुरंत करना है।
- ✓ अपने उत्पाद और सेवा की गुणवत्ता पर ध्यान दें।
- ✓ अपने लक्ष्य पर फोकस बनाए रखने के लिए विकर्षणों (Distractions) से बचना बेहद जरूरी है।
- ✓ पर्याप्त नींद का आनंद लें, क्योंकि कम नींद आपको दिन के दौरान सुस्त बना देती है और आप अपने हाथ में लिये काम पर पूरा ध्यान केंद्रित करने की स्थिति में नहीं होते।

□

16

लक्ष्य निर्धारण एवं प्राप्ति में सामान्य भूलें

> Creativity is allowing yourself to make mistakes. Art is knowing, which ones to keep.
>
> **—Scott Adams**

आप सोच रहे होंगे कि अगर किसी भी लक्ष्य को प्राप्त करना वस्तुतः इतना ही आसान है, तो क्यों लोग अपने सभी लक्ष्यों को हासिल करने में विफल होते हैं। वजह साफ है—लोग लक्ष्य निर्धारण प्रक्रिया के स्तर पर या लक्ष्य उपलब्धि के स्तर पर कुछ ऐसी बचकानी भूलें कर देते हैं, जिनसे बचा जा सकता है। मैं ऐसी ही कुछ सामान्य भूलों को आपसे साझा कर रहा हूँ, ताकि आप उनसे बचें।

- वे लक्ष्य लिखते नहीं हैं। यह लक्ष्य निर्धारण प्रक्रिया में सबसे बड़ी भूल है। अलिखित लक्ष्य केवल एक इच्छा है, जो कि लक्ष्यों को प्राप्त करने के लिए कार्यवाई-योग्य योजना के द्वारा समर्थित नहीं है। यदि आप लक्ष्यों को लिखते हैं तो स्पष्ट संदेश आपके अवचेतन मन में जाता है और आपका शरीर, सोच और परिस्थितियाँ आपके लक्ष्यों के प्रति सही संरेखण (alignment) में काम करना शुरू कर देती हैं।
- वे अपने लक्ष्यों को किसी के साथ साझा नहीं करते हैं, इसलिए वे दूसरों के प्रति जवाबदेही और उनसे मिलनेवाली संभावित सहायता जैसे लाभों से वंचित रह जाते हैं।
- अधिकांश लोग अपनी वर्तमान जीवन स्थिति के आधार पर लक्ष्य निर्धारित करते हैं। यदि वे 50,000 रुपए प्रतिमाह कमा रहे हैं तो वे 1 लाख रुपए कमाने की योजना बनाते हैं। वे प्रति माह 1 करोड़, 100 करोड़ या 1000 करोड़ कमाने का सपना भी नहीं देखते। वे धीरूभाई अंबानी, जेआरडी टाटा, नारायण मूर्ति, बिल गेट्स, वॉल्ट डिजनी जैसे सफल उद्यमियों की कहानियों

को भूल जाते हैं, जिन्होंने शून्य से शुरुआत की और थोड़े ही समय में उनका साम्राज्य पूरी दुनिया में फैल गया।

- लोग कभी-कभी अवास्तविक लक्ष्य तय कर लेते हैं, जिनका असफल होना अवश्यंभावी है। कल्पना कीजिए, अगर पेट्रोल पंप पर काम करनेवाला हर व्यक्ति कल्पना करना शुरू कर दे कि एक दिन वह दूसरा धीरूभाई अंबानी बन जाएगा, तो उसकी वर्तमान नौकरी का क्या होगा?
- लोग बदलाव के विरोधी होते हैं। वे अपने आरामदेह सुविधा क्षेत्र से बाहर निकले बिना जो करने की सोच सकते हैं, सिर्फ उसी आधार पर अपने लक्ष्य और लक्ष्य-प्राप्ति की योजना बनाते हैं।
- लोग लक्ष्यों को प्राप्त करने के लिए पर्याप्त पुरस्कार नहीं रखते, जो प्रेरणा दे सके।
- वे अपने स्वयं के लक्ष्यों के लिए काम करने के लिए पर्याप्त प्रतिबद्ध नहीं होते। वे उम्मीद करते रहते हैं कि यदि ऐसा हो जाए या वैसा हो जाए तो उनके लिए अच्छा होगा।
- वे अपने लक्ष्य बारंबार बदलते रहते हैं।

असफलताओं के सभी उपर्युक्त कारणों का प्रतिकार (antidote) है—GOPTA का उपयोग। लक्ष्योन्मुखी सकारात्मक सोच एवं कार्यों से आप सभी बाधाओं पर विजय पाकर अपने लक्ष्यों को प्राप्त कर सकते हैं।

G.O.P.T.A. POINTS

- ✓ अलिखित लक्ष्य केवल एक इच्छा है, जो कि लक्ष्यों को प्राप्त करने के लिए कार्यवाई योग्य योजना के द्वारा समर्थित नहीं है।
- ✓ ऐसे अवास्तविक लक्ष्य निर्धारित न करें, जिनका असफल होना तय हो।
- ✓ अपने आरामदेह सुविधा क्षेत्र से बाहर आने के लिए तैयार रहें।
- ✓ लक्ष्यों को प्राप्त करने के पीछे पर्याप्त प्रेरणा देने के लिए उचित पुरस्कार निर्धारित करें।

□

17

छात्रों एवं अभिभावकों के लिए विशेष

> Education is not to reform students or amuse them or to make them expert technicians. It is to unsettle their own minds, widen their horizons, inflame their intellects, teach them to think straight, if possible.
>
> **—Robert M. Hutchins**

मुझे छात्रों से बात करना विशेष रूप से पसंद है, क्योंकि भविष्य की पीढ़ी की मानसिकता पर काम करना मेरा जुनून भी है और मेरे जीवन का मिशन भी है। आप इस देश का भविष्य हैं और मेरा मानना है कि आपको जीवन में मेरे अनुभवों से सबसे ज्यादा लाभ लेना चाहिए। जब मैं उम्मीदों से भरपूर, ऊर्जा और उत्साह से भरे छात्रों को देखता हूँ, तो मेरा दिल भी आशा से भर जाता है कि मेरे देश का भविष्य उज्ज्वल और सुरक्षित हाथों में है। मैं आशा से भर गया हूँ, क्योंकि मुझे लगता है कि पिछली पीढ़ियों के मुकाबले, आज की पीढ़ी के अधिकाधिक छात्र स्वप्नद्रष्टा और दूरदर्शी हैं। पिछली पीढ़ी में भी छात्र बड़ा सोचते थे, लेकिन उनमें से कुछ ही अपने सपनों को पूरा करने के लिए आवश्यक कार्यवाई करते थे, लेकिन आजकल के छात्र न सिर्फ बड़ा सोचते हैं, बल्कि उनमें से अधिकांश सफलता प्राप्त करने के लिए जरूरी अनुशासित कार्य करने के लिए भी तैयार रहते हैं। यहाँ मैं जोड़ना चाहूँगा कि वे अपने जीवन में सफलता के लिए ऊँची उड़ान भर सकते हैं, यदि उन्हें गौप्टा के पंख मिल जाएँ।

छात्रों के लिए गौप्टा की ताकत

आप अपनी तुलना एक सफलता के बीज के साथ कर सकते हैं, जिसमें सफलता का वृक्ष बनने की क्षमता होती है। यहाँ एक महत्त्वपूर्ण बात पर ध्यान आकर्षित करना

चाहूँगा। यदि आप बीज बोएँ ही नहीं, तो क्या कोई बीज पेड़ बन सकता है ? जवाब स्पष्ट है—'नहीं'। एक बीज को उपजाऊ मिट्टी में अंकुरित करने की जरूरत होती है और फिर पर्याप्त जल और धूप जैसे जरूरी वातावरण की आवश्यकता होती है; तब कहीं जाकर वह बीज कालांतर में एक वृक्ष के रूप में बढ़ सकता है। जैसा कि मैंने पहले भी कहा था, आज के छात्रों के पास उनके सपने और दूरदृष्टि के रूप में सफलता के बीज पहले से ही मौजूद हैं। गौप्टा, यानी 'लक्ष्योन्मुख सकारात्मक सोच एवं कार्य' उन बीजों के लिए सही वातावरण उपलब्ध कराएँगे, ताकि वे बीज सफलता के वृक्ष के रूप में बढ़ सकें। यदि आप 'लक्ष्योन्मुख' हैं, तो आप हमेशा जागरूक रहेंगे कि उस वक्त आपके समय का सर्वश्रेष्ठ उपयोग क्या है। यदि आपके पास 'सकारात्मक सोच' है, तो आप हर जगह अवसरों की तलाश करेंगे और किसी और को अपने सपने चुराने की इजाजत नहीं देंगे। यदि आप लगातार 'लक्ष्योन्मुख कार्य' करते हैं, तो आपको कोई भी सफल होने से रोक नहीं सकता; आप अजेय हो जाएँगे।

इसके विपरीत, अगर आप GOPTA की शक्ति का दोहन नहीं करेंगे, तो आपको इन तीन प्रमुख चुनौतियों का सामना करना होगा—

1. **आपकी सोच लक्ष्योन्मुख नहीं होगी**—आप नहीं जान पाएँगे कि आप किस दिशा में जा रहे हैं। अक्सर आपने यह देखा होगा कि कक्षा 10 के छात्र भ्रमित रहते हैं कि उन्हें कक्षा 11 एवं आगे, विज्ञान, वाणिज्य या कला संकाय में किसे चुनना चाहिए। कक्षा 12 के छात्र अपने कॅरियर विकल्पों को लेकर उलझन में रहते हैं; वे नहीं जानते, कौन सा कॅरियर चुनना चाहिए और क्यों। वे तो सिर्फ विभिन्न क्षेत्रों में ढेर सारी प्रवेश परीक्षाओं के लिए आवेदन कर देते हैं और उम्मीद करना शुरू कर देते हैं कि शायद कहीं पास हो जाएँ तो वही पाठ्यक्रम अपना लेंगे। जब वे अपना गंतव्य ही ठीक से नहीं जानते, तो उन्हें दिशा-बोध कैसे होगा? जैसा कि जिग जिगलर कहते हैं, "You cannot make it as a wandering generality. You must become a meaningful specific."
2. **आप 'लेकिन' संलक्षण ('BUT' Syndrome) से पीड़ित रहेंगे**—आप कुछ नहीं करने या अपने सपनों के लिए काम न करने के कोई न कोई बहाने ढूँढ़ते रहेंगे और दूसरों की नकारात्मक राय के समक्ष हमेशा घुटने टेकते रहेंगे और निराश होते रहेंगे।
3. **आप अनुशासित कार्य नहीं करेंगे**—आप अपनी सफलता के अपनी गति से आने की प्रतीक्षा करते रहेंगे और हमेशा यही विश्वास करेंगे कि आप तभी सफल हो सकते हैं यदि आप पर्याप्त भाग्यशाली होंगे और यदि आप सफल

नहीं होंगे, तो भाग्य पर दोष मढ़ देंगे। आप वे अनुशासित कार्य नहीं करेंगे, जो सफलता हासिल करने के लिए आवश्यक हैं।

मैं यहाँ विनम्रतापूर्वक याद दिलाना चाहता हूँ कि आप गौप्टा के तीन अंगों में से किसी को भी छोड़ना झेल नहीं सकते, क्योंकि ये तीनों अंग मिलकर काम करते हैं और एक-दूसरे को ताकत प्रदान करते रहते हैं। अगर एक अंग भी छूट जाता है, तो बाकी भी कालांतर में अपनी ताकत खो देंगे। अब आपको यह तय करना होगा कि आप GOPTA की शक्ति का दोहन करना चाहते हैं या नहीं।

यदि आप अपने जीवन को देखें तो पाएँगे कि आपका जीवन ज्यादातर अन्य लोगों से बेहतर है। यह अलग बात है कि कुछ लोग बहुत सफल नजर आते हैं, लेकिन आपके पास अपने जीवन में सफल होने के लिए जरूरी सभी क्षमताएँ मौजूद हैं।

अस्थायी असफलता जीवन का अंत नहीं है

आप बड़ी सफलता की तलाश कर रहे हैं और हम सभी जानते हैं कि बड़ी सफलता आसानी से नहीं मिलनेवाली है। रास्ते में कुछ बाधाएँ आएँगी, क्योंकि जीवन में कुछ भी निर्विघ्न नहीं प्राप्त होता है।

बाधाएँ और अस्थायी असफलताएँ प्रवेश परीक्षाओं में कम अंक या विफलता के रूप में आ सकती हैं या अपनी पसंद का संकाय या कॉलेज नहीं मिलने के रूप में आ सकती हैं, लेकिन याद रखिए, अस्थायी असफलताओं से जीवन नहीं रुकता है। अपने पिछले जीवन पर नजर डालिए। आप देखेंगे कि अनेक अवसरों पर आपको अस्थायी असफलताओं का सामना करना पड़ा था और आपने सोचा था कि यह जीवन के अंत जैसा है; लेकिन ऐसा हुआ नहीं था। कई बार तो अस्थायी असफलताओं से कुछ नए अवसरों के द्वार खुलते हैं।

जब भी कोई विघ्न आपके समक्ष आए, तो सबसे पहले उसके कारणों की समीक्षा कीजिए। देखिए कि आपकी प्रगति को अवरुद्ध करने के असल कारण क्या थे? अपनी सबसे बड़ी बाधा पहचानिए, जो अब तक आपको पीछे खींचती रही है। आप पाएँगे कि अधिकांश कारण आंतरिक कारण हैं, जैसे घटिया आत्म-छवि, घटिया आतंरिक प्रेरणा स्तर, दूसरों को अपनी विफलताओं के लिए दोष देने की प्रवत्ति आदि। याद रखिए, जब एक बार आप खुद से सवाल पूछते हैं कि आपके अंदर ऐसा क्या है, जो आपकी प्रगति में ब्रेक लगाता है, तो आपके भीतर से जवाब बहुत तेजी से आने लगेंगे।

यहाँ मैं यह दोहराना चाहूँगा कि कभी भी अपने लक्ष्यों से नजर न हटाएँ और प्रत्येक बाधा पर विजय पाने में GOPTA की शक्ति का दोहन करें और अपनी आंतरिक प्रेरणा

का स्तर बनाए रखें। खुद से सवाल पूछिए कि ऐसी कौन सी सबसे ज्यादा खतरनाक बाधा है, जिस पर विजय प्राप्त करके आपको सर्वाधिक लाभ हो सकता है। मेरी एक हालिया कार्यशाला में एक छात्र ने कहा कि वह उच्च शिक्षा हासिल करने में असमर्थ है, क्योंकि उसके माता-पिता ऊँची फीस वहन करने की स्थिति में नहीं हैं। मैंने उससे पूछा कि क्या उसका मानना है कि वह अपने उच्च अध्ययन में अच्छा प्रदर्शन कर सकता है और वित्त की कमी ही एकमात्र समस्या है। उसने सकारात्मकता में उत्तर दिया। फिर मैंने पूछा कि वह अपनी उच्च शिक्षा के लिए ऋण लेने की कोशिश क्यों नहीं करता। इन दिनों बैंक आपको शिक्षा के लिए ऋण प्रदान करते हैं, जिसका भुगतान आपको अपनी पढ़ाई पूरी करने और नौकरी पाने के बाद करना होता है। वह जवाब से संतुष्ट हो गया और उत्साह से भर गया। समस्या उसके नजरिए में थी। वह केवल बाधा को देख रहा था, संभावित उपलब्ध समाधानों को नहीं।

> "Obstacles are those frightful things you see, when you take your eyes off your goal."
>
> **—Henry Ford**

याद रखिए, सफल लोग हमेशा समाधान के बारे में सोचते हैं, जबकि असफल लोग परिस्थितियों या भाग्य को दोष देते रहते हैं और कभी भी अपने आरामदेह सुविधा क्षेत्र से बाहर नहीं निकलना चाहते हैं। उनमें फोकस की कमी होती है और वे हमेशा विफलता के लिए बहाने खोजते रहते हैं। वे हमेशा कहेंगे कि उन्हें सही अवसर नहीं मिले; पर्यावरण उनके अनुकूल नहीं था; वे दूसरों की तुलना में कम भाग्यशाली थे; उनके माता-पिता उनकी उच्च शिक्षा का खर्च उठाने लायक अमीर नहीं थे आदि। तय जानिए, जब तक आप बहाने बनाना नहीं छोड़ते, आप सफल नहीं हो सकते। अवसर आएँगे और अप्रयुक्त हाथ से निकल जाएँगे।

निडर होकर बड़े सपने देखिए

जीवन में किसी समय पर असफलता का भय लगना स्वाभाविक है, लेकिन ध्यान रहे, भय आप पर हावी न हो जाए। अपनी विश्वास प्रणाली पर काम करके आत्म-छवि सुधारना सभी प्रकार के भयों के लिए सबसे अच्छा प्रतिकार (antidote) है। इसके अलावा, लक्ष्य-निर्धारण प्रक्रिया से भी भयों को जीतने में मदद मिलती है। जाहिर है, जब आप विशाल दिखनेवाले पाठ्यक्रम और अध्ययन सामग्री को बहुत छोटे-छोटे प्रबंध किए जा सकने योग्य टुकड़ों में बाँट लेंगे, तो आपका आत्मविश्वास बढ़ेगा। एक बार

जब आप आश्वस्त हो जाएँगे कि आप सफलता की दिशा में छोटे-छोटे कदम उठा सकते हैं, तो आपके आत्मविश्वास का स्तर बढ़ेगा और दैनिक कार्यों में वृद्धि होगी।

एक छात्र के रूप में, आपके सामने पूरा जीवन बाकी है और आपको यथासंभव बड़े सपने देखने का पूर्ण अधिकार है। मैं तो कहूँगा कि आपको असंभव लगनेवाला स्वप्न देखने का भी पूरा अधिकार है, क्योंकि एक समय था, जब चाँद पर पैर रखने का सपना भी असंभव माना जाता था, लेकिन पहले किसी ने इसका सपना देखा, फिर किसी ने इसे हासिल किया। GOPTA की शक्ति के साथ, कुछ भी हासिल करना असंभव नहीं है। हमें सिर्फ सचेत रहना होगा कि हम दूसरों की राय से अपने सपनों से दूर न हो जाएँ और अपने लक्ष्यों से अपना ध्यान न हटा लें। हमें वही करना चाहिए, जो हमारे दिल में है और अपने सपनों को दूसरों की राय के भरोसे नहीं छोड़ना चाहिए।

गौप्टा आपको सही चुनाव करने में मदद करेगा—बहानों या प्रदर्शन के बीच चुनाव; आरामदेह सुविधा क्षेत्र का आनंद लेना या अपने सपनों को हासिल करने के लिए आवश्यक कार्य करने का चुनाव; अध्ययन सामग्री या अन्य उपयोगी पुस्तकें पढ़ने या टेलीविजन देखते रहने के बीच चुनाव आदि। चुनने का विकल्प आपके पास है, लेकिन याद रहे, जब तक आप कारणों पर काम करने के लिए तैयार नहीं होते हैं, तब तक आपको अवांछित परिणामों पर रोने का कोई अधिकार नहीं है। यह एक पुरानी कहावत है कि करने का दर्द अस्थायी है, लेकिन अफसोस का दर्द स्थायी है (The pain of doing is temporary but the pain of regret is permanent.)

'आरामदेह सुविधा क्षेत्र' और 'बदलाव के प्रति आंतरिक प्रतिरोध' बचपन से ही विकसित हो जाते हैं और ये एक मजबूत गुरुत्वाकर्षण खिंचाव प्रदान करते हैं और आपके 'निर्णय' को आपके लक्ष्यों की दिशा में नियमित रूप से कुछ सकारात्मक करने के लिए 'दृढ़ संकल्प' बनने की अनुमति नहीं देते और आपका तथाकथित 'निर्णय' केवल 'किसी दिन काम करने की इच्छा' मात्र ही रह जाता है। गौप्टा के तीसरे अंग, यानी 'कार्य' को याद रखें। आपको बचपन से विकसित अपने आंतरिक प्रतिरोध को जीतकर अपने आरामदेह सुविधा क्षेत्र से बाहर निकलना ही होगा।

एक बार जब आप अपने जीवन का उद्देश्य पहचान लेते हैं, फिर यह पहचानना महत्त्वपूर्ण है कि अपने लक्ष्यों को प्राप्त करने के लिए आपको कौन सी कुशलताओं (skills) को विकसित करने की आवश्यकता होगी। यह संवाद कौशल, बिक्री कौशल, कोई भाषा सीखना, तेज गति से पढ़ना सीखना, तेज टाइप करना सीखना, कंप्यूटर सीखना, नेतृत्व कौशल, आशुलिपि सीखना आदि हो सकता है। कल्पना कीजिए कि आपके पास अलादीन का जादुई चिराग हो, जो आपको एक कुशलता हासिल करने में महारत दे सकता हो, तो आप कौन सा सबसे महत्त्वपूर्ण कौशल विकसित करना चाहेंगे,

जो आपको आपके लक्ष्यों के और करीब ले जाए? हमने पहले के अध्यायों में भी इन कौशलों के बारे में चर्चा की है।

यह पहचानना महत्त्वपूर्ण है कि आपको किस प्रकार का ज्ञान इकट्ठा करना होगा। आपको किस प्रकार के कौशल सीखने की आवश्यकता होगी? किस तरह के लोगों से मिलना होगा एवं उनसे अच्छे संबंध बनाने होंगे और किस तरह के मार्गदर्शन की आवश्यकता होगी। जब आप सहायता के लिए देखते हैं, तो अवसरों के असीमित दरवाजे आपके लिए खुलने लगते हैं, एक के बाद एक।

याद रखिए, कुछ नया करने के लिए, पहला कदम उठाना हमेशा मुश्किल होता है, लेकिन यह केवल आप ही हैं, जिसे अपने सपनों के लिए काम करना है। आपका सपना आपको दिया गया है, किसी और को नहीं। यह आपकी जिम्मेदारी है कि आप न केवल अपने सपनों का पोषण करें, बल्कि इन्हें सच बनाने के लिए काम भी करें। एक बार जब आप शुरू कर देते हैं, तो एक के बाद एक सफलता के द्वार रहस्यमय तरीके से आपके लिए खुलना शुरू कर देंगे।

> All of the best advice in the world will only help you, if you can motivate yourself to take persistent, continuous action in the direction of your goals until you succeed.
>
> **—Brian Trac**

कुछ लोग विफलता के डर से शुरुआत ही नहीं करते हैं, लेकिन याद रखिए, यदि आप शुरू करते हैं, तो सफलता की कुछ संभावनाएँ भी हैं; लेकिन अगर आप शुरू ही नहीं करते हैं, तो शत-प्रतिशत विफलता है।

लक्ष्य निर्धारण

आप लक्ष्य-निर्धारण की प्रक्रिया को पिछले अध्यायों में पहले ही सीख चुके हैं। अब आपको निम्नलिखित क्षेत्रों में SMARTER लक्ष्य निर्धारित करने चाहिए—

अध्ययन और कॅरियर

- अब से 25 साल बाद के अपने भविष्य की कल्पना कीजिए।
- आप किस क्षेत्र में स्वयं की कल्पना करते हैं?
- आपने इस कॅरियर या व्यवसाय को क्यों चुना है?

एक बार जब आप अपने कार्यक्षेत्र की पहचान कर लेंगे, तो आपके लिए GOPTA

की मदद से अपने लक्ष्यों को प्राप्त करने के लिए आवश्यक कदम उठाना आसान हो जाएगा।

यदि आप अभी स्नातक स्तर की पढ़ाई कर रहे हैं, तो आपको अपने भविष्य के लिए विशिष्ट चुनाव कर लेने चाहिए। इसे मैं एक उदाहरण द्वारा विस्तार से समझाता हूँ। मेरी बेटी 5 वर्ष की बी.ए., एल.एल.बी. की पढ़ाई NALSAR University of Law से कर रही है। यह देश का ऐसा प्रतिष्ठित शीर्ष स्तर का संस्थान है, जहाँ बड़ी-बड़ी राष्ट्रीय और अंतरराष्ट्रीय कंपनियाँ भर्ती के लिए आती हैं और छात्रों को सिर्फ 4 साल के पाठ्यक्रम पूरा करने के बाद ही परिसर से ही अच्छी नौकरी के प्रस्ताव मिलने शुरू हो जाते हैं। एक अच्छी नौकरी उनके हाथ में होती है और वे अपने पाँचवें वर्ष का पाठ्यक्रम पूरा करने के लिए अध्ययन करते रहते हैं। आप जानकार हैरान होंगे कि कभी-कभी तो उच्चतम पैकेज 1 करोड़ रुपए प्रतिवर्ष का भी होता है।

जब मैं पाठ्यक्रम के पहले वर्ष के दौरान अपनी बेटी से बात कर रहा था, तो हमने पाठ्यक्रम पूरा होने के बाद के उपलब्ध विकल्पों पर विचार-विमर्श किया। हमने देखा कि मुख्य रूप से 4 विकल्प थे—1. किसी भी बड़ी कानूनी फर्म (Law Firm) में नौकरी का प्रस्ताव स्वीकार कर लेना, जो बहुत आकर्षक होते हैं और परिसर प्लेसमेंट (campus placement) के रूप में वह प्राप्त करना भी आसान होता है; 2. किसी भी बड़ी कंपनी के कानूनी विभाग में एक वरिष्ठ स्तर के अधिकारी के रूप में नौकरी करना; 3. अपनी निजी लॉ फर्म की स्थापना करना (private practitioner बनना) और 4. न्यायपालिका में शामिल होना, हालाँकि उसका अपना प्रारंभिक रुझान न्यायपालिका में शामिल होने की ओर था, फिर भी मैंने उसे सलाह दी कि वह अपने समक्ष सभी विकल्प खुले रखे, लेकिन फिर भी उसके इस झुकाव ने शेष अवधि के दौरान उसकी तैयारी का सक्रिय मार्गदर्शन किया।

जो छात्र कैंपस प्लेसमेंट के दौरान किसी कॉरपोरेट हाउस या कानून की फर्म में शामिल होना चाहते थे, उन्होंने पहले तीन वर्षों के दौरान अच्छी लॉ फर्मों के यहाँ प्रशिक्षण (internship) प्राप्त करने पर और अपने सीवी/grades पर अपना ध्यान केंद्रित किया। जो छात्र अपनी स्वयं की लॉ फर्म खोलना चाहते थे, उन्होंने किसी विदेशी विश्वविद्यालय में एक सेमेस्टर का अध्ययन करने पर ध्यान केंद्रित किया, ताकि वे उचित समय पर विदेश से पढ़ाई करके लौटे (Foreign return) व्यक्ति के टैग का इस्तेमाल कर सकें। चूँकि मेरी बेटी न्यायपालिका में शामिल होना चाहती थी, मैं उसे उच्च न्यायालय की एक वरिष्ठ अधिवक्ता के पास ले गया, जिन्होंने उसे अपनी पढ़ाई के दौरान ही न्यायपालिका की तैयारी के लिए गुर सिखाए। उन्होंने सलाह दी कि वह लंबे कानूनी सेक्शन के छोटे-छोटे हिज्जे करके उन्हें ठीक से समझकर आत्मसात्

करती रहे, ताकि उसे बाद में न्यायपालिका के लिए तैयारी करने में आसानी हो। उन्होंने यह भी सलाह दी कि वह अपने पाठ्यक्रम के चौथे साल से ही न्यायिक परीक्षाओं की तैयारी शुरू कर दे, ताकि न्यायपालिका के लिए प्रवेश परीक्षा की तैयारी के लिए दो साल मिल जाएँ।

आप देख सकते हैं कि सभी छात्र एक ही विश्वविद्यालय से एक ही कोर्स कर रहे हैं, लेकिन यदि आपके भविष्य के बारे में आपकी दृष्टि स्पष्ट है, तो आप अपने 5 वर्षों के पाठ्यक्रम के दौरान अपना समय अधिक उद्देश्यपूर्ण तरीके से खर्च करेंगे और इन 5 वर्षों के दौरान आपकी पढ़ाई ज्यादा लक्ष्योन्मुख, सकारात्मक सोच और सफलता के लिए आवश्यक अनुशासित कार्यों से भरपूर होगी। इसके विपरीत, यदि आपका सोच लक्ष्योन्मुख नहीं है, तो पहले तो आप कोर्स पूरा करने में 5 साल खर्च करेंगे और फिर सामान्य रूप से campus placement में किसी बेहतर अवसर की प्रतीक्षा करेंगे। उपरोक्त उदाहरण आपको दिखा सकता है कि आप अपना भविष्य उज्ज्वल बनाने के लिए अपने अध्ययन के दौरान GOPTA की शक्ति का कैसे दोहन कर सकते हैं, क्योंकि आपको पता चल चुका होगा कि आपका भविष्य निर्माण आपके ही हाथों में है।

स्वास्थ्य

- पहले सीखी तकनीकों के अनुसार, स्वास्थ्य के क्षेत्र में SMARTER लक्ष्य निर्धारित करें।
- अपनी पोषण संबंधी आवश्यकताओं का खयाल रखें।
- बेतरतीब खाने से बचें। विवेकपूर्ण चुनाव करें कि क्या खाएँ और क्या नहीं।
- दैनिक व्यायाम करें—शारीरिक व्यायाम और प्राणायाम, दोनों जरूरी हैं।
- कम-से-कम 10 मिनट के लिए ध्यान (Meditation) से आपकी एकाग्रता, याद रखने और जरूरत के समय स्मरण की शक्ति में सुधार होगा। यह हर जगह सकारात्मकता देखने की आदत विकसित करेगा। चूँकि प्रचलित शैक्षणिक व्यवस्था आपको इनके बारे में कुछ भी नहीं सिखाती है, अतः इन क्षमताओं को विकसित करने की जिम्मेदारी आपको ही लेनी पड़ेगी, यहाँ तक कि अगर आप खुद को एक औसत छात्र समझते हैं, तो भी आप रोजाना 10-15 मिनट ध्यान के चमत्कार 3 महीने के भीतर देख सकते हैं।

वित्त

वित्तीय आदतें विकसित करने के लिए बचपन सबसे अच्छा समय है। हम पिछले अध्यायों में अच्छी वित्तीय आदतों के बारे में पहले ही सीख चुके हैं। यहाँ मैं सिर्फ इतना

कहूँगा कि अब अच्छी वित्तीय आदतों को विकसित करने पर और ध्यान दीजिए। यह आपकी मदद करेगा, जब आप खुद धन अर्जित करना शुरू करेंगे।

- अपनी पॉकेट मनी से कुछ भी बचत करने की आदत विकसित कीजिए।
- अपनी पॉकेट मनी के पैसों में से भी कुछ दान करने की आदत विकसित कीजिए। कमाई शुरू होने का इंतजार मत कीजिए।
- यदि आपके माता-पिता ने आपको क्रेडिट कार्ड दिया है, तो देय तिथि की समाप्ति के बाद के भारी ब्याज के भुगतान से बचने के लिए ब्याज की गणना के तरीके को समझें। अपने क्रेडिट कार्ड के नियम और शर्तें ध्यान से पढ़ें।
- संपत्ति और दायित्व के बीच का अंतर समझें।
- सकारात्मक वित्तीय उत्तोलन (Financial Leverage) की शक्ति को समझकर उसका लाभ उठाइए।
- संचयी प्रतिफल (compounding) की असीम शक्ति का लाभ उठाने के लिए जल्दी शुरुआत करें।

पारिवारिक संबंध

- अपने परिवार में अपनी भूमिका को समझिए और जब आप धन कमाना शुरू करेंगे, तो अपनी पारिवारिक जिम्मेदारियों के लिए मानसिक रूप से तैयार रहिए।
- स्वयं को जीवन में 10 साल आगे दृश्यीकृत कीजिए। आप जीवन की योजना बनाने की स्थिति में होंगे कि आप कब शादी करेंगे और किसके साथ। यदि आप एक लड़के हैं, तो आपको यह चुनाव करना होगा कि आप अपना जीवनसाथी एक गृहिणी चाहेंगे या एक कामकाजी लड़की का चुनाव करेंगे। यदि आप एक लड़की हैं, तो जाहिर है आप कमाऊ जीवन साथी ही चुनेंगी, घर में बैठनेवाला पति (House Husband) नहीं। हा हा।

योगदान

सोचिए कि आपका देश या समाज के लिए योगदान क्या होगा? जैसा कि तत्कालीन अमेरिकी राष्ट्रपति बराक ओबामा कहते हैं, "A country is made by the students, who perform & succeed, not by the quitters." योगदान के बारे में आपकी सोच आपको जीवन में सफल होने में मदद करेगी और आपके समस्त कार्यों के पीछे की छिपी प्रेरणाशक्ति होगी। उदाहरण के लिए, मान लीजिए कि आप एक डॉक्टर बनकर समाज में योगदान करने का निर्णय लेते हैं। यदि आपका मिशन आपके

दिमाग में स्पष्ट है, तो यह स्पष्ट सोच न केवल प्रवेश परीक्षा में चयन के वक्त आपकी सहायता करेगी, बल्कि जब तक आप जीवित हैं और अपने पेशे में हैं, तब तक हमेशा आपकी मार्गदर्शक शक्ति होगी। आप अधिक पैसे की वजह से अपने पेशे में नहीं होंगे, बल्कि सेवा के लिए अपने पेशे में होंगे। विश्वास कीजिए, यदि आप अच्छा काम करते हैं और समाज या आपके संगठन में मूल्य वृद्धि करते हैं, तो धन तो आपके पीछे-पीछे आएगा ही।

आध्यात्मिक प्रगति

आध्यात्मिक प्रगति को अपना लक्ष्य बनाएँ। आमतौर पर आपकी उम्र में बच्चों के पास आध्यात्मिक लक्ष्य नहीं होते हैं, लेकिन आप पहले ही समझ चुके हैं कि आपके सकारात्मक कर्मों के शेष को बढ़ाने या कम-से-कम बनाए रखने का कितना महत्त्व है। आप देख सकते हैं कि यदि आप एक अच्छे जीवन का आनंद ले रहे हैं, तो इसका सीधा अर्थ है कि आप अतीत में किए हुए अच्छे कर्मों के पहले से ही संचित खाते को समाप्त कर रहे हैं। समाज के लिए अच्छा काम करके आपको इस संतुलन को फिर से बनाए रखना होगा। आपको एक योगदानकर्ता बनना होगा, न कि सिर्फ लेनेवाला। आपको समाज के कुल मूल्य में कुछ सकारात्मक योगदान करना ही होगा।

परीक्षा के लिए तैयारी

शिक्षा के महत्त्व को समझें

कुछ छात्रों को लगता है कि जीवन में सफलता के लिए स्कूली शिक्षा आवश्यक नहीं है। भले ही यह सच है कि शिक्षा के बिना भी दुनिया में बहुत से लोग सफल हुए हैं, लेकिन इसका यह मतलब नहीं है कि शिक्षा आवश्यक नहीं है। आपने देखा होगा कि बड़े-बड़े उद्योगपति भी अपने बच्चों को उच्च शिक्षा के लिए भेजते हैं। सोचिए क्यों? वे तो किसी भी समय अपने पारिवारिक व्यवसाय में शामिल हो सकते हैं, लेकिन उनके माता-पिता यह समझते हैं कि यदि बच्चा शिक्षित होगा, तो वह व्यवसाय की दिन-प्रतिदिन की बारीकियों को समझने और बेहद सक्षम कर्मचारियों को सँभालने के लिए बेहतर स्थिति में होगा।

कक्षा के दौरान पूर्ण लाभ लें

कक्षा में अपने शिक्षकों को ध्यान से सुनें। इन दिनों, छात्रों के बीच यह शिकायत करने का फैशन सा बन गया है कि उनके शिक्षकों को कुछ भी नहीं पता है और उनकी

कक्षा में जाना अपना समय बरबाद करना है। इस स्थिति को मैं आपको एक अलग परिप्रेक्ष्य से देखने का सुझाव दूँगा। आप शिक्षक के ज्ञान पर सवाल नहीं उठा सकते, क्योंकि वह इस विषय के बारे में आपसे अधिक जानता है। ज्यादा से ज्यादा, आप यह कह सकते हैं कि आप उनकी शिक्षाओं को समझ नहीं पाते, क्योंकि शायद वे विषय को अच्छे से समझा नहीं पाते हैं, लेकिन आपको यह याद रखना चाहिए कि आपने पहले ही अपना समय कक्षा में निवेश कर दिया है। अब आपके पास केवल दो विकल्प उपलब्ध हैं; या तो शिक्षक को ध्यान से सुनना है, या नहीं। स्पष्ट है कि ध्यान से सुनना बेहतर विकल्प है। यदि आप सुनेंगे, तो आपके दिमाग में तरह-तरह के प्रश्न आएँगे। क्या अपने संदेहों को कक्षा में पूछकर दूर कर लेना अधिक विवेकपूर्ण निर्णय नहीं होगा? उन प्रश्नों के बारे में आप अपने शिक्षक से पूछ सकते हैं या फिर बाद में खुद घर पर उनका जवाब खोज सकते हैं। एक बार जब आप अपनी मानसिकता बदलना शुरू करते हैं, तो आप कक्षा के लाभ लेने के तरीके सीखना शुरू करेंगे। अगर आप कक्षा में शिक्षक को ध्यान से नहीं सुनते हैं तो इसमें आपका लाभ नहीं है, क्योंकि आपने अपना कीमती समय कक्षा में लगाया है।

स्कूल की लाइब्रेरी का लाभ लें

निःसंदेह, इंटरनेट पर उपलब्ध विशाल ज्ञान का भंडार छात्रों के लिए बहुत अधिक उपयोगी है, लेकिन यह किताबों का स्थान नहीं ले सकता है। आपके विद्यालय का पुस्तकालय आपको लगभग सभी विषयों पर चुनिंदा पुस्तकें उपलब्ध कराता है, जो आपके लिए उपयोगी हैं। लाइब्रेरी में सफल लोगों की आत्मकथाएँ पढ़ें, जिन्हें सामान्यतः आप बाजार से खरीदकर नहीं पढ़ेंगे।

1 अंक के महत्त्व को समझें

इन दिनों गलाकाट प्रतियोगिता का युग है। आपको हर जगह प्रवेश परीक्षा पास करनी होती है। यदि आप अपनी मध्यवर्ती परीक्षा पूरी करके, स्नातक स्तर की पढ़ाई में प्रवेश करना चाहते हैं, तो अच्छे स्कूलों के लिए कट ऑफ इतना ऊँचा होता है कि कई बार तो यह पहली कट ऑफ सूची में 100 प्रतिशत अंकों का स्तर भी छू लेता है। यदि आप CLAT, JEE, CAT, MAT इत्यादि किसी भी स्नातक पाठ्यक्रम की प्रवेश परीक्षा देते हैं, तो 0.25 अंकों का अंतर तय कर सकता है कि आप पास होंगे या फेल; अपनी मनपसंद स्ट्रीम पाएँगे या नहीं; उच्च श्रेणी के संस्थान में प्रवेश पाएँगे या दोयम दर्जे के संस्थान में ही प्रवेश पा सकेंगे।

परीक्षाओं में अच्छे ग्रेड का महत्त्व

अपनी परीक्षाओं में अच्छे अंक प्राप्त करने के महत्त्व को समझिए। अच्छे अंक न केवल आपका आत्म सम्मान बढ़ाते हैं, बल्कि अच्छे कॉलेजों में प्रवेश पाने के लिए मार्ग प्रशस्त करते हैं। प्रवेश परीक्षाओं में बेहतर अंक आपका बेहतर संस्थान में प्रवेश सुनिश्चित कर सकते हैं, यहाँ तक कि किसी भी संस्थान से अपना पेशेवर पाठ्यक्रम पूरा करने के बाद भी, जो छात्र उच्च ग्रेडवाले होते हैं, उन्हें कम ग्रेडवाले छात्रों को दिए गए पैकेज की तुलना में कई गुना ज्यादा पैकेज मिलता है।

प्रवेश परीक्षाओं में ज्यादा महत्त्व वाले विषयों को पहचानें

लगभग सभी प्रवेश परीक्षाओं में आपकी विभिन्न क्षेत्रों में शैक्षिक और विश्लेषणात्मक क्षमताओं का परीक्षण करने के लिए प्रश्नपत्र तैयार किया जाता है। आपको प्रत्येक विषय के तुलनात्मक भार (weightage) को स्पष्ट रूप से समझना होगा, ताकि आप ज्यादा भारवाले क्षेत्रों पर ध्यान केंद्रित कर सकें। उदाहरण के लिए, इंजीनियरिंग के लिए प्रवेश परीक्षा में अंग्रेजी महत्त्वपूर्ण है; CLAT के माध्यम से कानून के लिए प्रवेश परीक्षा के लिए कानूनी ज्ञान अनुभाग में अधिकतम भार है; NIFT में प्रवेश के लिए रचनात्मकता को सुधारना जरूरी है।

अपने 'मजबूत' और 'कमजोर' बिंदुओं की पहचान करें

अपनी शक्तियों और कमजोरियों का विश्लेषण कीजिए। अपने 'कमजोर' बिंदुओं की वजह से निराश मत होइए। पृथ्वी पर कोई भी ऐसा नहीं है, जिसमें कमजोरियाँ नहीं हैं। इसकी बजाय, अपने 'मजबूत' बिंदुओं को और मजबूत बनाकर उनका अधिकतम लाभ लेने की कोशिश करें और साथ ही कमजोर बिंदुओं पर सुधार करने की कोशिश भी करते रहें।

अध्ययन और दोहराने के लिए अग्रिम समय सारणी तैयार करें

- समय सारणी यथार्थवादी होनी चाहिए।
- बड़ा सोचें, लेकिन छोटे-छोटे भागों में विभाजन कर लें। छोटे से शुरू करें और निरंतर प्रगति करते रहें।
- छोटे चरणों की समाप्ति पर खुद के लिए कोई इनाम रखें।
- अपने सर्वोच्च एकाग्रतावाले समय की पहचान करें, ध्यान दें कि आप सुबह पढ़ाई में बेहतर हैं या रात में।
- पहले महत्त्वपूर्ण कार्य करने की आदत विकसित कीजिए—ज्यादा एकाग्रता

की जरूरतवाले कामों को उच्च प्राथमिकता दी जानी चाहिए, उसके बाद कम एकाग्रता वाले काम कीजिए।

- सुबह जल्दी उठने और पढ़ने के लाभों को समझिए।
- पर्याप्त नींद आवश्यक है।
- सोने का समय और जागने का समय छुट्टियों के दौरान भी वही रहना चाहिए। इससे आपका नींद का चक्र नहीं गड़बड़ाएगा।
- पढ़ने की योजना इस तरह बनाएँ कि एक बार का अध्ययन सत्र 45-50 मिनट से ज्यादा न हो। दो सत्रों के बीच कम-से-कम 5-10 मिनट के लिए ब्रेक लें।
- नियमित रूप से पूर्व-निर्धारित समय पर अध्ययन करें।
- अपनी दोहराने की समय सारणी पहले से तैयार रखें। नियमित दोहराव आवश्यक है, क्योंकि दोहराने से ही आपकी पढ़ाई आपकी दीर्घकालिक स्मृति में गहराई तक प्रवेश करती है।

विकर्षणों (Distractions) से बचें

एक सप्ताह की अवधि तक अपना समय खाता बनाकर अपने समय उपयोग की आदतों को देखें। हमेशा यह अवलोकन करने की आदत विकसित करें कि ऐसी कौन सी गतिविधियाँ या आदतें हैं, जो आपको अपने लक्ष्यों की ओर ले जा रही हैं और ऐसी कौन से गतिविधियाँ और आदतें हैं, जो सिर्फ आपका समय बरबाद करती हैं और आपको आपके सपनों से दूर ले जा रही हैं। यह बहुत महत्त्वपूर्ण है, क्योंकि समय बरबाद करनेवाली गतिविधियों के बारे में जागरूक होने की सख्त आवश्यकता है। कुछ छात्रों को तो समय बरबाद करने में महारत हासिल होती है। वे अत्यधिक क्रिकेट देखते हैं और कहते हैं कि यह मनोरंजन के लिए है; वे अत्यधिक इंटरनेट सर्फिंग करते हैं और दावा करते हैं कि यह उनके आनंद के लिए जरूरी है; वे जरूरत से ज्यादा दोस्ती-यारी में संलिप्त रहते हैं और कहते हैं कि यह आवश्यक है। मैं भी सहमत हूँ कि ये सभी आवश्यक हैं, लेकिन सिर्फ कुछ सीमा तक। आपको प्रत्येक क्षेत्र में अपने दिए जानेवाले समय की मात्रा में अपने विवेक का प्रयोग करना है, क्योंकि समय सीमित है और अगर आप अपने जीवन की जिम्मेदारी लेना चाहते हैं, तो आपको तय करना होगा कि किस गतिविधि को कितना समय दिया जाना चाहिए।

घर पर अपने पढ़ने के माहौल में सुधार करने की कोशिश करें

- एक ही जगह पर बैठकर पढ़ना श्रेयस्कर है। इसका मनोवैज्ञानिक प्रभाव होता है। आपका अवचेतन मन संदेश प्राप्त करता है कि यह अध्ययन का समय है।

- बिस्तर पर बैठकर कभी मत पढ़िए। बिस्तर से आपके अवचेतन मन का एक विशिष्ट नाता है और वह है निद्रा का।
- गंभीर अध्ययन सत्रों के दौरान मोबाइल फोन का उपयोग न करें। अपने दोस्तों को जब चाहें, फोन करने की अनुमति न दें। अक्सर कुछ करीबी दोस्त प्रतिदिन आपस में बात करते हैं, खासकर उनके अध्ययन संबंधी संदेह दूर करने के लिए। बेहतर होगा यदि इसके लिए कोई समय पूर्व में ही तय हो जाए, ताकि दोनों दोस्त एक ही वक्त खाली रखें।
- आप धीमे सुखद वाद्य संगीत का उपयोग कर पढ़ने के माहौल को सुखदायक बना सकते हैं, लेकिन याद रखिए कि यह केवल वाद्य संगीत होना चाहिए और फिल्मी गानों से बचना चाहिए।
- यदि आप पर्याप्त मात्रा में पानी पिएँगे तो अध्ययन के दौरान आपको मदद मिलेगी।

टिप्पणियाँ (Notes) लिखने और दोहराने की रणनीति तैयार करना सीखें

जब आप किसी भी विषय को पढ़ना समाप्त करते हैं, तो दोहराने के लिए महत्त्वपूर्ण बिंदु नोट कर लेते हैं। जहाँ भी संभव हो, दोहराने के लिए माइंड मैप का उपयोग करें। इसके अलावा, विषय को समाप्त करते समय उसे दोहराने की रणनीति तैयार कर लेनी चाहिए कि उस विषय को कितनी बार दोहराना है और कब। हर बार दोहराने में अनुमानतः कितना समय लगेगा, यह भी लिख लेना चाहिए। यह परीक्षा से पहले अपनी अंतिम समय सारणी बनाते वक्त आपके काम आएगा, जब आपको एक-एक मिनट की कमी खलती है।

समझिए कि प्रतियोगिता हमेशा कठिन होती है

आपको याद रखना चाहिए कि किसी भी प्रवेश परीक्षा में प्रतियोगिता हमेशा कठिन होती है। परीक्षा में भाग लेनेवाले सिर्फ 1-2 प्रतिशत छात्र ही सफल हो पाते हैं। इसलिए, भले ही आपकी तैयारी कितनी भी अच्छी हो, परीक्षा को हलके में न लें।

अपने कॅरियर से संबंधित फेसबुक और यूट्यूब पेज का उपयोग करें

सोशल मीडिया सिर्फ चैटिंग करने या तसवीरें/विचार साझा करने के लिए नहीं है। फेसबुक और यूट्यूब आदि पर अपने कॅरियर से संबंधित पृष्ठों को पसंद करके आप सोशल मीडिया की शक्ति का दोहन अपने लाभ के लिए कर सकते हैं।

दूसरों से अलग कुछ कीजिए

विख्यात प्रेरक वक्ता शिव खेड़ा कहते हैं, "विजेता अलग काम नहीं करते हैं, वे अलग तरीके से काम करते हैं।"

गति की जाँच के लिए स्वयं लिखकर परीक्षण करने का अभ्यास करें

हमेशा घर पर प्रश्नपत्र लिखकर हल करने का अभ्यास करें। यह गलतियाँ सुधारने में आपकी मदद करेगा। यदि आप कोई प्रवेश परीक्षा दे रहे हैं, तो अभ्यास का मतलब गति का परीक्षण भी है, क्योंकि अधिकांश परीक्षाएँ आपका बहुत ही कम समय में ज्यादा सवालों के जवाब देने का इम्तिहान लेती हैं। जब मैं 1989 में प्रवेश परीक्षा की तैयारी कर रहा था, तब 120 मिनटों में 200 प्रश्नों का उत्तर देना होता था यानी एक प्रश्न के लिए औसतन 36 सेकंड का समय मिलता था। हमारे अध्ययन ग्रुप ने गति का बहुत अभ्यास किया, जिससे हमारा औसत समय लगभग 25 सेकंड प्रति प्रश्न हो गया। इससे मुझे वास्तविक परीक्षा में बहुत लाभ हुआ, क्योंकि मुझे दोहराने के लिए भी पर्याप्त खाली समय मिला, जबकि अन्य छात्र 200 प्रश्नों का उत्तर देने के लिए प्रथम प्रयास में ही संघर्ष कर रहे थे।

कक्षा 12 में पढ़ाई के दौरान ही प्रवेश परीक्षा की तैयारी करें

कक्षा 12 में पढ़ाई के दौरान ही प्रवेश परीक्षा की तैयारी शुरू कर दें। यदि आप इस दौरान तैयारी नहीं करते हैं तो ज्यादा संभावना होगी कि उस तैयारी में कक्षा 12 के बाद एक साल लगाना पड़ेगा और इससे आपका एक उत्पादक वर्ष बरबाद हो जाएगा। ध्यान रहे, किसी भी नौकरी में, यदि आप 25 या 26 साल की उम्र में प्रवेश करते हैं, तो वर्तमान में तो कोई अंतर नहीं महसूस होगा; लेकिन सेवानिवृत्ति के वक्त वह अतिरिक्त वर्ष आपको अपने कॅरियर में नई ऊँचाइयों पर ले जा सकता है। अधिकांश संगठनों में, शीर्ष स्तर तक वही अधिकारी पहुँच पाते हैं, जिन्होंने ज्यादा वर्षों तक सेवा की है।

संभावित बाधाओं को पहचानें

संभावित बाधाओं को पहचानें, चाहे वे संभावित स्वास्थ्य संबंधी बाधाएँ हों, कम उपस्थिति का मुद्दा हो, या कुछ और हो। विकर्षण (distraction) से बचने के लिए अपने लक्ष्यों पर ध्यान केंद्रित रखें। यदि आप किसी संस्थान में अध्ययन कर रहे हैं और अपने परिवार की बहुत याद सताती है, तो आपको अपनी पढ़ाई पर ध्यान केंद्रित करना चाहिए और समझना चाहिए कि यदि आप अपनी पढ़ाई और परीक्षाओं पर ध्यान केंद्रित

नहीं करते हैं, तो आपके माता-पिता द्वारा आपको इस संस्थान में भेजने का उद्‌देश्य ही निष्फल हो जाएगा।

परीक्षा के दौरान

आत्मविश्वास महत्त्वपूर्ण है

परीक्षा के लिए जाते वक्त, अपनी तैयारी में विश्वास रखें। आश्वस्त रहें और खुद को एक बड़े मैच के खिलाड़ी के रूप में देखें। विश्वास करें कि बड़े दिन पर आपका सर्वश्रेष्ठ निकलकर बाहर आता है। हालिया दिनों में, विराट कोहली को विश्व क्रिकेट में रनों के लक्ष्य का पीछा करने में सबसे माहिर माना जाता है। मैंने देखा है कि कुछ मैचों में, जहाँ विरोधी टीम को पहले बल्लेबाजी चुनने की जरूरत होती है, तब भी वे पहले गेंदबाजी चुनते हैं, क्योंकि वे विराट कोहली के लिए लक्ष्य का पीछा करने के लिए रनों का लक्ष्य छोड़ने का साहस नहीं जुटा पाते। भले ही यह डर विरोधियों के दिमाग में है, लेकिन इसके उलट, विराट कोहली को पूरा विश्वास रहता है कि चाहे जिस भी प्रति ओवर दर से रन बनाने हों, वे बना लेंगे, क्योंकि वे खुद पर विश्वास करते हैं। वे जानते हैं कि **उनके पास आवश्यक कौशल और नजरिए के साथ-साथ यह विश्वास भी है कि वे बड़े मौके पर अपना सर्वश्रेष्ठ प्रदर्शन करते हैं।**

दिव्य आशीर्वादों के लिए विनती करें

परीक्षा कक्ष में अपना प्रश्नपत्र प्राप्त करने से पहले दिव्य आशीर्वादों के लिए विनती करने से ज्यादा शक्तिशाली कुछ भी नहीं है। अगली बार, जब भी आप कोई परीक्षा दें, चाहे छोटी हो या बड़ी, परीक्षा के समय दिव्य मार्गदर्शन और दिव्य आशीर्वाद माँगिए और आप देखेंगे कि परीक्षा के दौरान आप नर्वस नहीं होंगे। आप दिव्य उपस्थिति और ईश्वर से जुड़ाव महसूस करेंगे। इसका आपके सोच पर एक सुखदायक शांत प्रभाव होगा और आप बेहतर प्रदर्शन करेंगे।

अगर प्रश्नपत्र कठिन है, तो आनंदित हों

आमतौर पर प्रवेश परीक्षाओं के दौरान कठिन प्रश्नपत्र देखकर छात्र परेशान हो जाते हैं, लेकिन मेरा सुझाव है कि यदि आप देखते हैं कि प्रश्नपत्र कठिन है, तो दिल से खुश हो जाइए। कठिन प्रश्नपत्र उस छात्र के लिए वरदान है, जिसकी तैयारी दूसरों की तुलना में बेहतर है। कठिन प्रश्नपत्र का मतलब है कि इस वर्ष मेरिट का कट ऑफ कम नंबर पर होगा। कम तैयारीवाले छात्रों को परीक्षा के दौरान डरने दें और उनका प्रदर्शन

खराब होने दें। आपको आनंदित होना चाहिए, क्योंकि आपकी तैयारी अच्छी है और आप इस अवधारणा को समझने का लाभ ले रहे हैं। यदि आप परीक्षा के दौरान घबराहट से बच सकते हैं, तो मन की स्थिरता के कारण आपको कुछ अतिरिक्त अंक भी प्राप्त हो सकते हैं।

पहले अच्छी तरह से तैयार किए गए प्रश्नों का जवाब दें

आपको सबसे पहले उन प्रश्नों का उत्तर देना चाहिए, जो अच्छी तरह से तैयार हैं। जहाँ भी आवश्यकता हो, अपने जवाबों को उपयुक्त मार्जिन और समुचित रंग संयोजनों का उपयोग करते हुए पेश करें। जवाब–पुस्तिका की शुरुआत में अच्छी तरह से लिखे गए उत्तर परीक्षक को प्रभावित करेंगे। जरा सोचिए, एक परीक्षक कितनी उत्तर पुस्तिकाओं की जाँच करता है। यदि आपकी पहली छाप अच्छी पड़ती है, तो संभव है कि आपको एक उज्ज्वल छात्र के रूप में देखते हुए बाद के उत्तर में आपकी मामूली त्रुटियों को वह नजरअंदाज कर दे।

परीक्षा के बाद

परीक्षा में अपने प्रदर्शन के बारे में ज्यादा चर्चा न करें। परीक्षा समाप्त हो चुकी है और अब आप इस बारे में कुछ भी नहीं कर सकते हैं। अक्सर आप विभिन्न प्रवेश परीक्षाओं में भाग लेते हैं। यदि आप पिछली परीक्षा में की गई अपनी गलतियों पर चर्चा करते रहेंगे, तो आपकी अगली परीक्षा भी खराब हो जाएगी। याद रखें, हम सब बचकानी गलतियाँ करते हैं। आप भी इनसान हैं और आपको गलतियाँ करने का पूरा हक है।

याद रखें, आपने परीक्षा में अधिकतम अंक/ग्रेड प्राप्त करने के लिए तैयारी की थी, लेकिन अगर आपको पर्याप्त अंक नहीं मिलते, तो आप जिंदगी में असफल नहीं हो जाएँगे। तय करें कि आप कोशिश जारी रखेंगे और सफल होंगे, जैसा कि जिग जिगलर कहते हैं, 'विफलता एक घटना है, एक व्यक्ति नहीं।' (Failure is an event, not a person.) जीवन आपके सामने विभिन्न अवसर उपलब्ध कराता रहता है; आपको सही मौके की पहचान करके, उसे दोनों हाथों से लपकने के लिए सतर्क रहना होगा।

प्रारंभिक सफलता से आवेशित न हो जाएँ

प्रवेश परीक्षा में सफलता से आवेशित न हो जाएँ। यह तो आपकी सफलता की दिशा में सिर्फ एक मील का पत्थर मात्र है और आपको सफलता की सड़क पर कई मील के पत्थरों को पार करना होगा। पूर्व में हमने रोजर बैनिस्टर के बारे में बात की थी,

जिन्होंने 1954 में 4 मिनट से कम समय में एक मील की दौड़ पूरी की थी। 2004 में बीबीसी द्वारा 4 मिनट से कम समय में 1 मील की दौड़ पूरी करने की 50वीं वर्षगाँठ पर एक साक्षात्कार में बैनिस्टर से पूछा गया था कि क्या वे 4 मिनट से कम में 1 मील की दौड़ पूरी करने को अपने जीवन की सबसे महत्त्वपूर्ण उपलब्धि के रूप में देखते हैं। आप ताज्जुब करेंगे कि बैनिस्टर का जवाब था—नहीं। उन्होंने यह भी कहा कि न्यूरोलॉजी के क्षेत्र में उनके चालीस साल का पेशेवर अभ्यास और उस क्षेत्र में उनका योगदान उनके लिए अधिक महत्त्वपूर्ण थे। यह क्या दरशाता है? यह दरशाता है कि आपको अपनी शुरुआती सफलताओं की खुशी से चिपके नहीं रहना चाहिए। यह बीत चुका, अब जीवन में आगे बढ़ना होगा।

चुने हुए कॅरियर के अनुसार अपने विषयों का चुनाव करो
(Align the stream of subjects with chosen career)

इन दिनों अभिभावकों और बच्चों के दिमाग में सही कॅरियर और 11-12 कक्षा के दौरान विषयों की सही स्ट्रीम चुनने के बारे में बहुत भ्रम की स्थिति रहती है। इस भ्रम को दो भागों में विभाजित किया जा सकता है। सबसे पहले कॅरियर का चुनाव करना है और दूसरा चुने हुए कॅरियर के साथ कक्षा 11-12 में विषयों की धाराओं को संरेखित (align) करना है।

कॅरियर चुनाव के संबंध में, अक्सर लोग सोचते हैं कि समाज में निम्न दो स्थितियाँ होती हैं—

1. जहाँ बच्चा खुद अपने कॅरियर का चुनाव करता है; चाहे खुद या उचित अभिभावकीय मार्गदर्शन के तहत।
2. जहाँ अभिभावक बच्चे के लिए कॅरियर का चुनाव करने का निर्णय लेते हैं और बच्चे को मजबूरन आदेश का पालन करना पड़ता है।

मैं तो कहूँगा कि एक बहुत ही खतरनाक तीसरी स्थिति भी मौजूद है, जहाँ माता-पिता अपने बच्चे के लिए कॅरियर का फैसला करते हैं और धीरे-धीरे बच्चे के अवचेतन मन में यह बिठाने की कोशिश करते हैं कि यह दरअसल उसका खुद का विचार है।

मैं सभी अभिभावकों से कहना चाहता हूँ कि ईमानदारी से एक प्रश्न खुद से पूछें कि क्या वे अपने कॅरियर के बारे में पछता नहीं रहे हैं, क्या यह अच्छा नहीं होगा यदि वे बच्चे को अपना कॅरियर स्वयं चुनने दें? यद्यपि आपका बच्चा बहुत से कॅरियर के विकल्पों के बारे में नहीं जानता है, क्योंकि वह अभी भी बाहर की दुनिया से अनभिज्ञ है; लेकिन प्रिय अभिभावको, कृपया समझिए कि आजकल 10वीं कक्षा का बच्चा अपने

कॅरियर का चयन करने के लिए पर्याप्त चतुर है। एक अभिभावक के रूप में, आपकी भूमिका उसे मार्गदर्शन देने और उसे विभिन्न कॅरियर के अवसरों के बारे में जानकारी उपलब्ध कराने और उन पेशेवर कॅरियर के पक्ष-विपक्ष की समुचित जानकारी देने की है। उसके बाद उन्हें और आगे अनुसंधान करके अपने भविष्य का निर्णय स्वयं लेने के लिए प्रेरित करें। आखिरकार, यह उनका जीवन है, जिसे उन्हें खुद जीना होगा।

दूसरा पहलू इस चुने हुए कॅरियर के साथ अपने विषयों की धाराओं को संरेखित (align) करने का है। यहाँ मैं एक उदाहरण लेता हूँ। मैं एक छात्र को जानता हूँ, जो कक्षा 10 में अपने कॅरियर के बारे में निश्चित नहीं था। उसने 11-12 कक्षा में PCM विषयों का विकल्प चुना। 11वीं कक्षा के दौरान, उसने पाया कि वह कॅरियर के रूप में 'Law' में जाना चाहता है, जिसके लिए CLAT प्रवेश परीक्षा देनी होती है, लेकिन विज्ञान और गणित के अध्ययन में अत्यधिक व्यस्तता के चलते उसे कक्षा 12 के दौरान प्रवेश परीक्षा की तैयारी के लिए पर्याप्त समय नहीं मिला, साथ ही कक्षा 12 के दौरान उसका ध्यान अपने नंबर के प्रतिशत पर भी था। 12वीं कक्षा के बाद, उसे एक वर्ष तक तैयारी करनी पड़ी और तब CLAT की प्रवेश परीक्षा में सफलता मिली। मैं एक और छात्र को जानता हूँ, जिसने अपने कॅरियर का चुनाव कक्षा 10 में ही कर लिया था। उसने NIFT में दाखिला लेने का फैसला किया। तदनुसार, उसने 'वाणिज्य' संकाय के विषय चुनने का फैसला किया, क्योंकि वह नियमित अध्ययन पर ज्यादा समय बरबाद नहीं करना चाहता था। वहाँ भी, उसने वैकल्पिक विषय के रूप में 'ललित कला' (Fine Arts) का विकल्प चुना, जो NIFT की प्रवेश परीक्षा के लिए तैयारी करने में सहायक था, क्योंकि उसे नियमित अध्ययन का ज्यादा दबाव नहीं था और वह कक्षा 12 में अपने नंबर के प्रतिशत के प्रति भी बहुत ज्यादा चिंतित नहीं था, उसने कक्षा 12 के दौरान ही NIFT की प्रवेश परीक्षा के लिए कोचिंग में भी दाखिला ले लिया। इससे उसकी पर्याप्त तैयारी हो गई और बिना एक कीमती वर्ष के नुकसान के प्रवेश परीक्षा पास करने में सफल हुआ।

यहाँ GOPTA के उपयोग के कारण अंतर देखिए। भविष्य के कॅरियर के बारे में कक्षा 10 में स्पष्टता ने उसे अपने चयनित कैरियर के साथ कक्षा 11-12 में विषयों की धारा को संरेखित करने में सहायता दी; जीवन का एक महत्त्वपूर्ण वर्ष बचाया और उसे मन में स्पष्टता दी, ताकि कक्षा 11-12 के दौरान 2 वर्षों तक अपने चुने हुए कॅरियर की ओर ध्यान केंद्रित करने के प्रयास किए जा सकें।

मैं सभी अभिभावकों से अनुरोध करता हूँ कि जब उनका बच्चा कक्षा 9 या 10 में पढ़ रहा हो, तभी सही कॅरियर चुनने में उसकी मदद करने में अपनी सक्रिय भूमिका निभाएँ और चयनित कॅरियर के साथ संरेखित विषयों के चुनाव में उसका समुचित

मार्गदर्शन करें। आजकल ज्यादा विकल्प खुले रखने का जमाना नहीं है, जैसा एक पीढ़ी पहले हुआ करता था।

मैं यहाँ एक और उदाहरण लेता हूँ। मान लीजिए कि आपका बच्चा आईएएस बनना चाहता है, जिसके लिए उसे स्नातक की परीक्षा पूरी होने के बाद ही प्रवेश परीक्षा में भाग लेने की अनुमति होती है। हम सभी जानते हैं कि छात्र को वैकल्पिक विषयों का चयन करना होता है। विषयों को चुनने के समय के लिए आपके पास तीन विकल्प उपलब्ध हैं—1. स्नातक स्तर की पढ़ाई पूरी करने के बाद; 2. कक्षा 12 की पढ़ाई पूरी करने के बाद और 3. कक्षा 10 की पढ़ाई पूरी करने के बाद। अब देखें कि 10वीं कक्षा में जिस छात्र की भविष्य दृष्टि स्पष्ट है, वह 10वीं कक्षा के बाद अपने वैकल्पिक विषय का चयन उसी तरह करेगा और कक्षा 11 और 12 के दौरान उसी अनुसार, विषय की स्ट्रीम का चुनाव करेगा। मान लीजिए, वह एक वैकल्पिक विषय 'भूगोल' चुनता है, तो उसे कक्षा 11 और 12 के दौरान 'कला' स्ट्रीम चुननी चाहिए। इससे उसे अपने विषयों को अपने आप तैयार करने के लिए 5 साल मिल जाएँगे, क्योंकि वह कक्षा 11 और 12 के दौरान भूगोल पढ़ेगा और यहाँ तक कि स्नातक स्तर की पढ़ाई के दौरान भी भूगोल पढ़ेगा। यदि कोई छात्र 11वीं और 12वीं कक्षा से पहले अपने वैकल्पिक विषय का चुनाव नहीं भी कर पाता है, तो भी उसे कम-से-कम अपने स्नातक पाठ्यक्रम में जाने से पहले अपने वैकल्पिक विषय का चुनाव कर लेना चाहिए ताकि स्नातक स्तर में वह उसी से संबंधित विषयों की स्ट्रीम चुन सके और उसे उस विषय को गहराई से समझने के लिए 3 साल मिल सकें। यदि वह ऐसा नहीं करता है, तो उसे स्नातक की पढ़ाई पूरी करने के बाद वैकल्पिक विषय चुनना होगा और अतिरिक्त मेहनत करनी होगी।

आपने कई छात्रों को देखा होगा, जो विभिन्न धाराओं के साथ अपने स्नातक स्तर की पढ़ाई पूरी करते हैं, लेकिन आईएएस के लिए प्रवेश परीक्षा में बिल्कुल अलग वैकल्पिक विषय चुनते हैं, जिसका उनके पिछले अध्ययन किए गए विषयों के साथ कोई संबंध नहीं होता है।

अब आप खुद सोचिए कि किसके सफल होने की ज्यादा उम्मीद होगी—वे बच्चे, जिन्होंने पहले से ही 5 साल तक वैकल्पिक विषय का अध्ययन किया है; या वे बच्चे, जिन्होंने स्नातक होने के दौरान कम-से-कम 3 वर्षों के लिए वैकल्पिक विषय का अध्ययन किया है; या फिर वे बच्चे, जिन्होंने अपने पिछले शिक्षण से पूरी तरह अलग विषय चुना है।

मैं आधुनिक अभिभावकों को दिल की गहराइयों से इस अवधारणा को समझने की गुजारिश करता हूँ। विश्वास कीजिए कि आपके बच्चे के पास सफलता का बीज मौजूद है। आपको उसकी क्षमता में विश्वास करने की आवश्यकता है और उसके बाद गौप्टा

के साथ उस बीज का समुचित पोषण करना चाहिए। विचारों में स्पष्टता और ध्यान-केंद्रित प्रयास निश्चित रूप से उसे सफलता की ओर ले जाएँगे।

अच्छी आदतें विकसित करें

आजीवन शिक्षार्थी बनें

अपने मन को उपयोगी, अर्थपूर्ण और प्रेरक किताबों से मानसिक भोजन उपलब्ध कराएँ। धीरे-धीरे इस मापदंड पर पुस्तक चुनने की क्षमता विकसित करें कि क्या इस पुस्तक को पढ़ने के लिए अपना समय लगाना आपके समय का उचित उपयोग होगा या नहीं। याद रखें, जैसे आप 100 रुपए का नोट फाड़कर कचरे के डिब्बे में नहीं फेंकते हैं, आपको स्वयं को रिझानेवाली किताबों में भी अपना समय बरबाद नहीं करना चाहिए। कभी-कभी, मौज-मस्ती के लिए यह ठीक हो सकता है, लेकिन नियमित रूप से कम उपयोग की किताबें पढ़ने से आपको कुछ नहीं मिलेगा। इसी प्रकार अत्यधिक टेलीविजन देखने या क्रिकेट को ज्यादा वक्त देने या कंप्यूटर या मोबाइल गेम्स खेलने से भी आपको अपनी मंजिल नहीं मिलेगी।

मैं यह नहीं कहूँगा कि आपको इन चीजों को पूरी तरह से छोड़ देना चाहिए। आखिरकार, आप जिस उम्र में है, वहाँ आप बहुत से दबावों का सामना कर रहे हैं और आनंद और मजा जीवन के आवश्यक हिस्से हैं। मैं केवल इस मजे और आनंद की मात्रा में सावधानी बरतने की सलाह दे रहा हूँ। हमेशा अपने आपसे पूछते रहें कि आपके समय का सबसे अच्छा उपयोग क्या है।

दिशा-बोध गति से ज्यादा महत्त्वपूर्ण है

अपनी आँखें बंद करें और सोचें कि आप जीवन में क्या चाहते हैं, आप क्या बनना चाहते हैं, आप क्या करना चाहते हैं, आपका सबसे बड़ा सपना क्या है ? याद रखें, मैंने पहले ही जोर दिया है कि दिशा-बोध गति से अधिक महत्त्वपूर्ण है। एक बार जब आप अपने कॅरियर का चयन कर रहे हैं, तो सोचें कि क्या चीज आपको इस विशेष कॅरियर का चुनाव करने के लिए प्रेरित करती है—नाम, प्रसिद्धि, धन, शक्ति, ग्लैमर, सेवा या कुछ और। आपमें से हर कोई किसी न किसी क्षेत्र में अच्छा है। उस क्षेत्र की पहचान करें।

एक बार जब आप अपना जीवन उद्देश्य और अपने कामकाज का क्षेत्र खोज लेते हैं, तो आप अपने दीर्घकालिक लक्ष्य, मध्यम अवधि के लक्ष्य और अल्पावधि लक्ष्यों को निर्धारित करने के लिए लक्ष्य निर्धारण प्रक्रिया पर काम कर सकते हैं।

"There is no excuse for not trying."
—Barrack Obama

अपनी जिंदगी की जिम्मेदारी स्वयं लें

यदि आप अपने जीवन के किसी क्षेत्र में कुछ बदलना चाहते हैं, तो आपको अपने चुनावों और अपने कार्यों को सही करने की जिम्मेदारी लेनी होगी। आपको यह पता करने की आवश्यकता है कि ऐसा क्या करने की आवश्यकता है, जिससे आपके सपनों के भविष्य का निर्माण हो सके। यह आपके हाथों में है। आपको मनोवैज्ञानिक स्तर पर अपनी कंपनी का प्रमुख बनना होगा। प्रतिज्ञा करें कि आप दूसरों पर दोषारोपण का सहारा नहीं लेंगे और अपने जीवन की जिम्मेदारी स्वयं स्वीकार करेंगे और अपने लक्ष्यों को हासिल करने के लिए जो कुछ भी करना आवश्यक है, वह करना शुरू करेंगे।

याद रखें कि आप अपने सपने पूरे करने के लिए अध्ययन कर रहे हैं, आपके माता-पिता के नहीं। यदि आप बेहतर प्रदर्शन करते हैं, तो आपका भविष्य उज्ज्वल होगा, आपके माता-पिता का नहीं। आपके माता-पिता बस आपका मार्गदर्शन कर रहे हैं और आपको अपने सपनों को प्राप्त करने में मदद कर रहे हैं। एक बार जब आप इसे समझ जाते हैं, तो आप वह कौशल सीखने के लिए प्रतिबद्ध होंगे, जिन्हें सीखने की आवश्यकता है; आप उस व्यवहार का अभ्यास करेंगे, जो करना आवश्यक है; आप तैयारी और अभ्यास के महत्त्व को समझेंगे और आप उन चीजों पर विशेष रूप से ध्यान केंद्रित करेंगे, जो आपको सफलता प्राप्त करने की ओर ले जाएँगी।

सकारात्मक मूल्य और आदतें विकसित करें

यदि आपके मूल्य सकारात्मक हैं और आपको लगता है कि आप एक अच्छे इनसान हैं, तो आप उम्मीद करेंगे कि आपके साथ सभी कुछ अच्छा ही होगा। यदि आप अच्छी चीजें अपने साथ होने की उम्मीद करते हैं, तो आप सकारात्मक सोच के होंगे और भविष्योन्मुख होंगे और अन्य व्यक्तियों में भी सकारात्मक बातें देखेंगे।

आपको स्पष्ट रूप से यह समझना होगा कि आप जो भी कर रहे हैं, धन अच्छे काम का सह-उत्पाद है। यदि आप धन चाहते हैं, तो आप धन की तरफ भागेंगे, लेकिन अगर आप अच्छे काम करते हैं, तो आप पैसे का ऐसा चुंबक बन जाते हैं, जो सभी ओर से धन को अपनी ओर खींचता है। याद रखें, अपनी पढ़ाई पूरी करने के बाद आप जिस भी व्यवसाय या पेशे में जाएँ, उद्देश्य बहुत महत्त्वपूर्ण है, जो आपको अपने पेशे या व्यवसाय में नई ऊँचाइयों पर ले जाएगा।

यदि आप अपनी वर्तमान जीवनस्थिति से संतुष्ट नहीं हैं और इसमें सुधार चाहते हैं, तो अपनी आदतों और नजरिए की जाँच करें। आपकी वर्तमान जीवनस्थिति आपकी आदतों और नजरिए का नतीजा है, यहाँ तक कि छोटी-छोटी बुरी आदतें भी आपकी सफलता के स्तर को प्रभावित कर सकती हैं। अत्यधिक गपशप करना, अत्यधिक टेलीविजन देखना, दूसरों की आलोचना करना, नियमित रूप से जंक फूड खाना, समय का पाबंद न होना, अत्यधिक खर्चीला होना आदि कुछ ऐसी बुरी आदतें हैं, जिन्हें ऐसी सकारात्मक आदतों से प्रतिस्थापित करने की आवश्यकता होती है, जो आपको अपने लक्ष्यों के करीब ले जा सकती हैं।

सामान्य ज्ञान, सामान्य जागरूकता और सामान्य योग्यता अलग-अलग चीजें हैं

इन दिनों लगभग सभी परीक्षाएँ आपके सामान्य ज्ञान (General Knowledge), सामान्य जागरूकता (General Awareness) और सामान्य योग्यता (General Aptitude) का परीक्षण करती हैं। अधिकतर लोग सोचते हैं कि ये तीन चीजें समानार्थी हैं, लेकिन वे कुछ हद तक गलत हैं। आपको सामान्य ज्ञान, सामान्य जागरूकता और सामान्य योग्यता के बीच अंतर जानना चाहिए। यदि आप यह जानते हैं कि BARC का मुखयालय कहाँ है, तो यह सामान्य ज्ञान है; यदि आप हमेशा जागरूक रहते हैं कि दुनिया भर में क्या हो रहा है, तो यह सामान्य जागरूकता है; लेकिन विभिन्न मुद्दों का अलग-अलग पहलुओं से विश्लेषण करने की आपकी क्षमता सामान्य योग्यता है। यदि आप बड़े पैमाने पर सफल होना चाहते हैं, तो आपको अनिवार्य रूप से इन तीनों पर काम करना होगा।

याद रखें, आपको एक लंबे समय तक इन तीनों क्षेत्रों पर ध्यान देने की आवश्यकता है, क्योंकि इन तीन कौशलों में से कोई भी साल भर में आसानी से विकसित नहीं की जा सकती है। जल्दी प्रारंभ करो, जैसे कक्षा 9 से। यदि आप जल्दी शुरू करते हैं, तो इन तीनों कौशलों के विकास में आपको ज्यादा मेहनत नहीं करनी होगी। GK के लिए तो आजकल बहुत सारे विकल्प मौजूद हैं, लेकिन सामान्य जागरूकता के लिए आपको 'टाइम्स ऑफ इंडिया', 'इंडियन एक्सप्रेस', या 'द हिंदू' जैसे राष्ट्रीय समाचार पत्र पढ़ना शुरू करना चाहिए और 'इंडिया टुडे' या 'फ्रंटलाइन' जैसी राष्ट्रीय प्रतिष्ठाप्राप्त कोई एक पत्रिका और यदि संभव हो तो अंतरराष्ट्रीय ख्यातिप्राप्त पत्रिका जैसे 'TIME' पढ़ना शुरू कर देना चाहिए। इन दिनों तो आपका स्मार्टफोन भी विभिन्न Apps के जरिये आपको ताजा समाचार बताता रहता है।

संपादकीय (Editorial) पढ़ने की आदत विकसित करें

मैं आप सभी को 9वीं कक्षा से ही समाचार पत्रों के संपादकीय पढ़ने की आदत विकसित करने का सुझाव दूँगा। शुरू में यह आपको उबाऊ और मुश्किल लग सकता है। प्रारंभ में आप नियमित भी नहीं होंगे; आपको कई बार ठीक से समझ भी नहीं आएगा; कई बार विषय भी बेकार दिखाई देंगे; लेकिन धीरे-धीरे आप संपादकीय पढ़ना पसंद करने लगेंगे। ध्यान दीजिए कि समाचार पत्रों में आम खबर तो आम संवाददाताओं द्वारा लिखी जाती हैं, जबकि संपादकीय अखबार के संपादक या संपादकीय बोर्ड के किसी वरिष्ठ सदस्य द्वारा लिखे जाते हैं, जो विभिन्न दृष्टिकोणों से घटनाओं का विश्लेषण करने में विशेषज्ञ होते हैं, क्योंकि वे काफी लंबे समय से ऐसा कर रहे होते हैं। संवाददाताओं के पास स्थिति का ऐसा विश्लेषण करने की इतनी क्षमता नहीं होती है, क्योंकि उन्हें ऐसा करने का अभ्यास नहीं होता है। आप सोच सकते हैं कि आज के अखबार में प्रकाशित होनेवाली खबर का 3-4 साल बाद कोई फायदा नहीं होगा, लेकिन यहाँ मैं आपको यह बता दूँ कि संपादकीय पढ़ना आपकी विश्लेषणात्मक क्षमताओं को भविष्य के लिए सुधारेगा, भले ही वह किसी मौजूदा विषय से ही संबंधित क्यों न हो। अगर आप एक छात्र हैं, तो इस आदत को शुरू करें और 1 साल में परिणाम देखें। अगर आप अभिभावक हैं, तो अपने बच्चे को उपरोक्त अंतर बताते हुए संपादकीय पढ़ने के लिए प्रोत्साहित करें। उसे मजबूर न करें, बस उसे संपादकीय पढ़ने के लाभों का एहसास कराएँ।

भारत में, सामान्यत: आप कक्षा 12 के बाद अपनी पहली प्रवेश परीक्षा में भाग लेते हैं। मैं गारंटी देता हूँ कि यदि आप अपने सामान्य ज्ञान, सामान्य जागरूकता और सामान्य योग्यता पर कक्षा 9 से ही काम करना शुरू कर देते हैं, तो अगले 4 वर्षों में ये तीनों आपके अवचेतन मन का एक हिस्सा बन जाएँगे और उच्च स्तरीय प्रवेश परीक्षा में आपकी सफलता की संभावनाएँ बहुत बढ़ जाएँगी।

नए कौशल सीखें

छात्रों के लिए मेरी कार्यशालाओं के दौरान मैं हमेशा उन्हें तेज पढ़ने के कौशल; तेजी से टाइप करने का कौशल; mind map बनाने का कौशल और समय की बचत करने के लिए कंप्यूटर commands सीखने का कौशल विकसित करने के लिए सुझाव देता हूँ। ये कौशल न केवल छात्रों के लिए उपयोगी होते हैं वरन् ये सभी के लिए उपयोगी हैं; क्योंकि इन दिनों लगभग सभी को बहुत सारी सामग्री पढ़नी पड़ती है; बहुत चीजों को टाइप करना पड़ता है; कंप्यूटर पर बहुत सा काम करना पड़ता है और बहुत सी महत्त्वपूर्ण चीजों के notes लेने पड़ते हैं।

तेज पढ़ना (Speed Reading)

पढ़ना हम सभी के लिए एक आजीवन गतिविधि है। कल्पना कीजिए, यदि आपकी पढ़ने की गति वर्तमान गति से 25 प्रतिशत या 50 प्रतिशत या 100 प्रतिशत बढ़ जाए, तो क्या होगा? जाहिर है, **आप कम समय में ज्यादा पढ़ पाएँगे।**

हम सभी जानते हैं कि जब हम पढ़ते हैं, तो हमारी आँखें रेखीय (Linear) तरीके से आगे नहीं बढ़ती हैं। आँखें एक शब्द से दूसरे शब्द तक निरंतर चलती रहती हैं। जिस स्थान पर आपकी आँख क्षणांश के लिए रुकती है, उसे 'स्थिरण बिंदु' (Fixation Point) कहा जाता है। विभिन्न स्थिरण बिंदुओं पर नजर रुककर आगे बढ़ने की गति इतनी तेज होती है कि आपको लगता है कि आप सहजता से पढ़ रहे हैं, जबकि सच्चाई कुछ और ही है। एक शब्द की छाप आपकी आँखों में बनती है और आपकी नजर एक शब्द से दूसरे शब्द पर तेजी से कूदकर भागती रहती है।

यदि आप अपनी पढ़ने की गति में वृद्धि करना चाहते हैं, तो आपको शब्दों और लाइनों को सहजता से पढ़ना सीखने का अभ्यास करना चाहिए। स्पीड रीडिंग एक ऐसा विषय है, जिसके लिए पूरी अलग पुस्तक की आवश्यकता है, इसलिए यहाँ मैं सिर्फ कुछ महत्त्वपूर्ण बिंदुओं की बात करूँगा, हालाँकि इस नई विधि को सीखने से पहले, मैं जोरदार गुजारिश करूँगा कि अगले 2-3 मिनट में आप किसी भी किताब को पढ़ने की अपनी वर्तमान गति जाँच लें। जब आप अपनी वर्तमान रीडिंग स्पीड जान लें, तो स्पीड रीडिंग के बारे में कुछ मूलभूत बातें जानने के लिए आगे पढ़ें। इन तकनीकों का इस्तेमाल करके, मेरी कार्यशाला के प्रतिभागियों ने अपनी रीडिंग स्पीड में सिर्फ एक घंटे में 100 प्रतिशत तक की वृद्धि हो जाना बताया है।

स्पीड रीडिंग के चरण

- एक सूचक (pointer) चुनें। यह आपकी उँगली या पेन हो सकता है। आप जो पढ़ रहे हैं, उस वाक्य के नीचे इस सूचक को चलाएँ। आपका मन आपको शब्दों को देखने और उन शब्दों के अर्थ को समझने के लिए उकसाएगा। प्रारंभिक अवस्था में इस प्रलोभन से बचने के लिए, किताब को उलटा रखकर यह अभ्यास करने की कोशिश करें। याद रखें, आप इस सूचक का इस्तेमाल करना पढ़ने में आसानी के लिए सीख रहे हैं, ताकि आपकी नजर को एक शब्द से दूसरे शब्द तक कूदकर जाने की आवश्यकता की बजाय सहजता से पढ़ सकने का अभ्यास हो जाए।
- शब्दों से दृष्टि हटाए बिना, अपनी उँगली चलाने की गति बढ़ाने की कोशिश करें, भले ही किताब उलटी है। याद रखें, इस अभ्यास का उद्देश्य सूचक की

गति के साथ नजर के आगे बढ़ने की गति का संयोजन करने के लिए अपने मस्तिष्क को प्रशिक्षित करना है।

- अब धीरे-धीरे, एक समय में एक से अधिक शब्दों को एक साथ देखने का प्रयास करें।
- अब वाक्य के अंत में एक या दो शब्द छोड़ दें और अगले वाक्य की शुरुआत में एक या दो शब्दों को छोड़ दें और देखें कि क्या आप अभी भी सभी शब्दों को देख पाते हैं। आप यह देखकर हैरान हो जाएँगे कि आप अपनी परिधीय दृष्टि (Peripheral vision) के कारण उन शब्दों को भी छोड़ नहीं रहे हैं।
- कुछ देर अभ्यास के बाद, अब पुस्तक को सामान्य पठनीय स्थिति में लाएँ और बिना शब्दों का मतलब समझने की कोशिश किए, जितना तेज हो सके, पढ़ने की कोशिश करें, क्योंकि हम सिर्फ तेज गति से पढ़ने के लिए संकेतक के इस्तेमाल का अभ्यास कर रहे हैं।
- धीरे-धीरे आप एक समय में पूरा वाक्य पढ़ने में सक्षम हो जाएँगे; फिर अभ्यास से साथ, एक समय में दो वाक्य, यहाँ तक कि तीन वाक्य भी एकसाथ पढ़ने के अभ्यस्त हो जाएँगे।

प्रारंभ में आपको लग सकता है कि तेजी से पढ़ने की वजह से आप विषय को समझ और सीख नहीं पाएँगे, जबकि सच्चाई यह है कि यदि आप तेजी से पढ़ने का अभ्यास कर लेंगे तो आपकी सीखने और स्मरण की शक्ति बढ़ जाती है। यहाँ मैं एक उदाहरण लेता हूँ। जब आपने कार चलाना सीखा था, तो शुरुआत में आप लगभग 20-30 किलोमीटर प्रति घंटे की गति से चला पाते थे और आपके लिए यह सोचना भी मुश्किल था कि आप कार को 60, 80 या 100 की रफ्तार पर भी चला सकते हैं, लेकिन अभ्यास के बाद, अब आपकी सामान्य गति 60-70 किलोमीटर प्रति घंटा हो चुकी है। याद कीजिए, जब आप किसी खाली सड़क पर होते हैं, तो आप 100 किलोमीटर या उससे भी ज्यादा की गति से ड्राइव करते हैं और फिर अपनी गति धीमी करके 80 पर ले आते हैं। अगर आपकी सामान्य ड्राइविंग गति 60 भी हो, तो भी इस वक्त आपको 80 की गति पर भी अपनी कार पर पूर्ण नियंत्रण महसूस होगा। इसी तरह अगर आपकी पढ़ने की वर्तमान गति 250 शब्द प्रति मिनट (WPM) है और आप 500 या उससे अधिक गति से पढ़ने का अभ्यास करते हैं, तो जब आप अपना विषय 400 की गति से पढ़ेंगे, तब भी उसे स्पष्ट रूप से समझने की स्थिति में होंगे। एक महीने में सिर्फ 10 मिनट रोजाना अभ्यास से ही आपकी पढ़ने की गति दोगुनी या तिगुनी हो सकती है और पर्याप्त अभ्यास के बाद आप तेज गति से पढ़ते वक्त भी समझकर पढ़ने के अभ्यस्त हो जाएँगे।

यहाँ मैं एक महत्त्वपूर्ण सुझाव दूँगा कि अपने अभ्यास की शुरुआत आप अखबार

के संपादकीय पढ़ने से करें, जहाँ समझकर पढ़ने की आवश्यकता कम होती है। अगले चरण में, आप उपन्यासों या कहानी की पुस्तकों के साथ कोशिश करें। पर्याप्त अभ्यास के बाद, आप अपनी अध्ययन सामग्री के साथ स्पीड रीडिंग अपनाएँ। आप पाएँगे कि शुरुआती चरणों में, यह अखबार पढ़ने जैसी महत्त्वहीन पढ़ाई में आपके समय की बचत करेगा, क्योंकि इसे ज्यादा गहराई से समझने या याद रखने की आवश्यकता नहीं होती है।

जैसा कि मैंने पहले भी कहा है कि स्पीड रीडिंग इस पुस्तक का केंद्रीय विषय नहीं है, इसलिए मैं ज्यादा विस्तार से इस बारे में बात नहीं कर रहा हूँ। मेरा सुझाव है कि आप स्पीड रीडिंग का कोई कोर्स करें। इंटरनेट पर ऐसे बहुत सारे कोर्स उपलब्ध हैं, जो आप खरीद सकते हैं।

बिना देखे टाइप करना सीखें (Learn Touch Typing)

हम सभी जानते हैं कि अगर आपके उच्च अध्ययन के दौरान आपकी टाइपिंग की गति तेज नहीं है तो जानकारी अतिभार के वर्तमान युग में 10+2 के बाद तो जिंदगी नारकीय लगने लगती है। आपको बहुत सारी सामग्री टाइप करनी पड़ती है; क्योंकि उच्चतर अध्ययन के लगभग सभी पाठ्यक्रमों में आपको बहुत सारे प्रोजेक्ट बनाने पड़ते हैं। आपने देखा होगा कि बहुत से लोग केवल दो उँगलियों से टाइप करते हैं। यह टाइपिंग में बहुत अधिक समय बरबाद करता है। दरअसल होता यह है कि अभ्यास से आपका दिमाग यह तो जान जाता है कि 'q' कहाँ है और 'p' कहाँ है, लेकिन एक अक्षर टाइप करने के बाद आपको उसी उँगली को दूसरे अक्षर तक ले जाना होता है। इसमें बहुत समय लगता है। इसका समाधान 'टच टाइपिंग', यानी बिना देखे टाइपिंग का अभ्यास करना है, जिसे करने में आप अपनी सभी उँगलियों का इस्तेमाल करना सीखते हैं।

अगर आप पहले से ही टच टाइपिंग करते हैं और आपकी टाइपिंग की गति 25–30 शब्द प्रति मिनट (WPM) की है, तो कल्पना करें कि क्या होगा, जब आपकी टाइपिंग की गति 50–60 WPM तक पहुँच जाएगी। जाहिर सी बात है कि टाइप करने में आपके कीमती समय में लगभग 50 प्रतिशत समय की बचत होने लगेगी। यह कौशल प्रतिदिन सिर्फ 5–10 मिनट के लिए टच टाइपिंग के अभ्यास से सीखा जा सकता है। कार्यालयों में भी टाइपिंग कौशल आवश्यक है, क्योंकि आजकल ज्यादातर काम कंप्यूटर पर किया जाता है, यहाँ तक कि शीर्ष अधिकारी भी कंप्यूटर पर टाइप करते हैं, क्योंकि उन्हें बहुत से इ–मेल का जवाब खुद देना होता है। अपनी टाइपिंग की गति में सुधार करके आप अपने दस्तावेजों, इ–मेल आदि टाइप करने में बहुत समय बचा सकते हैं।

माइंड मैप (Mind Map) बनाना सीखें

नोट्स तैयार करने के लिए माइंड मैप (Mind Map) बनाना बेहद कारगर तकनीक है। यह शब्द, चित्र, रंग, संख्या, विशेष पैटर्न इत्यादि का उपयोग करता है, जिसमें मस्तिष्क के दोनों हिस्सों अर्थात् बाएँ मस्तिष्क और दाएँ मस्तिष्क का इस्तेमाल होता है। ऐसा माना जाता है कि 1960 के दशक के अंत में टोनी बुजान ने अपनी पुस्तक 'The Mind Map Book' के माध्यम से माइंड मैप बहुत लोकप्रिय बना दिया था, अगर आप अपने मस्तिष्क की असल क्षमता का समुचित दोहन करना चाहते हैं, तो मैं आपको यह पुस्तक पढ़ने की जोरदार सिफारिश करता हूँ।

अभी तक हम नोट्स लेने की सिर्फ एक प्रणाली के बारे में जानते हैं अर्थात् आपको अपने पाठ का जो भी हिस्सा बार-बार दोहराने की जरूरत लगती है, उसे लिखने की पारंपरिक प्रणाली; या फिर अपनी पुस्तक में ही कुछ विशेष भागों को चिह्नित करने की प्रणाली, लेकिन इस तरह से रेखीय (linear) नोट्स लेने के कुछ नुकसान हैं। लंबे notes लिखने में बहुत अधिक समय और ऊर्जा बरबाद होती है; notes को पुनः पढ़ने में अधिक समय लगता है; जब हम नोट्स के एक भाग को पढ़ रहे होते हैं, तो दूसरे भागों पर हमारी दृष्टि नहीं रहती; शब्दों और विचारों के बीच कोई संबंध नहीं रहता; दोहराने के वक्त आपके मस्तिष्क के दोनों तरफ का उपयोग करने के लिए रंगों इत्यादि का उपयोग नहीं होता; अक्सर मुख्य शब्द (keywords) आपकी निगाह से चूक जाते हैं।

इसके विपरीत, एक माइंड मैप किसी विषय का समग्र अवलोकन उपलब्ध कराता है। यह ऐसी तकनीक है, जो सीखी हुई चीजों को स्मरण रखने के लिए जिम्मेदार सभी कारकों को एकसाथ प्रयोग में लाती है। यह आपको बहुत ढेर सारी जानकारी बहुत व्यवस्थित तरीके से रखना सिखाता है। माइंड मैप आकर्षक होते हैं और इन्हें पढ़ना और याद रखना आसान होता है। बचपन से आपने महसूस किया होगा कि आपका दिमाग लंबे वाक्यों के मुकाबले कुछ संकेत शब्द (keywords) और छवियों को याद करने में ज्यादा सक्षम है। यही कारण है कि माइंड मैप अधिक उपयोगी होते हैं, क्योंकि वे केवल संकेत शब्दों/छवियों का उपयोग करते हैं और सभी बिंदुओं के बीच संयोजन के लिए कड़ियाँ प्रदान करते हैं, ताकि जब आप इन्हें दोहराएँ, तब भी आपकी दृष्टि से छोटे-छोटे बिंदु ओझल न हो जाएँ और आपका दिमाग पूरे चित्र का उपयोग कर ले।

आप एक खाली पेज के मध्य से उस विषय का केंद्रीय विचार लिखना शुरू करते हैं, जिसके संबंध में आप माइंड मैप तैयार कर रहे हैं और फिर अपने विचारों को इस केंद्रीय विषय से प्रत्येक दिशा में विकीर्ण (radiate) कर देते हैं। इसके मध्य में केंद्रीय विचार होना चाहिए; फिर उस केंद्रीय विचार से बाहर निकलती उप-शीर्षक संबंधी शाखाएँ और इसी तरह और आगे बनाते जाएँ। आप अपनी रंगों की थीम विकसित

कर सकते हैं, जो आपके सभी माइंड मैप में इस्तेमाल हो, ताकि आपको याद रखने और दोहराने में आसानी हो। आप अपनी थीम में, विभिन्न स्तरों के लिए अलग-अलग आकारों का और अलग-अलग फोंट का भी उपयोग कर सकते हैं। आप आसानी से याद रखने के लिए, जहाँ भी आवश्यक हो, चित्रों का उपयोग कर सकते हैं। आप बिंदुओं को एक-दूसरे के साथ जोड़ सकते हैं। इससे आप बेहतर एकाग्रता के साथ मुख्य बिंदुओं पर ध्यान केंद्रित कर सकेंगे। बेहतर प्रस्तुति से आपके बोरियत के स्तर में वृद्धि नहीं होगी।

यह सर्वविदित है कि हमारे मस्तिष्क का मुख्य क्रियात्मक हिस्सा दो भागों में विभाजित होता है, बायाँ मस्तिष्क और दायाँ मस्तिष्क। बायाँ मस्तिष्क अक्सर तर्कसंगत विश्लेषण, रेखीय सोच, तर्कों आदि से संबंधित माना जाता है, जबकि दायाँ मस्तिष्क अंतर्ज्ञान, दृश्य कल्पना, कला, रचनात्मक और कलात्मक डिजाइन, रंग, चित्र आदि के साथ संबंधित माना जाता है। अक्सर लोग मुख्यत: मस्तिष्क का एक ही भाग ज्यादा प्रयोग करते हैं, इसलिए कालांतर में कम इस्तेमाल होनेवाले मस्तिष्क के भाग में कुछ हद तक निष्क्रिय बने रहने की प्रवृत्ति उत्पन्न हो जाती है। माइंड मैप का उपयोग आपके बाएँ मस्तिष्क और दाएँ मस्तिष्क के बीच समन्वय में वृद्धि करेगा, जो आपके लिए हमेशा के लिए फायदेमंद साबित होगा। कुल मिलाकर, आप 2 मिनट के अंदर एक बड़ा विषय दोहराने में सक्षम हो जाएँगे, जो रेखीय notes के मामले में कम-से-कम 15 मिनट लेता। आप पाएँगे कि यदि आप माइंड मैप तैयार करते हैं, तो आप नोट्स लेने के समय और दोहराव के समय में काफी बचत कर लेंगे।

माइंड मैप तैयार करने के लिए इंटरनेट पर कई सॉफ्टवेयर उपलब्ध हैं। आप किसी को भी डाउनलोड कर सकते हैं और अपने कंप्यूटर या मोबाइल फोन पर उनका उपयोग करना शुरू कर सकते हैं। यदि आप अपने मोबाइल फोन पर माइंड मैप बनाते हैं, तो यह आपके रास्ते के समय का उपयोग करने में भी आपको लाभ देगा, क्योंकि आप एक मिनट से भी कम समय में पूरे अध्याय को दोहराने में सक्षम हो जाएँगे।

यह न केवल समय की बचत करेगा, बल्कि आपको याददाश्त के मोर्चे पर भी लाभ देगा और मेरा मानना है कि दोनों फायदे एक-दूसरे से बढ़कर हैं।

प्रभावी ढंग से कंप्यूटर और इंटरनेट का उपयोग सीखें

स्वयं सही विकल्प (Auto correct option)—कंप्यूटर पर Auto correct option का खूब प्रयोग करें। जब हम कोई प्रोजेक्ट तैयार करते हैं, तो कुछ शब्द ऐसे होते हैं, जो लंबे होते हैं और बार-बार प्रयोग में आते हैं। हमें एक बार उन शब्दों या वाक्यांशों को Auto correct प्रविष्टि दे देनी चाहिए, जो बाद में बहुत समय बचाएगी। उदाहरण के लिए, मेरे कार्यालय में, मैंने Hon'ble Supreme Court के

लिए 'HSC'; Hon'ble Tribunal के लिए 'HT'; 'High Court' के लिए 'HC'; 'Hon'ble High Court' के लिए 'HHC'; 'Yours faithfully' के लिए 'yf' आदि का इस्तेमाल किया। बाद में इसने बहुत समय बचाया। आप अपने द्वारा दिन-प्रतिदिन इस्तेमाल किए जानेवाले ऐसे शब्दों या वाक्यांशों की सूची बना सकते हैं और फिर उनके लिए अपने टाइपिंग प्रोग्राम, जैसे MS Word में, Auto correct प्रविष्टि बना सकते हैं। आपको ऐसी प्रविष्टियाँ बनानी चाहिए, जिन्हें याद रखना भी आसान हो और जो वांछित शब्दों/वाक्यांशों से तार्किक रूप से जुड़ी हुई हों, जैसा कि मैंने उपरोक्त प्रविष्टियों के माध्यम से समझाया है। आपको आश्चर्य होगा कि कितनी तेजी से आप इन छोटी-छोटी auto correct प्रविष्टियों को याद कर लेंगे। मैं तो सलाह दूँगा कि आपको एक Excel वर्कशीट में अपने अक्सर इस्तेमाल किए जानेवाली auto correct प्रविष्टियों को भी टाइप कर लेना चाहिए, ताकि जब आप अपना कंप्यूटर बदलें, तो वही auto correct प्रविष्टियाँ नए कंप्यूटर में भी बनाई जा सकें।

सन्निहित टेम्प्लेट का उपयोग करें (Use Inbuilt Templates)— चाहे आप अपने कंप्यूटर पर MS Word या Mac का उपयोग कर रहे हों, ये प्रोग्राम विभिन्न प्रकार की आवश्यकताओं के अनुरूप कई Inbuilt Templates उपलब्ध कराते हैं। कम-से-कम 99 प्रतिशत लोग एक नई Word फाइल खोलकर खाली फाइल में टाइप करना शुरू करते हैं। उन्हें यह पता ही नहीं होता कि जब भी आप अपना टाइपिंग प्रोग्राम (जैसे MS Word) शुरू करते हैं, तो वह एक खाली फाइल खोलने के लिए सेट है; जबकि सच्चाई यह है कि 'Blank' फाइल तो आपके प्रोग्राम द्वारा प्रदान किए गए टेम्प्लेट में से ही एक है। एक बार उपलब्ध कराए गए टेम्प्लेट की सूची देखें और उन सभी को खोलकर देखें, तो आप जान जाएँगे कि कितने प्रकार के टेम्प्लेट आपके लिए उपलब्ध हैं, जो बाद में आपकी विशिष्ट आवश्यकताओं के अनुसार उपयोग किए जा सकते हैं।

अपना खुद का टेम्प्लेट (Template) बनाएँ—आप अपना खुद का टेम्प्लेट बना सकते हैं और इसे भविष्य में उपयोग के लिए सहेज (Save) सकते हैं। मुझे याद है कि हमारे कार्यालय में, हम अक्सर अपने मुखयालय को पत्र भेजते थे। मैंने देखा कि मेरे टाइपिस्ट हर बार एक नई फाइल खोलकर पहली पंक्ति से टाइप करना शुरू करते थे। मैंने देखा कि लगभग हर पत्र में कुछ समान बातें लिखी होती थीं, जैसे भेजनेवाले कार्यालय का नाम और पता; फिर फाइल संख्या और तिथि; उसके बाद प्राप्तकर्ता का नाम और पता; फिर संबोधन, जैसे सर/मैडम; फिर विषय; फिर पत्र का पाठ और अंत में, भेजनेवाले का नाम और पदनाम इत्यादि। इनमें से सिर्फ विषय और पत्र का मुख्य पाठ ही अलग-अलग पत्रों में अलग होते थे, शेष सभी हिस्से वही रहते थे। मैंने एक

पुराने पत्र की प्रतिलिपि बनाई और पत्र के विषय और मुख्य पाठवाले हिस्से को हटा दिया और इसे 'Save As' मेनू के अंतर्गत 'Word Template' कमांड का उपयोग करके इसे टेम्प्लेट के रूप में सहेज लिया और इसे शीर्षक दिया 'Blank Letter to HQ'। इसके बाद, जब भी मुखयालय को एक नया पत्र भेजना होता था, तो इस टेम्प्लेट का इस्तेमाल करके विषय और मुख्य पाठ टाइप करके उसे एक अलग नाम की फाइल के रूप में सहेज लिया जाता था, ताकि मूल टेम्प्लेट सुरक्षित रहे। एक बार के 5 मिनट के निवेश ने बाद में कई घंटे बचाए।

कीबोर्ड (Keyboard) शॉर्टकट का इस्तेमाल करें—कीबोर्ड शॉर्टकट का उपयोग करना सीखें। आजकल माउस (Mouse) के जमाने में अधिकतर लोग की-बोर्ड शॉर्टकट का उपयोग करना ही भूल गए हैं। इसमें कोई संदेह नहीं है कि माउस का उपयोग करना आसान है, लेकिन कई की-बोर्ड शॉर्टकट ऐसे हैं, जो समय की बचत करते हैं। 'विंडोज' और 'मैक' दोनों नियमित रूप से की-बोर्ड शॉर्टकट के बारे में मार्गदर्शन प्रदान करते हैं, जिन्हें सीखकर उनका धीरे-धीरे अभ्यास किया जा सकता है।

G.O.P.T.A. POINTS

- ✓ कभी भी अपने लक्ष्यों से नजर न हटाएँ और प्रत्येक बाधा पर विजय पाने में GOPTA की शक्ति का दोहन करें और अपनी आंतरिक प्रेरणा का स्तर बनाए रखें। खुद से सवाल पूछिए कि ऐसी कौन सी सबसे ज्यादा खतरनाक बाधा है, जिस पर विजय प्राप्त करके आपको सर्वाधिक लाभ हो सकता है।
- ✓ सफल लोग हमेशा समाधान के बारे में सोचते हैं, जबकि असफल लोग परिस्थितियों या भाग्य को दोष देते रहते हैं और कभी भी अपने आरामदेह सुविधा क्षेत्र से बाहर नहीं आना चाहते हैं।
- ✓ निडर होकर बड़े सपने देखिए।
- ✓ 'आरामदेह सुविधा क्षेत्र' और 'बदलाव के प्रति आंतरिक प्रतिरोध' बचपन से ही विकसित हो जाते हैं और यह एक मजबूत गुरुत्वाकर्षण खिंचाव प्रदान करते हैं और आपके 'निर्णय' को आपके लक्ष्यों की दिशा में नियमित रूप से कुछ सकारात्मक करने के लिए 'दृढ़ संकल्प' बनने की अनुमति नहीं देते और आपका तथाकथित 'निर्णय' केवल 'किसी दिन काम करने की इच्छा' मात्र ही रह जाता है।
- ✓ अपने कॅरियर के क्षेत्र में, अब से 25 साल बाद के अपने भविष्य की कल्पना कीजिए और तदनुसार लक्ष्य निर्धारित कीजिए।

- ✓ अच्छी वित्तीय आदतों को विकसित करिए। संपत्ति और दायित्व के बीच के अंतर को समझिए। सकारात्मक वित्तीय उत्तोलन (Financial Leverage) की शक्ति को समझकर उसका लाभ उठाइए। संचयी प्रतिफल (compounding) की असीम शक्ति को पहचानिए।
- ✓ याद रखिए, आपकी प्रतिस्पर्धा अपनी आंतरिक क्षमता से है। अपनी क्षमता से कम उपलब्धि हासिल करनेवाला (underachiever) मत बनिए।
- ✓ आपको समाज के लिए एक योगदानकर्ता बनना पड़ेगा, न कि सिर्फ लेनेवाला। आपको समाज में मूल्य जोड़ने होंगे। योगदान के बारे में समुचित दृष्टि आपको जीवन में सफल होने में मदद करेगी और आपके समस्त कार्यों के पीछे एक प्रेरणा शक्ति होगी।
- ✓ परीक्षा में 1 अंक के महत्त्व को समझिए।
- ✓ परीक्षाओं में अच्छे ग्रेड के महत्त्व को समझिए।
- ✓ अपने 'मजबूत' और 'कमजोर' बिंदुओं की पहचान करिए।
- ✓ अपने कॅरियर से संबंधित फेसबुक और यूट्यूब पेज का उपयोग करें।
- ✓ चयनित कॅरियर के अनुसार ही अपनी नियमित पढ़ाई के विषय चुनिए।
- ✓ आजीवन शिक्षार्थी बनिए।
- ✓ निरंतर नए कौशल सीखते रहिए।

□

खंड-5

उत्पादकता बढ़ाने के लिए उपलब्ध समय का सदुपयोग

इस खंड में आप सीखेंगे–

- अग्रिम नियोजन (Advance Planning) के लाभ और तकनीकें।
- प्राथमिकता निर्धारण (Prioritisation) की तकनीकें।
- To-Do List तैयार करना और महत्त्व (Importance) और तात्कालिकता (Urgency) के अनुसार प्राथमिकताएँ तय करना।
- टालमटोल की प्रवृत्ति से कैसे निपटें?
- स्वास्थ्य की देखभाल कैसे करें?
- निद्रा-चक्रों को समझकर कैसे अच्छी नींद का आनंद लेकर तरोताजा जागें?
- जल्दी उठने के लाभ और जल्दी कैसे उठें?
- कार्यस्थल/कार्यालय में व्यवस्थित कैसे रहें?
- स्वयं कैसे व्यवस्थित रहें?

18

अग्रिम नियोजन (Advance Planning)

> Planning is bringing the future into the present so that you can do something about it now.
>
> **—Alan Lakein**

लक्ष्य-निर्धारण प्रक्रिया और लक्ष्य-प्राप्ति की तकनीकों को सीखने के बाद, अब अपने समय का प्रभावी रूप से सदुपयोग करना सीखना आवश्यक है, ताकि जीवन के विभिन्न पहलुओं में निर्धारित लक्ष्यों पर एक साथ कार्य किया जा सके। अपने लक्ष्यों की सूची देखने पर आप पाएँगे कि आपको उन लक्ष्यों को प्राप्त करने के लिए कुछ दैनिक कार्य करने होंगे, जिसके लिए बहुत अधिक समय की आवश्यकता होगी। स्वास्थ्य संबंधी लक्ष्यों के लिए, आपको सुबह टहलने और व्यायाम करने व ध्यान करने के लिए समय की आवश्यकता होती है। कॅरियर संबंधी लक्ष्यों के लिए, आपको वांछित कौशल सीखने और सुधारने के लिए कई बार अतिरिक्त घंटे काम करने के लिए समय की आवश्यकता होती है। इसी प्रकार, प्रत्येक लक्ष्य की प्राप्ति के लिए समय की आवश्यकता होती है, जबकि आपका दिन सिर्फ 24 घंटों का होता है।

हम सभी जानते हैं कि आपको सबकुछ करने के लिए पर्याप्त समय नहीं मिल सकता। इस स्थिति से निपटने के लिए आप दो काम कर सकते हैं। पहला, मेरे द्वारा सुझाई गई सरल तकनीकों का पालन करके उपलब्ध समय के प्रभावी उपयोग से अधिक उत्पादक समय बनाना सीखना है और दूसरा, अपनी सभी गतिविधियों के बीच समुचित चुनाव करना है। उन सभी चीजों की एक सूची बनाएँ, जिन्हें आप करना पसंद करते हैं और देखें कि क्या ये आपको अपने लक्ष्यों की ओर ले जा रही हैं। दिन में 3 घंटे खेलना आपका मनोरंजन लक्ष्य हो सकता है, लेकिन यह आपको जीवन में कहीं नहीं ले जाएगा, बशर्ते आप अपना कॅरियर बनाने के लिए वह खेल न खेल रहे हों।

अच्छी खबर यह है कि अतीत में आप चाहे जितना अस्त-व्यस्त हों, आज आप अपने क्षेत्र के सबसे कुशल, प्रभावी और सफल व्यक्ति बन सकते हैं, क्योंकि समय प्रबंधन आसानी से सीखने योग्य कौशल है।

उत्पादक समय बढ़ाने की प्रमुख कुंजियाँ हैं—अग्रिम नियोजन (Advance Planning), कार्यों को प्राथमिकता के क्रम में सजाना (Prioritisation), पर्याप्त आराम करना और जीवन के विभिन्न क्षेत्रों में व्यवस्थापन (Orgnisation)। जैसा कि ब्रायन ट्रेसी कहते हैं, "Every minute spent in planning saves 10 minutes in execution."

आपको शुरुआत अपने लक्ष्यों को लिखकर करनी होगी और फिर सभी आवश्यक गतिविधियों को प्राथमिकता के क्रम में व्यवस्थित करना होगा। अग्रिम नियोजन और सही प्राथमिकताएँ निर्धारित करना प्रभावी समय प्रबंधन के लिए शुरुआती बिंदु हैं। आपके लक्ष्य की दिशा में इस यात्रा के दौरान GOPTA का इस्तेमाल आपको आवश्यक बल देगा। जीवन के विभिन्न क्षेत्रों में संतुलन बनाए रखते हुए और जीवन का आनंद लेते हुए अपने लक्ष्यों की प्राप्ति ही आपके द्वारा उठाए गए कष्टों का सर्वश्रेष्ठ पुरस्कार होगा।

समय का सबसे बढ़िया उपयोग अपने किए जानेवाले कामों की पूर्व-योजना बनाना है, क्योंकि योजना में खर्च किए गए हर मिनट से आपकी उत्पादकता में वृद्धि होगी और आप अपनी योजनाओं को निष्पादित करते वक्त बहुत समय बचा पाएँगे। आप अपने अगले दिन की कार्ययोजना शाम को कार्यालय छोड़ने से पहले या सोने से पहले, या कार्यस्थल के लिए आते-जाते वक्त रास्ते में या कार्यालय में नया दिन शुरू करने से पहले बना सकते हैं। इसी तरह, अगले हफ्ते की अग्रिम कार्ययोजना नए सप्ताह की शुरुआत से पहले रविवार की रात में ही बना लीजिए।

जब आप सोने से पहले अगले दिन किए जानेवाले कामों की सूची बना लेते हैं, तो स्पष्ट संदेश आपके अवचेतन मन में चला जाता है और आपका अवचेतन मन उस सूची पर काम करना शुरू कर देता है। सुबह आप तरोताजा और ऊर्जावान महसूस करते हैं और अपने काम के अस्त-व्यस्त होने के झंझट से मुक्त रहते हैं, क्योंकि आपने पहले ही अपने दिन की कार्ययोजना बना रखी है। यदि आप अपने हफ्ते की अग्रिम कार्ययोजना बनाते हैं, तो कम महत्त्वपूर्ण कामों की वजह से आपके महत्त्वपूर्ण काम नहीं रुकेंगे। यदि आप महत्त्वपूर्ण चीजों को लंबे समय तक टालते रहते हैं तो उन्हें अविलंब (urgent) किए जानेवाली नौबत आ जाती है। इस वजह से आप संकट में पड़ सकते हैं या फिर उसकी समय सीमा समाप्त हो सकती है, जिससे आपको बड़ा नुकसान भी हो सकता है।

अग्रिम नियोजन के लाभ

- यह आगामी दिनों/हफ्तों/महीनों/वर्षों के दौरान किए जानेवाले सभी कार्यों का एक बना बनाया (readymade) संग्रह प्रदान करता है।
- यह प्रत्येक कार्य के लिए आवश्यक समय का अग्रिम अनुमान उपलब्ध कराता है।
- यह उन क्षेत्रों के बारे में बताता है, जहाँ हम कार्य किसी और को सौंपने (delegation) या आउटसोर्सिंग (outsourcing) के बारे में विचार कर सकते हैं।
- यदि एक टीम के लिए एक स्पष्ट कार्ययोजना तैयार की जाती है, तो टीम के प्रत्येक सदस्य को पता होगा कि किससे क्या उम्मीद की जा रही है और कितने समय में।
- आप अपने पास कई कार्य होने के कारण दिक्कत नहीं महसूस करेंगे।
- आपकी अपने बॉस, सहकर्मियों और साथ ही अपने अधीनस्थों की नजरों में एक व्यवस्थित व्यक्तिवाली बेहतर छवि होगी।
- आप एक काम को एक ही बार में पूरा कर देंगे और इससे कई बार के दोहराव से बचत होगी।

प्रभावी समय प्रबंधन की तकनीकें सीखने से पहले, सर्वप्रथम आपको अपने समय उपयोग की आदतों के बारे में कुछ आत्म-परीक्षण करना चाहिए। आपको अपनी समय उपयोग की आदतों को एक समय खाता (Time Log) बनाकर देखना होगा। आपको अपने पावर घंटों (Power Hours) को भी पहचानना होगा, जब आपकी उत्पादकता चरम स्तर पर होती है, ताकि आप दिन के लिए अपनी सही समय सारणी बना सकें।

जैसे-जैसे दिन आगे बढ़ता है, छोटे-मोटे विकर्षण (distractions) आपके पास आएँगे ही। आप अचानक आनेवाले मोबाइल कॉल, इ-मेल, अवांछित मेहमान आदि विकर्षणों से बच नहीं सकते हैं। किसी कार्य विशेष के लिए आपको कभी भी लगातार इतना समय नहीं मिल पाता है, जब आप उस काम पर अपना संपूर्ण ध्यान केंद्रित कर सकें। इस वजह से उस कार्य पर आपका आवश्यकता से अधिक समय खर्च हो जाता है। आप तनाव महसूस करने लगते हैं, क्योंकि अभी ढेर सारे काम करने बाकी हैं और आप एक ही काम में फँसे रहने की स्थिति में नहीं हैं।

तो फिर समाधान क्या है ? GOPTA कहता है कि पर्यावरण बदलने का इंतजार मत कीजिए; वह तो किसी सूरत में नहीं बदलनेवाला है। विकर्षणों से निपटने के लिए अपना खुद का तरीका बनाने की जिम्मेदारी **'आपकी'** है।

आप दो चीजें कर सकते हैं—

1. अपने चरम/कम अच्छे प्रदर्शन के घंटों के अनुसार, प्राथमिकताएँ तय करें—सर्वप्रथम दिन की उस समयावधि की पहचान करें, जब आपके मानसिक कौशल अपने अधिकतम स्तर पर होते हैं। ये अलग-अलग व्यक्तियों के लिए अलग-अलग हो सकते हैं और हरेक को अपने चरम उत्पादक घंटे पहचानने होंगे; हालाँकि मेरा अनुभव कहता है कि अधिकांश व्यक्तियों के लिए यह दिन का पहला हिस्सा होता है। दिन के दौरान अपनी गतिविधियों को प्राथमिकता देते वक्त हमेशा ध्यान रखें कि कौन सी गतिविधियों को आपकी ज्यादा मानसिक शक्तियों की आवश्यकता होगी और किन गतिविधियों को आप किसी भी मन:स्थिति में कर सकते हैं।

2. अविभाजित ध्यानवाले समय के छोटे-छोटे टुकड़े बनाएँ—हमें समय के ऐसे छोटे-छोटे टुकड़े बनाने होंगे, जिसके दौरान हम कम-से-कम विकर्षण के साथ अपना अविभाज्य ध्यान किसी कार्य विशेष को दे सकें। अक्सर ऐसा देखा गया है कि यदि आप किसी मुश्किल कार्य पर ध्यान केंद्रित करना चाहते हैं, तो एक समय में कम-से-कम एक घंटे का अविभाज्य ध्यान उस परियोजना पर देना उस कार्य में प्रगति करने के लिए आवश्यक है।

समय के इस छोटे से हिस्से को आप पावर घंटा (Power Hour) कह सकते हैं।

इस पावर घंटे के दौरान कम-से-कम विकर्षण के लिए अन्य लोगों को यह एहसास दिलाकर रखिए कि इस पावर घंटे के दौरान आप कोई विघ्न पसंद नहीं करते। इस दौरान आप सिर्फ अपने बॉस द्वारा तो बुलाए जा सकते हैं, किसी और के द्वारा नहीं। तय करें कि इस एक घंटे के दौरान आप मोबाइल पर बात करना भी यथासंभव टालेंगे। अपना मोबाइल कंपन मोड पर डाल दें, ताकि कोई महत्त्वपूर्ण कॉल छूट न जाए। इ-मेल नोटिफिकेशन बंद कर दें। आप अपने चाय के ब्रेक के दौरान या किसी और सुविधाजनक समय पर इ-मेल देख सकते हैं। अपने सचिव से कहिए कि इस दौरान आनेवाली कम आवश्यक टेलीफोन काल से अपने स्तर पर ही निपट ले।

याद रखिए, कार्यालय में बरबाद किया गया हर मिनट आपके पारिवारिक जीवन पर अतिरिक्त दबाव डालता है, क्योंकि या तो आपको कार्यालय में देर तक काम करना पड़ता है या काम घर ले जाना पड़ता है, हालाँकि समय के छोटे-छोटे टुकड़े बनाकर, अविभाजित ध्यान के साथ कार्य करने की आदत आपको लंबे समय तक मदद करेगी। यदि लोगों को पता चल जाएगा कि आप बिना किसी विघ्न के काम करना चाहते हैं, तो सहकर्मी सिर्फ गपशप करने के लिए आपके पास नहीं आएँगे।

दिन के दौरान समय-सत्रों (Time Periods) का विचार विकसित करके, कैसे मैंने अपने कार्यालय में अपनी दिनचर्या बनाई?

भारत सरकार के लिए काम करते वक्त, मैंने अपने दिन के समय को चार सत्रों में विभाजित किया, जैसे कि स्कूल में पीरियड होते थे। दो सत्रों के बीच की अवधि में मैंने 10–15 मिनट के लिए चाय के अवकाश की योजना बनाई, ताकि मेरी ऊर्जा अगले सत्र में कड़ी मेहनत के लिए नवीनीकृत हो जाए। फिर मैंने उस समय की पहचान की, जब मेरा मानसिक ऊर्जा का स्तर अपने अधिकतम स्तर पर होता है। मेरे लिए, यह समय सुबहवाला होता था। इससे मुझे यह मदद मिली कि मैं योजना बनाते वक्त ऐसे काम सुबह करने के लिए रखता था, जिनके लिए उच्च मानसिक ऊर्जा स्तर की जरूरत होती है और सामान्य गतिविधियों को दोपहर के सत्रों के लिए छोड़ देता था।

याद कीजिए, आपने अपनी अंतिम छुट्टियाँ कैसे प्लान की थीं

याद कीजिए, जब आप आखिरी बार छुट्टियों में घूमने गए थे, तो आपने छुट्टी पर जाने से एक दिन पहले, अपने कार्यस्थल और घर पर सभी महत्त्वपूर्ण और जरूरी काम समाप्त कर लिये थे। कार्यालय में काम खत्म करने की दक्षता का स्तर याद कीजिए। छुट्टी पर जाने से पहले जब आपका उत्साह चरम पर था, तो आपने उस आखिरी दिन में 2 या 3 दिन का काम निपटा दिया था, जिसके परिणामस्वरूप आपने सबसे अधिक उत्पादक तरीके से काम किया था।

अगर आप छुट्टी पर जाने से पहले बेहतर योजना के जरिये अपनी उत्पादकता बढ़ा सकते हैं और दिन भर अच्छी गति से काम कर सकते हैं, तो क्या आपको नहीं लगता कि हमेशा ही कार्ययोजना बनाने और उस योजना के अनुसार, कार्य करने की आदत विकसित करना आपके लिए अच्छा होगा।

G.O.P.T.A. POINTS

- अग्रिम कार्ययोजना बनाना और सही प्राथमिकताएँ निर्धारित करना प्रभावी समय प्रबंधन के लिए शुरुआती बिंदु हैं।
- जीवन के विभिन्न क्षेत्रों में संतुलन बनाए रखते हुए और जीवन का आनंद लेते हुए अपने लक्ष्यों की प्राप्ति ही आपके द्वारा उठाए गए कष्टों का सर्वश्रेष्ठ पुरस्कार होगा।
- योजना में खर्च किए गए हर मिनट से आपकी उत्पादकता में वृद्धि होगी और आप अपनी योजनाओं को निष्पादित करते समय बहुत समय बचा पाएँगे, ताकि आपको अपने पसंदीदा कार्य करने के लिए अधिक से अधिक समय प्राप्त हो सके।

- अपने चरम/कम प्रदर्शन के घंटों के अनुसार, प्राथमिकताएँ निर्धारित करें।
- अविभाजित ध्यान के साथ समय के छोटे-छोटे टुकड़े बनाएँ।
- अपने कार्यदिवस को स्कूल की तरह सत्रों में बाँट लें।
- याद रखें, आपने आखिरी छुट्टियाँ कैसे प्लान की थीं। अपने आपसे पूछें कि उस दिनवाला उत्साह और उत्पादकता प्रतिदिन क्यों नहीं दोहराए जा सकते हैं।

□

19

प्राथमिकता निर्धारण–सकारात्मक भेदभाव की कला

> Read this chapter at least thrice. It will change your life forever, as you will double your productivity and save at least one hour a day.

हम सभी जीवन में जिताऊ रणनीति चाहते हैं, लेकिन जीत हासिल करने के लिए आवश्यक कार्यों की संख्या से अभिभूत हो जाते हैं और खुद को सारे कार्य करने में असमर्थ पाते हैं। ढेर सारी चीजों के लिए समय निकालना सभी के लिए एक बड़ी चुनौती है; चाहे वह नियोक्ता हों, कर्मचारी हों, छात्र हों, गृहिणी हों या व्यवसायी हों। सब शिकायत करते हैं कि सभी काम पूरे करने के लिए दिन में कभी भी पर्याप्त समय नहीं होता है। यहाँ मैं आपको बताना चाहता हूँ कि समय प्रबंधन का सार है 'प्राथमिकता निर्धारण' (Prioritisation)।

याद रखें, समय प्रबंधन आपके जीवन को और मुश्किल बनाने के लिए नहीं है। सिर्फ इसलिए कि आपने अपने समय को व्यवस्थित करने का निर्णय लिया है, आपको काम का लती बनने की आवश्यकता नहीं है, बल्कि समय प्रबंधन तो आपको और अधिक आसानी से काम करने और अपने कार्यों को अधिक आसानी से पूरा करने में सहायता करने के लिए है। यदि आप यह चुनाव करने की कला सीख लेंगे कि कौन सा कार्य कब किया जाना है और किसके द्वारा किया जाना है, तो आप अपने लक्ष्यों की ओर बहुत तेजी से बढ़ने लगेंगे। यही कारण है कि मैं प्राथमिकता निर्धारण को सकारात्मक भेदभाव की कला कहता हूँ।

> If you learn to discriminate, which tasks need to be done, when to be done and by whom to be done, you can move very fast towards your goals.

एक अच्छी प्राथमिकता निर्धारण प्रणाली में अनिवार्य रूप से ये तीन चरण होते हैं—

1. एक **लिखित** To-Do List, जिसमें वे सभी कार्य लिखे हों, जिन्हें किया जाना है, चाहे तुरंत या बाद में किया जाना हो;
2. उन कार्यों के महत्त्व या तात्कालिकता के अनुसार और आपकी ऊर्जा के स्तरों के अनुसार, विभिन्न कार्यों की प्राथमिकता का क्रम निर्धारित करना तथा
3. यह निर्णय लेना कि कोई कार्य विशेष स्वयं करना है; या किसी और को सौंपना है (Delegation); या कहीं बाहर से कराना है (Outsourcing)।

इन तीनों चरणों में से प्रत्येक का अपना महत्त्व है और आप इन चरणों में से किसी की भी अनदेखी नहीं कर सकते हैं। मैं व्यक्तिगत रूप से महसूस करता हूँ और आपको भी आश्वस्त करना चाहता हूँ कि यदि आप इन तीन चरणों को ठीक से सीखते हैं और इनका अभ्यास करते हैं, तो आप किन्हीं भी अन्य समय प्रबंधन तकनीकों के साथ थोड़ी स्वतंत्रता ले सकते हैं।

चरण 1—एक To-Do List तैयार करना

एक **लिखित** To-Do List तैयार करना **प्राथमिकता निर्धारण** का पहला चरण है। हम सिर्फ अपनी स्मृति पर ही पूरी तरह भरोसा नहीं कर सकते। अपनी कार्ययोजना बनाने के लिए प्रतिदिन 5 मिनट एक To-Do List बनाने में खर्च करें और सभी कार्यों को उनके महत्त्व (Importance) और तात्कालिकता (Urgency) के अनुसार प्राथमिकता देकर क्रमबद्ध कर लें।

To-Do List के फायदे

- To-Do List बनाने/अपडेट करने और इसे प्राथमिकता के अनुसार क्रमबद्ध करने में प्रतिदिन लगभग 5–10 मिनट खर्च करने से प्रतिदिन आपका लगभग एक घंटा समय बच सकता है।
- लिखित To-Do List स्मृति से ज्यादा विश्वसनीय है।
- इससे प्राथमिकता निर्धारण सहज हो जाता है।
- यह आपका आत्मविश्वास बढ़ाती है, क्योंकि आप प्रत्येक कार्य पर नजर

रखते हैं और छोटी से छोटी चीज भी आपकी नजर से चूक नहीं सकती है।

- जब आप दिन के अंत में किए हुए कार्य देखते हैं, तो आपको संतुष्टि मिलती है और इस उपलब्धि के भाव के कारण आपका मस्तिष्क वांछित एंडोर्फिन छोड़ता है।
- यदि आप किसी दिन अपना समय बरबाद करते हैं, तो यह आपको बता देता है कि आज आपने ज्यादा कुछ नहीं किया है।
- आप एक ही क्षेत्र के दो कार्यों को एक ही बार में करके अपना समय बचा सकते हैं।
- आप बचे हुए कार्य अगले दिन की To-Do List में ले जा सकते हैं।
- यदि आपके पास एक To-Do List है, तो आप बेहतर फोकस के साथ काम पर ध्यान दे सकेंगे और आपके बॉस और सहकर्मियों की नजर में आपकी बेहतर छवि बनेगी कि आप एक व्यवस्थित व्यक्ति हैं और आपको जो भी काम करने होते हैं, उन सभी पर लगातार नजर रखते हैं; आपको एक विश्वसनीय व्यक्ति माना जाने लगेगा, जिसे कोई भी महत्त्वपूर्ण काम सौंपा जा सकता है।
- एक बार जब आपके अधीनस्थों को लाभ दिखाई देने लगते हैं, तो वे भी To-Do List बनाना शुरू कर देंगे, जिससे संगठन की समग्र उत्पादकता में सुधार होगा।

To-Do List कैसे तैयार करें

आपको जो भी काम करने हैं, उन सभी को सूचीबद्ध कर लीजिए और फिर उन्हें प्राथमिकता की 'एबीसीडी तकनीक' के अनुसार, क्रमबद्ध कर लीजिए। [हम अगले चरण-2 में एबीसीडी तकनीक के अनुसार, प्राथमिकता निर्धारण की कला सीखेंगे] सर्वप्रथम समझनेवाली सबसे महत्त्वपूर्ण बात यह है कि यह सूची **लिखित** होनी चाहिए; तब उसे प्राथमिकता देनी है और फिर उस प्राथमिकता के अनुसार कार्य करने हैं।

To-Do List तैयार करने के लिए आवश्यक चरण निम्नलिखित हैं—

- सभी लंबित कार्यों को लिखें।
- शुरुआत से ही, इन कार्यों को विभिन्न श्रेणियों में विभाजित कर लें, जैसे घरेलू कार्य, कार्यालय के कार्य, या कोई भी अन्य श्रेणी।
- अपनी To-Do List में यह दिखाने के लिए अलग-अलग कॉलम रखें कि कौन से काम आज करने हैं; कौन से इस सप्ताह के दौरान; कौन से अगले महीने के दौरान; या अगले वर्ष के दौरान करने हैं।

- काम के महत्त्व और तात्कालिकता के अनुसार, प्राथमिकता निर्धारण कीजिए।
- दिन के दौरान अपनी To-Do List को अपडेट करते रहिए। यदि कोई नया अप्रत्याशित या अनियोजित कार्य आ जाता है, तो सबसे पहले उसे अपनी To-Do List में शामिल करें और उसकी प्राथमिकता निर्धारित करें। आपको उस कार्य को उसकी प्राथमिकता के अनुसार ही करना चाहिए।

यहाँ To-Do List का एक प्रारूप दिया जा रहा है। कार्य के महत्त्व और तात्कालिकता के अनुसार, आपको संबंधित स्तंभ के नीचे प्राथमिकता ए/बी/सी/डी भरनी होगी। जब आप अपनी To-Do List पूरी कर लेंगे तो यह आपको दिखाएगी कि आपको आज क्या-क्या काम करने हैं और किस प्राथमिकता क्रम में करने हैं। आप देखेंगे कि आज के कामों को करते वक्त आपकी नजर उन कामों से भी नहीं हटेगी, जो आपको अगले सप्ताह या अगले माह के दौरान करने हैं। यदि काम समयबद्ध श्रेणी का है, तो आप उचित जगह पर 'समयबद्ध' भी लिख सकते हैं। उदाहरण के लिए यदि आप 9 मार्च को To-Do List तैयार कर रहे हैं और बीमा प्रीमियम जमा करने की आखिरी तारीख 15 मार्च है, तो 'इस सप्ताह के लिए' नामक कॉलम में कार्य के सामने 'समयबद्ध' लिखें और यदि संभव हो तो अंतिम तारीख का भी उल्लेख कर दें, ताकि जब अंतिम तारीख नजदीक आए (जैसे 12 मार्च को), तो आप इस कार्य को उस दिन किए जानेवाले कार्योंवाले कॉलम में शामिल कर सकें, जिससे आपके पास अंतिम तिथि से पहले 1-2 दिन टालमटोल या किसी और वजह से देरी की गुंजाइश भी बनी रहे। फिर तय कीजिए कि क्या यह कार्य विशेष स्वयं करना है या आप इसे किसी और को सौंप सकते हैं। उस व्यक्ति का नाम लिखिए, जिसे कार्य सौंपा जाना है।

घरेलू कार्यों के लिए सूची

काम का विवरण	आज के लिए		इस सप्ताह के लिए	इस माह के लिए	इस वर्ष के लिए	स्वयं करना है या किसी और से कराना है	यदि किसी और को सौंपना है, तो किसे	अपेक्षित समय	कार्य पूर्ण हो गया
	प्राथमिकता A/B/C/D	उच्च/निम्न ऊर्जावाले कार्य							

कार्यस्थल के कार्यों के लिए सूची									
काम का विवरण	आज के लिए		इस सप्ताह के लिए	इस माह के लिए	इस वर्ष के लिए	स्वयं करना है या किसी और से कराना है	यदि किसी और को सौंपना है, तो किसे	अपेक्षित समय	कार्य पूर्ण हो गया
	प्राथमिकता A/B/C/D	उच्च/निम्न ऊर्जावाले कार्य							

[चित्र 19.1]

मासिक और साप्ताहिक To-Do List होने का मतलब यह नहीं है कि आपको वह काम महीने या सप्ताह की अंतिम तिथि पर ही करना है। इसकी बजाय, उचित समय पर उस कार्य को 'आज के लिए' वाले कामों के कॉलम में सरका दें। यदि आप अपनी To-Do List हाथ से बना रहे हैं, तो मैं सुझाव दूँगा कि कंप्यूटर पर एक्सेल वर्कशीट का उपयोग करना अच्छा होगा, जिससे प्राथमिकता के कॉलम बदलने या कोई भी नए कार्य जोड़ने या हटाने में आसानी हो जाएगी और आपकी To-Do List हमेशा अद्यतन दिखती रहेगी।

ऑनलाइन सॉफ्टवेयर का उपयोग करना

आजकल इंटरनेट और आपके स्मार्ट फोन पर To-Do List बनाने के लिए विभिन्न ऑनलाइन विकल्प भी मिलते हैं। इनके कई फायदे हैं—

- आपको हर जगह कागज ले जाने की आवश्यकता नहीं होती।
- आप इसे किसी भी उपकरण पर देख सकते हैं, चाहे वह आपका लैपटॉप हो या मोबाइल हो।
- यह आपके द्वारा निर्धारित प्राथमिकता के अनुसार, समस्त कार्यों को स्वयं अनुक्रमित कर लेता है।
- आपको अनुस्मारक अलार्म के लाभ प्राप्त होते हैं।
- अपनी प्रगति की निगरानी करना और पूर्ण कार्यों को काट देना या सूची से हटा देना बहुत आसान हो जाता है।

यदि आप उपरोक्त लाभ प्राप्त करने के लिए किसी भी सॉफ्टवेयर का इस्तेमाल करते हैं; तो भी आज के दिन किए जानेवाले कामों की सूची, जो कि पहले ही

प्राथमिकता के क्रम में व्यवस्थित की जा चुकी है, कागज पर या एक्सेल वर्कशीट में लिख लें। आपके ऑनलाइन सॉफ्टवेयर से आज की सूची को लिखने में ज्यादा से ज्यादा एक मिनट लगेगा, लेकिन आपके सामने कागज पर लिखी सूची के बहुत लाभ हैं। आप अभी कल्पना भी नहीं कर सकते हैं कि भौतिक To-Do List में किसी कार्य को पूरा करने के बाद उस कार्य की प्रविष्टि काटने की सकारात्मक भावना क्या है। ऑनलाइन सॉफ्टवेयर में बनाई गई To-Do List से कोई प्रविष्टि हटाना कभी उतनी संतुष्टि प्रदान नहीं कर सकता है। अगर आप एक्सेल वर्कशीट पर To-Do List बनाते हैं तो आज के दिन किए जानेवाले कार्यों की सूची का प्रिंट आउट ले लीजिए, जो कि पहले ही प्राथमिकता के क्रम में व्यवस्थित की जा चुकी है। आप एक सप्ताह के भीतर नाटकीय परिणाम देखेंगे।

चुनाव का विकल्प आपके पास है कि आप हाथ से बनाई गई To-Do List का उपयोग करना चाहते हैं या To-Do List बनाने के लिए किसी सॉफ्टवेयर या मोबाइल ऐप का उपयोग करना चाहते हैं। दोनों आजमाकर देखने के बाद आपको पता चल जाएगा कि आपके लिए बेहतर क्या रहेगा, लेकिन याद रखें, To-Do List न बनाने का विकल्प आपके पास नहीं है।

मत भूलिए कि To-Do List की भी अपनी समस्याएँ हैं। धीरे-धीरे आपकी To-Do List बड़ी होने लगती है और बेकाबू सी दिखने लगती है। आपको तय करना मुश्किल होने लगता है कि अगला काम क्या करें, क्योंकि बहुत से 'ए' प्राथमिकतावाले काम लंबित होते हैं, परंतु कभी भी To-Do List लिखने का अभ्यास छोड़कर सारे कार्यों को अपने दिमाग में रखने के पुराने तरीके पर वापस जाने के बारे में सोचिएगा भी मत। याद रखें, लिखने से स्पष्टता मिलती है और लिखना सभी चीजों को ध्यान में रखते हुए चुनने के लिए आपको बेहतर विकल्प देता है। यह आपको बताएगा कि आप वास्तव में अत्यधिक बोझ से दबे हैं और कुछ ऐसे कार्यों को, जिन्हें आपके व्यक्तिगत ध्यान की आवश्यकता नहीं है, किसी और को सौंप दिए जाने की जरूरत है या आउटसोर्सिंग की जरूरत है।

याद रखिए, आप To-Do List अपनी जिंदगी आसान बनाने के लिए इस्तेमाल करना सीख रहे हैं, न कि अपनी जिंदगी तकलीफदेह बनाने के लिए। अपनी कार्ययोजना को यथासंभव सरल बनाइए और हमेशा याद रखिए कि आपको काम का लती बनने की जरूरत नहीं है। आपको तो सिर्फ पहले से बेहतर व्यवस्थित होना है।

चरण 2—विभिन्न कार्यों का प्राथमिकता निर्धारण

यह जरूरी नहीं है कि सभी महत्त्वपूर्ण चीजें तत्काल करने की जरूरत हो और इसी तरह यह भी जरूरी नहीं है कि तत्काल करनेवाली चीजें महत्त्वपूर्ण भी हों। हमें अपने सभी

किए जानेवाले कार्यों को उनके महत्त्व और तात्कालिकता के आधार पर प्राथमिकता के अनुसार, क्रमबद्ध करना सीखना होगा, हालाँकि प्राथमिकता निर्धारण के तरीकों के बारे में विभिन्न विचारधाराएँ हैं, लेकिन प्राथमिकता निर्धारण की सबसे लोकप्रिय प्रणाली एबीसीडी प्रणाली है, जो शीर्ष स्तर के अधिकारियों के साथ-साथ नौसिखिए योजनाकारों के लिए भी समान रूप से प्रभावी है।

प्राथमिकता निर्धारण की एबीसीडी प्रणाली

'एबीसीडी प्रणाली' प्राथमिकता निर्धारण की सबसे लोकप्रिय प्रणाली है। संक्षेप में, यह एक ऐसी प्रणाली है, जिसके माध्यम से आप तय करते हैं कि कौन से कार्य पहले किए जाने हैं और कौन से बाद में; कौन से कार्य खुद करने हैं और कौन से किसी और को सौंपे जा सकते हैं।

- 'ए' प्राथमिकता वाले कार्य वे कार्य हैं, जिन्हें आज ही करना होगा, क्योंकि ये वे कार्य हैं, जो या तो अति महत्त्वपूर्ण हैं या तात्कालिक आवश्यकता के या समयबद्ध हैं; यदि आप यह कार्य करते हैं तो आपको या आपके संगठन को जबरदस्त अनुकूल परिणाम प्राप्त होंगे और यदि आप इन कार्यों को नहीं करते हैं, तो इसके गंभीर अप्रिय परिणाम हो सकते हैं। यदि आपके पास एक से अधिक 'ए' प्राथमिकता वाले कार्य हैं, तो आप उन्हें उपखंडों में विभाजित कर सकते हैं, जैसे A-1, A-2 आदि।
- 'बी' प्राथमिकता वाले कार्य वे कार्य हैं, जो जल्द से जल्द किए जाने चाहिए, लेकिन आपके 'ए' प्राथमिकता वाले कार्य पूरा होने तक आपके ध्यान की प्रतीक्षा कर सकते हैं। यद्यपि यह कार्य आपके 'ए' प्राथमिकतावाले कार्यों जितने महत्त्वपूर्ण तो नहीं हैं, लेकिन फिर भी, इन्हें किया जाना भी जरूरी है। इन्हें टाल तो सकते हैं, लेकिन अधिक समय तक नहीं।
- 'सी' प्राथमिकता वाले कार्य वे कार्य हैं, जिन्हें बिना किसी गंभीर प्रतिकूल परिणामों के भय के स्थगित किया जा सकता है। जब इन कार्यों को करने की समय-सीमा नजदीक आने लगती है, जैसे आपके बिलों या प्रीमियम या करों का भुगतान या रिटर्न दाखिल करने की तारीख, तो ये कार्य 'बी' और 'ए' प्राथमिकतावाले कार्यों में पदोन्नत किए जा सकते हैं।
- 'डी' प्राथमिकता वाले कार्य ऐसे कार्य हैं, जिन्हें कभी न कभी किया जाना है, जब आपके पास अतिरिक्त समय हो। इन कार्यों को स्थगित करने या न करने का कोई स्पष्ट प्रतिकूल प्रभाव नहीं होता है। ये कार्य delegation या आउटसोर्सिंग के सशक्त और आदर्श उम्मीदवार हैं, क्योंकि इस प्रकार

के कार्यों पर अपना समय बरबाद करना आपके मूल्यवान समय का कम लाभकारी उपयोग होगा।

यह एबीसीडी विश्लेषण की खूबसूरती है कि एक बार जब हम अपनी To-Do List में प्राथमिकताएँ निर्धारित कर देते हैं, तो किसी भी काम से जुड़ा भावनात्मक हिस्सा हमारे दिमाग के पिछले दरवाजे से बाहर निकल जाता है। एक सप्ताह के लिए सचमुच इस प्रणाली को लागू करके देखने से आपको प्राथमिकता निर्धारण की इस प्रणाली की असीम शक्ति नजर आ जाएगी।

सही महत्त्व तय करने की कसौटी

किसी कार्य को तात्कालिक (urgent) माना जाता है, यदि इसे तुरंत करना जरूरी हो, भले ही यह बहुत महत्त्वपूर्ण न भी हो। इसलिये हमेशा तत्काल कार्यों को करने के लिए 'ए' प्राथमिकता ही देनी चाहिए, भले ही महत्त्व की कसौटी पर आप इसे 'बी' प्राथमिकता देते।

विभिन्न कार्यों के सापेक्ष महत्त्व का निर्णय करते समय, आप इनमें से एक या अधिक मापदंडों का प्रयोग कर सकते हैं—

1. आपके व्यक्तिगत या संगठनात्मक लक्ष्यों को प्राप्त करने के लिए कौन से काम करने जरूरी (essential) हैं?
2. कौन सा कार्य आपके संगठन में मूल्यवृद्धि करेगा?
3. कौन सा कार्य आपके बॉस द्वारा सबसे महत्त्वपूर्ण माना जाता है और कौन से ऐसे कार्य हैं, जिन्हें आपका बॉस यह उम्मीद करता है कि आप स्वयं करें?
4. कौन से कार्य समय और ऊर्जा के आपके निवेश के मुकाबले बेहतर प्रतिफल देंगे?

यहाँ मैं एक उदाहरण लेता हूँ। मान लीजिए कि आप एक पिच के क्यूरेटर (curater) हैं, जिस पर कल एक अंतरराष्ट्रीय क्रिकेट मैच खेला जाना है और आज आप पिच को अंतिम रूप दे रहे हैं; आज बीमा प्रीमियम जमा करने की अंतिम तिथि भी है और आज दोपहर को ही कुछ मेहमान आपके घर आ रहे हैं और आपको उनके लिए मिठाई लेकर जानी है। अब आप क्या करेंगे? स्पष्ट है कि सर्वप्रथम पिच को अंतिम रूप देने पर अपना पूरा ध्यान केंद्रित करेंगे, क्योंकि इसे आपके व्यक्तिगत ध्यान एवं देख-रेख की आवश्यकता है और इसे किसी और को नहीं सौंपा जा सकता है। यह समयबद्ध भी है और महत्त्वपूर्ण भी है। बीमा प्रीमियम का भुगतान महत्त्वपूर्ण और समयबद्ध होने के बावजूद प्रतीक्षा कर सकता है, क्योंकि आखिरी तारीख निकलने के बाद भी आप ब्याज की छोटी सी राशि के साथ अपने प्रीमियम का भुगतान कर सकते हैं। मेहमानों के लिए

मिठाई आपके पुत्र या परिवार के किसी अन्य सदस्य द्वारा लाई जा सकती है।

याद रखिए, अगले दिन के लिए अपनी प्राथमिकताओं को तय करने और उन्हें पुनःव्यवस्थित करने के लिए सबसे अच्छा समय शाम को कार्यालय छोड़ने से पहले का है, जिससे अगली सुबह का कीमती समय दिन के नियोजन में बरबाद न हो और आपकी समग्र To-Do List की समीक्षा करने के लिए सबसे अच्छा समय हर सप्ताह के अंत में होता है, जब आपको यह तय करना चाहिए कि क्या किसी 'सी' या 'डी' प्राथमिकतावाले काम को अत्यावश्यकता या समयबद्धता की वजह से आगामी सप्ताह के दौरान 'बी' या 'ए' को प्राथमिकता देने की आवश्यकता है।

परेटो सिद्धांत (Pareto Principle)

परेटो 20वीं शताब्दी की शुरुआत में एक इतालवी अर्थशास्त्री थे। उन्होंने पाया कि देश का 80 प्रतिशत धन सिर्फ 20 प्रतिशत लोगों के पास है और बाकी 20 प्रतिशत धन देश के अन्य 80 प्रतिशत लोगों के पास है। कालांतर में, इस सिद्धांत को जीवन के हर क्षेत्र में सार्वभौमिक रूप से इस्तेमाल किया जा रहा है और इसके जनक के नाम पर इसे 'परेटो सिद्धांत' कहा जाता है।

ऐसा देखा जाता है कि यह सिद्धांत जीवन के हर क्षेत्र में लागू होता है। उदाहरण के लिए आप देखेंगे कि—

- किसी कंपनी की बिक्री का 80 प्रतिशत अपने 20 प्रतिशत ग्राहकों से प्राप्त होता है और 20 प्रतिशत बिक्री, शेष 80 प्रतिशत ग्राहकों से प्राप्त होती है;
- आपके पास आनेवाली 20 प्रतिशत इ-मेल आपके लिए 80 प्रतिशत मूल्यवृद्धि करती हैं, जबकि बाकी 80 प्रतिशत इ-मेल सिर्फ 20 प्रतिशत मूल्यवृद्धि करती हैं;
- टेलीफोन पर बिताया गया 80 प्रतिशत समय 20 प्रतिशत व्यक्तियों से संबंधित होता है;
- आपके कंप्यूटर के 20 प्रतिशत कामों से आपको 80 प्रतिशत उत्पादकता मिलती है;
- आपका 80 प्रतिशत लाभ आपके 20 प्रतिशत उत्पादों से मिलता है।

यदि आप इस अवधारणा को समझ जाते हैं और अपने उन 20 प्रतिशत कार्यों की पहचान करने की आदत विकसित करके इस अवधारणा का लाभ लेना शुरू करते हैं, जो आपके लिए 80 प्रतिशत मूल्यवृद्धि करते हैं, तो आप एक बेहतर व्यवस्थित एवं उत्पादक व्यक्ति बन जाएँगे। यहाँ आपको यह समझना चाहिए कि बहुमूल्य काम अक्सर मुश्किल होते हैं, लेकिन कम महत्त्वपूर्ण कार्यों को करने से पहले ये बहुमूल्य काम करने

की आदत विकसित करना आपकी उच्च उत्पादकता के लिए अति महत्त्वपूर्ण है।

अगर आप दिन की शुरुआत मुश्किल काम से करते हैं, तो धीरे-धीरे यह आपकी आदत बन जाएगी और आप भविष्य में मुश्किल या अप्रिय कार्यों को करने से नहीं डरेंगे। याद रखिए, आपको सबसे बड़े वित्तीय पुरस्कार तभी मिलते हैं, जब आप अपनी प्राथमिकताएँ निर्धारित करना सीखते हैं और उच्च मूल्यवाली गतिविधियों पर अपना अधिक समय देना शुरू करते हैं।

आप हर क्षेत्र में इस अवधारणा को लागू कर सकते हैं। उदाहरण के लिए आप अपने टेलीफोन/मोबाइल की 'स्पीड डायल' सूची को व्यवस्थित करके समय बचा सकते हैं, ताकि उसमें उन नामों को शामिल कर सकें, जिन्हें आप अक्सर कॉल करते हैं; आप उन रिपोर्ट पर अपना ध्यान केंद्रित कर सकते हैं, जो आपके या आपके संगठन के लिए वास्तव में उपयोगी हैं; आपका सचिव आनेवाली इ-मेल की प्रारंभिक जाँच कर सकता है, ताकि आपको केवल वह इ-मेल देखनी पड़ें, जिनके लिए आपके व्यक्तिगत ध्यान की आवश्यकता है आदि।

चरण 3—तय करना कि क्या काम किसे सौंपना है (Delegate)

प्राथमिकता निर्धारण का अंतिम चरण एक सकारात्मक चयन प्रक्रिया द्वारा यह तय करना है कि कोई कार्य विशेष स्वयं करना है या किसी अन्य को सौंपा जाना है (Delegation) या बाहर के किसी व्यक्ति या संस्था से (Outsource) कराना है।

जब हम 'delegation' शब्द सुनते हैं, तो हमारा दिमाग इसे 'प्रभुत्व' या 'मालिकाना आदेश' से जोड़कर देखता है। इसका कारण यह है कि बचपन से, हमारे अवचेतन मन के स्तर पर, हम इस शब्द 'delegation' को एक प्रबंधकीय नियंत्रण के साधन के रूप में देखने के आदी हैं, जहाँ एक व्यक्ति अन्य व्यक्तियों के समूह पर अधिकार रखता है और उन्हें अधिकारपूर्वक काम सौंपता है, हालाँकि सच्चाई कुछ और है। Delegation का उपयोग करने के लिए आपको मालिक बनने की या दूसरों पर अधिकार रखने की आवश्यकता नहीं है। जैसा कि मैं समय-समय पर कहता रहता हूँ, समय प्रबंधन तो दरअसल स्वयं का प्रबंधन होता है और प्रभावी समय प्रबंधन का परम लक्ष्य अपने समय उपयोग के पैटर्न पर नियंत्रण प्राप्त करना है, ताकि आप चुन सकें कि किन कामों को आपके व्यक्तिगत ध्यान की जरूरत है और किन कामों को आप किसी और को सौंप सकते हैं, चाहे कार्यस्थल पर हों या घर पर।

आप बहुत सारी चीजें/काम करते हैं। क्या आपने कभी सोचा है कि इनमें से कितनी चीजों को आपके निजी ध्यान या समय की आवश्यकता ही नहीं है। यदि आप विश्लेषण करते हैं, तो आप पाएँगे कि इनमें से कुछ तो आपके मालिक/बॉस द्वारा गलत

रूप से आपको दे दिए गए हैं; या उनमें से कुछ कार्य आपको किसी और को सौंप देने चाहिए थे।

अपने कार्यस्थल पर, आपके समक्ष दो प्रकार की चुनौतियाँ आती हैं। एक तो आप पहले से ही व्यस्त होते हैं और दूसरे आपका बॉस आपसे आपके नियमित काम के अलावा और भी अधिकाधिक काम सौंपना चाहता है। इससे आप अतिरिक्त काम के बोझ तले दब जाते हैं और तनाव का शिकार हो जाते हैं।

याद रखिए, दूसरों से कार्य करा लेने की क्षमता सफल लोगों का एक प्रमुख गुण है। आपकी उत्पादकता आपकी समूची टीम की उत्पादकता का कुल योग है, इसलिए आपको सीखना चाहिए कि कौन से काम आप किसी और को सौंप सकते हैं। मैं तो सुझाव दूँगा कि अपने समय और आवश्यक ऊर्जा को बचाने के लिए जो भी काम आप किसी भी अन्य व्यक्ति को निःशुल्क या भुगतान करके सौंप सकते हों, सौंप देना चाहिए।

> Whatever you can delegate to any other person, either for free or on payment, you should delegate to save your time and much needed energy.

Delegation आपकी दो तरीकों से मदद करता है। यह न केवल आपके काम के बोझ को कम करता है, ताकि आप अधिक उत्पादक कार्यों पर अपना ध्यान केंद्रित करने के लिए स्वतंत्र हो सकें; बल्कि यह आपकी टीम के कौशल को भी विकसित करता है। इसका फायदा यह है कि जब कभी भविष्य में उसी प्रकार का काम आएगा, तो आप बेहतर विश्वास के साथ अपनी टीम को सौंप सकते हैं।

क्या Delegate करें

कोई भी कार्य delegate करने का निर्णय लेने से पहले आपको स्वयं से कुछ प्रश्न पूछने होंगे—

- क्या कोई और है, जिसके पास उस कार्य को करने के लिए वांछित योग्यता/विशेषज्ञता है? यदि उसके पास आवश्यक योग्यता/विशेषज्ञता नहीं है, तो क्या वह प्रशिक्षण या आपके मार्गदर्शन से बेहतर बनाया जा सकता है?
- क्या कार्य आवर्ती प्रकृति का है? यदि ऐसा है, तो प्रशिक्षण या नियमित मार्गदर्शन के साथ किसी को तैयार करना बेहतर विकल्प होगा।
- क्या आपके पास पर्याप्त समय है कि आप उस कार्य को किसी और द्वारा पूरा करने की प्रतीक्षा कर सकें, अगर कार्य ठीक से नहीं हुआ, तो क्या आपके पास खामियों को ठीक करने के लिए पर्याप्त समय है?

- ➢ क्या आप देरी सह सकते हैं या कार्य समाप्त करने में देरी के गंभीर परिणाम हो सकते हैं?
- ➢ यदि किसी कार्य विशेष के लिए आपके संगठन में कोई उपयुक्त व्यक्ति उपलब्ध नहीं है, तो क्या संगठन के बाहर से किसी व्यक्ति को ढूँढ़कर उसकी सेवाएँ लेना (outsourcing) बेहतर विकल्प होगा?

लेकिन आपको इस बात के प्रति भी सावधान रहना होगा कि यदि आप किसी व्यक्ति को कोई अतिरिक्त काम सौंप रहे हैं तो क्या उसकी सामान्य जिम्मेदारियों में से कुछ कम करने की आवश्यकता है?

आप किसे delegate कर सकते हैं

जाहिर है, आपके दिमाग में पहला जवाब आएगा, उन लोगों को, जो आपके नियंत्रण में होते हैं, जैसे आपके अधीनस्थ लोग, लेकिन यह तो delegation का केवल एक हिस्सा है, जिसे downward delegation कहा जाता है, जिसे करने का आपके पास अधिकार होता है, लेकिन delegation के और भी रूप होते हैं। आप अपने सहकर्मियों को भी काम delegate कर सकते हैं, जो लगभग आपके समान रैंक पर ही होते हैं। इस तरह का delegation या तो व्यक्तिगत अनुरोध पर या एक पारस्परिक व्यवस्था के रूप में होता है। कभी-कभी आप अपने सहयोगी से अपने लिए कुछ काम करने का अनुरोध करते हैं, क्योंकि वह यह काम बेहतर तरीके से कर सकता है। कभी-कभी दो या तीन सहयोगी एक-दूसरे के मजबूत पहलुओं का आपसी लाभ उठाते हैं और अपने-अपने कौशल के अनुसार कामों को बाँट लेते हैं। इसे lateral delegation कहा जाता है।

लेकिन आपको निर्णय लेने के दौरान सावधान रहना होगा कि किसे क्या delegate करना है। आप अपने सेक्रेटरी या डाटा एंट्री ऑपरेटर को एक विपणन रणनीति का मसौदा तैयार करने का काम delegate नहीं कर सकते, क्योंकि उन्हें विपणन के बारे में कुछ नहीं पता होता है; फिर भले ही वे आपके नियंत्रण में हैं और आपके अधीनस्थ काम करते हैं। वास्तविक उत्पादकता के लिए आपको कोई भी कार्य उसी व्यक्ति को देना होगा, जो उसे उच्च गुणवत्ता के साथ और आपके द्वारा निर्धारित समय सीमा के भीतर कर सकता हो। Delegation के लिए सही व्यक्ति ढूँढ़ना आपकी प्राथमिकता होनी चाहिए, अन्यथा आपको वांछित परिणाम नहीं मिलेंगे और यदि आपके पास ऐसा सही व्यक्ति उपलब्ध नहीं है, तो आपके पास केवल तीन विकल्प बचते हैं या तो इसे स्वयं कर लें; या किसी को अस्थायी रूप से उस कार्य के लिए नियुक्त कर लें; या फिर उस कार्य को किसी बाहरी व्यक्ति या संस्था से करा लें।

प्रथम प्रयास तो यही होना चाहिए कि delegation उस व्यक्ति को किया जाए,

जो काम करने में सक्षम है और जिसकी लागत संगठन के लिए सबसे कम है। एक बॉस को उसके कर्मचारी से अधिक भुगतान किया जाता है। यदि कोई कार्य किसी कर्मचारी द्वारा किया जा सकता है, लेकिन वह उसके उच्च अधिकारी द्वारा किया जाता है, तो यह संगठन के पैसे की बरबादी है। सबसे कम भुगतानवाले व्यक्ति को काम delegate करने के कई फायदे होंगे। ऐसा व्यक्ति ज्यादा विस्तृत कार्य करने का अभ्यस्त होता है और कार्य के वातावरण के सबसे नजदीक होता है। उसे किसी विशेष प्रकार के कार्य करने के लिए प्रशिक्षित किया जा सकता है। एक और लाभ यह है कि वह इस कार्य के लिए आपके संगठन में उपलब्ध सबसे सस्ता संसाधन है। एक अन्य लाभ यह भी है कि उसके और आपके बीच में एक या अधिक स्तर के व्यक्ति हो सकते हैं, जो जरूरत के हिसाब से काम की प्रगति की निगरानी कर सकते हैं।

आउटसोर्सिंग (Outsourcing) भी काम के delegation का एक तरीका हो सकता है। हम किसी पेशेवर फर्म की सेवाएँ ले सकते हैं, जिसकी उस काम में विशेषज्ञता हो। इसके दो लाभ हैं—विशेषज्ञता और कम खर्च, क्योंकि हमें केवल कार्य विशेष के लिए ही भुगतान करना पड़ता है, जो हमारे उच्च वेतनवाले नियमित कर्मचारी की तुलना में सस्ता है।

वे कार्य, जिन्हें किसी और के मुकाबले आपके द्वारा करना ज्यादा खर्चीला होता है, न सिर्फ आपका समय बरबाद करते हैं, बल्कि संगठन के लिए आपके समग्र मूल्य को भी कम करते हैं। यदि आप किसी व्यवसाय के स्वामी हैं, तो आप पर इसका सीधा असर पड़ेगा और यदि आप एक कर्मचारी हैं, तो आपका नियोक्ता आपके समय पर अधिकतम रिटर्न की उम्मीद रखता है, क्योंकि अगर उसने आपको काम पर रखा है, तो वस्तुत: उसने आपका समय अपनी आमदनी बढ़ाने के लिए खरीदा है।

आप यह सोच रहे होंगे कि अपने मूल्य को अधिकतम करने के लिए आपको कौन से कार्य delegate या आउटसोर्स करने शुरू कर देने चाहिए। आप छोटे-छोटे दिन प्रतिदिन के कामों से शुरुआत कर सकते हैं, जैसे टेलीफोन कॉल का जवाब देना, इ-मेल की जाँच करना, भेजे जानेवाले पत्रों को आखिरी बार जाँचना, अपॉइंटमेंट तय करना और उनका लेखा-जोखा रखना इत्यादि। ऐसे बहुत तरह के काम हो सकते हैं, जिन्हें आप delegate करके लाभान्वित हो सकते हैं। यहाँ समझनेवाला मूल तत्त्व यह है कि **आपका समय आपके कर्मचारियों की तुलना में अधिक मूल्यवान है**। यदि आप किसी भी काम को किसी सस्ते स्रोत से करवाकर अपना बेशकीमती समय बचा सकते हैं, तो यह एक चतुर निर्णय है, क्योंकि इससे आपके पास उन क्षेत्रों पर ध्यान देने के लिए आपका बेशकीमती समय बचता है, जिन्हें आप न तो delegate कर सकते हैं और न ही करना चाहिए।

लोग क्यों delegate नहीं करते

इसका सबसे बड़ा कारण यह है कि उन्हें यह पता ही नहीं होता कि क्या delegate किया जाए और किसे delegate किया जाए। उन्हें लगता है कि केवल वे ही उस कार्य विशेष को सर्वोत्तम तरीके से कर सकते हैं। कुछ लोग काम पर अपना नियंत्रण खोने से डरते हैं। कुछ लोग सोचते हैं कि वे इस तथ्य के कारण अपरिहार्य हैं कि वे सबसे प्रभावी तरीके से यह विशेष कार्य कर रहे हैं और यदि यह कार्य किसी और को सौंप दिया गया और वह सफल हो गया, तो संगठन की दृष्टि में उनका मूल्य कम हो जाएगा।

Delegation के दौरान सावधान रहें

आपको बहुत ज्यादा delegate नहीं करना चाहिए, अन्यथा यह जिम्मेदारियों से भागना हो जाएगा और इससे आपके संगठन की नजरों में आपका मूल्य कम हो सकता है और आपके प्रेरणा के स्तर में भी कमी आ सकती है। आपको अपने अधीनस्थों के बीच उनकी क्षमताओं के अनुसार, कार्यों को सौंपते वक्त पर्याप्त सावधानी बरतनी चाहिए। यदि आप लापरवाही से delegation करने लगेंगे, तो आपको वांछित परिणाम नहीं मिलेंगे और आपकी टीम की सकल उत्पादकता कम हो जाएगी।

आपको सौंपे गए कार्यों, विशेष रूप से महत्त्वपूर्ण कार्यों का ध्यान रखना चाहिए। कार्यालयों में आनेवाली डाक में से कुछ महत्त्वपूर्ण डाक को 'स्पेशल वाच' चिह्नित करना भी उस पत्र पर कार्यवाई की प्रगति पर नजर रखने का एक बहुत ही प्रभावी उपाय है और इसका किसी भी संगठन में पालन किया जा सकता है।

जिसे भी कार्य सौंपें, उसे कार्य पूरा करने के लिए आवश्यक संसाधन उपलब्ध कराने की जिम्मेदारी आपकी है। आपको उसे कार्य पूरा करने के लिए आवश्यक विवेक या अधिकारों के इस्तेमाल की आजादी भी देनी चाहिए।

Delegation के चरण

- पहचानें कि किसी की ताकत और कमजोरियों के अनुसार, उसे क्या कार्य सौंपा जाना है।
- प्रभावी delegation और वांछित परिणामों के लिए स्पष्ट दिशा-निर्देश मुख्य कुंजी हैं। Delegation के दौरान, आपको कार्य के अपेक्षित मानकों के बारे में भी स्पष्ट कर देना चाहिए।
- कार्य सौंपने के वक्त समय-सीमा तय करके स्पष्ट रूप से बता दें। आपको समय-समय पर कार्य की प्रगति की समीक्षा करने के लिए तारीखें तय करके पहले से ही बता देनी चाहिए, ताकि वह व्यक्ति पूरी समयावधि में काम की गति

बरकरार रखे और आखिरी समय के लिए काम में टालमटोल न करता रहे।

- आपको व्यक्ति को जरूरी प्रश्न पूछने की अनुमति देनी चाहिए। यदि वह कार्य के दौरान किसी भी स्तर पर कहीं अटक जाए, तो उसे मार्गदर्शन माँगने की अनुमति होनी चाहिए। धीरे-धीरे आपके मातहत यह महसूस करने लगेंगे कि भले ही आप उन्हें काम सौंप देते हैं, लेकिन आवश्यकता पड़ने पर आप मार्गदर्शन एवं सहयोग के लिए सहर्ष उपलब्ध हैं।
- उसे संभावित लाभों के बारे में बताएँ। कभी कभी कोई व्यक्ति अपने नियमित कार्यों के अलावा अतिरिक्त जिम्मेदारी दिए जाने का विरोध कर सकता है। यदि आप चतुराईपूर्वक उसे यह समझा पाते हैं कि ये कैसे उसके लिए फायदेमंद हो सकता है, तो वह अतिरिक्त जिम्मेदारी लेने के लिए तैयार हो सकता है।
- हमेशा परिणाम पर ध्यान केंद्रित करें। आपको ज्यादा विस्तार में जाने की आवश्यकता नहीं है कि काम कैसे किया जाना है आदि। हर व्यक्ति की काम करने की अपनी अलग शैली होती है, जो उसे सर्वाधिक पसंद आती है। व्यक्ति की क्षमताओं पर भरोसा करें और काम सौंपते वक्त उसे अपना तरीका इस्तेमाल करने दें।
- आपको एक और बात याद रखनी चाहिए कि कार्य सौंपने के समय आपको कमांड की श्रृंखला (Chain of Command) का सम्मान करना चाहिए। अगर आप किसी व्यक्ति को कुछ काम सौंप रहे हैं, जो सीधे आपका मातहत नहीं है, तो उसके अधिकारी को पहले ही विश्वास में लें। सुनिश्चित करें कि उसका अधिकारी आपके काम के लिए उसे मुक्त करने की स्थिति में है। यदि संभव हो, तो उस अधिकारी को भी अपनी कार्ययोजना में शामिल कर लें।

एक मूल्यांकन प्रणाली विकसित करें

नियमित रूप से समीक्षा करने और अंतिम परिणाम का मूल्यांकन करने के लिए एक मूल्यांकन प्रणाली विकसित करें, जिससे यह देखा जा सके कि उस व्यक्ति ने सौंपा गया काम आपकी अपेक्षा के अनुसार किया है या नहीं। आप एक प्रश्नावली तैयार कर सकते हैं और अपने साथ रख सकते हैं। मूल्यांकन के कुछ संभावित बिंदु ये हो सकते हैं—

1. क्या कार्य तय समय-सीमा में पूरा किया गया है ?
2. क्या व्यक्ति अपेक्षाओं पर खरा उतरा या कुछ कम सफल रहा, यदि कम सफल रहा, तो किस हद तक ?
3. क्या वह आपकी उम्मीदों से बेहतर परिणाम देने में सफल रहा ?

4. क्या इस व्यक्ति को यह कार्य सौंपने का आपका निर्णय सही था? यदि नहीं, तो क्या इस व्यक्ति में प्रशिक्षण से सुधार किया जा सकता है या भविष्य में आपको बेहतर विकल्प खोजना होगा?

एक बार जब आप कुछ मापदंडों पर प्रत्येक सौंपे गए कार्य का मूल्यांकन शुरू करते हैं, तो धीरे-धीरे, आप delegation की कला में पारंगत हो जाएँगे।

अपने मूल्यांकन को सूचित करें

आप प्रभावी delegation की कला में तब तक कुशलता नहीं हासिल कर पाएँगे, जब तक आप उस व्यक्ति को अपना सही मूल्यांकन बताने का कौशल नहीं सीखते, जिसे आपने काम सौंपा था।

अगर काम आपकी अपेक्षाओं के अनुसार हुआ है या उससे बेहतर हुआ है, तो आपको उस व्यक्ति की खुले दिल से प्रशंसा करनी ही चाहिए। यह उसकी प्रेरणा के स्तर में वृद्धि करेगा और अगली बार जब भी आप कोई नया काम उसे सौंपेंगे, तो वह अपना सर्वश्रेष्ठ देने की भरपूर कोशिश करेगा। इसके विपरीत, यदि वह अपेक्षाओं पर पूरी तरह खरा न भी उतर पाया हो, तो भी उसे हतोत्साहित कतई न करें। आखिरकार, यह तो आप हैं, जो प्रभावी delegation की कला सीख रहे हैं। यह आप हैं, जो किसी काम के delegation के लिए सक्षम व्यक्ति का सही चयन करने की कला सीख रहे हैं। वह तो सिर्फ एक कर्मचारी है, जिसने अपनी क्षमताओं के अनुसार, अपनी भरसक कोशिश की है। इस परिदृश्य में, उसे बुलाकर उसके प्रयासों की सराहना करें। उसे शालीनतापूर्वक बताएँ कि आप समझते हैं कि उसने अपना सर्वश्रेष्ठ प्रयास किया, लेकिन फिर भी कुछ क्षेत्रों में सुधार की गुंजाइश है। यदि आप सीधे गलत कामों के लिए अपमानजनक टिप्पणी करना शुरू कर देंगे, तो उसकी प्रेरणा का स्तर गिर जाएगा और भविष्य में या तो वह नई जिम्मेदारी स्वीकार करने में हिचकिचाएगा या कम मनोबल से काम करेगा।

याद रखें, आप अपनी टीम के मुखिया हैं और आपकी प्रभावशीलता आपकी टीम की संयुक्त प्रभावशीलता का कुल योग ही है। एक मुखिया की जिम्मेदारी अपनी टीम का समुचित मार्गदर्शन और टीम के सदस्यों की मुख्य क्षमताओं को विकसित करने की होनी चाहिए। वैसे भी, यदि आप किसी भी रूप में दूसरे व्यक्ति के जीवन में सकारात्मक योगदान कर सकते हैं, तो इससे बड़ी संतुष्टि कोई नहीं होती। व्यक्ति की मुख्य योग्यता में सुधार करने का हमेशा प्रयास करना चाहिए, क्योंकि सौंपे गए कार्य का पूर्ण होना तो शायद सिर्फ आपके लिए फायदेमंद है, लेकिन टीम के सदस्यों की मुख्य क्षमताओं में दीर्घकालिक सुधार न सिर्फ आपके लिए फायदेमंद होगा, बल्कि उनके लिए और आपके संगठन के लिए भी फायदेमंद होगा। यह सभी तीनों पक्षों के लिए जीत की स्थिति होगी।

You are the leader of your team and your effectiveness is the outcome of the combined effectiveness of your team and the job of the leader should be to guide his team and develop core competence in the members of the team.

प्राथमिकता निर्धारण में GOPTA का प्रभावी उपयोग

हम प्राथमिकता निर्धारण के सभी तीन अंगों में GOPTA के प्रभाव देख सकते हैं।

अब तक हम लंबित कार्यों की मानसिक सूची के अनुसार काम करते थे, सिर्फ यह सोचकर कि यही 6–7 काम तो करने हैं और कभी भी लिखित To-Do List का इस्तेमाल नहीं करते थे। अब हम एक **लिखित** To-Do List बनाकर उसमें सभी लंबित कार्यों को शामिल करेंगे।

अब तक, हम वही काम करना शुरू कर देते थे, जो सबसे पहले हमारा ध्यान आकर्षित कर लेता था, बिना यह सोचे कि उस वक्त इसके महत्त्व, तात्कालिकता और हमारे अपने ऊर्जा स्तर के अनुसार, यह वास्तव में हमारी पहली प्राथमिकता है भी या नहीं। अब हम पहले हमारी To-Do List में शामिल कामों को उनके महत्त्व, तात्कालिकता और हमारे अपने ऊर्जा के स्तर के अनुसार प्राथमिकता देंगे; उसके बाद, पहली प्राथमिकतावाले कार्य पर काम करना शुरू करेंगे।

अब तक, हम सोचते थे कि सभी लंबित कार्यों को हमें खुद ही करना होगा। अब हम प्रभावी delegation या आउटसोर्सिंग के अवसर भी देखेंगे।

G.O.P.T.A. POINTS

- ✓ यदि आप यह चुनाव करने की कला सीख लेंगे कि कौन सा कार्य कब किया जाना है और किसके द्वारा किया जाना है, तो आप अपने लक्ष्यों की ओर बहुत तेजी से बढ़ने लगेंगे।
- ✓ एक अच्छी प्राथमिकता निर्धारण प्रणाली में अनिवार्य रूप से तीन चरण शामिल होते हैं—**लिखित** To-Do List, महत्त्व और तात्कालिकता के अनुसार, प्राथमिकता का क्रम निर्धारित करना और प्रभावी delegation।
- ✓ To-Do List बनाने/अद्यतन करने और इसे प्राथमिकता के अनुसार, क्रमबद्ध करने में प्रतिदिन लगभग 5–10 मिनट खर्च करने से प्रतिदिन आपका लगभग एक घंटा समय बच सकता है।

- ✓ To-Do List तैयार करते समय, उन सभी बातों को सूचीबद्ध करें, जिन्हें आपको समय-समय पर करना होगा और प्राथमिकता की एबीसीडी तकनीक के अनुसार उन्हें प्राथमिकता दें।
- ✓ 80/20 सिद्धांत याद रखें अर्थात् परेटो सिद्धांत, जो आपको कार्यों के बीच सही चुनाव करने में मार्गदर्शन करेगा कि किस कार्य को आपके निजी ध्यान की ज्यादा आवश्यकता है और किसे आपके निजी ध्यान की कम आवश्यकता है।
- ✓ जो भी काम आप किसी भी अन्य व्यक्ति को नि:शुल्क या भुगतान करके सौंप सकते हों, सौंप देना चाहिए।
- ✓ Delegation उस व्यक्ति को किया जाए, जो काम करने में सक्षम है और जिसकी लागत संगठन के लिए सबसे कम है।
- ✓ याद रखें, delegation का मतलब काम सौंपना है, उसकी सुध छोड़ना नहीं।
- ✓ आप अपनी टीम के मुखिया हैं और आपकी प्रभावशीलता आपकी टीम की संयुक्त प्रभावशीलता का कुल योग ही है और एक मुखिया की जिम्मेदारी अपनी टीम का समुचित मार्गदर्शन और टीम के सदस्यों की मुख्य क्षमताओं को विकसित करने की होनी चाहिए।

यदि आप अगले अध्याय पर जाने की सोच रहे हैं तो मैं जोरदार सिफारिश करूँगा कि अभी आगे न बढ़ें। इसकी बजाय, इस अध्याय को दोबारा पढ़ें और मंथन करें कि कैसे आप गौप्टा की असीम शक्ति का उपयोग करके अपनी उत्पादकता बढ़ाने और समय बचाने के लिए अपने जीवन में इन सिद्धांतों का सदुपयोग कर सकते हैं।

□

20

टालमटोल

> Procrastination is like a credit card: it's a lot of fun until you get the bill.
>
> **—Christopher Parker**

किसी गतिविधि या कार्य-विशेष को जानबूझकर या अनजाने में निम्न प्राथमिकता देना और भविष्य में करने के लिए स्थगित कर देना '**टालमटोल**' **(Procrastination)** कहलाता है। यह हम सभी के साथ होता है, सिर्फ डिग्री का फर्क होता है। टालमटोली प्रवृत्ति की पहचान करने और महत्त्वपूर्ण कार्यों को भविष्य में करने के लिए स्थगित करने की अपनी प्रवृत्ति पर काबू करने की आपकी क्षमता आपको जीवन के हर क्षेत्र में सफलता दिलाएगी।

अगर आप महत्त्वपूर्ण कार्यों को भविष्य में 'किसी दिन' करने के लिए स्थगित करने के आदी हैं, तो आप अकेले नहीं हैं। कम या ज्यादा अलग बात है, लेकिन हम सभी कुछ हद तक टालमटोलू हैं। टालमटोल का सबसे बुरा पहलू यह है कि यदि कोई व्यक्ति टालमटोली प्रवत्ति से बहुत बुरी तरह प्रभावित होता है, तो जीवन में उसकी प्रगति अवरुद्ध हो सकती है।

टालमटोली की वजह से अक्सर अवांछित परिस्थितियों का सामना करना पड़ता है और इसकी वजह से कई बार बेवजह झंझट और शर्मिंदगी होती है। मनोवैज्ञानिकों का कहना है कि टालमटोली के पीछे कोई भय या किसी प्रकार का अंदरूनी संघर्ष होता है।

> Procrastination is according a low priority to any particular activity or work, knowingly or unknowingly and simply postponing the things that you should be doing.

यदि आप जानबूझकर टालमटोल करते हैं और कुछ चीजों को बाद में करने के लिए टालना आपकी कार्ययोजना का रणनीतिक हिस्सा है, तब तो यह ठीक है; लेकिन अगर स्थगन आपके जीवन का अभिन्न अंग बन गया है और आप आदत से मजबूर होकर तत्काल (urgent) चीजों को बाद के लिए स्थगित करने की प्रवृत्ति रखते हैं, तो देर-सवेर आपको परेशानी का सामना करना पड़ सकता है, हालाँकि अच्छी खबर यह है कि अगर आप गौप्टा का लाभ उठाते हैं, तो प्राथमिकता निर्धारण आपकी टालमटोली पर हावी होना शुरू हो जाएगा।

टालमटोल के बुरे प्रभाव

- महत्त्वपूर्ण कामों पर बहुत देर से काम शुरू करना, जिससे समय-सीमा समाप्त होने में बहुत कम समय बचता है और इससे काम की गुणवत्ता प्रभावित होती है।
- सुबह टहलने के लिए जाने में टालमटोल; या व्यायाम शुरू करने में टालमटोल; शरीर की देखभाल न करने, अत्यधिक धूम्रपान करने, अत्यधिक शराब पीने जैसी बुरी आदतों से छुटकारा पाने की कोशिश करने में देरी भी आपके स्वास्थ्य पर प्रतिकूल प्रभाव डाल सकती है।
- अपने घर की सफाई करने या कभी न खत्म होनेवाले अव्यवस्थित कागजातों को छाँटने जैसे अप्रिय कार्यों को स्थगित करने से आप अव्यवस्थित (unorganised) रह जाते हैं और बाद में आपको इन्हीं कामों के लिए अतिरिक्त समय देना पड़ सकता है।

हम कब और क्यों टालमटोल करते हैं?

लोग विभिन्न कारणों से टालमटोल करते हैं, जैसे—

- अप्रिय कार्य को किसी और दिन के लिए टाल देना।
- कोई विशेष कार्य करने के लिए सही मूड की प्रतीक्षा करना।
- विफलता का डर।
- सफलता का डर, क्योंकि लोगों को लगता है कि सफलता के साथ अतिरिक्त जिम्मेदारियाँ भी आएँगी और सफलता का स्तर बनाए रखने के लिए अतिरिक्त प्रयास करने पड़ेंगे।
- अत्यधिक शराब पीने, धूम्रपान करने जैसी बुरी आदतों को दूर करने के लिए कोई प्रयास नहीं करना।

- व्यायाम शुरू नहीं करना।
- सूची में कम प्राथमिकतावाले बहुत सारे कार्य होने के कारण।
- जिस नौकरी में संतुष्ट नहीं हैं, वहाँ ज्यादा वक्त तक बने रहना।
- 'किसी दिन मुझे यह करने के लिए समय मिलेगा', ऐसा सोचकर भविष्य के लिए कार्यों को स्थगित करने की प्रवृत्ति।
- महत्त्वपूर्ण कार्यों की कीमत पर महत्त्वहीन या कम महत्त्ववाले कार्य करना।
- परिवार के किसी सदस्य या मित्र या बॉस के साथ अप्रिय मनमुटाव को निपटाने में देरी करना।

अगर इनमें से एक या अधिक आपको जाना-पहचाना सा लगता है, तो समझिए आप भी टालमटोलू हैं, लेकिन घबराइए मत; इस पृथ्वी पर रहनेवाले लगभग सभी लोग टालमटोलू हैं; सिर्फ मात्रा और टालमटोली पर काबू करने की इच्छा की प्रबलता अलग-अलग होती है।

टालमटोल के कारक और उन पर काबू करने की रणनीति

अक्सर मैं सप्ताहांत में एक To-Do List बनाता था, पूरे हफ्ते उसका पालन करने के बुलंद इरादे के साथ; लेकिन अफसोस! मंगलवार या बुधवार आते-आते, मेरी To-Do List बिखर जाती थी, जब तक कि मैंने टालमटोल के पीछे के असल तंत्र को समझना शुरू नहीं कर दिया। मैंने उन कारणों की खोज करना शुरू कर दिया कि लोग क्यों टालमटोल करते हैं और स्वयं मैं क्यों टालमटोल करता था। मैंने पाया कि ज्यादातर टालमटोल कालांतर में विकसित हुई भविष्य में किसी दिन करने के लिए स्थगित करने की हमारी आंतरिक प्रवृत्तियों के कारण होती है, जो कि देर-सवेर, अलग-अलग परिस्थितियों के रूप में प्रकट होनी ही है। टालमटोली पर काबू पाने के लिए आपको कार्यों को प्राथमिकताएँ देने के प्रति अपना दृष्टिकोण बदलने पर ध्यान देने के लिए समुचित ऊर्जा खर्च करनी होगी।

वास्तविक दुनिया में, टालमटोल वैकल्पिक नहीं है। हम बहुत से कारणों से टालमटोल करते हैं। एक टालमटोलू व्यक्ति यह जानता ही नहीं है कि टालमटोल कैसे न की जाए।

अच्छी खबर यह है कि एक बार जब आप टालमटोल का मूल कारण समझ लेते हैं, तो मैं आपको स्वत: अनुभूत एवं अनुसरण करने में आसान तरकीबें सिखा सकता हूँ, जो जीवन के उस क्षेत्र विशेष में आपकी टालमटोली पर काबू पाने में आपकी मदद करेंगी, लेकिन सबसे पहले, आपको यह पहचानना होगा कि आप जीवन के किस क्षेत्र में

टालमटोली कर रहे हैं और यह पहचानने के बाद आपको सुनिश्चित करना होगा कि आप महत्त्वपूर्ण-तत्काल विश्लेषण के अनुसार, अपनी प्राथमिकताएँ पुनः व्यवस्थित कर लें।

अब हम अपने टालमटोली रवैये के पीछे के विभिन्न कारकों को देखते हैं और हमारी टालमटोली की आदतों को काबू करने के लिए गौप्टा का उपयोग करने की विभिन्न युक्तियाँ सीखते हैं।

1. कार्य अप्रिय लगता है–

आपने महसूस किया होगा कि आप उन कामों को करने में ढिलाई बरतते हैं, जो आपको नापसंद या अप्रिय लगते हैं। इनमें स्कूल के कठिन प्रोजेक्ट, आपके कार्यस्थल पर किसी कठिन प्रोजेक्ट से संबंधित गतिविधियाँ, व्यायाम, सुबह टहलना या घर के छुटपुट काम शामिल हो सकते हैं।

यहाँ सबसे पहले अपनी विश्वास प्रणाली की जाँच करना महत्त्वपूर्ण है। आपको गहराई से आत्ममंथन करना होगा कि आप इस काम को उसकी अप्रियता की वजह से टाल रहे हैं या कहीं न कहीं आपने उसे चाहे-अनचाहे निम्न प्राथमिकता दी हुई है। अक्सर आपको ये दोनों तत्त्व नजर आएँगे। पुस्तक को अभी पढ़ना बंद कीजिए और अपनी टालमटोली की आदतें पहचानने के लिए कुछ वक्त आत्मनिरीक्षण कीजिए। कोई ऐसा काम ढूँढ़िए, जिसे करने में आप ज्यादातर वक्त टालमटोल करते हैं या जिस कार्य को करने में आप अभी टालमटोल कर रहे हैं। अब यह पता लगाने की कोशिश कीजिए कि इस टालमटोल का असल कारण क्या है—क्या यह कार्य की अप्रियता है या आपने वास्तव में इसे नीची प्राथमिकता दी है।

एक बार जब आप अपने जीवन से एक वास्तविक उदाहरण ढूँढ़ लें, तो अपने आप से पूछें कि कार्य विशेष या जीवन के उस क्षेत्र विशेष में टालमटोली के क्या नकारात्मक परिणाम हैं। मान लीजिए कि आप सुबह की सैर शुरू करना टाल रहे हैं, तो सुबह टहलना शुरू न करने और नियमित व्यायाम न करने के संभावित स्वास्थ्य संबंधी खतरों की पहचान करें। फिर सोचें कि यदि आप वास्तव में सुबह की सैर और नियमित व्यायाम शुरू करते हैं तो आपको कौन से स्वास्थ्य संबंधी लाभ प्राप्त हो सकते हैं। इसी तरह, मान लीजिए कि आप किसी भी अन्य कार्य पर टालमटोल कर रहे हैं, तो समय-सीमा में कार्य पूरा न कर पाने के नकारात्मक परिणामों के बारे में सोचें और साथ ही समय-सीमा में काम पूरा होने के संभावित लाभों के बारे में भी सोचें। एक बार जब आप अपने मस्तिष्क को किसी काम को करने या टालने के संभावित परिणामों को तौलने का प्रशिक्षण देना शुरू कर देते हैं, तो धीरे-धीरे आपका मस्तिष्क कामों को सही ढंग से प्राथमिकता देने के लिए प्रशिक्षित हो जाएगा और आप उचित समय पर कार्यवाई करना शुरू कर देंगे।

किसी विशेष गतिविधि को स्थगित करने के लिए अपने आंतरिक बहाने को पहचानिए। सबसे लोकप्रिय बहाने हैं कि इस गतिविधि के लिए आपके पास समय नहीं है; या जब आप अपनी दैनिक कार्यों की सूची का एबीसीडी तकनीक से विश्लेषण करते हैं, तो यह कार्य हमेशा 'डी' प्राथमिकतावाली श्रेणी में आता है, जबकि आपका दिन तो बमुश्किल 'बी' प्राथमिकतावाले कामों को निपटाते हुए ही समाप्त हो जाता है।

सोचने के इस तरीके को उलट देना एक अच्छा विचार होगा। सुबह सबसे पहले मुश्किल और अप्रिय कार्य करने की आदत विकसित कीजिए। जब आप सबसे पहले अपने सबसे डरावने कार्य को समाप्त कर लेंगे, तो यह आपको बहुत अधिक संतुष्टि देगा आप अपनी To-Do List में आज के लिए बचे हुए कामों को बेहतर गति से करने की स्थिति में आ जाएँगे।

आपको स्पष्ट रूप से समझना होगा कि टालमटोल हमेशा आसान विकल्प ढूँढ़ते रहने की हमारी आदतों का परिणाम है और मुश्किल या अप्रिय कार्यों को बाद के लिए टाल देने की प्रवृत्ति आपके लक्ष्यों को प्राप्त करने की दिशा में आपकी प्रगति के लिए बहुत नुकसानदेह है। अप्रिय कार्यों को स्थगित करने की प्रवृत्ति पर काबू पाने में निम्नलिखित युक्तियों से मदद मिल सकती है—

- **हस्तगत कार्य को करने या न करने के लाभों और हानियों की सूची बनाएँ**—हस्तगत कार्य विशेष को करने या न करने के संभावित लाभों और हानियों को तोलकर देखें। सिर्फ कागज पर लिखने मात्र से ही आपको आंतरिक दबाव से मुक्ति मिलने लगेगी और इससे आपको ठीक से प्राथमिकता निर्धारण में मदद मिलेगी।
- **महत्त्वपूर्ण-तात्कालिकता पद्धति से प्राथमिकता तय कीजिए।**
- **सुबह सबसे पहले यही अप्रिय कार्य करने की कोशिश करें**—यदि किसी भी कारणवश कोई कठिन/अप्रिय कार्य आपको खुद ही करना है, तो इसे सुबह के लिए पहली प्राथमिकता दें। यदि कार्य अप्रिय या बोझिल है, तो आपके तरोताजा होने की वजह से सुबह के वक्त इसे पूरा करना आसान होगा। इसके अलावा, आप इस कार्य को दिन के पहले सत्र में ही पूरा करने की संतुष्टि से भर जाएँगे और दिन के शेष भाग के दौरान इस कार्य को लेकर होनेवाले मानसिक दबाव से बच जाएँगे। मैं जोरदार सिफारिश करता हूँ कि आप ब्रायन ट्रेसी की पुस्तक 'Eat That Frog' पढ़ें, जहाँ उन्होंने सबसे अप्रिय कार्य को सुबह सबसे पहले करने के महत्त्व पर प्रकाश डाला है।
- **कार्य को छोटे टुकड़ों में बाँट लीजिए**—काम को छोटे टुकड़ों में बाँट लें, ताकि एक समय में काम का एक छोटा टुकड़ा पूरा किया जा सके। एक

पुरानी कहावत है कि आप एक हाथी कैसे खा सकते हैं; जवाब है, एक समय में एक निवाला खाकर। इस पुरानी कहावत के पीछे एक बड़ा संदेश छिपा हुआ है; अगर हस्तगत काम बहुत बड़ा प्रतीत होता है, तो इसे छोटे टुकड़ों में बाँटकर समाप्त किया जा सकता है।

जनरल मोटर्स के संस्थापक, हेनरी फोर्ड ने ऑटोमोबाइल बनाने के लिए जरूरी सारे कार्यों को व्यस्थित करने जैसे अभिभूत कर देनेवाले कार्य की जाँच-पड़ताल में बहुत समय लगाया और फिर इसे क्रमबद्ध चरणों में बाँट दिया। एक साक्षात्कार में उन्होंने कहा था कि "Nothing is particularly hard if you divide it into small jobs." यह वास्तव में किसी भी कार्य पर लागू होता है, जैसे मैंने इसे यह पुस्तक लिखने में इस्तेमाल किया है।

- **दो उबाऊ कार्यों के बीच अदला-बदली करते रहें**—यदि आप दो अप्रिय या उबाऊ कार्यों पर एक साथ काम कर रहे हैं, तो नियमित रूप से दोनों के बीच अदला-बदली करने का प्रयास करते रहें। यह दोनों कार्यों में बोरियत कम करेगा।
- **छोटे-छोटे सत्रों के लिए समय निकालने का प्रयास करें**—एक बार में एक बड़ा प्रोजेक्ट खत्म करने का विचार आपको भयभीत किए रहता है, जबकि इस कार्य के लिए प्रतिदिन सिर्फ एक घंटे का अपना अविभाज्य ध्यान देकर आप इस बड़े दिखने वाले कार्य को लगभग एक हफ्ते में आसानी से पूरा कर सकते हैं।

आप अपने फालतू वक्त में भी छोटे सत्र निकाल सकते हैं। अपनी To-Do List में इन छोटे सत्रों को रखें और दैनिक आधार पर प्राथमिकता तय करें। दिन के किस हिस्से में इसे प्राथमिकता दी जाए, यह तय करते समय आपको कार्य की कठिनाई के स्तर और अपनी ऊर्जा के स्तर को ध्यान में रखना होगा।

मान लीजिए कि आप एक लेखक है और एक बड़े अध्याय पर काम कर रहे हैं। इस बड़े अध्याय पर काम को 1 घंटे के 7-8 सत्रों में बाँट दें। इनमें से कुछ सत्रों में आपको अधिक ध्यान देने की जरूरत होती है (जैसे सामग्री पर शोध करना) और कुछ सत्रों में कम ध्यान देने की आवश्यकता होती है, क्योंकि वे गुणवत्ता या शोध कार्य से संबंधित नहीं होते (जैसे फाइल की सजावट करना)। आपको यह ध्यान रखना होगा कि दिन का कौन सा भाग कार्य के इस हिस्से को पूरा करने के लिए बेहतर होगा। शोध कार्य के लिए आवश्यक है कि आपको तरोताजा और ऊर्जावान होना चाहिए और सुबह का वक्त इसके लिए सबसे उत्तम है। आंतरिक साज सजावट किसी भी समय की जा सकती है। अक्सर लोग दिन के किसी ऐसे हिस्से में मुश्किल काम करने की गलती करते हैं, जब

वे ऊर्जा के स्तर पर पहले से ही कम होते हैं और इसलिए कार्य को प्रारंभ करना और मुश्किल लगने लगता है और फिर सदाबहार टालमटोली शुरू हो जाती है।

➢ Delegation—जहाँ भी संभव हो, delegate करें या आउटसोर्स करें। कभी-कभी, कुछ कार्य आपको अप्रिय लग सकते हैं, लेकिन दूसरे उसे खुशी से कर सकते हैं। घर पर, यदि आप बिलों का भुगतान करने के लिए बाहर जाना पसंद नहीं करते हैं, तो किसी बाहरी व्यक्ति या एजेंसी को यह काम करने के लिए आउटसोर्स करें। अपने परिवार के सदस्यों से पूछें कि कौन सहजता से ऑनलाइन भुगतान कर सकता है। यदि आप अपने नियमित बीमा प्रीमियम के भुगतान में टालमटोल करते हैं, तो आप किसी विशेष तिथि पर अपनी ओर से भुगतान करने के लिए अपने बैंक को ECS के माध्यम से अग्रिम निर्देश दे सकते हैं। यह मुफ्त सुविधा है।

याद रखें, आपको स्वयं को यह समझाना होगा कि आसान तरीके अपनाने और आरामदेह सुविधा क्षेत्र से बाहर न आने की आदतें आपको जीवन में कहीं नहीं ले जाएँगी। आप एक कामचलाऊ औसत दर्जे का जीवन तो जी सकते हैं, लेकिन अपने सपनों की सफलता हासिल करने के लिए आपको अप्रिय लगनेवाले कार्यों को करने की सकारात्मक आदत विकसित करनी ही होगी।

2. कार्य का आकार बहुत विशाल (Overwhelming) दिखता है

कभी-कभी, भले ही कोई कार्य अप्रिय न लगे, लेकिन कार्य के आकार और उसके पूरा होने के लिए आवश्यक अनुमानित समय इतना भारी लगने लगता है कि आप तय नहीं कर पाते हैं कि कब शुरू करें, कहाँ से शुरू करें और कैसे शुरू करें। आपको संदेह होने लगता है कि यह कार्य करने के लिए आपके पास आवश्यक कौशल या संसाधन हैं भी या नहीं। ऐसे में, निम्नलिखित युक्तियाँ अधिक कारगर हो सकती हैं—

➢ **कार्य पूरा करने के लाभों की सूची बनाएँ।**

➢ **पूरी प्रक्रिया को आसानी से किए जा सकने योग्य चरणों में विभाजित कर लें**—तय करें कि आप रोजाना कुछ न कुछ करेंगे। याद रखें, एक बार जब आप शुरू कर दें, फिर गति न खोएँ और तब तक करते रहें, जब तक आपकी एकाग्रता बरकरार रहे। जब आप पूरे प्रोजेक्ट को छोटे प्रबंधनीय टुकड़ों में विभाजित कर लें, तो पीछे की तरफ देखकर अपनी कार्ययोजना बनाएँ। एक समय सीमा के साथ आरंभ करें और कार्य के हर छोटे भाग के लिए समय अवधि आवंटित करें। खुद से एक प्रश्न पूछिए, "क्या मैं एक समय में कम-से-कम एक घंटे के लिए इस कार्य पर अपना अविभाज्य ध्यान देकर काम कर सकता हूँ?" विश्वास कीजिए, एक बार जब आपको अंदर से

सकारात्मक जवाब मिलना शुरू हो जाते हैं, तो आप एक घंटे के लिए अपने प्रोजेक्ट पर काम करना शुरू कर देंगे। अगली बार, जब आप खुद से वही सवाल पूछेंगे, तो आपका पिछला अनुभव आपकी 'हाँ' को आंतरिक समर्थन प्रदान करेगा। एक समय में एक घंटे के लिए काम करते रहें और यह अपनी गति से समाप्त हो जाएगा।

- जरा सोचिए, जब आप एक स्थान से दूसरे स्थान की 100 किलोमीटर की यात्रा करते हैं, तो आप एक निश्चित दिशा में आगे बढ़ते हैं और एक के बाद एक किलोमीटर बढ़ते हुए, आप अपने गंतव्य तक पहुँच जाते हैं। आपकी यात्रा के दौरान, कुछ हिस्सा ऐसा होता है, जहाँ सड़कें अच्छी होती हैं; कुछ हिस्सा ऐसा भी होता है, जहाँ सड़कें कुछ खास अच्छी नहीं होतीं; आप चाय आदि के लिए रुकते हैं। आप देखेंगे कि लंबी दूरी की यात्रा में, प्रत्येक किलोमीटर के दौरान लिया गया समय अलग होता है, लेकिन क्योंकि आप जानते हैं कि आप अपने गंतव्य की दिशा में आगे बढ़ रहे हैं, तो आप बची दूरी के बारे में ज्यादा परेशान नहीं होते हैं; क्योंकि आप अपना गंतव्य जानते हैं; इसकी दिशा में यात्रा शुरू कर चुके हैं और नियमित कार्य करके, यानी यात्रा जारी रखकर, गंतव्य तक की शेष दूरी को कम कर रहे हैं।
- **शांतिपूर्ण स्थान खोजें**—कुछ गतिविधियों के लिए एकाग्रता और शांतिपूर्ण माहौल की आवश्यकता होती है। इस प्रकार के कार्यों के लिए घर पर और अपने कार्यस्थल पर इस तरह की जगह ढूँढ़ें और इस विशेष काम के लिए वहाँ जाएँ। आप अपने काम से छुट्टी भी ले सकते हैं और एक शांतिपूर्ण स्थान पर जा सकते हैं; जैसे किसी पहाड़ पर।

इसलिए, भारी-भरकम कार्यों को करते वक्त, कार्य के संपूर्ण परिमाण से अपना ध्यान हटाकर, एक वक्त में, कार्य के छोटे-छोटे हिस्सों पर 1 घंटे का अविभाज्य ध्यान केंद्रित करना ही ऐसे बड़े कार्यों को निपटाने की कुंजी है।

3. आप अति-प्रतिबद्ध (Over-committed) हैं, क्योंकि आपको नहीं पता कि कब और कैसे 'न' कहें

कुछ लोग इतने उत्साही होते हैं कि वे अपनी कार्यक्षमता से अधिक कार्य ले लेते हैं; चाहे यह उनके घर पर हो, या कार्यालय में या सामाजिक प्रतिबद्धताओं में। इसका सबसे बड़ा कारण है, सही वक्त पर 'नहीं' कहने में असमर्थता, क्योंकि लोग अक्सर कार्य सौंपनेवाले व्यक्ति को नाराज नहीं करना चाहते, लेकिन आपको यह भी एहसास होना चाहिए कि आपके पास सभी चीजों को करने के लिए पर्याप्त समय और ऊर्जा

नहीं है और न ही आपके आदेश के अनुसार, काम करने के लिए आपके पास कोई अलादीन का चिराग है।

मेरा सुझाव है कि किसी भी नई जिम्मेदारी को स्वीकार करने के लिए 'हाँ' कहने से पहले आपको सोचना चाहिए। पहले से ही आपके पास मौजूद कार्यों को करने के लिए आपको 'न' कहने का हुनर सीखना ही होगा, अन्यथा टालमटोल मजबूरी बन जाएगा, क्योंकि आप हमेशा 'ए' या 'बी' प्राथमिकतावाले कामों पर ध्यान केंद्रित करते रहेंगे और आपके पास कभी भी 'सी' और 'डी' प्राथमिकतावाले काम करने के लिए समय नहीं बचेगा।

4. आप टालमटोल के संभावित जोखिमों को पूर्णरूपेण नहीं समझते हैं

कभी-कभी किसी कार्य विशेष को स्थगित करने के पीछे संभावित जोखिम आपकी कल्पना से भी अधिक हो सकता है। अक्सर हम टालमटोल करते हैं, क्योंकि हमें लगता है कि उस कार्य को स्थगित करने का नकारात्मक परिणाम सह लेंगे, लेकिन कभी-कभी, यह आपकी कल्पनाओं से बहुत अधिक नुकसानदेह या तकलीफदेह हो सकता है। आपको हमेशा टालने के कारण होनेवाले संभावित जोखिम को तौलकर देख लेना चाहिए।

मैं आपको अपना उदाहरण देता हूँ। मैं अपने जीवन बीमा प्रीमियम के भुगतान में आलसी था। मेरे टालमटोल के पीछे छिपी मेरी मूल सोच यह थी कि यदि एक महीने की रियायत की अवधि समाप्त भी हो गई, तो मुझे सिर्फ एक महीने या दो महीनों की देरी से भुगतान के लिए एक छोटी सी राशि का ब्याज चुकाना होगा और प्रीमियम जमा हो जाएगा, लेकिन एक बार, मैं अपने छमाही प्रीमियम का भुगतान करना ही भूल गया था, यहाँ तक कि अगली छमाही के प्रीमियम की देय तिथि आ गई और मैं सोच रहा था कि कोई समस्या नहीं है, क्योंकि एक माह की रियायत अवधि अभी भी बाकी है और मैं छोटी सी राशि ब्याज चुकाकर देरी से भी प्रीमियम का भुगतान कर सकता हूँ, लेकिन जब मैंने प्रीमियम का भुगतान करने की कोशिश की तो मुझे पॉलिसी को नियमित कराने के लिए बीमा कंपनी की होम ब्रांच से संपर्क करने का निर्देश दिया गया, जो दूसरे शहर में स्थित थी, मेरे पास कोई विकल्प नहीं बचा था, सिवाय इसके कि मैं पॉलिसी जारी करनेवाली शाखा से ही संपर्क करूँ और ऐसा करने के बाद ही मेरी पालिसी नियमित हो पाई।

इसमें आपके लिए एक महत्त्वपूर्ण संदेश है। अक्सर हम टालमटोल करते हैं, क्योंकि हमें स्थगन के कारण होनेवाली देरी की वजह से होनेवाले वास्तविक जोखिम के बारे में अंदाजा ही नहीं होता है। हमें लगता है कि हमें जोखिम की मात्रा का अंदाजा है और हम जोखिम ले लेते हैं; मगर सावधान, कई बार वास्तविक जोखिम आपके सोच से बहुत

अधिक हो सकता है, जैसे कि मेरे मामले में, मैं मानसिक रूप से ब्याज की छोटी सी राशि का भुगतान करने के लिए तैयार था, लेकिन मुझे किसी दूसरे शहर में अनिवार्य रूप से होम ब्रांच में जाने के इस संभावित खतरे का अंदाजा नहीं था। कल्पना कीजिए, क्या हुआ होता; यदि उस अवधि के दौरान मेरी मृत्यु हो जाती, जब मेरा प्रीमियम बकाया था।

क्या आपको लगता है, मैं भविष्य में किसी भी प्रीमियम के भुगतान में देरी करूँगा ?

5. आप अंतिम समय-सीमा से बिल्कुल पहले काम करने के लती हैं

कुछ लोगों को महत्त्वपूर्ण कामों को भी तब तक टालते रहने की आदत होती है, जब तक कि समय-सीमा बिल्कुल निकट न आ जाए। यह आदत खतरनाक है, क्योंकि कई बार आखिरी वक्त में काम करने से आपको काम की गुणवत्ता से समझौता करना पड़ेगा, क्योंकि आपके पास पूरी परियोजना की दोबारा समीक्षा करने का समय भी नहीं है, जिससे गलतियाँ पकड़ी जा सकें। याद रखें, यदि आप आखिरी तारीख तक कामों को स्थगित करने के आदी हैं, तो एक खतरा यह भी है कि इस दौरान आपको कोई नया अनपेक्षित काम मिल सकता है, जिस पर आपको तत्काल ध्यान देने की आवश्यकता पड़ सकती है।

कुछ लोग इस तरह खुद के लिए दबाव बनाने में उस्ताद होते हैं। वे समय सीमा तक कार्य को स्थगित करके अफरा-तफरी की स्थिति बना लेते हैं। ईमानदारी से कहूँ तो पहले मैं भी कुछ हद तक ऐसा ही व्यक्ति था, लेकिन फिर मैंने एक तरकीब ढूँढ़ निकाली। मैंने वास्तविक समय-सीमा से पर्याप्त समय की गुंजाइश छोड़कर अपनी समय-सीमा बनाना शुरू कर दिया। उदाहरण के लिए हर साल 31 जुलाई तक आयकर रिटर्न दाखिल करना मेरे लिए एक मुश्किल काम हुआ करता था। मैंने अपने आयकर रिटर्न दाखिल करने की अपनी समय सीमा 15 जुलाई निर्धारित कर दी, ताकि पर्याप्त समय की गुंजाइश बची रहे।

बीमा प्रीमियम जमा करने में देरी या आयकर रिटर्न दाखिल करने में देरी जैसी स्थितियाँ हम में से ज्यादातर लोगों के जीवन में आती रहती हैं, लेकिन हमें इस बारे में जागरूक होना होगा। अपने आप से सवाल पूछना शुरू करें कि क्या आप समय सीमा खत्म हो जाने या काम की गुणवत्ता में समझौता करने के विपरीत परिणामों का सामना करने के लिए तैयार हैं। अपने आपसे पूछें कि क्या आपको आखिरी तारीख से पहले काम करने की इस प्रवृत्ति से उत्पन्न तनाव में कोई आनंद मिलता है ? एक बार जब आप खुद से पूछताछ शुरू करेंगे, तो कुछ समय बाद, आप किसी भी महत्त्वपूर्ण प्रोजेक्ट के लिए वास्तविक समय-सीमा से कुछ समय पहले, अपनी खुद की समय-सीमा तय करना शुरू कर देंगे, ताकि आपके पास पर्याप्त गुंजाइश रहे।

6. आप विफलता के डर से टालमटोल करते हैं

यदि आप कभी-कभी असफलता से भयभीत होते हैं, तो चिंता न करें। यह कुदरती है, यहाँ तक कि बहुत सफल लोगों को भी उनके जीवन के एक या अधिक क्षेत्रों में विफलता का डर सताता था। जो काम आपके हाथ में है, उसे करना शुरू कीजिए और आपका विश्वास बढ़ना शुरू हो जाएगा। फ्रैंकलिन डी. रूजवेल्ट कहते थे, "The only thing we have to fear is fear itself." आज आप इतनी अच्छी तरह चलते हैं, लेकिन एक दिन था, जब आप अपने शरीर का अपने पैरों पर संतुलन बनाने में संघर्ष करते थे। आज आप इतने आत्मविश्वास से ड्राइव करते हैं, लेकिन एक दिन था, जब आप अपने वाहन को संतुलित करने में संघर्ष करते थे। आप अभ्यास के साथ बेहतर और बेहतर बनते जाते हैं। जो भी आप बार-बार करते हैं, आप पहले से बेहतर बनना शुरू करते हैं और आपको पता भी नहीं चलता कि कब आपका असफलता का डर हमेशा के लिए आपके अवचेतन मन से बाहर निकल चुका है। इसलिए, यदि आप असफलता के डर से टालमटोल करते हैं, तो काम करना शुरू करें और डर अपने आप चले जाएँगे।

7. आप टालमटोली करते हैं, यदि आप पूर्णतावादी हैं

कुछ लोगों को लगता है कि वे जो भी करते हैं, वह पूर्णतया सही होना चाहिए या कम-से-कम पूर्णतया सही दिखना चाहिए। गुणवत्ता के लिए जुनून कभी-कभार बहुत अधिक समय ले लेता है और हम कुछ चीजें भविष्य में 'किसी और दिन' करने के लिए टाल देते हैं, जो शायद ही कभी आए। यदि आप एक पूर्णतावादी हैं, तो खुद से प्रश्न पूछने का समय है कि क्या हस्तगत कार्य के लिए पूर्णतावाद सचमुच आवश्यक है और आपकी आंतरिक संतुष्टि के अलावा और अपेक्षित लाभ क्या हैं? पहचानें कि क्या इस कार्य को कम समय में अच्छे से करनेवाला कोई और विकल्प उपलब्ध है। देखिए, क्या यह अति पूर्णतावाद अन्य गतिविधियों की कीमत पर है।

8. आप परिवर्तन से डरते हैं

यह टालमटोल के पीछे के मनोवैज्ञानिक कारणों में से एक है। हम कालांतर में विकसित हमारी आदतों और हमारे द्वारा चुने गए विकल्पों के परिणाम हैं। किसी विशेष तरीके से ही कुछ करना हमेशा अच्छा, आसान और सुरक्षित लगता है। परिवर्तन के डर की जड़ें कुछ अप्रत्याशित या अप्रिय होने के डर से जुड़ी होती हैं, जिनसे सभी बचना चाहते हैं। अगर आपके साथ भी कुछ ऐसा ही है, तो आपने यह ध्यान दिया होगा कि पुरानी आदतें पुराने स्थानों से जुड़ी हुई हैं। कभी-कभी, जगह का परिवर्तन चमत्कार

करता है। अपना कमरा या कुरसी या अपने कार्यालय में बैठने की स्थिति या कुछ और बदलने की कोशिश करें और अंतर देखें।

यहाँ मैं अपना स्वयं का उदाहरण लेता हूँ। शुरू में, मैं अपने बिस्तर पर बैठे-बैठे लिखता था। चूँकि मेरे अवचेतन मन में बचपन से एक विश्वास विकसित हो चुका था कि बिस्तर का संबंध नींद से है, इसलिए बहुत जल्दी मुझे नींद आने लगती थी। जब मैंने अपनी आदतों का विश्लेषण किया तो मैंने लेखन कार्य के लिए अपने लैपटॉप का उपयोग करना बंद कर दिया और डेस्कटॉप का उपयोग करना शुरू कर दिया, जो कंप्यूटर टेबल पर रखा था और वह स्थान पुस्तकों और अन्य पठन सामग्री से घिरा हुआ था। इसने मेरी बहुत मदद की। यदि आप अपने काम की शैली में इस प्रकार के छोटे-छोटे समायोजन करेंगे, तो कुछ समय बाद परिवर्तन देखकर खुद भी आश्चर्यचकित हो जाएँगे।

9. अत्यधिक विकर्षण (Distractions) के कारण फोकस का अभाव

बहुत ज्यादा सामाजिक होने, बहुत ज्यादा टी.वी. देखने या बहुत ज्यादा कंप्यूटर गेम खेलने जैसे विकर्षणों के कारण भी आपमें फोकस की कमी हो जाती है और आप टालमटोल करने लगते हैं। यदि एक बार आपको पता चल जाए कि ये गतिविधियाँ आपके समय की अत्यधिक बरबादी कर रही हैं और आपको अपने लक्ष्यों की ओर नहीं ले जा रही हैं, तो आप उन चीजों पर कार्यवाई करना शुरू कर देंगे, जिन्हें आप अब तक स्थगित कर रहे थे। एक बार जब आप उन्हें अपनी To-Do List में शामिल कर लेते हैं, तो यह आपको बारंबार नजर आता रहेगा और जल्दी या बाद में, 'डी' प्राथमिकता से उछलकर 'सी' प्राथमिकता या और भी ऊपर आ जाएगा।

टालमटोल दुष्चक्र

टालमटोल का अपना एक दुष्चक्र होता है और आप इस दुष्चक्र में फँसकर एक भावनात्मक रोलर-कोस्टर की सवारी का अनुभव करते हैं। जैसे ही आपको कोई कठिन या उबाऊ काम मिलता है, यह दुश्चक्र अपना काम करना शुरू कर देता है।

पहले चरण में, आप हमेशा तय करते हैं (वास्तव में सिर्फ आशा करते हैं) कि इस बार आप जल्दी शुरुआत करेंगे। दूसरे चरण में, जब वह तथाकथित शुरुआत का वक्त पहले ही समाप्त हो चुका होता है, तो आप सोचते हैं कि अब तो आपको जल्द ही इसे शुरू कर देना चाहिए, लेकिन अंदर से एक आवाज आती है कि अभी तो इस कार्य को करने के लिए पर्याप्त समय शेष है। जैसे-जैसे समय बीतता जाता है, कुछ अन्य महत्त्वपूर्ण और जरूरी काम आपका तत्काल ध्यान अपनी ओर खींचने लगते हैं

और आप सोचते हैं कि यह वाला कार्य तो अभी भी स्थगित किया जा सकता है, क्योंकि यह आज के लिए 'अ' प्राथमिकतावाला कार्य नहीं है और अंततः एक समय, जब इस कार्य विशेष की तात्कालिकता आपको इस अप्रिय या मुश्किल कार्य को तुरंत करने के लिए मजबूर कर देती है, तब आप महसूस करते हैं कि काश, मैंने इसे पहले शुरू कर दिया होता और दोषी महसूस करना शुरू कर देते हैं और समय पर कार्य पूरा न कर पाने के बहाने खोजना शुरू कर देते हैं और अंत में, आप जल्दबाजी में या तो किसी तरह काम की गुणवत्ता पर समझौता करके काम समाप्त कर देते हैं या फिर काम को स्थगित कर देते हैं, लेकिन अंदर ही अंदर, आप अपराध बोध से भर जाते हैं और निर्णय लेते हैं कि अगली बार टालमटोल की गलती नहीं करेंगे, लेकिन अफसोस! दुश्चक्र जारी ही रहता है।

यदि उपरोक्त टालमटोल दुश्चक्र जाना-पहचाना सा लगता है, तो आपको यह पता लगाने के लिए गहरे आत्मनिरीक्षण की आवश्यकता है कि टालमटोल के कारण आपके जीवन का कौन सा क्षेत्र सबसे ज्यादा प्रभावित हो रहा है। अपनी जिंदगी से कुछ उदाहरण ढूँढ़ने की कोशिश कीजिए, जहाँ आपको याद हो कि आपने ढिलाई बरती है। याद करने की कोशिश कीजिए कि परिणाम कैसे थे या तो आपको समय-सीमा में काम समाप्त न कर पाने के कारण शर्मिंदगी उठानी पड़ी होगी या गुणवत्ता से समझौता करना पड़ा होगा। यह कोई भी नकारात्मक चीज हो सकती है, जिसकी वजह से विलंब भुगतान शुल्क देना पड़ा हो या किसी अन्य तरह की हानि हुई हो या आपकी प्रतिष्ठा को ठेस पहुँची हो या किसी सौहार्दपूर्ण निपटान की संभावना धूमिल हो गई हो या परीक्षा में अच्छा ग्रेड न मिल पाना रहा हो। अब याद कीजिए कि आपने कैसा मानसिक तनाव झेला था। मुझे उम्मीद है कि आप वही भावना दोबारा महसूस कर पा रहे होंगे।

रचनात्मक टालमटोली बनें

रचनात्मक टालमटोल महज कम प्राथमिकतावाले कामों को उच्च प्राथमिकतावाले काम करने के लिए स्थगित करने का निर्णय है। इसका मतलब यह नहीं है कि आप आलसी हैं। इसका मतलब यह है कि आप कुछ कम महत्त्वपूर्ण गतिविधियों की कीमत पर अधिक महत्त्वपूर्ण गतिविधियों पर ध्यान केंद्रित कर रहे हैं। किसी समय विशेष में क्या करना है और क्या स्थगित करना है, यह निर्णय करने की योग्यता ही अधिक सफल और कम सफल व्यक्तियों के बीच का मुख्य अंतर है।

अपने शीर्ष 20 प्रतिशत प्राथमिकतावाले कार्यों को पहचानिए और शेष कार्यों के लिए आप रचनात्मक स्थगन का अभ्यास कर सकते हैं।

प्राथमिकता निर्धारण के वक्त, आप एबीसीडी पद्धति का उपयोग कर सकते हैं। 'ए' श्रेणी के कार्य करते हुए उन पर पूर्ण ध्यान केंद्रित करें और एक ही बार में पूरा काम खत्म करने का प्रयास करें। यदि इस कार्य को एक बार में पूरा करना संभव हो, तो कार्य के कुछ हिस्से बाद के लिए न छोड़ें, अन्यथा अगली बार जब आप काम शुरू करेंगे, तो आपका बहुमूल्य वक्त यह देखने में निकल जाएगा कि आप कितना काम पहले ही कर चुके थे, लेकिन इसका मतलब यह नहीं है कि आपको 'डी' श्रेणी के कार्यों को पूरी तरह से छोड़ देना चाहिए, अन्यथा ये काम आपकी दैनिक सूची में कभी भी उच्च प्राथमिकता में नहीं आ पाएँगे। आपको इस गतिविधि को किसी भी अन्य व्यक्ति को सौंप देना चाहिए। यह परिवार के किसी सदस्य या आपके किसी मातहत द्वारा किया जा सकता है या फिर आपको इसे आउटसोर्स करना होगा।

आपको हमेशा याद रखना होगा कि सबसे महत्त्वपूर्ण कार्यों पर ध्यान केंद्रित करने के लिए कम महत्त्वपूर्ण कार्यों को स्थगित करने की आपकी क्षमता, यानी रचनात्मक टालमटोल आपको अपने लक्ष्य-प्राप्ति के मार्ग पर मीलों आगे ले जाएगी।

G.O.P.T.A. POINTS

✓ जब भी आप टालमटोल के लिए ललचाएँ, विलंब के नकारात्मक परिणामों के बारे में सोचिए। यदि आप उन परिणामों से डरते नहीं हैं, तो आप इस कार्य विशेष के पूरा होने से जुड़े पुरस्कारों के बारे में सोचिए।

✓ बड़े कार्यों को छोटे भागों में बाँटना हमेशा उपयोगी होता है। एक flowchart तैयार करें और अगले चरण पर ध्यान केंद्रित करते हुए काम करना शुरू कर दें।

✓ टालमटोली की पहचान करने और भविष्य के लिए महत्त्वपूर्ण बातों को स्थगित करने की अपनी प्रवृत्ति पर काबू करने की आपकी योग्यता आपको अपने जीवन के हर क्षेत्र में सफलता दिलाएगी।

✓ आसान तरीके अपनाने और आरामदेह सुविधा क्षेत्र से बाहर न आने की आदतें आपको जीवन में कहीं नहीं ले जाएँगी।

✓ बड़े प्रोजेक्ट को छोटे प्रबंधनीय टुकड़ों में विभाजित कर लें। कार्य के हर छोटे भाग के लिए समय अवधि आवंटित करें। एक समय में कम-से-कम एक घंटे के लिए अपना अविभाज्य ध्यान कार्य के इस हिस्से को दें।

✓ चतुराई से 'नहीं' कहना सीखें।

- ✓ कार्य स्थगन के कारण सभी संभावित जोखिमों को तौलें।
- ✓ टालमटोल दुश्चक्र को याद रखें और पता लगाएँ कि टालमटोल के कारण आपके जीवन का कौन सा क्षेत्र सबसे ज्यादा प्रभावित हो रहा है।
- ✓ सबसे महत्त्वपूर्ण कार्यों पर ध्यान केंद्रित करने के लिए कम महत्त्वपूर्ण कार्यों को स्थगित करने की आपकी क्षमता, यानी रचनात्मक टालमटोल आपको अपने लक्ष्य-प्राप्ति के मार्ग पर मीलों आगे ले जाएगी।

□

21

अपने स्वास्थ्य का ध्यान रखें

> The body is your animal—the horse upon which you ride. Therefore you must treat it well and take good care of it; you must not overwork it, you must feed it properly on pure food and drink only and keep it strictly clean always, even from the minutest speck of dirt.
>
> **From 'At The Feet of The Master'**
> **by J. Krishnamurti**

जब मैं स्वास्थ्य के बारे में बात करता हूँ, तो इसमें शरीर के सभी तीन आयाम शामिल होते हैं, यानी शारीरिक, मानसिक और आध्यात्मिक। जब आप सभी तीन आयामों का खयाल रखते हैं, तो आप अधिकाधिक प्रसन्न होते हैं। अपने शारीरिक स्वास्थ्य का ध्यान रखने के लिए जरूरी है—ठीक से खाना; नियमित व्यायाम करना; पर्याप्त नींद लेना; शराब, तंबाकू और सिगरेट के सेवन से बचना आदि। अपने मानसिक स्वास्थ्य का ध्यान रखने के लिए जरूरी है—श्वसन व्यायाम जैसे प्राणायाम; जीवन के प्रति सकारात्मक सोच और दृष्टिकोण; जो कुछ भी आपके पास है, उसके लिए कृतज्ञता; क्षमा; दिमाग को सकारात्मक इनपुट उपलब्ध करानेवाली अच्छी पुस्तकें पढ़ना आदि। आध्यात्मिक प्रगति के लिए आपको नियमित ध्यान (meditation) करना और सामाजिक योगदान के किसी कार्यक्रम का सजगता से पालन करना होगा, जिसमें दशमांश का दान भी शामिल है, जो न सिर्फ आपके जीवन को समृद्ध करेगा, बल्कि आपको सकारात्मक कर्मों के संचित शेष के मामले में भी लाभ देगा।

शरीर, मन और आत्मा, सभी के लिए स्वास्थ्य-लक्ष्य बनाएँ। आपको तय करना होगा कि आप कितना समय सुबह टहलने और शारीरिक व्यायाम को देंगे; कितना समय

ध्यान में लगाएँगे, ताकि आपके मन की कार्यक्षमता बेहतर हो और आपका अपने ईश्वर के साथ संबंध और मजबूत हो।

हमेशा याद रखें कि शरीर आत्मा का मंदिर है। यह वह वाहन है, जिसके माध्यम से आप इस पृथ्वीलोक पर समस्त कार्य करते हैं। इसलिए अपने शरीर की अच्छी देखभाल करें।

दरअसल, लोग खराब स्वास्थ्य के दुश्चक्र में फँसे होते हैं। जब उनका स्वास्थ्य खराब होता है तो वे सुबह टहलना/शारीरिक व्यायाम/प्राणायाम/ध्यान करना चाहते हैं, लेकिन उन्हें लगता है कि यह सब करने में बहुत समय लगेगा और उनके पास तो पहले से ही कम समय है; वे 'someday syndrome' से ग्रसित होकर, कुछ भी शुरू नहीं करते हैं और शुरुआत करने के लिए सर्वाधिक उपयुक्त समय की प्रतीक्षा करते रहते हैं, जो कभी नहीं आनेवाला है; वे बार-बार बीमार पड़ते रहते हैं; बीमारी की वजह से उनका बहुत समय बरबाद होता है और वे अपनी बीमारी से छुटकारा पाना चाहते हैं और यह निश्चय करते हैं (दरअसल सिर्फ चाहते हैं) कि कल से ये अपनी जीवनशैली बदल देंगे (जो वास्तव में 'किसी दिन' है, क्योंकि सर्वविदित है कि 'कल' कभी नहीं आता है)।

लेकिन अफसोस! जीवनशैली उचित प्रेरणा के अभाव में कभी भी बदलती नहीं है। स्वास्थ्य संबंधी बुरी आदतों से छुटकारा पाना पृथ्वी पर सबसे कठिन कार्य है और ऐसा करने के लिए आपको बहुत प्रेरणा और आत्मिक बल की आवश्यकता होती है। आप हमेशा इस दुश्चक्र में फँसे रहेंगे, जब तक कि आप अपनी आदतों को बदलने के लिए पर्याप्त प्रेरणा नहीं प्राप्त करते, जो कि आपको आरामदेह सुविधा क्षेत्र द्वारा बनाए गए इस दुष्चक्र से बाहर निकलने के लिए आपको पर्याप्त शक्ति दे। 'आरामदेह सुविधा क्षेत्र' और 'बदलाव के प्रति आंतरिक प्रतिरोध' बचपन से ही विकसित हो जाते हैं और ये एक मजबूत गुरुत्वाकर्षण खिंचाव प्रदान करते हैं और आपके 'निर्णय' को आपके लक्ष्यों की दिशा में नियमित रूप से कुछ सकारात्मक करने के लिए 'दृढ़ संकल्प' बनने की अनुमति नहीं देते और आपका तथाकथित 'निर्णय' केवल 'किसी दिन काम करने की इच्छा' मात्र ही रह जाता है।

> The lifestyle never changes in absence of proper motivation. Comfort zone and internal resistance to change developed since childhood provide a strong gravitation pull, not allowing your 'decision' to become 'determination' to actually start doing something positive on regular basis and your so called 'decision' will remain a 'wish' only, to be worked upon 'someday'.

लेकिन यहाँ एक अच्छी खबर यह है कि निजी रूप से आपको चिंता करने की कोई ज़रूरत नहीं है, क्योंकि यहाँ आपके साथ मैं आपके पक्ष में खड़ा हूँ। मैं आपकी विश्वास प्रणाली को आपके अवचेतन मन के स्तर पर बदलने के लिए सक्रिय काम कर रहा हूँ, जो आपको खराब स्वास्थ्य के इस दुष्चक्र को तोड़कर बाहर निकलने के लिए आपके दृढ़ संकल्प को पर्याप्त प्रोत्साहन देगा। मैं आपको अपने जीवन में प्रतिदिन कम-से-कम 3 उत्पादक घंटे जोड़ने में मदद करने के लिए मौजूद हूँ, जिससे आपको अपने स्वास्थ्य के लिए फायदेमंद गतिविधियाँ करने के लिए पर्याप्त समय मिलेगा। याद रखिए, आपको स्वयं को समय-समय पर याद दिलाना पड़ता है कि अच्छा स्वास्थ्य आपका जन्मसिद्ध अधिकार है, जब तक आप जानबूझकर खराब स्वास्थ्य या बीमारी के लिए इस अधिकार को छोड़ नहीं देते।

Good health is your birthright, unless you deliberately choose to forego it for poor health or sickness.

हमने पिछले अध्यायों में लक्ष्य-निर्धारण की प्रक्रिया को विस्तार से सीखा है। आइए, अब हम संक्षेप में दोहराएँ कि हम स्वास्थ्य के क्षेत्र में लक्ष्य निर्धारण की प्रक्रिया का लाभ कैसे प्राप्त कर सकते हैं।

पहचानिए कि आप अपने स्वास्थ्य को क्यों सुधारना चाहते हैं?

अगर आप अपने स्वास्थ्य में सुधार करना चाहते हैं, तो सबसे पहले, महत्त्वपूर्ण स्वास्थ्य मापदंडों जैसे वजन, बॉडी मास इंडेक्स (BMI), ब्लड प्रेशर, कोलेस्ट्रॉल का स्तर, शर्करा के स्तर, आपका शारीरिक दिखावा आदि पर खुद को देखकर अपने वर्तमान स्वास्थ्य का मूल्यांकन करें; जहाँ से आप अपने वांछित स्तरों की यात्रा प्रारंभ कर सकें। इस प्रक्रिया के दौरान, खुद के साथ ईमानदार रहें। इससे अवास्तविक लक्ष्यों की बजाय यथार्थवादी और प्राप्य लक्ष्य-निर्धारण में मदद मिलेगी।

याद रखें, ऊँचे लक्ष्य निर्धारित करके कुछ कम हासिल करना कोई अपराध नहीं है, इसलिए आपको हमेशा अपने लक्ष्य ऊँचे ही रखने चाहिए; लेकिन इष्टतम यथार्थवाद भी आवश्यक है।

Remember, under achievement of high goals is not a crime and you should always aim high; but while aiming high, optimal realism is also necessary.

अपने वर्तमान स्वास्थ्य मानकों का मूल्यांकन करने के बाद, विभिन्न स्वास्थ्य मानकों के लिए पिछले अध्यायों में सिखाई गई लक्ष्य निर्धारण की तकनीकों के अनुसार S.M.A.R.T.E.R. लक्ष्य निर्धारित करें।

जब आप स्वास्थ्य के बारे में विचार करते हैं, तो स्वास्थ्य संबंधी कुछ अच्छी आदतें विकसित करने से पहले, आपको एक प्रश्न का उत्तर देने की आवश्यकता है—आपको अच्छे स्वास्थ्य की आवश्यकता क्यों है ? स्वयं को इस प्रश्न का उत्तर दिए बिना, आपको व्यायाम शुरू करने या सुबह टहलना प्रारंभ करने की तकलीफ उठाने या मैडिटेशन करने के लिए पर्याप्त आंतरिक प्रेरणा नहीं मिलेगी। यदि आप 'उद्देश्य' की पहचान नहीं करते हैं, तो आप कुछ दिनों के भीतर अपनी प्रेरणा खो देंगे और आपका एक नई आदत शुरू करने का अस्थायी दृढ़ संकल्प हवा में उड़ जाएगा और सिर्फ एक 'इच्छा' के स्तर पर ही दम तोड़ देगा।

एक बार जब आप अपने SMARTER लक्ष्यों के लिए अपना 'WHY' खोजना शुरू करते हैं, तो आप देखेंगे कि आप अपने जवाबों को दो श्रेणियों में बाँट सकते हैं; एक अच्छे स्वास्थ्य के लाभ और दूसरी खराब स्वास्थ्य के दुष्परिणाम।

आपको लंबे समय तक चलनेवाली प्रेरणा सिर्फ तभी मिलेगी (मैं दोहराता हूँ, 'सिर्फ तभी मिलेगी'), जब आप इन दोनों प्रकार की श्रेणियों के जवाब ढूँढ़ लेंगे।

> You will get a long lasting motivation, only if, I repeat 'only if', you identify both types of these categories.

आगे पढ़ना रोक दीजिए और अच्छे स्वास्थ्य के फायदे और खराब स्वास्थ्य के प्रतिकूल प्रभाव लिखने की कोशिश कीजिए, क्योंकि ये अलग-अलग लोगों के लिए अलग होते हैं। याद रखें, यदि आप अपनी सूची अभी तैयार नहीं करते हैं और सीधे मेरीवाली सूची पढ़ने लगते हैं, तो आपको अपने स्वयं के स्वास्थ्य संबंधी लक्ष्यों पर काम करने की प्रेरणा नहीं मिलेगी। मैं इस वर्कशीट पर काम करने का सुझाव दे रहा हूँ। आप इस वर्कशीट को यहाँ से कॉपी कर सकते हैं।

नकारात्मक सुबह न टहलने/नियमित व्यायाम/ प्राणायाम/ ध्यान न करने के संभावित प्रतिकूल परिणाम	सकारात्मक सुबह टहलने/नियमित व्यायाम/ प्राणायाम/ध्यान करने के संभावित लाभ

अब, जबकि आपने अपनी सूची तैयार कर ली है, तो मैं कुछ बिंदुओं पर विचार करने का सुझाव दे सकता हूँ, चाहे ये आपके लिए लागू हों भी या नहीं। यह सूची आपको अनुशासित स्वास्थ्य कार्यक्रम के पीछे वास्तविक लाभों को समझने में मदद करेगी और यह दिखाएगी कि कैसे गौप्टा आपको स्वास्थ्य के क्षेत्र में नकारात्मक से सकारात्मक की ओर बढ़ने में मदद कर सकता है—

नकारात्मक सुबह न टहलने; नियमित व्यायाम/प्राणायाम/ ध्यान न करने के संभावित प्रतिकूल परिणाम	सकारात्मक सुबह टहलने; नियमित व्यायाम/ प्राणायाम/ध्यान करने के संभावित लाभ
काम के वक्त, मेरी ऊर्जा का स्तर बहुत कम होगा और मैं हर वक्त उबासियाँ लेता रहूँगा, जैसा कि अधिकतर लोग करते रहते हैं।	मैं काम के वक्त उत्साह और ऊर्जा से भरपूर रहूँगा।
मैं गोलमटोल तोंद के साथ बेहद सुस्त नजर आऊँगा।	मैं बेहतर, फिट और स्मार्ट दिखाई दूँगा, जिसके चेहरे पर चमक होगी।
मैं अक्सर बीमार पड़ जाया करूँगा।	मैं ज्यादातर समय स्वस्थ रहूँगा।
उच्च कोलेस्ट्रॉल/ रक्तचाप/ शर्करा स्तरों से परेशान रहूँगा।	कोलेस्ट्रॉल, रक्तचाप और शर्करा के स्तर पर नियंत्रण रहेगा।
कंधे और घुटनों में अक्सर दर्द से परेशान रहूँगा।	दर्दरहित कंधे, घुटने और पैर तथा लचीली पीठ का आनंद लूँगा।
मुझे काम से अक्सर छुट्टी लेनी होगी, जो कभी कभी आर्थिक रूप से हानिकारक होगी।	खराब स्वस्थ्य की वजह से अक्सर छुट्टी नहीं लेनी पड़ेंगी और महत्त्वपूर्ण अपॉइंटमेंट नहीं छूटेंगे।
मेरी जिंदगी कम हो जाएगी और अचानक मृत्यु का खतरा बढ़ जाएगा, जो मेरे परिवार के सदस्यों के लिए गंभीर झटका होगा।	मैं मृत्यु का अतिरिक्त जोखिम उठाए बगैर, अधिक समय तक जीवित रहूँगा और लंबे समय तक परिवार के साथ मधुर संबंधों का आनंद ले सकूँगा।

मेरी एकाग्रता का स्तर खराब हो जाएगा, जिसके परिणामस्वरूप खराब निर्णय ले पाऊँगा।	प्राणायाम और ध्यान मेरी एकाग्रता और निर्णय लेने की शक्ति को बेहतर बनाने में मदद करेंगे और मैं अपने जीवन के विभिन्न क्षेत्रों में बेहतर निर्णय लेने की स्थिति में आ जाऊँगा।

[चित्र 21.1]

अब, जब आपने अपनी 'क्यों' वाली सूची पूरी कर ली है, तो मैं आपको अपने स्वास्थ्य संबंधी लक्ष्यों को सही ढंग से पहचानने के लिए कुछ सकारात्मक स्वास्थ्य संबंधी प्रश्न पूछना शुरू करने का सुझाव देता हूँ—

- अगले 5 वर्षों में आपके लिए फिटनेस का आदर्श स्तर क्या होना चाहिए?
- आपका लक्षित आदर्श वजन क्या है?
- आपके उदर की लक्षित आदर्श माप क्या है?
- आपका लक्षित आदर्श कोलेस्ट्रॉल का स्तर क्या है?
- आपका लक्षित आदर्श रक्तचाप स्तर क्या है?
- आपका लक्षित आदर्श रक्त शर्करा का स्तर क्या है?
- किसी अन्य बीमारी पर, जिससे आप अभी पीड़ित हैं, आपका लक्षित आदर्श स्तर क्या है?
- ···या अपने खुद के स्वास्थ्य के लिए कोई अन्य प्रश्न।

अब कल्पना कीजिए, आप कैसा महसूस करेंगे, जब आप अपने उपरोक्त लक्षित आदर्श का स्वास्थ्य स्तरों का आनंद लेंगे।

पहचानें, कौन सी नई आदतें विकसित करनी होंगी

स्वास्थ्य के क्षेत्र में तकनीकी विकास और उन्नत शोधों ने मानवजाति को दीर्घायु प्रदान करने में पर्याप्त योगदान दिया है। आजकल, दीर्घायु प्राप्त करना एक तरह से चुनाव की बात है, जो आप अपने स्वास्थ्य के संबंध में करते हैं; लेकिन फिर भी, आप चाहे जो भी प्रयास कर लें, आपको अपने जीवन में कुछ प्रकार की बीमारियों या चोटों का सामना तो करना ही पड़ेगा। फिर भी, लंबे समय तक उचित भोजन करके; पर्याप्त पानी पीकर; नियमित व्यायाम और ध्यान करके; जब भी जरूरत हो, उचित दवाएँ लेकर अपने शरीर का पर्याप्त ध्यान रख सकते हैं।

अब मैं आपके साथ कुछ अच्छी स्वास्थ्य संबंधी आदतें साझा करूँगा, जो आपको दीर्घायु कर सकती हैं। याद रखें, जब भी मैं 'दीर्घायु' कहता हूँ, तब मेरा असल मतलब

होता है, अच्छे स्वास्थ्य और उच्च स्तर की ऊर्जा का आनंद लेते हुए लंबा जीवन जीना।

भोजन से जुड़ी प्रसन्नताओं के बारे में अपने अवचेतन मन की पुनः प्रोग्रामिंग करें

वजन बढ़ने के मुख्य कारणों में से एक यह है कि बचपन से हम भोजन को खुशी से जोड़ते आए हैं। अब हमें अपने अवचेतन मन को reprogram करना होगा कि उचित पौष्टिक भोजन ही स्वास्थ्य के लिए अच्छा है।

अपना वजन नियंत्रित करें

अपना वजन कम करने के लिए कुछ भी करें, जब तक यह वांछनीय स्तर तक नहीं पहुँच जाता। आजकल जनसंख्या का एक बड़ा प्रतिशत स्थूलकाय कहा जा सकता है। जीवन के किसी भी और क्षेत्र की तरह, यदि आप अपने किसी भी स्वास्थ्य मापदंड में सुधार चाहते हैं, चाहे वह वजन कम करना हो या आपके रक्तचाप/कोलेस्ट्रॉल का स्तर हो, या कुछ और हो, तो आपको नए चुनाव करते वक्त सावधानी बरतनी चाहिए। समुचित आवश्यक कार्यवाई करने के लिए अनुशासन का पालन करना चाहिए और अपने निर्णयों से इधर-उधर नहीं भटकना चाहिए। शुरुआत में, बचपन से विकसित बुरी आदतों पर काबू पाना मुश्किल लगेगा, लेकिन धीरे-धीरे आप इस आदत में प्रवीण हो जाएँगे। **सबसे पहला कदम जागरूकता विकसित करना है और दूसरा कदम अनुशासित चुनाव और कर्म हैं**। अगर कभी आपने अनुशासन तोड़ा भी, तो भी कम-से-कम, जागरूक रहें कि आप गलत कर रहे हैं।

भोजन के चुनाव में भेद करना सीखें

GOPTA की मदद से आपको भोजन से संबंधित 3 सजग चुनाव करने की आदत विकसित करनी चाहिए—क्या खाएँ और क्या न खाएँ (जंक फूड से पौष्टिक आहार की ओर बढ़ें); कितना खाएँ (अत्यधिक मात्रा में खाने से उचित मात्रा में खाने तक बढ़ें) और कब खाएँ (खाने की आवृत्ति और समय का सही निर्धारण करना)। आमतौर पर आपके द्वारा दिन के दौरान इस्तेमाल किए जानेवाली कैलोरी से कम कैलोरी लेना अच्छे स्वास्थ्य को बनाए रखने के लिए सबसे आदर्श सलाह है।

जान लीजिए, आपकी जीभ स्वाद की अनूठी ज्ञानेंद्रिय है। ऐसा प्रतीत होता है, जैसे कि इसका अपना अवचेतन मन हो। हम सभी जानते हैं कि इसे स्वाद पसंद है। जिस भी स्वाद की इच्छा आपको संतुष्ट करती है, आपकी जीभ और अधिक माँगती है। आपको पिज्जा पसंद है, इसे बार-बार चाहिए; आप मिठाई पसंद करते हैं; इसे बार-बार चाहिए; आप आइसक्रीम पसंद करते हैं, इसे बार-बार चाहिए और यह सूची कभी समाप्त नहीं

होती। जीभ माँगती रहती है और आप ये चीजें अधिकाधिक खाते जाते हैं; लेकिन आप यह भूल जाते हैं कि अपने सजग चुनाव द्वारा, आप अपने आहार में अत्यधिक वसा, अत्यधिक चीनी और अत्यधिक कैलोरी जोड़ रहे हैं, जो उचित रूप से पच नहीं पाएगा और न ही उचित रूप से उत्सर्जित किया जा सकेगा और आपके शरीर में अत्यधिक वसा और कोलेस्ट्रॉल के रूप में जमा हो जाएगा और इसके परिणामस्वरूप आपके शरीर की विभिन्न प्रणालियाँ सुचारु रूप से कार्य नहीं कर पाएँगी।

याद रखें, आपके शरीर का पाचन तंत्र आपके भोजन को विभिन्न रासायनिक घटकों में तोड़कर आपके शरीर के संबंधित भागों तक पहुँचाता है। यदि आप अपने स्वास्थ्य की समुचित देखभाल करना चाहते हैं, तो आपको यह देखने की आदत विकसित करनी होगी कि जो भी आप खा रहे हैं, वह आपके शरीर के पोषण के लिए है; या सिर्फ अपनी कभी संतुष्ट न होनेवाली जीभ की स्वादकलिकाओं को संतुष्ट करने के लिए खा रहे हैं।

खाना पिएँ, पानी खाएँ

मैं तो कहूँगा कि यह अच्छे स्वास्थ्य के लिए सबसे शक्तिशाली सिद्धांत है। अपना भोजन कम-से-कम 32 बार चबाकर खाने की आदत डालें। यह अच्छी पाचन प्रक्रिया में मदद करेगा। हालिया शोधों ने साबित कर दिया है कि भोजन को ठीक से चबाकर खाने से विभिन्न स्वास्थ्य लाभ होते हैं। यही कारण है कि मैं हमेशा कहता हूँ कि आपको अपना भोजन पीना चाहिए।

इसी तरह पानी गट-गट करके नहीं, बल्कि धीरे-धीरे पीने का अभ्यास कीजिए। मैं तो कहूँगा कि 'पानी खाइए'। पानी की हर घूँट के साथ अपने मुँह की लार मिलने दीजिए। यह आपके स्वास्थ्य के लिए बहुत फायदेमंद है। दिन के दौरान प्रचुर मात्रा में पानी पीने की आदत विकसित कीजिए। जागने के दौरान हर घंटे एक गिलास पानी पीना अच्छा स्वास्थ्य बनाए रखने के लिए बहुत अच्छी आदत है। पर्याप्त पानी पीने से आपके शरीर की चयापचय क्रिया में सुधार हो जाता है, क्योंकि यह आपके शरीर को निरंतर detoxify करता रहता है और अत्यधिक लवण और अन्य विषाक्त पदार्थों से छुटकारा पाने में मदद करता है।

चीनी का अधिक सेवन न करें

सिर्फ 3 दिनों के लिए अपना चीनी का सेवन कम करने की कोशिश करें और अपने ऊर्जा के स्तर में अंतर देखें। पेस्ट्री, केक, चॉकलेट, शीतल पेय, आइसक्रीम, कैंडी आदि शर्करा सामग्री से भरपूर हैं। यदि इन उत्पादों को पूरी तरह छोड़ना मुश्किल है, तो

कम-से-कम संयमित होना ही बेहतर है।

जब मैं अपनी चीनी का सेवन कम करने के लिए संघर्ष कर रहा था, मेरी जीभ मुझे और अधिक मीठी चीजें खाने के लिए ललचाती थी। एक विचार से मुझे बहुत मदद मिली और वह स्वर्णिम विचार यह था कि **यदि आप ऐसा दिन नहीं देखना चाहते, जब आपको पूरी तरह से चीनी का सेवन छोड़ने के लिए मजबूर होना पड़े, तो वक्त रहते कम चीनी सेवन का रास्ता अपनाना बेहतर है, ताकि आप आजीवन मीठी चीजों का आनंद लेते रह सकें।**

> If you don't want to see the day, when you must have to abandon sugar intake altogether, reduce the sugar intake, so that you can enjoy sugar whole life.

बहुत अधिक नमक का सेवन न करें

यदि आप आवश्यकता से अधिक नमक खाते हैं, तो आपके शरीर को इस अतिरिक्त नमक को सँभालने के लिए अधिक जलस्तर बनाए रखने की आवश्यकता होगी। इस अतिरिक्त नमक के कारण उच्च बीपी, खराब पाचन जैसी दिक्कतें हो सकती है। आजकल, अधिकांश पैक किए सामान जैसे मूँगफली, चिप्स आदि में बहुत अधिक नमक होता है। लोग सलाद पर ऊपर से नमक छिड़कने का भी शौक रखते हैं, जो बिल्कुल भी आवश्यक नहीं है।

जंक फूड, मैदा और कॉटेज चीज से बचें

मैदा से बनी ब्रेड, पेस्ट्री, पिज्जा, बर्गर, नूडल्स, भठूरे, समोसे इत्यादि जंक फूड से बचें (यथासंभव कम सेवन करें), क्योंकि आपके शरीर को मैदे से बने उत्पादों को पचाने में बहुत मुश्किल होती है। ये उत्पाद आपको उनींदा बनाते हैं और इनका पोषक महत्त्व न्यूनतम होता है। आपको कॉटेज चीज का सेवन भी यथासंभव कम कर देना चाहिए।

शरीर की पोषण संबंधी आवश्यकताओं का ध्यान रखें

पौष्टिक खाद्य पदार्थों का सेवन करके अपने शरीर की पोषण संबंधी आवश्यकताओं का खयाल रखें। संरक्षित डिब्बाबंद खाद्य पदार्थों के मुकाबले ताजे व मौसमी फल, मेवे, हरी सब्जियाँ, सब्जियों का रस, दूध एवं दुग्ध उत्पादों के सेवन को प्राथमिकता दें। अधिकांश डिब्बाबंद भोजन में उनकी उपयोग की अवधि (shelf life) बढ़ाने के लिए

कई परिरक्षकों (preservatives) और शक्कर एवं नमक का इस्तेमाल किया जाता है। इससे उसके पोषक तत्त्व कम हो जाते हैं। ताजे फल खाइए और डिब्बाबंद जूस की जगह ताजे फलों के रस का सेवन कीजिए। ताजा पौष्टिक भोजन खाने और ताजा रस पीने से आपके पाचन तंत्र में भी सुधार होगा और आपका वजन भी नियंत्रित रहेगा।

भोजन के समय का सही चुनाव करें

आधुनिक शोधों से पता चला है कि आपको अपने भोजन का एक बड़ा हिस्सा दिन के पूर्वार्द्ध में ही उपभोग करना चाहिए और आपका रात्रिभोज बहुत हल्का होना चाहिए। इससे दिन के पूर्वार्द्ध में खाया गया भोजन ठीक से पच जाएगा और यह वजन कम करने में भी मदद करेगा। आपने देखा होगा कि हमेशा रात का खाना सोने जाने से 3 घंटे पहले खा लेने की सलाह दी जाती है। यही कारण है कि ऐसा कहा जाता है कि आपको राजा की तरह अपना नाश्ता करना चाहिए, एक राजकुमार की तरह दोपहर का भोजन करना चाहिए और एक गरीब की तरह रात्रिभोज करना चाहिए।

नियमित रूप से सुबह टहलें

सुबह नियमित रूप से टहलने जाएँ। यदि किसी कारणवश, आप सुबह टहलने की स्थिति में नहीं हैं, तो शारीरिक गतिविधियों के कई अन्य विकल्प भी हैं। आप घर या व्यायामशाला में तेज एरोबिक व्यायाम कर सकते हैं; आप गोल्फ, बास्केटबॉल, बैडमिंटन, टेनिस या टेबल टेनिस आदि खेल सकते हैं; या आप कम-से-कम सप्ताहांत पर साइकिल चला सकते हैं।

नियमित रूप से व्यायाम करें

ज्यादातर लोग सुबह की सैर के लिए नहीं जाते हैं; वे नियमित शारीरिक व्यायाम भी नहीं करते हैं; वे नियमित श्वसन व्यायाम, यानी प्राणायाम भी नहीं करते हैं। आपको समझना होगा कि व्यायाम आपके शरीर के लिए उसी तरह आवश्यक है, जैसे मशीनों में चिकनाई के लिए तेल डालना या ग्रीज लगाना। लंबे समय तक अपने शरीर को जोड़ों के दर्द से मुक्त रखने के लिए अपने शरीर के सभी जोड़ों को नियमित रूप से हिलाते-डुलाते रहने की आदत विकसित कीजिए। याद रखिए कि जंक फूड से बचने की बहुत सारी सलाह के बावजूद, आप पूरी तरह जंक फूड से बच नहीं सकते और मुझे पता है कि कभी-कभी आप जंक फूड खाएँगे ही। ऐसे में, आपके समक्ष अपने चयापचय (metabolism) और पाचन क्रिया (digestion) को सुचारु रूप से चलाने के लिए एकमात्र उपाय है, नियमित व्यायाम। लगभग 30 मिनट की सुबह की सैर और लगभग

15 मिनट का व्यायाम आपको दीर्घायु बनाएगा। तैराकी या साइकिल चलाने जैसी कोई अतिरिक्त गतिविधि आपके स्वास्थ्य के लिए और फायदेमंद होगी।

सब जानते हैं कि व्यायाम अच्छा है, लेकिन केवल कुछ लोग करते हैं। बिना कार्य किए, जानकारी आपके किसी काम की नहीं है। आपको GOPTA की शक्ति का दोहन करना चाहिए। व्यायाम कीजिए और ध्यान कीजिए और दिन के दौरान आरामदेह तरीके से काम कीजिए। शारीरिक मुद्रा सही रखिए। ब्रेक के दौरान अपनी आँखों को आराम दीजिए। आमतौर पर, छोटे ब्रेक के दौरान, लोग कंप्यूटर गेम या मोबाइल गेम खेलना शुरू कर देते हैं या टी.वी. देखना शुरू कर देते हैं, तो फिर आपके शरीर और मन को और काम करने के लिए विश्राम कब मिलेगा? कंप्यूटर या मोबाइल गेम में भी कुछ लोग ऐसे खेल खेलते हैं, जिसमें बहुत तेजी से स्क्रीन बदलता रहता है। यह आपकी आँखों के लिए बहुत खतरनाक है। आपको एहसास होना चाहिए कि आपने काम से ब्रेक तो लिया है, लेकिन आप काम के नए सत्र के लिए रिचार्ज नहीं हो पाएँगे। आपको यह देखने के लिए GOPTA की शक्ति का उपयोग करना होगा कि कौन सी गतिविधियाँ आपको अपने लक्ष्य की ओर ले जा रही हैं और तदनुसार अनुशासित कार्य करने होंगे।

यदि शुरुआत में शारीरिक व्यायाम शुरू करने में आपको कोई समस्या है, तो आप अगले 3 महीनों के लिए एक फिटनेस ट्रेनर के साथ समय तय कर लीजिए, जैसे सुबह 6 बजे का समय। उसे 3 महीने के लिए पहले से भुगतान कर दीजिए। यह आपको बिस्तर छोड़ने और समय पर अच्छी तरह तैयार होने के लिए मजबूर करेगा, क्योंकि आप पहले ही भुगतान कर चुके हैं, आपके पास जब चाहे, उसे मना करने का विकल्प नहीं बचेगा।

दिन और रात आरामदेह तरीके से बिताएँ

यदि आप अच्छे स्वास्थ्य का आनंद लेना चाहते हैं, तो पर्याप्त आराम आवश्यक है। आपको अपनी नींद का समय इस तरह से समायोजित करना चाहिए कि रात में जल्दी सोकर सुबह जल्दी जाग सकें, ताकि आप सुबह के उच्च ऊर्जा-स्तर के लाभों का दोहन कर सकें। अपने दिन का पहला घंटा अपने शरीर या मन के लिए लगाने की आदत डालें या तो अपने शरीर के लिए कुछ करें या कुछ सकारात्मक पढ़ें या ध्यान करें।

स्वास्थ्य की नियमित जाँच कराएँ और विटामिन और खनिजों की कमी दूर करें

बढ़ती उम्र के साथ, अपने स्वास्थ्य की नियमित जाँच कराने की आदत विकसित करें और यदि आवश्यक हो, तो विटामिन और खनिजों की कमी को पूरा करने के लिए चिकित्सीय सलाह से इनकी भी खुराक लें। चिकित्सा क्षेत्र में तकनीकी प्रगति के युग

कई घातक बीमारियाँ हैं, जिनका यदि शुरुआती चरणों में पता चला जाए, तो इलाज व है, यहाँ तक कि आपकी आँखों और दाँतों की भी नियमित जाँच आवश्यक है, क किसी भी तकलीफ का शुरुआती दौर में ही पता लग सके।

आँखों और दाँतों की उचित देखभाल करें

अपनी आँखों को पर्याप्त आराम दें। आँखें घुमाकर करनेवाला (eye rotation) म आपकी दृष्टि की दीर्घायु बनाए रखने के लिए अच्छा है। इसी तरह, दिन में दो अपने दाँतों को ब्रश करके अपने दाँतों की समुचित देखभाल करें। आमतौर पर हम ल टूथब्रश का उपयोग करते हैं; लेकिन दंत चिकित्सकों का सुझाव होता है कि अपने तों को ब्रश करने के बाद, आपको अपने मसूड़ों की अपनी उँगलियों से भी मालिश रनी चाहिए।

स्वयं को अपने स्वास्थ्य लक्ष्य प्राप्त करते हुए देखें

जब मैं अपना वजन कम करने और अपनी तोंद को कम करने की कोशिश कर ा था, तो मैं मानसिक रूप से दोहराता था कि मेरा वजन 80 किलोग्राम है और मेरी द घटकर 110 सेमी. है। मैंने खुद को एक स्वस्थ व्यक्ति के रूप में दृश्यीकृत करना रू कर दिया। इस प्रकार, जब मैंने अपने दृष्यीकरण को अपनी सकारात्मक पुष्टियों र सकारात्मक कार्यों (जैसे नियमित रूप से सुबह टहलना और व्यायाम व प्राणायाम रना) से समर्थन दिया, तो मुझे तेजी से परिणाम मिले।

याद रखें, आपका ध्यान (focus) वजन कम करने पर नहीं होना चाहिए। पका ध्यान नई अच्छी स्वास्थ्य-आदतों को विकसित करने पर होना चाहिए, ताकि ाया हुआ वजन दोबारा न बढ़ जाए।

> Remember, your focus should not be on reducing the weight. Your focus should be on inculcating new healthy habits, so that the lost weight is not regained.

पहचानें कि कौन से कौशल और मदद की जरूरत है

शरीर की विभिन्न प्रणालियों जैसे, पाचन तंत्र, रक्त संचरण तंत्र, तंत्रिका तंत्र आदि कम-से-कम शुरुआती ज्ञान हासिल करें। हम सभी जानते हैं कि सभी प्रणालियाँ -दूसरे से जुड़ी हुई होती हैं और परस्पर निर्भर भी होती हैं। अलग-अलग अंग न्न प्रकार के रस-स्राव करते हैं और शरीर के लिए उपयोगी हार्मोन उत्पन्न करते

हैं। यदि हमें सभी तंत्रों की बुनियादी समझ है, तो हम अपने भोजन के चुनाव में उचित भेदभाव करने की बेहतर स्थिति में होंगे।

आपको यह भी पहचानना होगा कि आपको किस प्रकार की सहायता की आवश्यकता होगी और किससे। यदि आप किसी गंभीर बीमारी से पीड़ित हैं, तो किसी कठोर व्यायाम कार्यक्रम को चुनने से पहले चिकित्सा सलाह लेना बेहतर होगा। आपको यह भी पहचान करनी होगी कि अपनी स्वास्थ्य लक्ष्य संबंधी गतिविधियों के लिए आपको किन व्यक्तियों से मिलना होगा, कौन सी कुशलताएँ हासिल करनी होंगी और आपको कौन सी मदद चाहिए होगी।

स्वास्थ्य लक्ष्य प्राप्त करने के लिए गौप्टा की असीम शक्ति का दोहन करें

स्वास्थ्य लक्ष्य प्राप्त करने के लिए गौप्टा की असीम शक्ति का दोहन करें। हमेशा याद रखें, अपने स्वास्थ्य लक्ष्यों को प्राप्त करने के लिए आप अपने समय, ऊर्जा और धन के रूप में जो भी कीमत चुकाते हैं, वह खराब स्वास्थ्य से छुटकारा पाने के लिए नहीं है, असल में वह अच्छे स्वास्थ्य के वास्तविक लाभों का आनंद लेने के लिए है। एक बार जब आप इस महत्त्वपूर्ण अवधारणा को समझ लेते हैं, तो आपके लिए समय, ऊर्जा और धन अपने लिए अच्छा स्वास्थ्य प्राप्त करने के लिए समर्पित करना आसान हो जाएगा और आपको इसके लिए पर्याप्त प्रेरणा भी मिलेगी।

अतिश्रम (Overwork) और तनाव से बचें

कई बार, आपके जीवन के विभिन्न क्षेत्रों के लक्ष्यों को पूरा करते समय आपको बहुत अधिक काम करना पड़ता है, लेकिन अतिश्रम करके खुद को शारीरिक और मानसिक रूप से थका लेना एक बुरा विचार होगा। अत्यधिक कड़ी मेहनत का परिणाम घटिया स्तर की उत्पादकता हो सकता है; खासकर रचनात्मक कार्यों में, जहाँ उत्पादकता बहुत मायने रखती है।

एक समयसिद्ध धारणा है कि आमतौर पर अपने कॅरियर के लिए सप्ताह में 40 घंटे काम करना चाहिए। यह मान भी लें कि फिलहाल आप अपने लक्ष्यों को पूरा करने के लिए 40 घंटे से अधिक भी काम कर रहे हैं, तो भी अधिकतम सीमा 60 घंटे की होनी चाहिए, ताकि कालांतर में शरीर और मष्तिष्क बुरी तरह थक न जाएँ, हालाँकि किसी असाधारण परिस्थियों में, जब आपको कुछ महत्त्वपूर्ण कार्य समयबद्ध तरीके से पूरा करना हो, तो आप अतिरिक्त काम के घंटों को समय की माँग समझकर जायज ठहरा

सकते हैं, लेकिन ध्यान रहे, यह आपकी नियमित आदत न बन जाए।

मेरी कार्यशालाओं में अक्सर लोग मुझसे पूछते हैं कि मैं तनाव प्रबंधन के बारे में विशेष रूप से बात क्यों नहीं करता, जो कि आजकल दुनिया भर में चिंता का प्रमुख कारण है। मेरा सामान्य जवाब यह होता है कि मुझे 'तनाव' से निपटने के लिए किसी अलग तकनीक की आवश्यकता नहीं प्रतीत होती है; क्योंकि मैं समझता हूँ कि तनाव के लिए मुख्यत: इनमें से एक या दोनों कारक जिम्मेदार होते हैं—

1. घर या कार्यस्थल पर तनावपूर्ण रिश्ते।
2. कम समय में अधिक चीजों करने का अत्यधिक दबाव।

इन दोनों कारकों की इस पुस्तक में स्वत: ही समुचित देख-रेख हो रही है। जीवन के विभिन्न क्षेत्रों में संतुलन पाने/बनाए रखने और परिवार की अच्छी देखभाल के लिए उचित नीतियों का पालन करके घर/कार्यस्थल में तनावपूर्ण संबंधों को बेहतर बनाया जा सकेगा।

इसी तरह अपने जीवन में प्रतिदिन 3 या अधिक उत्पादक घंटे जोड़कर और अपने व्यक्तिगत जीवन में और कार्यस्थल पर अपनी समस्त गतिविधियों का बेहतर व्यवस्थापन (organise) करके आप कम समय में अधिक कार्य करने के अत्यधिक दबाव से भी निपटने में सक्षम हो जाएँगे।

आपको यह देखना पड़ेगा कि यदि आपका समय प्रबंधन कौशल खराब है, तो आपकी लंबित कार्यों की सूची हमेशा बढ़ती ही जाएगी। स्थिति तब और बदतर हो जाएगी, जब आपका बॉस आपको और अधिक काम दे देगा, जबकि आप अभी भी बहुत सारे लंबित कार्यों से जूझ रहे होंगे, जिससे आपको और अधिक तनावपूर्ण परिस्थितियों का सामना करना होगा।

हालाँकि अच्छी खबर यह है कि यदि कोई बेहतर शारीरिक, मानसिक और आध्यात्मिक प्रगति के लिए इस पुस्तक में बताई गई तरकीबों का इस्तेमाल करता है और अपने लक्ष्यों को प्राप्त करने के लिए GOPTA (लक्ष्योन्मुख सकारात्मक सोच एवं कार्य) की असीम शक्ति का दोहन करता है, तो तनाव स्वत: उसके सिस्टम से बाहर निकलना प्रारंभ कर देगा, हालाँकि आपको याद रखना चाहिए कि आपको आराम के लिए भी एक दिन निकालना चाहिए, क्योंकि निरंतर अतिश्रम करने से आपकी कार्यक्षमता एवं दक्षता कम हो जाएगी। आपको अपने शरीर और मन को रिचार्ज करते करना होगा। मैं तो कहूँगा कि तनाव पर काबू पाने का सबसे अच्छा उपाय है—**ध्यान** (Meditation)।

ध्यान (Meditation) के फायदे

ध्यान (meditation) के अनगिनत लाभ हैं। अक्सर लोग सोचते हैं कि ध्यान करना एक आध्यात्मिक अभ्यास है, लेकिन मैं इस बात पर जोर देना चाहूँगा कि ध्यान आपके शरीर, मन और आत्मा, सभी के लिए फायदेमंद है।

अक्सर लोग शिकायत करते हैं कि मैडिटेशन के वक्त वे ध्यान केंद्रित करने में सक्षम नहीं होते हैं। उन्हें लगता है कि मैडिटेशन एकाग्रता का परिणाम है, जबकि हकीकत इस मिथक से बिल्कुल उलटी है। दरअसल, बेहतर एकाग्रता कालांतर में किए गए मैडिटेशन का परिणाम है।

ध्यान का सबसे बड़ा दृश्य लाभ यह है कि यह ऊर्जा के अनंत स्रोत, यानी ब्रह्मांड से आपकी ऊर्जा ग्रहण करने की दर को बढ़ा देता है; क्योंकि आपके शरीर को दिन भर के दौरान हुई ऊर्जा की खपत की भरपाई करने के लिए ऊर्जा की निरंतर आवश्यकता होती है।

एक बार यदि आप लगभग 3 महीने तक नियमित मैडिटेशन करें, तो आप निम्नलिखित में से कुछ लाभ महसूस करना शुरू कर देंगे—

- तेज और अधिक संगठित मानसिक संकाय
- आंतरिक शांति
- प्यार-दया और करुणा
- आत्मा और दिव्यात्मा के बीच बेहतर संपर्क
- स्वस्थ शरीर
- कम तनाव के साथ जीवन में बेहतर सफलता
- बेहतर रक्त प्रवाह और हृदय गति
- शारीरिक विश्राम के गहरे स्तर
- नियमित रक्तचाप
- कम चिंताएँ
- शल्यक्रिया के बाद तेज स्वास्थ्य लाभ
- बेहतर प्रतिरक्षा प्रणाली
- बेहतर ऊर्जा के स्तर
- हृदय संबंधी रोगों का कम जोखिम
- बेहतर श्वसन क्रिया के लिए सक्षम फेफड़े
- इड़ा और पिंगला नाड़ियों का बेहतर सामंजस्य और सुषुम्ना नाड़ी से श्वसन
- शरीर पर बढ़ती उम्र के कम दृश्य प्रभाव

- ➢ बेहतर फोकस
- ➢ बेहतर एकाग्रता
- ➢ बेहतर रचनात्मकता
- ➢ बेहतर संकल्प शक्ति
- ➢ बेहतर स्मरण शक्ति
- ➢ संबंधों में बेहतर समझ
- ➢ बुरी आदतों से आसानी से छुटकारा पाना
- ➢ सहज अंतर्ज्ञान
- ➢ मानसिक बीमारी के कम जोखिम
- ➢ क्रोध पर नियंत्रण
- ➢ बेहतर क्षमादान क्षमता
- ➢ कम नींद की जरूरत
- ➢ बेहतर साहस
- ➢ सटीक धारणा और बेहतर निर्णय
- ➢ बेहतर भावनात्मक परिपक्वता
- ➢ सहज आत्मबोध
- ➢ जीवन के प्रति सकारात्मक दृष्टिकोण

ध्यान आसान है। यदि आप एक योग्य शिक्षक के मार्गदर्शन में ध्यान करना शुरू करते हैं, तो आपको अधिक लाभ होगा। यदि आप इसे स्वयं करना चाहते हैं, तो आप ऐसा कर सकते हैं। मेरा सुझाव है कि आप मैडिटेशन से पहले और बाद में कुछ शारीरिक व्यायाम जरूर करें। यह मैडिटेशन के दौरान ब्रह्मांड से प्राप्त असीम ऊर्जा के संपूर्ण शरीर में समुचित वितरण में सहायता करता है और आपके शरीर के ऊर्जा प्रवाह के अवरोधों को भी खोलता है।

सोने से पहले आपको 5 मिनट के लिए कृतज्ञता ध्यान भी करना चाहिए। मैं दावे के साथ कहता हूँ कि यदि 3 महीनों के लिए सोने से पहले 5 मिनट के लिए कृतज्ञता ध्यान किया जाए, तो आपका जीवन हमेशा के लिए बदल जाएगा।

G.O.P.T.A. POINTS

- ✓ शरीर के सभी तीन आयामों के लिए स्वास्थ्य लक्ष्य बनाएँ, जैसे शरीर, मन और आत्मा। आपको तय करना होगा कि आप कितना समय सुबह टहलने

और शारीरिक व्यायाम को देंगे; कितना समय ध्यान में लगाएँगे, ताकि आपके मन की कार्यक्षमता बेहतर हो और आपका अपने ईश्वर के साथ संबंध और मजबूत हो।

- ✓ 'आरामदेह सुविधा क्षेत्र' और 'बदलाव के प्रति आंतरिक प्रतिरोध' बचपन से ही विकसित हो जाते हैं और ये एक मजबूत गुरुत्वाकर्षण खिंचाव प्रदान करते हैं और आपके 'निर्णय' को आपके लक्ष्यों की दिशा में नियमित रूग से कुछ सकारात्मक करने के लिए 'दृढ़ संकल्प' बनने की अनुमति नहीं देते और आपका तथाकथित 'निर्णय' केवल 'किसी दिन काम करने की इच्छा' मात्र ही रह जाता है।
- ✓ अच्छा स्वास्थ्य आपका जन्मसिद्ध अधिकार है, जब तक आप जानबूझकर खराब स्वास्थ्य या बीमारी के लिए इस अधिकार को छोड़ नहीं देते।
- ✓ अपने SMARTER लक्ष्यों के लिए अपना 'WHY' खोजना शुरू कीजिए। आपको अच्छे स्वास्थ्य के लाभ के साथ-साथ खराब स्वास्थ्य के प्रतिकूल प्रभाव भी लिखने चाहिए।
- ✓ भोजन के सुखों के संबंध में अपने अवचेतन मन को reprogram करें।
- ✓ GOPTA की मदद से, आपको भोजन से संबंधित 3 सजग चुनाव करने की आदत विकसित करनी चाहिए—क्या खाएँ और क्या न खाएँ (जंक फूड से पौष्टिक आहार की ओर बढ़ें); कितना खाएँ (अत्यधिक मात्रा में खाने से उचित मात्रा में खाने तक बढ़ें) और कब खाएँ (खाने की आवृत्ति और समय का सही निर्धारण करें)।
- ✓ खाना पिएँ, पानी खाएँ।
- ✓ चीनी का कम सेवन करें, ताकि जीवन भर चीनी का आनंद ले सकें।
- ✓ अपने स्वास्थ्य लक्ष्यों को प्राप्त करने के लिए आप अपने समय, ऊर्जा और धन के रूप में जो भी कीमत चुकाते हैं, वह खराब स्वास्थ्य से छुटकारा पाने के लिए नहीं है, असल में वह अच्छे स्वास्थ्य के वास्तविक लाभों का आनंद लेने के लिए है।
- ✓ अतिश्रम (Overwork) से बचें।
- ✓ ध्यान आपके शरीर, मन और आत्मा, सभी के लिए फायदेमंद है। सोने से पहले कृतज्ञता ध्यान करिए।

□

22

निद्रा–शरीर के जीर्णोद्धार का वक्त

> "I never stand up when I can sit down; and I never sit down when I can lie down."
>
> —**Henry Ford**

यह अध्याय निद्रा प्रणाली को समझने में आपकी सहायता करेगा ताकि आप समझ सकें कि कैसे जीवन में प्रतिदिन कम-से-कम एक उत्पादक घंटा बचाकर उसे निवेश किया जा सकता है।

नींद की सही मात्रा क्या है?

इस यक्षप्रश्न के जवाब में सामान्यत: यह माना जाता है कि एक सामान्य इनसान के लिए कम-से-कम 8 घंटे की नींद आवश्यक है; परंतु मैं यह कहूँगा कि यह एक मिथक है। हर व्यक्ति की नींद की आवश्यकता भिन्न होती है। मैंने कई लोगों को सिर्फ 4-5 घंटे की नींद लेकर भी तरोताजा रहकर काम करते देखा है। मैं तो कहूँगा कि यदि आप चारों ओर देखते हैं, तो आप पाएँगे कि लोग अमूमन 7-9 घंटे सोते हैं और 8 घंटे तो महज एक औसत ही प्रतीत होता है।

आपने अपने माता-पिता से बचपन से यह विश्वास अनजाने में ही हासिल कर लिया है। आपके माता पिता आपको रात में जल्दी सोने के लिए कहते थे। कालांतर में आपकी एक निश्चित समय पर सोने की आदत विकसित हो गई, जैसे 10-11 बजे और सुबह लगभग 6-7 बजे उठने की आदत विकसित हो गई। इस तरह बचपन से ही लगभग 8 घंटे या अधिक सोने की आदत पड़ गई। आपने कई लोगों को देखा होगा, जो रात के दौरान 8-9 घंटे सोते हैं, फिर भी हमेशा थके हुए और उनींदे नजर आते हैं और पूरे दिन उबासियाँ लेते रहते हैं। वे सोचते हैं कि अतिरिक्त सोने से उनकी समस्या

का समाधान हो जाएगा, लेकिन वे यह नहीं समझते हैं कि ज्यादा वक्त के लिए सो दरअसल आपकी नींद की गुणवत्ता का सबसे बड़ा दुश्मन है। उदाहरण के लिए य आप प्रतिदिन 8 घंटे सोते हैं, तो कभी 10 घंटे सोकर देखिए। 3 दिनों के भीतर आपव पता चल जाएगा कि आपकी नींद की गुणवत्ता में कमी आई है।

निद्रा-चक्रों (Sleep Cycles) को समझें

चाहे आप इसे जान सकें या नहीं, आपकी नींद के 7-8 घंटों की अवधि के दौरा कई निद्रा-चक्र (Sleep Cycles) होते हैं। इस तंत्र को समझने की कोशिश कीजि और आप पाएँगे कि अब तक आप अच्छी गुणवत्तावाली नींद का आनंद क्यों नहीं ले प रहे थे। निद्रा की गोद में जाने से ठीक पहले, जाहिर है कि आप जाग रहे होते हैं, लेकि सोने से ठीक पहले, आपका मस्तिष्क उच्च तरंगें बनाता है, जिन्हें बीटा तरंगें (Beta waves) कहते हैं। इस मानसिक अवस्था में, हम अपने सक्रिय चेतन मन के साथ जुड़े हुए होते हैं और एक विचार से दूसरे विचार पर जा रहे होते हैं।

शोधों से पता चला है कि निद्रा के 5 चरण होते हैं, लेकिन मैं नींद की प्रक्रियाओं की गहराई में जाकर बात को ज्यादा जटिल नहीं करूँगा और निद्रा-चक्रों की मूलभूत समझ के लिए आसान और सामान्य भाषा में समझाऊँगा। संक्षेप में, मैं कहूँगा कि नींद के अंतिम, यानी पाँचवें चरण को REM (Rapid Eye Movement) चरण कहा जाता है और प्रथम चार चरणों को इसके उलट non-REM (NREM) चरण कहा जाता है। इन चार चरणों में भी हलकी नींद (चरण 1 & 2) और गहन निद्रा (चरण 3 & 4) के दो मुख्य सेट होते हैं। पहले 4 चरणों की नींद के बाद, आप अपनी पहली REM निद्रा की अवधि में प्रवेश करते हैं, जो लगभग 15-20 मिनट तक चलती है। फिर दोबारा NREM के 4 चरण और फिर REM के एक चरण का पूरा निद्रा-चक्र आता है। यह क्रम पूरी रात जारी रहता है, लेकिन रात बीतने के साथ, हर क्रमिक निद्रा-चक्र में गहन निद्रावाले चरण की अवधि कम होती जाती है और REM चरण की अवधि बढ़ती चली जाती है।

शोधों ने यह भी बताया है कि—

- गहन निद्रा की अवधि नींद के पहले चक्र में सबसे लंबी होती है और अगले चक्रों में कम होती चली जाती है।
- नींद के पहले चक्र के दौरान REM चरण की अवधि सबसे कम होती है और अगले चक्रों में बढ़ती चली जाती है।

5 चरणों की नींद

चरण 1 – उनींदेपनवाला चरण। इस चरण में आप केवल नींद का दरवाजा खटखटाते हैं।

चरण 2 – आप बहुत आसानी से जागनेवाली स्थिति में रहते हैं। निद्रा संबंधी शोधों से पता चला है कि इस चरण के दौरान जगाए गए अधिकांश लोग यही टिप्पणी करते हैं कि वे अभी भी जाग रहे थे।

चरण 3 और 4 – **गहन निद्रा** (Deep Sleep)
चरण 3 और 4 के दौरान हम गहन निद्रा में सोते हैं। जब हम गहरी निद्रा में प्रवेश करते हैं, तो हमारे रक्तचाप, श्वसन दर और हृदय की धड़कन दिन के सबसे निचले स्तर पर पहुँच जाते हैं। यह चरण निद्रा–चक्र का सबसे महत्त्वपूर्ण हिस्सा है, जिसके दौरान शरीर सबसे अधिक रिचार्ज होता है और आपके शरीर के विभिन्न अंगों की दिन के दौरान हुई थकावट से निजात पाने के लिए एक तरह से मरम्मत हो जाती है।

चरण 5 – REM Sleep
चरण 5 नींद का सबसे आकर्षक चरण है। इसे रैपिड आई मूवमेंट (REM) चरण का नाम दिया जाता है। इसे सपनोंवाले चरण के रूप में भी जाना जाता है, क्योंकि हम REM चरण में ज्यादातर सपने देखते हैं।

गहन निद्रा (Deep Sleep) का चरण निद्रा–चक्र का सबसे महत्त्वपूर्ण हिस्सा है, जिसके दौरान शरीर सबसे ज्यादा रिचार्ज होता है और शरीर के विभिन्न अंगों की दिन भर में हुए श्रम की वजह से हुई भीतरी थकान से छुटकारा दिलाने के लिए मरम्मत होती है। चूँकि दिन भर की शारीरिक और मानसिक क्लांति से निपटने के लिए रात्रि के पहले निद्रा–चक्र के गहन निद्रावाले चरण के दौरान आपके शरीर को सबसे अधिक रिचार्जिंग की आवश्यकता होती है, इसलिए पहले निद्रा–चक्र के दौरान गहन निद्रा की अवधि सबसे लंबी होती है। रात्रि के दूसरे निद्रा–चक्र में, शरीर पहले निद्रा–चक्र की शुरुआत की तुलना में बेहतर आरामदेह स्थिति में पहुँच चुका होता है, इसलिए दूसरे निद्रा–चक्र के दौरान गहन निद्रा का चरण अपेक्षाकृत कम समय का होता है और इसी तरह रात्रि के दौरान अगले निद्रा–चक्रों में गहन निद्रा के चरण के समय में क्रमिक कमी जारी रहती है।

उपरोक्त को ध्यान से समझने के बाद यह समझना आसान है कि 3 या 4 चक्र पूरा होने के बाद भी अगर हम एक और चक्र के लिए सोना जारी रखते हैं, तो वस्तुतः यह समय की बरबादी ही होगी, क्योंकि हमें इस अतिरिक्त निद्रा–चक्र के दौरान बहुत कम

समय के लिए गहन निद्रा के चरण का लाभ मिलेगा।

REM स्लीप के चरण के मध्य में, किसी भी बाह्य कारण से जागना हमारे लिए सबसे तकलीफदेह होता है। यही मुख्य कारण है कि यदि हम अलार्म की घंटी से या परिवार के किसी सदस्य, जैसे माँ/पति/पत्नी के जगाने से अचानक जागते हैं, तो हम उनींदे रहते हैं। यदि आप इसे ठीक से समझ गए, तो आप अपने शरीर की आंतरिक घड़ी के अनुसार जागने के महत्त्व को समझ सकेंगे। इसका मतलब यह होगा कि यदि आप REM स्लीप का चरण पूरा करके निद्रा-चक्र की समाप्ति के बाद जागेंगे, तो आप शेष दिन के लिए तरोताजा और ऊर्जावान महसूस करेंगे।

मेरा मानना है कि अब आप आसानी से समझ सकते हैं कि नींद के 3 पूरे चक्र, 3.5 या 3.6 या 3.9 निद्रा-चक्रों के मुकाबले बेहतर हैं। आप जान चुके हैं कि गहन निद्रा के चरण की अवधि एक चक्र से दूसरे चक्रों में कम होती चली जाती है, इसलिए वस्तुत: आपके शरीर को पहले 3 या 4 चक्रों की नींद के बाद, पिछले दिन की शारीरिक और मानसिक क्लांति से छुटकारा पाने के लिए और निद्रा चक्रों की आवश्यकता नहीं है, क्योंकि पहले ही आप तरोताजा हो चुके हैं।

नींद के 5 चरणों के एक चक्र को पूरा करने के लिए लगनेवाला समय अलग-अलग व्यक्तियों के लिए अलग होता है। यह कई आंतरिक और बाहरी कारकों पर निर्भर करता है; लेकिन आमतौर पर इसमें लगभग 1 से 2.5 घंटे लगते हैं। इसका मतलब यह हुआ कि आप आसानी से यह तय करने की स्थिति में नहीं होंगे कि कब आप अपने तीसरे या चौथे निद्रा-चक्र के अंत में होंगे, लेकिन आश्वस्त रहिए, यदि आप अपने शरीर को लगभग एक महीने या उससे अधिक की अवधि तक नियमित नींद के पैटर्न पर चलने देते हैं, तो आपके शरीर की आंतरिक घड़ी आपको जागने का बिल्कुल सटीक समय बता देगी और आप को प्रात: जागने के लिए बाहरी कारकों, जैसे अलार्म या जीवनसाथी द्वारा पानी की बाल्टी डाले जाने की जरूरत नहीं पड़ेगी। हा हा।

गहन निद्रा (Deep Sleep) कितनी महत्त्वपूर्ण है

निद्रा-तंत्र पर हालिया शोधों से पता चला है कि यदि हम 'गहरी नींद' से वंचित रहते हैं, तो हम उनींदेपन, सिरदर्द और दिन के दौरान ध्यान केंद्रित न कर पाने जैसी समस्याओं का सामना करते हैं। अगर हम किसी भी कारण से 'नींद' से वंचित रहते हैं, तो हमारा शरीर 'गहरी नींद' चाहता है और जैसे ही आपको सोने का मौका मिलता है, आपका शरीर 'गहरी नींद' वाले चरण की ओर तेजी से बढ़ जाता है। यही कारण है कि हम पहले 4-5 घंटों में गहन निद्रा क्यों अनुभव करते हैं। गहन निद्रा का चरण विभिन्न

बीमारियों से लड़ने और हमारी प्रतिरक्षा प्रणाली को मजबूत करने के लिए सबसे अधिक वांछित चरण है।

निद्रा-घड़ी (Sleep Clock) की कार्यविधि और शरीर के तापमान के साथ इसके संबंध को समझें

आप ताज्जुब करते होंगे कि कैसे आपके परिवार के कुछ सदस्य रोज एक ही वक्त बिना अलार्म लगाए जाग जाते हैं। जाहिर है, ऐसा शरीर की आंतरिक निद्रा–घड़ी की वजह से होता है। आपकी आंतरिक निद्रा–घड़ी आपको सुराग प्रदान करती है और उन सुरागों पर स्वचालित रूप से काम करती रहती है और आपको यह बताती रहती है कि आप कब आराम करें, कब सोएँ, कितनी गहन निद्रा में सोएँ और कितनी देर तक सोएँ।

निद्रा-घड़ी और शरीर का तापमान

आपकी आंतरिक निद्रा–घड़ी का आपके शरीर के तापमान के साथ तालमेल होता है, जो दिन के विभिन्न हिस्सों में बदलता रहता है। शरीर के तापमान में वृद्धि के साथ–साथ हम और ऊर्जावान महसूस करते हैं और शरीर के तापमान में गिरावट के साथ, हम सुस्त महसूस करना शुरू कर देते हैं। आमतौर पर, सुबह के जल्दी के घंटों में शरीर का तापमान धीरे–धीरे बढ़ना शुरू हो जाता है और दोपहर के बाद कम होना शुरू हो जाता है। शाम के वक्त यह फिर से बढ़ना शुरू हो जाता है और रात में, यह फिर से घटना शुरू हो जाता है और सुबह लगभग 4 बजे अपने निम्नतम स्तर पर पहुँचता है। यदि आप शरीर के तापमान के इस चक्र को ठीक से समझ लेते हैं, तो आपके लिए यह समझना मुश्किल नहीं होगा कि क्यों आपको दोपहर को एक छोटी सी झपकी की आवश्यकता होती है और क्यों आप उस झपकी के बाद फिर से तरोताजा महसूस करते हैं और बची हुई शाम के दौरान अधिक उत्पादक बन जाते हैं।

निद्रा-घड़ी और मेलाटोनिन (Melatonin)

आपकी निद्रा–घड़ी का दूसरा महत्त्वपूर्ण घटक आपके मेलाटोनिन हार्मोन का स्तर है और आपका प्राकृतिक सूर्य के प्रकाश से संपर्क है। हमारे शरीर में एक अंतर्निहित प्रणाली है, जो प्रकाश और अँधेरे के आधार पर हमारी नींद के पैटर्न को नियंत्रित करती है। हमारा शरीर एक 'मेलाटोनिन' नामक हार्मोन बनाता है, जो मुख्य रूप से हमें सोने के लिए तैयार करने के लिए जिम्मेदार होता है। मेलाटोनिन एक हार्मोन है, जिसका स्तर प्रकाश (विशेषकर सूर्य का प्रकाश) के संपर्क में आने से नियंत्रित होता है। शाम को जब सूर्य का

प्रकाश कम होता है, तो आपका मस्तिष्क ज्यादा मेलाटोनिन का स्राव करता है और दिन दौरान जब तेज प्रकाश होता है, तो कम मेलाटोनिन का स्राव करता है, जब आपको ज्य चुस्त-दुरुस्त रहने की आवश्यकता होती है। यह अँधेरे में उच्च मात्रा में उत्पन्न होता है

प्राकृतिक रोशनी या फिर कृत्रिम प्रकाश की वजह से भी मेलाटोनिन के उत्पा और स्राव में फर्क पड़ता है। आप जितना ज्यादा प्राकृतिक रोशनी के संपर्क में रहें आपका शारीरिक तापमान देर से गिरेगा और आप लंबे समय तक तरोताजा रहेंगे। य आप प्राकृतिक प्रकाश के संपर्क में कम रहते हैं, तो आपके शरीर का तापमान तेजी घटता रहेगा और मेलाटोनिन का उत्पादन बढ़ जाएगा और आप उनींदा और थका हु महसूस करना शुरू कर देंगे और आपका शरीर निद्रा की गोद में जाने के लिए मचल लगेगा। टी.वी. या कंप्यूटर स्क्रीन की चमकदार रोशनी के परिणामस्वरूप मेलाटोनि का उत्पादन कम हो सकता है, जो आपके लिए सोना कठिन बना देगा। अब तक आ समझ गए होंगे कि दिन के दौरान सूरज की रोशनी से अधिकतम संपर्क बेहतर है, चा आप कार्यालय में हों या घर पर। रात में सोने से पहले, कम वॉट की क्षमतावाले बल इस्तेमाल करने की कोशिश करें।

शाम के वक्त शरीर का तापमान थोड़ा बढ़ाने या तापमान में गिरावट आने में दे करने के लिए आप शाम के वक्त कोई शारीरिक खेल खेलना शुरू कर सकते हैं य कोई और शारीरिक गतिविधि कर सकते हैं। यदि आप शाम को कुछ शारीरिक गतिवि करते हैं या कोई खेल खेलते हैं, जैसे टेबल टेनिस या बैडमिंटन (लेकिन याद रखें, रा भोजन से पहले, क्योंकि रात्रि भोजन के बाद कोई भी भारी शारीरिक गतिविधि हा पहुँचा सकती है), तो यह शरीर में तापमान की गिरावट को कम कर देगा और आप लं समय तक सक्रिय रह सकेंगे। इससे रात के दौरान शरीर के तापमान में नाटकीय गिराव आएगी, जिससे रात के दौरान आप बेहतर आरामदायक नींद का आनंद लेंगे।

अपने जागने के समय को एक झटके में 1-2 घंटे न बदलें

आमतौर पर, आपके शरीर के तापमान का उतार-चढ़ाव लंबी समयाविधि मे विकसित होता है और यदि आप अचानक अपने सुबह जागने का समय बदल भी लें, तो भी यह तापमान क्रम वही रहता है। मान लीजिए कि अभी तक आप सुबह 7 बजे जागने के अभ्यस्त हैं और अचानक आप सुबह 5 जागना शुरू करना चाहते हैं, तो आप अलार्म बजने पर जाग तो जाएँगे, लेकिन उस समय आपके शरीर का तापमान कम ही रहेगा, क्योंकि लंबे वक्त तक आपका शरीर 7 बजे जागने का अभ्यस्त हो चुका है और आपके शरीर का तापमान 7 बजे के बाद बढ़ना शुरू होता है। यह मुख्य कारण है कि जागने के

य में अचानक बड़ा परिवर्तन उचित नहीं है। यदि आप अपने जागने का समय दो घंटे ने करना चाहते हैं, तो इसे धीरे-धीरे करें, यानी एक बार में लगभग 15 मिनट। इससे को दो तरह से फायदा होगा। पहला, आपके शरीर का तापमान चक्र आपकी बदली आदतों के हिसाब से समायोजन करना शुरू कर देगा और 15-20 दिनों में जागने ए समय का अभ्यस्त हो जाएगा और उसके हिसाब से समायोजित हो जाएगा और ा फायदा यह होगा कि रात्रि में आपके सोने का समय भी एक बार में 15 मिनट से योजित होना शुरू हो जाएगा और अचानक बहुत जल्दी उठने की वजह से आपको ह थकान महसूस नहीं होगी।

यह मुख्य कारण है कि ज्यादातर लोग, जो सुबह जल्दी उठने की कसमें खाते हैं, हफ्ते से ज्यादा समय तक इसे जारी नहीं रख पाते हैं। वे शरीर के आंतरिक निद्रा-को नहीं समझते हैं और शिकायत करना शुरू कर देते हैं कि जल्दी उठना बहुत ीफदेह है और वे जल्दी नहीं उठ सकते।

आपकी निद्रा-घड़ी धीरे-धीरे आपके नींद के चक्रों के साथ समायोजित होना शुरू और आप पहले से जल्दी जागना शुरू कर देंगे। नींद के समय में यह अंतर एक त से दूसरे व्यक्ति में भिन्न हो सकता है, लेकिन ज्यादातर लोगों के लिए यह 1 से 2 के बीच होता है और यह इस बात पर निर्भर करता है कि कब आपके निद्रा-चक्र के 5 पूरे हो जाते हैं और किस निद्रा-चरण के अंत में आपके लिए पेशाब के लिए उठने की रेक आवश्यकता नींद के अगले चक्र में प्रवेश करने की इच्छा पर हावी हो जाती है।

सुबह जल्दी उठना

इन दिनों, ज्यादातर लोग आदतन देर से सोते हैं और इसलिए उन्हें सुबह जल्दी ा बहुत मुश्किल लगता है, लेकिन मेरे प्रिय मित्रो, मैं तो कहूँगा कि पुरानी भारतीय त में बहुत दम है कि सुबह जल्दी जागना अच्छे स्वस्थ जीवन का सबसे बड़ा है।

अक्सर लोग सोचते हैं कि उनके सोने और जागने के समय को बदलने की कोई यकता नहीं है और उन्हें सिर्फ यह देखना है कि वे पर्याप्त घंटों की नींद लेते हैं। लिए रात 10 बजे से सुबह 6 बजे तक सोना भी 8 घंटे की नींद है और रात 12 सुबह 8 बजे तक सोना भी 8 घंटे की नींद है और इन दो 8 घंटे के समय में कोई नहीं है। यहाँ मैं असहमत हूँ। मैं स्वयं भी सुबह जल्दी जागने के अनगिनत लाभ मझ पाया था, जब मैंने खुद सुबह जल्दी जागना शुरू किया था।

सुबह जल्दी जागने के कुछ प्रमुख दृश्य लाभ हैं—

- आपके पास सुबह टहलने, व्यायाम और ध्यान के लिए पर्याप्त समय होगा। यदि आप सुबह टहलने, शारीरिक व्यायाम/प्राणायाम/ध्यान आदि करने के लिए सुबह का कुछ समय देते हैं, तो आपकी उत्पादकता चरम पर पहुँच जाएगी। सुबह टहलने से आपके फेफड़ों की श्वसन क्षमता बेहतर होती है। यह आपके अतिरिक्त वसा और कैलोरी को जलाता है और आपके शरीर में रक्त संचरण और संपूर्ण चयापचय में सुधार करता है और इस प्रकार उच्च रक्तचाप, हृदय रोग, उच्च शर्करा रोग आदि के जोखिम कम करता है।
- आपको यह महसूस करके अच्छा लगेगा कि आप अपना दिन दूसरे व्यक्तियों की तुलना में जल्दी शुरू कर रहे हैं। यह आपको संतुष्टि देगा कि आप न केवल अपने स्वास्थ्य लक्ष्यों के बारे में जानते हैं, बल्कि उन पर काम करने के लिए आवश्यक तकलीफ भी उठाने को तैयार हैं। चाहे आप सुबह टहलने जाएँ या घर पर व्यायाम करें या ध्यान करें, अपने परिवार के साथ समय व्यतीत करें या सुबह उठकर कोई भी उत्पादक कार्य करें (जैसे कि कोई पुस्तक लिखना आदि), तो समझिए कि आप अपने लक्ष्यों की दिशा में आगे बढ़ रहे हैं, चाहे वह स्वास्थ्य लक्ष्य हों, पारिवारिक लक्ष्य हों, या कॅरियर लक्ष्य हों।
- आपके पास विद्यालय या कार्यस्थल पर जाने के लिए तैयार होने के समय से पहले अतिरिक्त समय उपलब्ध होगा।
- यदि आप काम खत्म करने के लिए देर रात तक काम करते रहते हैं, तो इसका मतलब है कि धीरे-धीरे आपने महत्त्वपूर्ण कार्यों को देरी से करने की प्रवृत्ति विकसित कर ली है और आप यह सोचते हैं कि आप रात में काम खत्म कर लेंगे। यदि आप जल्दी जागेंगे, तो आपको रात में सही वक्त पर सोना पड़ेगा। आपके बदले दृष्टिकोण से दिन के दौरान आपके काम के तरीके पर बहुत बड़ा फर्क पड़ेगा और आप महत्त्वपूर्ण कार्यों पर दिन के दौरान ही बेहतर एकाग्रता से काम करेंगे।
- आपको अपने परिवार के साथ घर पर अधिक समय मिलता है।
- जल्दी-जल्दी तैयार होकर कार्यालय के लिए भागने के लिए आपको अपना नाश्ता छोड़ने की जरूरत नहीं पड़ेगी।
- सुबह के घंटे शांत होते हैं और आप शांतचित्त से अपना काम निर्बाध रूप से कर सकते हैं। आप पढ़ सकते हैं, आप सोच सकते हैं, आप अपने आनेवाले दिन या और आगे की कार्ययोजना बना सकते हैं। सुबह के वक्त, आपका मस्तिष्क नए विचारों के प्रति सबसे ज्यादा ग्रहणशील होता है।
- वातावरण में ध्वनि प्रदूषण कम होता है, क्योंकि अधिकतर लोग सो रहे हैं।

आप अच्छे सूर्योदय का आनंद ले सकते हैं और सुबह-सुबह चिड़ियों के कलरव का आनंद ले सकते हैं। जब आप सूर्योदय देखते हैं और सुबह की सैर के दौरान आसमान में सूर्योदय की वजह से बदलते रंगों का शानदार नजारा देखते हैं, तो आप खुद को प्रकृति के नजदीक महसूस करते हैं और आनेवाले दिन के लिए बेहतर तैयार होते हैं।

- मानसिक स्तर पर भी, आप आंतरिक शांति महसूस करते हैं। मन दूसरों के मस्तिष्कों की चटर-पटर से परेशान नहीं होता, क्योंकि वे सो रहे होते हैं और पर्यावरण शांत होता है। आप बेहतर ध्यान केंद्रित करने की स्थिति में होते हैं।
- अपने कार्यस्थल की यात्रा करते वक्त अधिक यातायात से बचने के लिए आप घर से 15 मिनट पहले निकल सकते हैं। इससे आपका रास्ते में लगनेवाला समय बचेगा। कार्यालय जल्दी पहुँचना या कम-से-कम सही वक्त पर पहुँचना एक अच्छी आदत है, जिसके अनगिनत लाभ हैं। आप शुरुआती घंटों के दौरान निर्बाध रूप से काम कर सकते हैं, क्योंकि आपका अधिकारी आमतौर पर दिन की शुरुआत में आपको नहीं बुलाता है।

जल्दी कैसे उठें

1. एक वजह ढूँढ़ें—सबसे पहले, आपको सुबह जल्दी उठने का कोई कारण ढूँढ़ना होगा। चाहे आप सुबह टहलने के दौरान प्रकृति का आनंद लेना चाहते हैं या व्यायाम करते हैं या कुछ अन्य काम करते हैं, जो भी आपको सही लगता है। मुझे कारण मिल गया था कि मैं बिना किसी व्यवधान के सुबह-सुबह लेखन कार्य करना चाहता था।
2. सुबह जागने का एक समय तय करें और इसका पालन करें। फिर धीरे-धीरे एक बार में 15-15 मिनट करके अपने जागने का समय और जल्दी करते जाएँ।
3. दोपहर में एक छोटी सी झपकी न सिर्फ आपको तरोताजा करेगी, बल्कि रात्रि में भी आपकी नींद की जरूरत को लगभग एक घंटे कम करेगी।
4. जल्दी सोना प्रारंभ करें।
5. अलार्म घड़ी को बिस्तर से दूर रखें, ताकि आपको स्नूज बटन दबाने का लालच न हो। अलार्म बंद करने के बाद सिर्फ 5 मिनट के लिए वापस बिस्तर पर जाने के मोह से बचिए। फिर भी यदि आप 5-10 मिनट के लिए बिस्तर पर जाने के अपने प्रलोभन से लड़ने में असमर्थ हैं, तो कम-से-कम कमरे में उजाला कर दें। उजाला आपके शरीर के लिए जागने का एक प्राकृतिक संकेत है।

उत्कृष्ट नींद का आनंद कैसे लें

निद्रा-तंत्र को विस्तार से समझने के बाद अब आपके लिए यह समझना मुश्किल नहीं होगा कि अभी तक आपको रात में अच्छी नींद क्यों नहीं आती थी। मैं आपको बता दूँ कि आप अपनी दिनचर्या में इसके कारण ढूँढ़ सकते हैं। आपको अपनी उन आदतों की पहचान करनी होगी, जो अच्छी नींद की दुश्मन हैं और साथ ही रात्रि में आरामदेह और अच्छी नींद को बढ़ावा देनेवाली अच्छी आदतों को विकसित करना होगा। प्रयोग ही असल कुंजी है। यह जरूरी नहीं है कि किसी एक व्यक्ति के लिए काम करनेवाला तरीका दूसरों के लिए भी काम करे। आपको अपने लिए अनुकूल सबसे महत्त्वपूर्ण तरीकों की खोज करनी होगी, जो ज्यादा मुश्किल काम नहीं है। निम्नलिखित सुझाव आपको रात में अच्छी नींद लेने में मदद करेंगे और आप सुबह उठने पर अधिक ऊर्जावान महसूस करेंगे।

अपने दिन को और अधिक आरामदायक तरीके से बिताएँ

रात के दौरान आपके शरीर और दिमाग को रिचार्ज करने के लिए नींद की आवश्यकता होती है। यदि आप दिन के दौरान अधिक आरामदेह तरीके से अपनी अधिकांश गतिविधियाँ करते हैं, तो आपके शरीर को दिन के समय कम थकान होगी और रात्रि में उस थकान से उबरने के लिए कम समय की नींद की आवश्यकता होगी। बैठने की मुद्रा में सुधार करके, आरामदेह कुर्सियों का इस्तेमाल करके और नियमित व्यायाम करने से आपको इसमें बहुत मदद मिलेगी। दोपहर के दौरान एक छोटी सी झपकी (Power Nap) भी रात के दौरान शरीर को रिचार्ज करने के लिए आवश्यक समय में कमी कर देगी।

हेनरी फोर्ड 80 साल की उम्र में भी हमेशा तरोताजा और ऊर्जावान दिखते थे। जब उनसे इसका रहस्य पूछा गया तो उन्होंने बताया कि "जब मैं बैठ सकता हूँ, तो कभी खड़ा नहीं रहता और जब लेट सकता हूँ, तो कभी बैठा नहीं रहता।"

आपके मस्तिष्क को भी सिर्फ रात के दौरान ही नहीं, बल्कि दिन के दौरान भी आराम की आवश्यकता होती है, हालाँकि दिन के दौरान आपका मस्तिष्क लंबे समय के लिए आराम नहीं माँगता है। आपका शरीर भी दोपहर में एक छोटा सा विश्राम का वक्त चाहता है, क्योंकि जब आप सुबह के सत्र में कड़ी मेहनत के बाद भोजन ग्रहण करते हैं, तो आपके शरीर को इसे पचाने के लिए अतिरिक्त ऊर्जा की आवश्यकता होती है। यही कारण है कि आप अपना भोजन लेने के बाद अपने ऊर्जास्तर में कमी महसूस करते हैं। यदि आप एक छोटी सी झपकी ले लेते हैं, तो आप शेष दोपहर के लिए अपनी बैटरी रिचार्ज कर लेते हैं, जिससे आपकी उत्पादकता बढ़ जाएगी।

हालिया शोधों से पता चला है कि आपके मस्तिष्क को तरोताजा रखने के लिए लगभग 20 मिनट या उससे भी कम समय की एक छोटी सी झपकी पर्याप्त है, ताकि आप शेष बचे दिन में ठीक से काम कर सकें। यह 15–20 मिनट की झपकी अक्सर 'Power Nap' के नाम से जानी जाती है। इसके लिए सबसे उपयुक्त समय दोपहर का है। यह 15–20 मिनट की झपकी, रात के दौरान नींद के लिए समय की आवश्यकता कम कर देगी। यह झपकी न केवल आपके मस्तिष्क और शरीर को रिचार्ज करेगी, बल्कि इस दौरान आपको अचानक कोई उपयोगी विचार आ सकता है, जिससे आपकी दक्षता और बढ़ सकती है, यहाँ तक कि बहुत छोटी सी अवधि की झपकी भी आपको अधिक सक्रिय कर देगी और आप बेहतर तरीके से शेष कार्यों पर ध्यान केंद्रित करने की स्थिति में होंगे।

यह जरूरी नहीं है कि आप 20 मिनट या उससे अधिक समय झपकी लें। आप 10 मिनट की झपकी भी ले सकते हैं। आपको 5 मिनट में भी लाभ मिलेगा और शायद आपको विश्वास नहीं होगा कि आप 10–15 सेकंड की झपकी लेकर भी लाभ उठा सकते हैं। यदि आपको विश्वास नहीं हो रहा तो पढ़ना रोकिए और 15 सेकंड के लिए अपनी आँखें बंद करके शांत बैठिए।

सोने और जागने के समय में निरंतरता रखिए

नींद की अच्छी गुणवत्ता के लिए नियमित समय पर सोने और जागने का निरंतर पालन करने से अच्छा कुछ भी नहीं हो सकता। अपने शरीर को समयावधि में निद्रा-घड़ी से समायोजित होने का वक्त दें और फिर अपनी नींद की गुणवत्ता में चमत्कारी बदलाव देखें। एक निर्धारित समय पर सोने और जागने से आप ज्यादा ऊर्जावान बनेंगे, बनिस्बत उतने ही घंटों की नींद अलग-अलग समय पर लेने के।

आपको यह समझना होगा कि आपके शरीर के लिए सप्ताहांत सिर्फ एक और दिन है। नींद का समय ऐसा होना चाहिए कि नींद आने की प्रतीक्षा करने की जरूरत न पड़े। सप्ताहांत पर भी नींद के इस चक्र को न तोड़ें, अन्यथा आपका शरीर नियमित निद्रा-चक्रों का आदी नहीं हो पाएगा। जो पैटर्न आप दोहराते हैं, आपका शरीर उनका आदी हो जाता है, लेकिन सोचिए, यदि आप सप्ताहांत के दौरान अपने निद्रा चक्र को बदलते रहते हैं, तो आपका शरीर नींद के अनियमित पैटर्न से परेशान रहेगा। यदि आप एक छात्र हैं, तो अब तक आप छुट्टियों के दिन देर तक सोना पसंद करते थे। यदि आप कुछ काम या व्यवसाय करते हैं, तो आप भी सप्ताहांत के दौरान देर तक सोना चाहते हैं, लेकिन आपको समझना चाहिए कि सिर्फ देर तक सोने में ही आनंद नहीं है। यदि आप अपनी छुट्टियों का आनंद लेना चाहते हैं, तो नियमित समय पर जागिए और अतिरिक्त खाली समय में उन गतिविधियों को करने का आनंद उठाइए, जिन्हें करना आपको सबसे ज्यादा पसंद है।

सुबह जागना बिना अलार्म के प्राकृतिक तरीके से होना चाहिए। यह इस बात का सबसे बड़ा संकेत होगा कि आपके शरीर की नींद की जरूरत पूरी हो रही है। जैसा कि मैंने पहले भी कहा है कि प्रयोग ही असल कुंजी है। सोने का एक समय निश्चित करें और एक या दो सप्ताह की अवधि के लिए उसी समय सोएँ। उठने का समय धीरे-धीरे अपने आप समायोजित हो जाएगा। बाद में, आप एक बार में 15 मिनट तक सोने या उठने के समय में बदलाव कर सकते हैं।

अपने शयनकक्ष को और अधिक आरामदायक बनाइए—शयनकक्ष का वातावरण शांत होना चाहिए। बिस्तर के पास मोबाइल फोन न रखें, तो बेहतर होगा। अगर आप अपने साथ मोबाइल फोन रखते भी हैं, तो कंपन या मूक मोड पर रखें। कम से कम, नींद के दौरान दूसरों को अपनी नींद में खलल न डालने दें। वैसे भी, यह सर्वविदित है कि मोबाइल फोन से होनेवाला विकिरण (radiation) आपके शरीर के लिए हानिकारक है, इसलिए मोबाइल अपने शरीर के ज्यादा करीब तो बिल्कुल न रखें। यदि आप शुरुआत में अलार्म के बिना नहीं जाग सकते, तो आप अलार्म घड़ी का इस्तेमाल कर सकते हैं।

तय करें कि आप बिस्तर पर जाने से पहले आखिर में क्या करेंगे—यदि आपको नींद नहीं आ रही है, तो सिर्फ नियमित नींद के समय का सम्मान करने के लिए ही सोने की कोशिश न करते रहें। कुछ आंतरिक कारण हो सकते हैं, जिनकी वजह से आपको नींद नहीं आ रही हो। नींद की प्रतीक्षा में करवटें बदलकर समय बरबाद करने के बजाय, एक अच्छी किताब पढ़ना बेहतर विकल्प होगा, लेकिन याद रखिए, आपको आसान पाठ्य सामग्री पढ़नी चाहिए; रोमांचक उपन्यास या जटिल शैक्षणिक पुस्तकें तो आपकी नींद और उड़ा देंगी।

पढ़ने के दौरान, नियमित रूप से इस्तेमाल की जानेवाली Tubelight के स्थान पर बिस्तर के पासवाली या डेस्कवाली हलकी रोशनी का उपयोग करें, ताकि कमरे में कम रोशनी हो और आपकी नींद में और देरी न हो।

'कृतज्ञता ध्यान' कीजिए और 'योग निद्रा' का आनंद लीजिए—दिन भर की कड़ी मेहनत के बाद, आपको बिस्तर पर जाने से पहले अपने शारीरिक और मानसिक सिस्टम को ठीक से शांत करना होगा। यही कारण है कि मैं दृढ़ता से सिफारिश करता हूँ कि बिस्तर पर जाने के बाद आपको सबसे अंत में 'कृतज्ञता ध्यान' (Gratitude meditation) करना चाहिए और योग निद्रा का अभ्यास करना चाहिए। ये आपको शांत करेंगे और आपको बहुत तेजी से 'गहन निद्रा' के चरण में पहुँचा देंगे और आप पहले से कहीं कम घंटों में संपूर्ण नींद का आनंद लेंगे। मेरी 3 दिनों की कार्यशालाओं के दौरान, जब प्रतिभागी 2 रातों तक कृतज्ञता ध्यान और योग निद्रा का अभ्यास करते हैं,

तो वे तीसरे दिन रिपोर्ट करते हैं कि वे अंदर से बिल्कुल परिवर्तित व्यक्ति हैं। मैंने आज तक एक भी प्रतिभागी ऐसा नहीं देखा, जिसने कृतज्ञता व्यक्त करने और योग निद्रा के सकारात्मक परिणाम नहीं बताए।

यहाँ 'योग' शब्द से डरिए मत। यह बहुत ही सरल है। यदि मैं इसे सरल शब्दों में कहूँ, तो आप बस एक शांत मोड में प्रवेश करने के लिए अपने शरीर के प्रत्येक हिस्से को ढीला छोड़ देते हैं, जो आपकी नींद की गुणवत्ता के लिए सहायक है। कृतज्ञता ध्यान तो अद्‍भुत है, क्योंकि इससे आपको दिन भर की सारी चिंताओं को अपने सिस्टम से बाहर निकल फेंकने का अवसर मिल जाता है और आपके पास जो कुछ भी है, उसके लिए आपको आभारी बनाता है। कृतज्ञता ध्यान अनिद्रा पर काबू पाने में भी उपयोगी है। याद रखिए, रात को चिंता करने से भविष्य नहीं बनाया जा सकता। इसके विपरीत, यदि आप रात में अच्छी नींद लेते हैं, तो सुबह एक नए दिन का सामना करने के लिए बेहतर तैयार होंगे।

सोने के नियमित समय से कम-से-कम 2-3 घंटे पहले भोजन कर लें—हम सभी जानते हैं कि पाचन-क्रिया में समय लगता है और रात के खाने के बाद कम-से-कम 2-3 घंटे तक बिस्तर पर जाना आपकी पाचन क्रिया के लिए अच्छा नहीं होगा। जरा सोचिए, यदि आप देर से खाना खाएँगे तो क्या होगा; एक तरफ तो आप सोना चाहेंगे, लेकिन दूसरी तरफ आप अपने शरीर को सक्रिय पाचन क्रिया में लगाकर आराम करने की इजाजत नहीं दे रहे होंगे। यदि किसी विशेष दिन पर, आप किसी समारोह में भाग लेने के कारण रात में देरी से भोजन करते हैं, तो आपको पाचन प्रक्रिया को तेज करने के लिए थोड़ी देर टहल लेना चाहिए।

दोपहर के बाद के सत्रों में कैफीन (Caffeine) न लें—आमतौर पर, कैफीन आपके सिस्टम में लगभग 5 घंटे या उससे अधिक समय तक रहता है। कैफीन एक उत्तेजक के रूप में कार्य करता है और आपको लंबे समय तक जगाए रखता है। इस प्रकार, दोपहर के बाद कैफीन उत्पाद न लेना ही बेहतर है, हालाँकि देर शाम के घंटों में हर्बल चाय एक अच्छा विकल्प हो सकता है।

सोने से पहले धूम्रपान न करें—हालिया शोधों से पता चला है कि धूम्रपान करने वाले, धूम्रपान न करनेवालों की तुलना में सुबह के वक्त थके हुए से रहते हैं।

मांसपेशियों का व्यायाम—यह व्यायाम का एक प्रकार है, जिसमें आप व्यवस्थित रूप से शरीर की सभी मांसपेशियों को क्रमिक रूप से तनाव देते हैं और शिथिल करते हैं। यह बहुत तेजी से आपको शांत करने में सहायक है।

स्नान करें—जो लोग सोने से पहले गुनगुने पानी से स्नान करते हैं, उनकी नींद की गुणवत्ता बेहतर होती है। गर्मियों के दौरान, सामान्य पानी आपको समान परिणाम देगा। यदि स्नान किसी भी कारण से संभव नहीं हो पा रहा है, तो कम-से-कम सोने से पहले

अपने पैरों और हाथों को कोहनी तक धोने की आदत डालें। यह आपको नींद के लिए तैयार करेगा। वैसे भी, हाथ-पैर धोकर बिस्तर पर जाना एक अच्छी और स्वच्छ आदत है।

अपने टी.वी. और कंप्यूटर को बंद करें—टी.वी. के प्रकाश का परिणाम होगा, मेलाटोनिन का कम उत्पादन। टी.वी. की रोशनी न केवल मेलाटोनिन का उत्पादन धीमा कर देती है, बल्कि टी.वी. देखना आपके दिमाग और अन्य इंद्रियों को उद्दीप्त (stimulate) भी करता है। अगर टी.वी. पर आपका कोई पसंदीदा कार्यक्रम प्रसारित किया जा रहा है, तो आप इसे अगले दिन किसी सुविधाजनक समय पर देखने के लिए रिकॉर्ड कर सकते हैं। इसी तरह, किसी भी ऐसे उपकरण का उपयोग नहीं करना चाहिए, जो पढ़ने के लिए बैक लाइट का उपयोग करता है। रात में इ-बुक पढ़ने के स्थान पर सजीव पुस्तक पढ़ें। इ-बुक को दिन के समय पढ़ा जा सकता है।

'मेलाटोनिन' के साथ समायोजन सीखें—जैसा कि पहले भी चर्चा की गई है, मेलाटोनिन एक हार्मोन है, जो प्रकाश के संपर्क से नियंत्रित होता है, विशेष रूप से सूर्य के प्रकाश से। आपका मस्तिष्क शाम के वक्त ज्यादा मेलाटोनिन का स्राव करता है, जब सूर्य का प्रकाश कम होता है और दिन के दौरान कम स्राव करता है, जब उज्ज्वल प्रकाश होता है और आपको सजग रहने की आवश्यकता होती है। टी.वी. या कंप्यूटर स्क्रीन की उज्ज्वल रोशनी का परिणाम मेलाटोनिन के कम उत्पादन में हो सकता है और यह आपके लिए सोना मुश्किल कर देगा।

कमरे का तापमान सुखकर बनाए रखिए—ऐसा कहा जाता है कि रात की नींद के लिए 22-25 डिग्री का तापमान सबसे सुखकर होता है। रात के दौरान बहुत अधिक ठंडे या बहुत गर्म तापमान से बचें।

अलार्म का इस्तेमाल याद दिलाने के लिए करें, जगाने के लिए नहीं—यह बहुत महत्त्वपूर्ण है। व्यस्त लोगों के साथ सबसे बड़ी समस्या यह है कि वे अलार्म की आवाज से ही जागते हैं। यह नींद की गुणवत्ता का सबसे बड़ा दुश्मन है। आप समझ चुके हैं कि रात्रि के दौरान, आप विभिन्न निद्रा-चक्रों से गुजरते हैं और हर चक्र में 5 चरण होते हैं। यदि आप स्वाभाविक रूप से जागते हैं, तो इसका मतलब है कि आप एक निद्रा-चक्र के अंत में जाग रहे हैं और आप एक नए दिन की शुरुआत के लिए बिस्तर छोड़ने पर तरोताजा होंगे। इसके विपरीत, यदि आप अलार्म बजने से जागते हैं, तो इसका मतलब यह हुआ कि आप किसी निद्रा-चक्र के बीच में डिस्टर्ब होकर जागे हैं और आप पूरी तरह तरोताजा नहीं होंगे और दिन भर उनींदे बने रहेंगे।

सोने जाने के समय में नियमितता से कुछ ही समय में जागने का समय अपने आप निश्चित हो जाएगा, जो आपके शरीर की आंतरिक घड़ी आपको बता देगी, इसके लिए अलार्म की आवश्यकता नहीं है।

जागने के लिए अपने गुर्दों की मदद लेना एक अच्छा और स्मार्ट विचार होगा। भले ही सुनने में अजीब लगे, लेकिन यह सुझाव आपको बहुत लाभ पहुँचा सकता है। सोने से ठीक पहले मूत्र–विसर्जन करके अपने मूत्राशय को खाली करें और फिर एक गिलास पानी पी लें। यह आपके शरीर को जलयोजित (hydrate) करेगा। गुर्दे रात के दौरान अपनी गति से कार्य करते रहते हैं और लगभग 6–7 घंटों के बाद आपको बिस्तर छोड़ने के लिए मजबूर कर देंगे। असल रहस्य यहीं छिपा है। आप पहले ही नींद के चक्रों को समझ चुके हैं और आप जानते हैं कि जब किसी भी निद्रा–चक्र का पाँचवाँ, यानी आखिरी चरण पूरा हो जाता है, उस वक्त अगले निद्रा–चक्र में प्रवेश करने से पहले जागने के लिए सबसे उत्तम अवसर होता है। इसका मतलब यह हुआ कि 3 या 4 निद्रा–चक्र पूरा करने के बाद, जब आप अगले निद्रा–चक्र में प्रवेश करना चाहेंगे, उस वक्त आपके पास अपने गुर्दों का तकाजा सुनकर मूत्र–विसर्जन के लिए जाना आवश्यक हो जाएगा और वही वक्त आपके जागने के लिए सर्वोत्तम होगा, वह भी बिना किसी अलार्म के। याद रखें, यदि आप सोने से पहले मूत्र–विसर्जन नहीं करते हैं, तो रात में निद्रा–चक्र के बीच में ही आपकी नींद खराब हो जाएगी; लेकिन यदि आप गुर्दों की कार्यप्रणाली के साथ अपने निद्रा–चक्रों को समायोजित कर लेते हैं, तो धीरे–धीरे आप अलार्म घड़ी से छुटकारा पा लेंगे और सुबह तरोताजा उठेंगे। फिर भी, यदि आप जोखिम नहीं लेना चाहते हैं, तो आप जागने के इच्छित समय से 15 मिनट बाद का अलार्म लगा लें। मान लीजिए कि आप सुबह 6 बजे जागना चाहते हैं, तो आप 06.15 बजे के लिए अलार्म लगाएँ, ताकि अगर किसी कारणवश, आप अपने शरीर की आंतरिक घड़ी के अनुसार न जाग सकें, तो आप स्कूल या कार्यस्थल के लिए लेट न हो जाएँ, लेकिन ध्यान रहे, एक बार जब आप जाग जाएँ, तो तुरंत बिस्तर छोड़ दें। यदि आप बिस्तर में बने रहते हैं, तो आप तरोताजा नहीं होंगे, बल्कि और उनींदे हो जाएँगे।

कम निद्रा की भरपाई कैसे करें?

आज की दुनिया में, हम इतने व्यस्त हैं कि अक्सर हम अन्य महत्त्वपूर्ण चीजों पर ध्यान देने के लिए अपने सोने के समय में कटौती कर देते हैं। एक के बाद एक रात कम सोने से नींद की यह कमी आपके शरीर में जमा होती रहती है, जिसे निद्रा–ऋण (sleep debt) कहा जाता है। लंबी अवधि तक पर्याप्त नींद का अभाव गंभीर स्वास्थ्य संबंधी परेशानियों और दिन के दौरान एकाग्रता और ताजगी की कमी के रूप में प्रकट हो सकता है।

आपको यह समझना होगा कि आपने लंबे समय तक निद्रा–ऋण और मानसिक

तनाव जमा कर लिया है। इसे आप रातोरात नहीं छोड़ पाएँगे। आपको व्यायाम और ध्यान का अनुशासित अभ्यास करना है। केवल तभी, नकारात्मक भावनाएँ और तनाव आपके सिस्टम से बाहर निकलेंगे।

यदि आप मात्र एक या दो दिनों तक ही कम नींद ले पाए हैं, तो आप इस कमी की भरपाई अपने सप्ताहांत में कर सकते हैं, लेकिन यदि आप लंबे समय से कम नींद लेते रहे हैं, तो आपको कम-से-कम दो या तीन दिनों तक अपने निद्रा-ऋण की भरपाई करने के लिए ज्यादा से ज्यादा सोना होगा, ताकि आप उसके बाद नियमित रूप से अपने आप जाग सकें, वह भी बिना अलार्म के। इसके बाद यदि भविष्य में आप नियमित रूप से एक ही वक्त पर सोते और जागते हैं, तो आपके शरीर की आंतरिक घड़ी अपने आप समायोजित हो जाएगी और आप नींद की कमी से परेशान नहीं होंगे।

G.O.P.T.A. POINTS

- ✓ हर व्यक्ति की नींद की आवश्यकता भिन्न होती है। 8 घंटे तो महज एक औसत है, जितना एक सामान्य इनसान सोता है।
- ✓ निद्रा-चक्रों को समझें। गहन-निद्रा का चरण निद्रा-चक्र का सबसे महत्त्वपूर्ण हिस्सा है, जिसके दौरान शरीर सबसे अधिक रिचार्ज होता है और आपके शरीर के विभिन्न अंगों की दिन के दौरान हुई थकावट से निजात पाने के लिए एक तरह से मरम्मत हो जाती है।
- ✓ पहले निद्रा-चक्र के दौरान गहन निद्रा की अवधि सबसे लंबी होती है और अगले निद्रा-चक्रों में गहन निद्रा के चरण के समय में क्रमिक कमी होती रहती है।
- ✓ यदि आप उस वक्त जागते हैं, जब आपने REM स्लीप के चरण के साथ समाप्त होनेवाले निद्रा-चक्र को पूरा किया है, तो आप शेष दिन के लिए ताजा और ऊर्जावान महसूस करेंगे।
- ✓ चूँकि गहन निद्रा के चरण की अवधि एक चक्र से दूसरे चक्रों में कम होती चली जाती है, इसलिए वस्तुतः आपके शरीर को पहले 3 या 4 चक्रों की नींद के बाद और निद्रा चक्रों की आवश्यकता नहीं है, क्योंकि आप पहले ही तरोताजा हो चुके हैं।
- ✓ विभिन्न तरह के लाभ प्राप्त करने के लिए सुबह जल्दी उठें। जल्दी उठने के लिए एक कारण खोजें।

- ✓ आपके मस्तिष्क को तरोताजा रखने के लिए लगभग 20 मिनट या उससे भी कम समय की एक छोटी सी झपकी पर्याप्त है, ताकि आप शेष बचे दिन में ठीक से काम कर सकें।
- ✓ आपके शरीर के लिए सप्ताहांत सिर्फ एक और दिन है। सप्ताहांत पर भी नियमित निद्रा-चक्र को न तोड़ें।
- ✓ नींद की प्रतीक्षा में करवटें बदलकर समय बरबाद करने की बजाय, एक अच्छी किताब पढ़ना बेहतर विकल्प होगा।
- ✓ 'कृतज्ञता ध्यान' और 'योग निद्रा' का आनंद लें।
- ✓ सोने के नियमित समय के कम-से-कम 2-3 घंटे पहले भोजन कर लें।
- ✓ सही वक्त पर जागने के लिए अपने गुर्दों की मदद लीजिए। 3 या 4 निद्रा-चक्र पूरा करने के बाद, जब आप अगले निद्रा-चक्र में प्रवेश करना चाहेंगे, उस वक्त आपके पास अपने गुर्दों का तकाजा सुनकर मूत्र-विसर्जन के लिए जाना आवश्यक हो जाएगा और वही वक्त आपके जागने के लिए सर्वोत्तम होगा।
- ✓ व्यायाम और ध्यान आदि करके जाग्रत् अवधि की गुणवत्ता में सुधार कीजिए और ज्यादा आरामदेह तरीकों से काम कीजिए।
- ✓ शरीर न केवल नींद के दौरान, बल्कि कसरत और ध्यान के दौरान भी खुद को रिचार्ज करता है।
- ✓ जब आप अपनी नींद से समय चुराते हैं (यानी शरीर की रिचार्जिंग करनेवाला समय) और उस बचाए हुए समय का सुबह टहलने, शारीरिक एवं श्वसन व्यायाम करने और ध्यान के माध्यम से अपने शरीर में ही निवेश करते हैं; तो कालांतर में, यह न सिर्फ आपको अच्छा स्वास्थ्य प्रदान करेगा, जिससे बार-बार होनेवाली बीमारियों के कारण बरबाद होनेवाले समय की बचत होगी; बल्कि आपके मस्तिष्क को और मजबूत बनाएगा और आपकी एकाग्रता और निर्णय लेने की शक्ति बेहतर हो जाएगी।

यदि आप अगले अध्याय पर जाने की सोच रहे हैं, तो मैं दृढ़ता से अनुशंसा करता हूँ कि अभी आगे न बढ़ें। इसकी बजाय, इस अध्याय को फिर से पढ़ें और मंथन करें कि इन सिद्धांतों को अपने जीवन में अपनाने के लिए आप किस प्रकार गौप्टा का दोहन कर सकते हैं, ताकि आपकी उत्पादकता में वृद्धि हो और सोने में आपका आवश्यकता से अधिक समय न बरबाद हो।

□

23

जीवन के विभिन्न क्षेत्रों में व्यवस्थापन

If you clearly understand your role in your organization and develop the attitude & habit of going extra mile in pursuit of achieving your organizational goals and adding value to your organization, your individual goals are bound to be achieved in one way or another.

जब हम जीवन के विभिन्न क्षेत्रों में व्यवस्थापन के बारे में बात करते हैं, तो हम न केवल प्रभावी समय प्रबंधन की रणनीतियों के बारे में बात करते हैं, बल्कि जीवन के विभिन्न क्षेत्रों में संतुलन बनाए रखने की बात भी करते हैं। इसलिए व्यवस्थापन में हमारे कार्यस्थल/कार्यालय पर व्यवस्थापन, घर पर व्यवस्थापन और जीवन के विभिन्न क्षेत्रों में स्वयं का व्यवस्थापन शामिल होना चाहिए। मैं एक-एक करके इन सभी को विस्तार से समझाऊँगा, क्योंकि यह खंड आपके लिए बेहद महत्त्वपूर्ण है और आपका कम-से-कम एक घंटा रोज बचाएगा, जिसका आप अपने जीवन के विभिन्न क्षेत्रों में अपने लक्ष्यों को प्राप्त करने के लिए उत्पादक तरीके से इस्तेमाल कर सकते हैं।

यहाँ मैं यह कहना चाहता हूँ कि जब भी आप किसी सुझाव को पढ़ें, तो सीधे निष्कर्ष पर न पहुँच जाएँ कि यह आपके लिए उपयोगी होगा या नहीं। अभी तक, जब भी हम किसी भी विषय पर उपयोगी विचारों की सूची देखते थे, तो हम उसी वक्त यह सोचना शुरू कर देते थे कि अधिकांश विचारों का तो पालन ही नहीं किया जा सकता है; लेकिन अब, जब आप जीवन के विभिन्न क्षेत्रों में नकारात्मक से सकारात्मक की ओर बढ़ना सीख रहे हैं, तो आपको बस उन सुझावों की तलाश करते रहना है, जो आप अपने लक्ष्यों की प्राप्ति के लिए इस्तेमाल कर सकते हैं।

व्यवस्थापन के क्रियात्मक भाग पर जाने से पहले, मैं स्वयं के व्यवस्थापन के

मनोवैज्ञानिक पहलू पर जोर देना चाहता हूँ। स्वयं को बेहतर व्यवस्थित करने से पहले अपनी विश्वास प्रणाली और नजरिए में समुचित बदलाव करना आवश्यक है। हम खुद को व्यवस्थित '**कैसे**' (HOW) करें, यह सीखने से पहले यह जानना बेहद जरूरी है कि हम स्वयं का व्यवस्थापन '**क्यों**' (WHY) करें।

आपको आपके मूल्य के लिए भुगतान किया जाता है, न कि समय के लिए

एक पुरानी सोच है कि आपके काम या पेशे में, जो समय आप समर्पित करते हैं, उसके लिए भुगतान प्राप्त करते हैं और आप अपनी प्रति घंटा या प्रतिदिन आय की दर की गणना इसी अनुसार करते रहे हैं, लेकिन मेरा मानना है कि यह आपके समय का मूल्यांकन करने का एक अनुचित तरीका है। वास्तविकता में, आप अपना समय पैसे के लिए नहीं बेचते हैं; बल्कि आप अपना मूल्य पैसों के लिए बेचते हैं और तब प्रति घंटा आय की गणना करते हैं।

मैं आपको यह सुझाव देता हूँ कि आप यह नया विश्वास विकसित करें कि अपनी नौकरी या पेशे में, आपको अपने संगठन या समाज में आपके कारण होनेवाली मूल्यवृद्धि के लिए भुगतान किया जाता है। यदि आप अपनी आय में वृद्धि करना चाहते हैं, तो आपको अपने संगठन या समाज के लिए अपना मूल्य बढ़ाना होगा।

यह अवधारणा हर जगह लागू होती है। यदि आप अपनी प्रति घंटा कमाई में वृद्धि करना चाहते हैं, तो आपको पहले यह समझना होगा कि कमाई में वृद्धि आपके मूल्य के प्रत्यक्ष अनुपात में होती है और अपने मूल्य को बढ़ाने के लिए आपको कुछ और कौशल और गुण सीखने होंगे। भले ही आपका पेशा कोई भी हो, जैसे चिकित्सक या अधिवक्ता, आपको समाज के प्रति अपना मूल्य बढ़ाना होगा। हर डॉक्टर अपने मूल्य की बिक्री कर रहा है, लेकिन उनकी प्रति घंटा कमाई अलग है। कमाई में यह अंतर इस तथ्य के पीछे छिपा है कि वह अपने मरीजों के जीवन में कितनी मूल्यवृद्धि कर रहा है। यहाँ मूल्य का मतलब है उसकी क्षमताएँ। उसे अपने क्षेत्र में अपने ज्ञान को अद्यतन रखना पड़ता है, जिससे कि उसके उपचार से स्वास्थ्यलाभ लेनेवाले रोगियों का उच्च अनुपात बना रहे। उदाहरण के लिए यदि आपके शरीर के किसी हिस्से में मामूली सा दर्द होता है, तो आमतौर पर आप अपने पड़ोस के किसी चिकित्सक से परामर्श लेते हैं, जो कि लगभग 100 रुपए फीस लेता है। यदि 2 या 3 दिनों के बाद भी आपको राहत नहीं मिलती, तो आप क्या करते हैं? आप एक विशेषज्ञ डॉक्टर ढूँढ़कर उससे परामर्श लेते हैं। आमतौर पर वह विशेषज्ञ डॉक्टर 500 रुपए परामर्श शुल्क लेता है। अब सोचिए, आप

उसे उसके समय के लिए भुगतान कर रहे हैं या उस मूल्यवृद्धि के लिए, जो वह आपको बीमारी से निजात दिलाकर स्वास्थ्यलाभ के रूप में आपको प्रदान करता है। इसका स्पष्ट जवाब है—'मूल्य' न कि 'समय'; क्योंकि आप इस विशेषज्ञ डॉक्टर को पहले डॉक्टर के मुकाबले अपने जीवन में स्वास्थ्यलाभरूपी अधिक मूल्य जोड़ने में सक्षम पाते हैं, जिसने आपको समान समय दिया था या शायद इस विशेषज्ञ डॉक्टर की तुलना में ज्यादा समय दिया था।

यही बात वकालत या किसी भी अन्य पेशे में भी लागू होती है, यहाँ तक कि अलग-अलग ड्राइवरों को उनके ड्राइविंग कौशल की गुणवत्ता के अनुसार, अलग-अलग वेतन मिलता है। जब आप एक नया ड्राइवर रखते हैं, तो शुरू में आप सिर्फ एक गुण देखते हैं कि वह कितनी सुरक्षित ड्राइविंग करता है। बाकी गुण, जैसे वह ईंधन बचा पाएगा या नहीं या वह तेज ड्राइव कर सकता है या नहीं, गौण हैं। आखिरकार, आप अपना और अपने परिवार का जीवन उसकी ड्राइविंग के हवाले करने जा रहे हैं, इसलिए आपको यह शत-प्रतिशित सुनिश्चित कर लेना होगा कि वह सुरक्षित ड्राइविंग के रूप में आपको मूल्य प्रदान कर रहा है। उसका भविष्य का वेतन भी इस बात पर निर्भर करेगा कि आप उसकी ड्राइविंग को सुरक्षा की दृष्टि से कितना पसंद करते हैं।

अब सोचिए, यदि आप अपने संगठन में किसी व्यक्ति को नौकरी पर रखते हैं, तो आप उसे प्रति घंटा कितना पारिश्रमिक देंगे। जाहिर है, यह आपके मूल्यांकन पर निर्भर करेगा कि वह व्यक्ति आपके संगठन में कितनी मूल्यवृद्धि कर सकता है।

यदि आप इस अवधारणा को तहे-दिल से समझ गए हैं और आपके अवचेतन मन पर इसकी स्पष्ट छाप पड़ गई है, तो आप यह समझने के लिए तैयार हो गए हैं कि आप जो कुछ भी कर रहे हैं, आपको हमेशा अपने पास उपलब्ध समय का सही उपयोग करके स्वयं को अधिक मूल्यवान बनाने का प्रयास करते रहना चाहिए। आपकी आय में वृद्धि आपके मूल्य के अनुरूप ही होगी, इसलिए हमेशा अपने मूल्य को बढ़ाने की कोशिश करते रहें। आप अपने संगठन के प्रति 100 प्रतिशत जिम्मेदारी लेना शुरू कर देंगे और पहले से बेहतर तरीके से प्रदर्शन करेंगे। आप हर शाम खुद से यह प्रश्न पूछकर अपनी खुद की गोपनीय रिपोर्ट लिखना शुरू कर देंगे कि आप अपने संगठनात्मक लक्ष्यों के लिए यथासंभव 100 प्रतिशत योगदान कर रहे हैं या अपने वेतन को औचित्यपूर्ण ठहराने के लिए सिर्फ कामचलाऊ काम कर रहे हैं।

संगठनात्मक लक्ष्यों को व्यक्तिगत लक्ष्यों से ऊपर रखना सीखें

मैं सुझाव दूँगा कि आपको अपने संगठन में बड़ी तसवीर देखने का दृष्टिकोण विकसित करना चाहिए और फिर संगठन में अपनी भूमिका तलाशनी चाहिए। उसके बाद

ही आप समझ सकते हैं कि आपको अपने संगठन में कैसे मूल्य संवर्धन करना है। यदि आप बड़ी तसवीर देखना शुरू करते हैं और संगठन में अपनी भूमिका को स्पष्ट रूप से समझते हैं, तो आप कभी सोच के स्तर पर अपने संगठन के साथ संघर्ष की स्थिति में नहीं होंगे और हमेशा कार्यस्थल पर मूल्य संवर्धन का प्रयास करेंगे।

आपने शायद ध्यान दिया हो कि लगभग हर संगठन में कर्मचारी अक्सर अपनी नौकरी से असंतुष्ट रहते हैं। वे हमेशा नौकरी में अत्यधिक काम की अपेक्षा रखे जाने का रोना रोते रहते हैं; या हमेशा अपने पसंदीदा शहर में पोस्टिंग के लिए प्रयासरत रहते हैं आदि। गहरे विश्लेषण पर मुझे इस संघर्ष के पीछे एक ही कारण दिखाई देता है। कर्मचारी अपने व्यक्तिगत लक्ष्यों को प्राप्त करने में इतना ज्यादा तल्लीन होते हैं कि वे अपने संगठन के लक्ष्यों की बड़ी तसवीर और उसे प्राप्त करने में अपनी भूमिका की तरफ देखते भी नहीं हैं।

किसी भी संगठन में, उच्च स्तरीय अधिकारी या मालिक उस संगठन के लक्ष्यों की बड़ी तसवीर देखते हैं और हमेशा संगठनात्मक लक्ष्यों को हासिल करने का प्रयास करते हैं। मैं एक बैंक का उदाहरण लेता हूँ। चीजों को सरलता से समझने के लिए मैं कह सकता हूँ कि पैसे का लेन-देन एक तरह से बैंक का व्यापार है। एक बैंक, लोगों से सस्ती ब्याज दरों पर पैसे की खरीद करता है और उच्च ब्याज दरों पर जरूरतमंद संगठनों/व्यक्तियों को उधार देता है, यानी एक तरह से पैसे की बिक्री। खरीद और उधार की औसत ब्याज दरों में अंतर, खर्च निकालने के बाद, बैंक का लाभ है। बैंक के शीर्ष प्रबंधन को यह बड़ी तसवीर दिखाई देगी और हमेशा वह इस लाभ के तत्त्व को अधिकतम करने का प्रयास करेगा, चाहे धन के सस्ते स्रोत के माध्यम से हो या ऊँची उधार दरों के माध्यम से हो या लागतों में कटौती करके हो या अधिकाधिक ग्राहकों को बेहतर सेवाएँ प्रदान करने और आकर्षक ऑफर देकर हो। दूसरी ओर, अधिकांश अधीनस्थ कर्मचारी सिर्फ अपनी नौकरी की जिम्मेदारियों को देखते हैं और संगठन की बड़ी तसवीर नहीं देखते हैं। वे संगठन में अपनी भूमिका को नहीं समझते हैं। उन्हें संगठन में अपनी भूमिका को समझना होगा और संगठनात्मक लक्ष्यों के प्रति अपने कार्यों को संरेखित करना होगा। ऐसा नहीं है कि केवल मार्केटिंगवाले लोग संगठन के लिए धन कमा रहे हैं और लेखा विभाग या कानूनी विभाग लाभ के एक हिस्से पर सिर्फ बोझ हैं। कोई भी संगठन लेखा विभाग, कानूनी विभाग और बहुत से अन्य पीछे रहकर काम करनेवाले विभागों के बिना सुचारु रूप से नहीं चल सकता है।

यदि आप अपने संगठन में अपनी भूमिका को स्पष्ट रूप से समझते हैं और अपने संगठनात्मक लक्ष्यों को प्राप्त करने और आपके संगठन के लिए मूल्यसंवर्धन में अतिरिक्त मील चलने का नजरिया और आदत विकसित करते हैं, तो आपके व्यक्तिगत

लक्ष्यों का भी किसी न किसी तरीके से पूरा होना तय है। यदि आप अपने वर्तमान संगठन में बने रहना चाहते हैं, तो आपके बॉस आपके समर्पण को देर-सवेर पहचान ही लेंगे, जो लंबे समय में आपके लिए फायदे की बात होगी, यहाँ तक कि अगर आप अपना संगठन बदलना भी चाहते हैं, तो भी आपकी प्रतिष्ठा आपसे तेजी से यात्रा करेगी और आपका अगला पैकेज आपकी उस छवि पर निर्भर करेगा, जो आपने लंबे समय में बनाई है। जैसा कि जिग जिगलर कहते हैं, "It is an absolute fact of life that when you do more than what you are paid to do, you will eventually be paid more for what you do." आपको सिर्फ खुद से सवाल करते रहना चाहिए कि "मैं अपने संगठन में क्या मूल्यवृद्धि कर रहा हूँ?"

> If you clearly understand your role in your organization and develop the attitude & habit of going extra mile in pursuit of achieving your organizational goals and adding value to your organization, your individual goals are bound to be achieved in one way or another.

अपने पेशे का आदर करें

एक कार्यशाला में, एक अधिवक्ता ने मुझसे पूछा कि वह सफलता के लिए क्या करे, क्योंकि उसे कड़ी मेहनत के बावजूद अच्छे परिणाम नहीं मिल रहे हैं। ऐसी स्थिति में सामान्यत: मेरी सलाह होती है कि आप एक गहन आत्मनिरीक्षण करें कि आप अपने पेशे को क्या दे रहे हैं। क्या आप सिर्फ गलत चीज को सही या सही चीज को गलत साबित करने में विशेषज्ञता रखते हैं; या आप न्याय के लिए एक प्रतिबद्ध योद्धा हैं और सिर्फ सही बात का समर्थन करते हैं, चाहे जो हो जाए। स्वयं की नजरों में आपकी पहचान क्या है, आपके मूल्य क्या हैं, क्या आप इस पेशे में होने में गर्व महसूस करते हैं, क्या आप अपने पेशे में नवीनतम रुझानों के साथ अद्यतन हैं? देखिए कि क्या आप कुछ भी करके धन कमाने के ही पीछे तो नहीं पड़े हुए हैं। आपको अंदर से जवाब मिल जाएगा। अपने पेशे में अति सफल मूर्धन्य लोगों को देखिए और आप पाएँगे कि वे इतना सफल इसलिए हुए, क्योंकि उन्होंने अपने पेशे में मूल्य संवर्धित किया और पेशे को और गौरवान्वित किया। देखिए कि वे सफल लोग ऐसा क्या कर रहे हैं, जो आप नहीं कर रहे हैं। यह अवधारणा सभी पेशों/व्यवसायों पर लागू होती है; चाहे वे वकील हों या डॉक्टर या इंजीनियर या वास्तुकार या किसी भी प्रकार के अन्य सेवा प्रदाता हों।

याद रखिए, पेशा व्यक्ति से बड़ा होता है और यदि आप अपने पेशे को नई ऊँचाइयों तक ले जाने का प्रयास करते हैं, तो आपका पेशा आपको ऐसी बुलंदियों पर ले जाएगा, जो आपके लिए अभी कल्पना से भी परे हैं।

> Profession is larger than individual. Remember, if you strive to take your profession to new heights, your profession will take you to such heights, which are beyond imagination for you right now.

आपको हमेशा याद रखना चाहिए कि आपकी कमाई की क्षमता आपकी सबसे महत्त्वपूर्ण वित्तीय संपत्ति है और यदि आप अपने कमाई के कौशल में सुधार करने पर सजग कार्य करते हैं, तो आपके संगठन में या आपके पेशे में आपके मूल्य में वृद्धि होगी और आपकी कमाई स्वत: ही बढ़ जाएगी। आय में वृद्धि के साथ, आपके रहन-सहन और आपकी बचत, दोनों में वृद्धि होगी। अतिरिक्त व्यय करने की क्षमता आपको वर्तमान में आनंद प्रदान करेगी और अतिरिक्त बचत आपको भविष्य के लिए अतिरिक्त सुरक्षा और मानसिक शांति देगी।

सफल लोगों से सीखें

यदि आपकी नौकरी या पेशे में कोई आपसे तेज गति से प्रगति कर रहा है, तो यह पहचानने की कोशिश कीजिए कि वह ऐसा क्या कर रहा है, जो आप नहीं कर रहे हैं। सफलता के सिद्धांतों का पालन करें। भले ही वह व्यक्ति आपका प्रतिस्पर्धी हो, लेकिन याद रखें, आप सबसे अच्छा अपने प्रतिस्पर्धियों से ही सीखते हैं। जैसा कि मैं बार-बार दोहराता हूँ कि इस पुस्तक की विषयवस्तु नकारात्मकता से सकारात्मकता की ओर बढ़ने की है, तो मैं फिर यह कहूँगा कि अब तक तो हम सोचते थे कि जो व्यक्ति तेजी से प्रगति कर रहा है, वह चापलूसी के दम पर बढ़ रहा है, जो कि चीजों को देखने का एक नकारात्मक तरीका था। अब हम यह पहचानने की कोशिश करेंगे कि ऐसे कौन से कौशल या दृष्टिकोण विकसित करने की आवश्यकता है, जो उसके पास पहले से मौजूद हैं। मैं यह नहीं कह रहा हूँ कि आप भी चापलूसी शुरू कर दें; लेकिन यदि आपका प्रतिस्पर्धी किन्हीं अच्छी आदतों, नजरिए या व्यवहार के कारण आगे बढ़ रहा है, तो आपको भी उनका पालन करने में लाभ ही होगा।

मुझे विश्वास है कि स्वयं को व्यवस्थित करने के इन मनोवैज्ञानिक पहलुओं को समझने के बाद, अब आप यह सीखने के लिए तैयार हैं कि आप अपने जीवन के विभिन्न क्षेत्रों में **कैसे** (HOW) बेहतर व्यवस्थित हो सकते हैं। अब आप जीवन के

विभिन्न क्षेत्रों में GOPTA की असीम शक्ति का दोहन करने में बेहतर सक्षम होंगे। मैं बेहतर व्यवस्थित होने के विषय को तीन भागों में बाटूँगा अर्थात् कार्यस्थल/कार्यालय में, घर पर और स्वयं के स्तर पर।

भाग 1—कार्यस्थल/कार्यालय में व्यवस्थापन (Organisation at Workplace)

अक्सर लोग सोचते हैं कि कार्यालय में व्यवस्थित (organised) होने का मतलब है कि सबकुछ स्वच्छ और साफ-सुथरा है और एक कागज तक ऐसा नहीं है, जो अपनी जगह पर न हो, लेकिन यहाँ मैं आपको बता दूँ कि किसी व्यक्ति की साफ डेस्क का मतलब यह नहीं निकाल लेना चाहिए कि वह व्यक्ति अपने काम में भी व्यवस्थित है। साफ-सुथरी मेज और चीजों को उनकी उचित जगह पर रखना, कार्यालय में खुद को व्यवस्थित करने का एक छोटा सा हिस्सा है। अगर आप चीजों को उचित स्थान पर नहीं रखते हैं और आवश्यकता के समय इन्हें ढूँढ़ना मुश्किल होता है, तो भले ही आपकी मेज साफ-सुथरी दिखे, आप अव्यवस्थित हैं।

अपनी उत्पादकता बढ़ाएँ

सब लोग, जो भी वे करते हैं, उसमें अपनी उत्पादकता बेहतर करना चाहते हैं, लेकिन हम इनसान हैं, मशीन नहीं। सीमित उपलब्ध समय में निश्चित मात्रा में काम करने की हमारी सीमाएँ हैं। उत्पादकता में सुधार करने के लिए हमें अपनी कार्यक्षमता (efficiency) और प्रभावशीलता (effectiveness) में सुधार करने पर ध्यान केंद्रित करना होगा। यहाँ मुझे यह स्पष्ट करना होगा कि भले ही 'कार्यक्षमता' और 'प्रभावशीलता' समानार्थी प्रतीत होते हैं, लेकिन जहाँ तक उत्पादकता का प्रश्न है, इन दोनों के अलग-अलग अर्थ हैं।

अधिक 'कार्यक्षमता' से कोई काम करने का मतलब होगा कि आप उस काम को करने में अपने समय और ऊर्जा का इष्टतम उपयोग करते हैं। यदि आप अपनी कार्यक्षमता में वृद्धि करना चाहते हैं, तो आपको कार्य को पूरा करने का कोई आसान या तेज तरीका ढूँढ़ना होगा या ऐसा तरीका ढूँढ़ना होगा, जो कम समय और ऊर्जा का उपयोग करे। इस किताब के कुछ हिस्सों को लिखने के लिए मैंने लैपटॉप का इस्तेमाल किया है, कागजों का नहीं। यह मेरी कार्यक्षमता बढ़ाता है, क्योंकि मैं बहुत आसानी से भूल सुधार कर सकता हूँ और कोई भी अनुच्छेद एक जगह से दूसरी जगह आसानी से ले जा सकता हूँ, लेकिन क्या इसका अर्थ यह है कि मैं लैपटॉप पर जो कुछ भी

लिख रहा हूँ, वह वास्तव में प्रभावी भी है ? जाहिर है, जवाब होगा 'नहीं'। प्रभावी होना कार्यक्षमता से अलग चीज है। पुस्तक लिखते वक्त, प्रभावी होने का मतलब है, मेरे विचारों को इतने सरल तरीके से पेश करना कि पढ़ते वक्त आसानी से आपके अवचेतन मन में घुस जाएँ और आप अपने लाभ के लिए उन विचारों का उपयोग कर सकें। मुझे सही शब्दों का चयन करना होगा और सही अनुक्रमण अपनाना होगा। अगर मैं अपने विचारों को प्रभावी तरीके से आप तक नहीं पहुँचा पाऊँ, तो इससे कोई फर्क नहीं पड़ता कि मैंने अपनी किताब का मसौदा कागज पर लिखा था या सीधे अतिकुशल लैपटॉप पर टाइप किया था।

आप अपने कार्यस्थल पर दिन-प्रतिदिन इस अवधारणा को आजमा सकते हैं, चाहे आप नौकरी कर रहे हों या अपना खुद का व्यवसाय कर रहे हों। आप इस अवधारणा का इस्तेमाल यह देखने में कर सकते हैं कि आपके कुशल कर्मचारी, वास्तव में प्रभावी भी हैं या नहीं। यदि उनकी कार्यक्षमता वास्तविक उपयोग की नहीं है, तो आपके लिए उनकी कार्यक्षमता का क्या लाभ है ? यदि सामूहिक रूप से, आपकी टीम वांछित परिणाम नहीं उत्पन्न कर पा रही है, तो इससे क्या फर्क पड़ता है कि टीम के सदस्यों की कार्यक्षमता कम है या ज्यादा।

संक्षेप में, आप देख सकते हैं कि 'कार्यक्षमता' किसी कार्य को करने में लगनेवाले समय और ऊर्जा से संबंधित है, लेकिन 'प्रभावशीलता' वांछित परिणाम प्राप्त करने के लिए सही रास्ते का चुनाव और उसके अनुसरण से संबंधित है।

इस अवधारणा को समझने के बाद, अब आप अपनी उत्पादकता पर ध्यान केंद्रित करने की स्थिति में हैं। चूँकि 'उत्पादकता' आपकी कार्यक्षमता और प्रभावशीलता के पर्याप्त संयोजन का परिणाम है, आपको चीजों को करने में अपनी प्रभावशीलता और कार्यक्षमता बढ़ाने के तरीकों को ढूँढ़ना होगा। याद रखें, अगर आपको प्रभावशीलता और कार्यक्षमता के बीच चयन करना हो, तो प्रभावशीलता आपकी पहली प्राथमिकता होनी चाहिए। उदाहरण के लिए अगर मैंने अपनी बात आप तक पहुँचाने के लिए सही शब्द और सही उदाहरण नहीं चुने, जो आपको अपने आरामदेह सुविधा क्षेत्र से बाहर आने के लिए प्रेरित कर सकें, तो टाइपिंग के कुशल तरीके का उपयोग करके कम समय में पुस्तक को खत्म करने की मेरी कार्यक्षमता का मेरे लिए और आपके लिए क्या लाभ है ?

आपको GOPTA का उपयोग करना होगा और उसके बाद आपको जो भी करने की आवश्यकता है, उसके लिए कुशल तरीके अपनाने होंगे। यदि आपके क्रियाकलाप लक्ष्य केंद्रित हैं और आप सकारात्मक सोच के साथ कार्य करते हैं, तो आपकी प्रभावशीलता और उत्पादकता गजब की हो जाएगी। हमेशा अपने आपसे पूछते रहिए कि

आप किस दिशा में जा रहे हैं। अब आप आसानी से पता लगा सकते हैं कि क्या आपके कार्य आपको अपने गंतव्य की ओर ले जा रहे हैं या आपको कुछ और प्रभावशाली और कुशल तरीके ढूँढ़ने की आवश्यकता है।

बेहतर उत्पादकता के लिए सुझाव

1. **हमेशा अपनी मेज साफ और व्यवस्थित रखें**—अपनी मेज को साफ और विकर्षणों (distractions) से मुक्त रखना बहुत उपयोगी है, क्योंकि साफ-सुथरे वातावरण से आपकी कार्यक्षमता और उत्पादकता बढ़ती है।
2. **काम के माहौल को आकर्षक और सुखद बनाइए**—आप कुछ खुशनुमा फोटो या वॉलपेपर का उपयोग कर सकते हैं, जो कड़ी मेहनत के समय भी आपको मुस्कुराहट प्रदान कर सकते हैं। अपने पास छोटे पौधे रखना भी एक उत्तम विचार है।
3. **अपने कार्यस्थल पर आराम से बैठना**—उत्पादकता बढ़ाने के लिए आरामदायक बैठना सबसे उपयोगी है, विशेषकर आरामदायक कुरसी शारीरिक थकान को कम रखने के लिए आवश्यक है। काम के लिए अनुकूल खुशगवार माहौल बनाने की कोशिश करें और बैठने की मुद्रा सही रखें।
4. **कार्यस्थल पर अधिकतम प्राकृतिक रोशनी रखने की कोशिश करें**—जहाँ तक संभव हो, आपको और आपके स्टाफ को प्राकृतिक रोशनी में काम करना चाहिए, क्योंकि हलकी रोशनी या कृत्रिम प्रकाश से आपकी आँखों पर अनावश्यक जोर पड़ सकता है या आपको इसके परिणामस्वरूप सिरदर्द हो सकता है।
5. **हर शाम कागजातों को सहेजें**—कार्यालय छोड़ने से पहले, जिन कागजातों पर काम हो चुका है, उन्हें अलग रख दें और जिन पर काम करना बाकी है, उन सभी को एक फाइल में रख लें, ताकि अगली सुबह आप सीधे उसी पर काम कर सकें। लंबित कार्यों को अपनी To-Do List में भी शामिल कर लें, ताकि अगले दिन की कार्ययोजना बनाते वक्त आप इन पर विचार कर सकें। यदि किसी कारणवश, आप रोजाना ऐसा नहीं कर सकते, तो कम-से-कम सप्ताह के अंतिम कार्यदिवस पर यह जरूर करें, ताकि आप सोमवार को कार्यालय में आने पर नए सप्ताह की शुरुआत सुचारु रूप से साफ-सुथरे माहौल में कर सकें।
6. **इ-मेल और सोशल मीडिया के लिए आनेवाली अधिसूचना अलर्ट को बंद रखें**—ऐसा करके आप अपने खाली समय में अपनी सुविधा पर इन्हें

देख सकते हैं। यदि आपको लगता है कि आपके आनेवाले संदेश महत्त्वपूर्ण हैं, तो आप उन्हें देखने की आवृत्ति बढ़ा सकते हैं, लेकिन याद रखें, अक्सर बीप की ध्वनि आपकी एकाग्रता, कार्यक्षमता और उत्पादकता की सबसे बड़ी दुश्मन होती है।

7. **छोटे समय के विश्राम के लिए एक अलग स्थान बनाएँ**—आपको और आपके कर्मचारियों को स्वयं को रिचार्ज करने के लिए छोटे विश्राम के समय की आवश्यकता होती है। यदि इसके लिए एक अलग जगह बना दी जाए, तो वे वहाँ जाएँगे और आगे के काम के लिए तरोताजा महसूस करेंगे। इसका उन पर सकारात्मक मनोवैज्ञानिक प्रभाव भी पड़ेगा। हर 2 घंटों के बाद लगभग 5 मिनट का एक छोटा सा ब्रेक लें। थोड़ा टहलें या इस विश्राम स्थल पर जाएँ या सिर्फ अपनी आँखें बंद करके अपनी कुरसी पर बैठें। इससे आप रिचार्ज हो जाएँगे और आपका मन पिछले कामों की बोरियत और थकान से उबर जाएगा। आप अगले कार्य पर बेहतर ध्यान केंद्रित कर सकेंगे।
8. **वाद्य संगीत सुनें**—आप अपनी एकाग्रता बढ़ाने के लिए बहुत धीमी आवाज में वाद्य संगीत चालू कर सकते हैं; लेकिन याद रखें, यह आपको और आपके सहयोगियों को परेशान न करे।
9. **नियमित रूप से प्रेरक उद्धरण पढ़ें**—अपने कार्यालय में प्रवेश द्वार के पास एक बोर्ड पर रोजाना एक प्रेरक उद्धरण लिखने की व्यवस्था करें। जब आप और आपके कर्मचारी कार्यालय में प्रवेश करते समय प्रतिदिन प्रेरक उद्धरण देखेंगे, तो इसका असर विचार प्रक्रिया पर पड़ेगा और दिन की शुरुआत बेहतर होगी।
10. **किसी भी पत्र या इ-मेल को एक ही बार में निपटाने की आदत विकसित करें**—यदि आप इसे एक बार देखकर बीच में ही छोड़ देते हैं, तो दोबारा आपको अपना समय इस पर बरबाद करना होगा; हालाँकि यह आपको देखना होगा कि प्राथमिकता की कसौटी पर इसे तुरंत करना उचित होगा या बाद के लिए टाल देना।
11. **नियमित रूप से पानी पीते रहें**—आपका शरीर मुख्य रूप से पानी से बना है। विभिन्न शारीरिक प्रक्रियाओं में पानी की खपत होती रहती है, जिसकी भरपाई के लिए आपको नियमित रूप से पानी पीते रहना होगा। यह आपके शरीर की विषाक्त पदार्थों और कचरे से निपटने में मदद करेगा और आपके मस्तिष्क को भी अधिक कुशलता से काम करने में मदद करेगा।
12. **बचा हुआ काम घर न ले जाएँ**—लंबित कामों को घर न ले जाएँ, न तो

शारीरिक रूप से, न मानसिक। यह सर्वाधिक महत्त्वपूर्ण बात है। कुछ लोग काम तो घर नहीं ले जाते हैं, लेकिन हर वक्त उन कामों के बारे में ही सोचते रहते हैं। वे भूल जाते हैं कि कार्यस्थल पर बेहतर उत्पादकता के लिए उनके शरीर और मस्तिष्क को रिचार्जिंग की आवश्यकता होती है। यदि आप घर पर भी काम के बारे में सोचते रहेंगे, तो आपका शरीर और मस्तिष्क कब विश्राम कब करेगा?

13. **समय पर काम खत्म करने की कोशिश करें**—नियमित कार्यकाल के घंटों के दौरान ही अपना काम समाप्त करने की कोशिश करें। यदि आप नियमित कार्यकाल के घंटों के अंदर अपना काम खत्म करने की स्थिति में नहीं हैं, तो आपके पास तीन विकल्प बचते हैं। एक तो कार्यालय में देर तक रुकने का है; लेकिन शाम के वक्त काम पूरा करने के लिए जरूरत से ज्यादा समय लगने की संभावना होगी, क्योंकि आप पहले ही थक चुके हैं। दूसरा विकल्प काम घर ले जाना है; लेकिन यह भी अच्छा विकल्प नहीं है, क्योंकि यदि एक बार आप ऐसा करने के आदी हो जाते हैं, तो आपके पारिवारिक जीवन पर इसका प्रतिकूल प्रभाव पड़ता है। तीसरा विकल्प यह निर्णय करने का है कि उस कार्य को समाप्त करने के लिए कितना समय लगेगा। मान लीजिए कि आपको लगता है कि आपको 1 घंटे की आवश्यकता होगी। ऐसी सूरत में आप घर जाइए; कार्यालय के कार्य का तनाव छोड़कर रात की अच्छी नींद लीजिए और अगले दिन कार्यालय में तरोताजा पहुँचकर लंबित कार्य को समाप्त कीजिए। आप पाएँगे कि यह अपेक्षा से कम समय लेगा, क्योंकि आप रात की अच्छी नींद के बाद तरोताजा हो चुके होंगे।
14. **यथासंभव सराहना कीजिए**—अपने संगठन में यथासंभव प्रशंसा करने की संस्कृति शुरू कीजिए। यह प्रेरणा और उत्साह के लिए बहुत आवश्यक है।
15. **विकल्प की व्यवस्था**—यदि आप या आपके कर्मचारी बीमार पड़ जाते हैं, तो वैकल्पिक व्यवस्था का तंत्र पहले ही विकसित कर लें, ताकि बीमार व्यक्ति की अनुपस्थिति में काम सुचारु रूप से जारी रहे। बहुत से बड़े संगठनों में अलग से स्थानापन्न व्यक्तियों (Leave Residue) की व्यवस्था होती है, ताकि किसी भी कारणवश नियमित कर्मचारियों की अनुपस्थिति से उत्पादकता प्रभावित न हो।
16. **छुट्टियों का आनंद लें**—शायद आप आश्चर्यचकित हों कि यह उत्पादकत कैसे बढ़ा सकता है! लेकिन यकीन मानिए, यह सच है। आखिरकार, मशीनों को भी आराम और रखरखाव की जरूरत होती है। अपनी शारीरिक और

मानसिक शक्तियों के पुनरुद्धार से उत्पादकता बढ़ जाती है। सप्ताहांत पर परिवार के साथ आनंद लेना और हर साल कम-से-कम दो हफ्ते लंबी छुट्टियों का आनंद लेना आपकी उत्पादकता बढ़ाने के लिए एक अच्छा विचार है।

अपनी मेज व्यवस्थित करें

आपने देखा होगा कि उच्चस्तरीय अधिकारी हमेशा व्यस्त रहते हैं, लेकिन उनकी मेज हमेशा व्यवस्थित रहती है और लंबित कार्यों या फाइलों से दबी नहीं होती। साफ-सुथरी मेज का स्पष्ट मतलब है कि भले ही उस वक्त आपके पास बहुत सारे कार्य लंबित हो सकते हैं, लेकिन इस समय, आप उसी कार्य पर ध्यान केंद्रित कर रहे हैं, जो आपकी मेज पर मौजूद है और अन्य लंबित कार्य आपकी प्राथमिकता सूची में ऊपर आने के लिए किसी और स्थान पर अपनी बारी का इंतजार कर रहे हैं।

अपनी मेज साफ रखने से आपको कई लाभ होते हैं। आपके लिए एक समय पर एक काम पर ध्यान केंद्रित करना और पहले से ज्यादा व्यवस्थित होना आसान हो जाता है। अगर आपकी मेज पर कई फाइलें जमा हो जाती हैं, तो आप अपने सफाई कर्मचारियों से कहते हैं कि वे मेज को न छुएँ। साफ मेज हमेशा काम करने के लिए एक प्यारी जगह होती है, यहाँ तक कि आपके सफाई कर्मियों के लिए भी, हालाँकि सच्चाई यह है कि हम में से ज्यादातर के लिए साफ मेज बनाए रखना एक बड़ी चुनौती होती है। मैं साफ मेज बनाए रखने के लिए कुछ आसान सुझाव दूँगा—

1. मेज पर सिर्फ अपने वर्तमान कार्य से संबंधित फाइलों और कागजातों को रखें और बाकी फाइलें/लंबित कागजात किसी दूसरे स्थान पर रखें, जैसे पास रखी अलमारी या दराज इत्यादि।
2. प्रतिदिन शाम को कार्यालय छोड़ने से पहले अपनी मेज को साफ करें। अगले दिन सुबह आपको साफ-सुथरी मेज काम के लिए मिलेगी।
3. प्रत्येक कागज को एक ही बार में निपटाने की आदत बढ़ाएँ, ताकि साधारण से काम पर बार-बार समय बरबाद न हो।
4. अनावश्यक रूप से बहुत सी किताबें मेज पर रखकर अपना ज्ञान दिखाने की कोशिश न करें। यह आपकी एकाग्रता के लिए हानिकारक है।
5. सप्ताह के अंतिम कार्य दिवस पर कार्यालय छोड़ने से पहले अपनी मेज और दराजों की सफाई के लिए कम-से-कम 10 मिनट समर्पित करें। सप्ताह के दौरान, बहुत सी फाइलें और दस्तावेज आपकी मेज और दराज तक आने ही

हैं। यदि सप्ताहांत में कार्यालय छोड़ने से पहले आप इसे व्यवस्थित कर लेंगे, तो नए सप्ताह की शुरुआत बेहतर माहौल में होगी।

6. मेज के नजदीक एक कागज कुतरनेवाली मशीन (Paper Shredder) रखें।
7. आपके पास जो भी नया काम आए, उसे अपनी To-Do List में शामिल कर लें, अगर आपको लगता है कि यह आपकी To-Do List में शामिल करने लायक महत्त्वपूर्ण नहीं है, तो इस प्रयोजन के लिए आपको एक अलग नोट पैड अपनी दराज में रखना चाहिए। इससे आपकी मेज पर कई Post-It पर्चियाँ नहीं रहेंगी। याद रखिए, To-Do List में दर्ज करना हमेशा अलग पर्ची में लिखने से बेहतर होता है, क्योंकि To-Do List में लिखे कार्यों को आप प्राथमिकता का क्रम देते हैं। फिर भी, अगर आप Post-It पर्चियाँ इस्तेमाल करने के आदी हैं, तो इसके लिए मोबाइल फोन का इस्तेमाल बेहतर है, ताकि सभी चीजें एक ही जगह पर हों और हमेशा आप के साथ रहें।
8. पास की रैक में अलग 'In' और 'Out' बॉक्स रखें, जिसमें आप आने और जानेवाले कागजात और फाइलें रख सकें।
9. महत्त्वपूर्ण व्यावसायिक कार्ड रखने के लिए अलग जगह बनाएँ, ताकि जरूरत के समय ये आसानी से मिल जाएँ।
10. तय करें कि मेज पर क्या-क्या सामान रखे रहना है—लंबे समय तक मेज साफ रखने के लिए आपको यह तय करना होगा कि मेज पर क्या-क्या सामान रखा जाएगा और किस चीज को अलग जगह पर रखा जाना चाहिए। फोन, कंप्यूटर/लैपटॉप, कैलेंडर या planner, नोटपैड, पेन, हाइलाइटर, स्टेपलर, फोल्डर आदि मेज पर नियमित रूप से बने रह सकते हैं। अन्य वस्तुओं को पास की अलमारी या दराज में रखा जाना चाहिए।

अंतर्वाह प्रबंधन (Inflow Mangement)

आजकल आपको आनेवाले पत्रों, इ-मेल एवं विचारों के बड़े प्रवाह से निपटना पड़ता है। आपको इन सभी अंतर्वाहों (inflow) को सँभालना सीखना होगा। जाहिर है, सबसे आसान तरीका तो delegation है। अगर आपके पास बहुत से पत्र आते हैं, जिन्हें आपको अलग-अलग श्रेणियों में बाँटना पड़ता है, तो बेहतर है कि आप अपने सचिव से कहें कि वह पत्र आपको भेजने से पहले ही उन पत्रों को विभागों के अनुसार छाँट ले। आनेवाले पत्रों में बहुत सारे महत्त्वहीन होते हैं। अपने सचिव से उन्हें अलग

फोल्डर में रखकर भेजने के लिए कहें, ताकि आप एक साथ उन्हें तेजी से सरसरी निगाह से देख सकें।

आपको विभिन्न सोशल मीडिया से बहुत से इ-मेल प्राप्त होते हैं, जो बताते हैं कि फलाँ ने कोई टिप्पणी की है; फलाँ ने आपका मित्रता का अनुरोध स्वीकार कर लिया है; फलाँ ने मित्रता के लिए अनुरोध भेजा है; फलाँ का जन्मदिन आज है; इत्यादि। इसी तरह, हम सभी ने कुछ चैनल या वेबसाइट पर सब्सक्राइब किया हुआ होता है और उन वेबसाइटों से इ-मेल का एक नियमित प्रवाह आता रहता है। अपने इनबॉक्स को बेहतर ढंग से व्यवस्थित करने के लिए आप इन स्रोतों से आनेवाले इ-मेल को अलग-अलग फोल्डरों में पहुँचाने के लिए स्वचालित फिल्टर का इस्तेमाल कर सकते हैं। इसके दो लाभ होंगे। एक यह है कि आपका इनबॉक्स साफ-सुथरा नजर आएगा और इसमें अधिक घालमेल नहीं नजर आएगी और दूसरा लाभ यह है कि अत्यधिक आगमन की वजह से आपके महत्त्वपूर्ण इ-मेल आपकी नजर से नहीं चूकेंगे। इन विशिष्ट फोल्डरों को अपनी सुविधानुसार फुर्सत में देखा जा सकता है।

इ-मेल के निरंतर बढ़ते प्रवाह को प्रबंधित करने के लिए आप अपने सचिव से कह सकते हैं कि वह आपकी ओर से उन इ-मेल को देखे और फालतू इ-मेल डिलीट कर दे, जिससे आपका समय बचे। उसे कहें कि आपके देखने के लिए जरूरी इ-मेल को चिह्नित कर दे। यदि आप अपने सेक्रेटरी के साथ भी अपना पासवर्ड साझा नहीं करना चाहते हैं, तो आपको इस प्रकार की इ-मेल के लिए एक अलग इ-मेल खाता बना देना चाहिए, ताकि आपका मुख्य इ-मेल खाता अत्यधिक घालमेल से मुक्त रहे।

बैठकें (Meetings)

बैठकें करना और समितियाँ गठित करना आज हर संगठन की संस्कृति का आम हिस्सा है और आपके पास बैठकों के लिए 'नहीं' कहने का विकल्प नहीं होता है। आपके हाथ में सिर्फ यह सुनिश्चित करना है कि बैठक में समय का उत्पादक उपयोग हो। यदि आप बॉस हैं, तो आप बिल्कुल शुरुआत से ही बैठक के प्रवाह को निर्देशित करने की स्थिति में हैं, यहाँ तक कि प्रारंभिक संकल्पना के स्तर से ही। यदि आप एक भागीदार के रूप में बैठक में भाग ले रहे हैं, तो आप ज्यादा कुछ नहीं कर सकते हैं; फिर भी आप किसी उत्पादक तरीके से बैठक के प्रवाह का मार्गदर्शन कर सकते हैं।

यहाँ मैं प्रभावी और उत्पादक बैठक आयोजित करने के लिए कुछ उपयोगी सुझाव दे रहा हूँ—

बैठक के प्रारंभ और समाप्ति के समय पूर्व निर्धारित होने चाहिए

एक पूर्व-निर्धारित समापन समय का स्पष्ट मतलब है कि समय कम है और बैठक के दौरान बेवजह चर्चाओं या समाजीकरण के लिए कोई गुंजाइश नहीं है। इससे प्रतिभागियों को अपने कार्यक्रम की योजना बनाने में मदद मिलेगी।

हमेशा प्रारंभ करने के समय और समापन के समय का सम्मान करें

कालांतर में, यह प्रतिभागियों के दिमाग में समय के सम्मान का भाव विकसित करेगा, आखिरकार अगर कोई देर से आता है, तो दूसरों को उसके लिए इंतजार करना होगा, यहाँ तक कि अगर आप बॉस हैं, तो भी बैठक के लिए देर से आना आपके संगठन के लिए वित्तीय रूप से हानिकारक है। कल्पना कीजिए, अगर बैठक में 10 व्यक्तियों ने भाग लिया है और आप उन्हें सिर्फ 10 मिनट तक इंतजार कराते हैं; तो आपके देर से आने की वजह से 100 उत्पादक मिनट व्यर्थ हो जाएँगे। बैठक की शुरुआत करने के लिए कभी देर से आनेवाले की प्रतीक्षा न करें, जब तक कि कुछ खास वजह न हो। प्रारंभ समय का सम्मान करने के लिए किसी को जाँच सूची (Checklist) के अनुसार, सभी कुछ जाँच लेने की जिम्मेदारी सौंपी जानी चाहिए ताकि वह पहले से ही यह जाँच ले कि बैठक कक्ष में सभी आवश्यक व्यवस्थाएँ हो चुकी हैं या नहीं।

बैठक की लिखित कार्यावली (Agenda) पहले से भेज दें

कार्यावली में बैठक की तिथि, शुरुआत और समापन का समय, मीटिंग के मुख्य उद्देश्य, चर्चा के विषय, बैठक के किस विषय पर मुख्य रूप से कौन और कितने समय के लिए ध्यान देगा, रिपोर्ट आदि शामिल होने चाहिए। यदि आप लिखित एजेंडा पहले से ही सूचित कर देते हैं, तो हर भागीदार को बैठक में उसकी भूमिका पता चल जाएगी और उन्हें पता रहेगा कि वह कितना समय ले सकता है। वह पूरी तैयारी से आएगा और सभी का समय खराब नहीं करेगा।

मीटिंग की अवधि और कवर किए जाने विषयों के बीच संतुलन रखने का प्रयास करें

अक्सर बैठक में कई विषयों पर चर्चा की जाती है, जिससे बैठक के उद्देश्य एवं उसके कसाव पर फर्क पड़ता है। बेहतर होगा यदि बैठक में कवर किए जानेवाले विषयों का समय के साथ उचित तालमेल बिठा लें अन्यथा अत्यधिक लंबी बैठक सभी प्रतिभागियों का समय बरबाद करेगी।

क्या होगा, अगर बैठक समय पर समाप्त नहीं हुई

देखिए, क्या सभी प्रतिभागियों के लिए कुछ समय के लिए बैठक का विस्तार करना संभव होगा। यदि नहीं, तो कुछ कम महत्त्वपूर्ण विषयों को अगली बैठक तक के लिए स्थगित कर दें। बैठक समाप्त करने से पहले, यह तय करके बता दें कि अगली बैठक में किन-किन प्रतिभागियों के भाग लेने की आवश्यकता है, क्योंकि कुछ प्रतिभागी ऐसे भी हो सकते हैं, जिनकी शेष बिंदुओं के लिए आवश्यकता ही नहीं है।

प्रतिभागियों की संख्या यथासंभव कम रखें

सामान्यत: ऐसा देखा जाता है कि यदि सिर्फ 6-8 सदस्यों की बैठक होती है, तो बैठक का परिणाम ज्यादा उत्पादक होता है। जितने ज्यादा सदस्य होंगे, उतने विचार आएँगे और बैठक सिर्फ विचार बाँटने का मंच बनकर रह जाएगी।

याद रखें, संगठन के लिए बैठकों की लागत होती है

एक बॉस के रूप में, आपको लग सकता है कि आपको जब चाहें बैठक बुलाने का पूरा अधिकार है; लेकिन याद रखें कि बैठक आयोजित करने की दृश्य लागतों के अलावा, अदृश्य लागत भी होती है, जो और भी ज्यादा होती है और यह है, आपके प्रतिभागियों के समय की आपके संगठन के लिए लागत। यदि आप एक घंटे के लिए 10 प्रतिभागियों के साथ बैठक करते हैं, तो आपको उनकी सकल प्रति घंटा वेतन के अनुसार, बैठक की लागत की गणना करनी चाहिए, जो कि एक तरह से आपके संगठन के लिए उस बैठक की अदृश्य लागत है।

बैठक के दौरान एक अलग व्यक्ति नोट्स लिखने के लिए नियुक्त करें

अपने व्यक्तिगत सचिव या किसी अन्य व्यक्ति से कहें कि वह लगातार चर्चाओं के नोट्स लेते रहें। यह न केवल बाद में आपके बैठक के नोट्स लेने के वक्त को बचाएगा, बल्कि बैठक के दौरान किसी भी महत्त्वपूर्ण चर्चा या सुझाव के भूलने की कोई गुंजाइश भी नहीं रहेगी।

बैठक के समापन से करीब 5 मिनट पहले एक प्रश्नोत्तर सत्र रखें

हमेशा निर्धारित समापन समय से लगभग 5 मिनट पहले बैठक का कार्य पूरा करने का प्रयास करें, ताकि बैठक का अंत करीब आने से पहले निष्कर्षों का सारांश निकालने और किसी भी संदेह का निवारण करने के लिए एक 5 मिनट का प्रश्नोत्तर सत्र रखा जा सके।

बैठक के कार्यवृत्त (Minutes of the meeting) जल्दी भेजें

बैठक के कार्यवृत्त जितनी जल्दी हो सके, भेज दें, यथासंभव 24 घंटों के भीतर, जब सभी प्रतिभागियों की याददाश्त ताजा होती है और वे किसी भी विसंगति की ओर इशारा कर सकते हैं। कार्यवृत्त में आगे की कार्यवाई के लिए स्पष्ट दिशा-निर्देश भी होने चाहिए कि कौन सा काम किसे करना है।

यदि आप एक सदस्य के रूप में बैठक में भाग ले रहे हैं, तो भी आप सभी का समय बचाने के लिए कुछ प्रभावी समय प्रबंधन कर सकते हैं। यदि आप देख रहे हैं कि बैठक तय समय से लंबी खिंच रही है, तो आप युक्तिपूर्वक सुझाव दे सकते हैं कि भविष्य में बैठकों के लिए आधिकारिक समापन समय भी रखा जाए। आप उपरोक्त सुझावों में से जो भी आपके संगठन में प्रभावी समय प्रबंधन के लिए अनुसरण नहीं किए जा रहे हैं, उनके लिए भी सुझाव दे सकते हैं।

भाग 2—घर में व्यवस्थापन (Organisation at home)

घर में हर चीज के लिए एक उचित स्थान तय होना चाहिए। परिवार के सदस्यों के सभी महत्त्वपूर्ण दस्तावेजों के लिए अलग-अलग फोल्डर (folder) बनाएँ—

1. एक फोल्डर, जिसमें सभी पैन कार्ड, आधार कार्ड, जन्म प्रमाणपत्र, पासपोर्ट आदि की मूलप्रति हों।
2. एक फोल्डर, जिसमें बैंकों से संबंधित दस्तावेजों, चेक बुक, पास बुक, एटीएम कार्ड, क्रेडिट कार्ड और बैंकों के साथ पत्राचार हों। इस फोल्डर में भी, परिवार के अलग-अलग सदस्यों के अलग-अलग बैंक खातों के लिए उप-फोल्डर बनाएँ, ताकि सभी दस्तावेज मिश्रित न हो जाएँ।
3. विद्युत् कनेक्शन लगवाने से संबंधित कागजातों और रसीदों की मूलप्रतियोंवाला एक फोल्डर और एक ऐसा फोल्डर, जिसमें बाद के सभी बिजली के बिलों की रसीद हों।
4. एक फोल्डर, जिसमें टेलीफोन/मोबाइल बिल एवं रसीदें हों।
5. सभी गृह कर बिलों और रसीदोंवाला एक फोल्डर।
6. सभी जलकर बिलों और रसीदोंवाला एक फोल्डर।
7. एक फोल्डर, जिसमें बीमा पॉलिसियों से संबंधित सभी कागजात रखे हों, चाहे स्वयं के या घर के या वाहनों के लिए।
8. घर में उपलब्ध विभिन्न उपकरणों के user manual और वारंटी कार्डवाला एक फोल्डर।

9. एक फोल्डर, जिसमें म्यूचुअल फंड आदि में निवेश से संबंधित सभी कागजात रखे हों।
10. परिवार के सदस्यों के लिए सभी चिकित्सा नुस्खेवाला एक फोल्डर।

एक Transit Tray भी होनी चाहिए, जहाँ कागजातों को अपने संबंधित फोल्डर में रखने से पहले रखा जा सके। घर में इस्तेमाल होनेवाली सभी चाबियों को रखने के लिए एक छोटी ट्रे भी होनी चाहिए। याद रखें, यदि आप कोई महत्त्वपूर्ण दस्तावेज, जैसे पैन कार्ड या जन्म प्रमाण पत्र अपने फोल्डर से निकालते हैं, तो या तो काम पूरा हो जाने के बाद उसे अपने फोल्डर में वापस रखिए या कम-से-कम इसे ट्रांजिट ट्रे में रखिए, ताकि वह खो न जाए।

कार्यस्थल पर भी इसी प्रकार से कागजात व्यवस्थित किए जा सकते हैं। यदि आप इस प्रणाली का अनुसरण करना शुरू करते हैं, तो दृश्य लाभ तो यह होगा कि आपके कागजात खोएँगे नहीं, लेकिन और बड़ा गहन मनोवैज्ञानिक लाभ यह होगा कि आप सभी चीजों को उचित स्थान पर रखने की अच्छी आदत विकसित कर लेंगे और इस अनुशासन से जीवन के अन्य क्षेत्रों में भी अच्छे परिणाम प्रकट होंगे।

सभी महत्त्वपूर्ण दस्तावेजों को स्कैन करके रखें

सोचिए, कभी आपका पर्स खो जाए तो न सिर्फ धन का नुकसान होगा, बल्कि आप अपना ड्राइविंग लाइसेंस, डेबिट/क्रेडिट कार्ड और कुछ अन्य महत्त्वपूर्ण दस्तावेज भी खो सकते हैं। कल्पना कीजिए कि क्या होगा अगर आप अपना ड्राइविंग लाइसेंस या पैन कार्ड खो देते हैं और आपके पास उसका नंबर भी नहीं है। मैं तो सुझाव दूँगा कि—

- ड्राइविंग लाइसेंस, डेबिट/क्रेडिट कार्ड, पासपोर्ट, जन्म प्रमाणपत्र, डिग्री और डिप्लोमा, शादी के प्रमाण पत्र, संपत्ति से संबंधित कागजात, बीमा पॉलिसी, मेडिकल रिकॉर्ड, 'पावर ऑफ अटॉर्नी' या 'वसीयत' जैसे कानूनी दस्तावेज या सभी महत्त्वपूर्ण दस्तावेजों की फोटोकॉपी रखें। सुरक्षा की दृष्टि से, आप अपने बैंक लॉकर में इन कागजातों को रख रख सकते हैं।
- स्कैन करके इंटरनेट पर सहेजना या खुद को इ-मेल करना भी एक अच्छा विचार है, क्योंकि आप दुनिया में कहीं से भी इसे देख सकते हैं। आप अपने खोए हुए दस्तावेजों का विवरण किसी भी समय अपने इ-मेल से निकाल सकते हैं और वांछित कार्यवाई कर सकते हैं।
- यदि स्कैन की गई प्रतियां कंप्यूटर पर सहेजते हैं, तो हमेशा महत्त्वपूर्ण दस्तावेजों का बैकअप रखें। यदि संभव हो तो बैकअप कंप्यूटर के अतिरिक्त किसी दूसरे

स्थान पर रखें, जैसे आपका बैंक लॉकर, ताकि किसी भी प्राकृतिक आपदा के मामले में, आपका मुख्य कंप्यूटर और बैकअप एक साथ न खो जाए।

➢ हमेशा अपने संपर्कों (Contacts) की सूची की प्रति इंटरनेट पर सहेजकर रखें।

भाग 3–स्वयं का व्यवस्थापन (Self Organisation)

बहु-कार्यण (Multitasking)

एक समय में दो या अधिक चीजें एक साथ करना मल्टीटास्किंग कहलाता है। यह न केवल आपकी उत्पादकता बढ़ा सकता है, बल्कि पूरी तरह से अनुत्पादक कार्यों में होनेवाले समय की भारी बरबादी से बचाता है। ऐसी कई गतिविधियाँ हैं, जो भले ही प्रत्यक्ष रूप से हमारी सफलता में योगदान नहीं करतीं, लेकिन आवश्यक होती हैं, जैसे स्कूल या कार्यस्थल के लिए आवागमन, ट्रेन या हवाई यात्रा आदि। इन गतिविधियों में लगनेवाले समय के दौरान, साथ ही में कुछ उत्पादक काम करके समय का सदुपयोग भी किया जा सकता है। आपको यह सुनिश्चित करना होगा कि कम-से-कम एक गतिविधि ऐसी होनी चाहिए, जिसके लिए कम ध्यान देने की आवश्यकता हो, क्योंकि एक समय पर दो महत्त्वपूर्ण कार्यों पर प्रभावी तरीके से ध्यान दे पाना थोड़ा मुश्किल है।

मल्टीटास्किंग के कुछ उदाहरण

➢ कार्यालय में, जब आप मोबाइल पर बात कर रहे हों, तो आप टहलना शुरू कर सकते हैं। आप तरोताजा हो जाएँगे और इससे सकारात्मक स्वास्थ्य लाभ भी होगा। यदि बैठे हुए हैं, तो अपने पैर सीधे कर सकते हैं या अपनी उँगलियों को चला सकते हैं।

➢ अपने मोबाइल के लिए ब्लूटूथ हेडफोन का उपयोग करने से आप मोबाइल पर बात करते समय अपने हाथों से दूसरा काम करना जारी रख पाएँगे।

➢ जब चिकित्सक के यहाँ अपनी बारी की प्रतीक्षा कर रहे हों, तो आप अपने मोबाइल पर कोई पत्रिका, कोई उपयोगी लेख आदि पढ़ सकते हैं।

➢ कभी-कभी इंतजार अंतहीन लगता है, लेकिन अगर आपको इस इंतजार के समय का कोई उत्पादक उपयोग करना आता है, तो आप परेशान नहीं होंगे।

➢ सुबह की सैर करते समय या कसरत करते समय या कार्यस्थल के लिए आवागमन के वक्त कोई प्रेरक रिकॉर्डिंग सुन सकते हैं।

➢ आप अपने मोबाइल पर अपनी To-Do List तैयार या अपडेट कर सकते हैं।

- किसी का इंतजार करते वक्त, आप इ-मेल पढ़ सकते हैं।
- आप टी.वी. देखते वक्त कुछ और काम भी कर सकते हैं, जैसे अपने कपड़े इस्त्री करना या सब्जियाँ काटना आदि। आप इ-मेल देख सकते हैं या अपने महत्त्वपूर्ण दस्तावेजों का बैकअप ले सकते हैं। मुख्य मुद्दा यह है कि सिर्फ टी.वी. देखने के लिए अपना समय बरबाद करना अच्छा विचार नहीं है।

[चेतावनी : कृपया ड्राइविंग करते समय अपने मोबाइल फोन का उपयोग न करें। यद्यपि यह समय बचा सकता है, लेकिन यह आपका समय समाप्त भी कर सकता है।]

अतीत की यादों के बोझ से अपने मन को आजाद करें

जीवन के हर क्षेत्र में क्षमा का अभ्यास करें। माफी एक ऐसी प्रक्रिया है, जिसमें उन नकारात्मक भावनाओं को जाने देना शामिल है, जिन्हें आप लंबे समय से किसी भी कारण से अन्य लोगों के प्रति पकड़े बैठे हैं। अगर आप उन्हें माफ कर देते हैं, तो आप वास्तव में अपनी ही मदद कर रहे हैं।

मैं आपको एक उदाहरण से यह बात साबित करके दिखाता हूँ। अपने अतीत से किसी भी घटना को याद करें, जिससे आपको खुशी मिली थी। कैसा लग रहा है? आप फिर एक क्षण के लिए खुश हो गए। क्या ऐसा नहीं है? यह कितना आसान है! अब अपने अतीत से किसी भी घटना को याद करें, जिसने आपको अंदर से दुःखी कर दिया था या गुस्सा दिलाया था। कैसा लग रहा है, आप फिर से उदास या नाराज हो गए न? अब आप समझ सकते हैं कि यदि आप खुश रहना चाहते हैं, तो आपको खुशनुमा विचारों के साथ जीना होगा और जितनी जल्दी हो सके, दुःखद यादों या संबंधों से छुटकारा पाना होगा। दूसरों को माफ करने से वास्तव में आपकी ही प्रगति होगी। अगर आप माफ नहीं भी करेंगे, तो भी दूसरे तो अपने जीवन का आनंद ले रहे हैं और वे इस बात को लेकर कतई परेशान नहीं हैं कि आप उनके बारे में क्या सोचते हैं। चुनाव आपको करना होगा कि क्या आपको अपने अतीत के अतिरिक्त सामान का बोझ जीवन भर उठाए रखना है या GOPTA की मदद से अपने भविष्य पर ध्यान देना है।

पूर्णतावादी बनने का प्रयास न करें

कुछ लोग सोचते हैं कि वे जो भी करें, वह संपूर्ण (perfect) होना चाहिए या कम-से-कम ऐसा दिखना चाहिए। गुणवत्ता के प्रति जुनून से कभी-कभी बहुत ज्यादा समय बरबाद होता है। यदि आप पूर्णतावादी हैं, तो खुद से प्रश्न पूछने का समय है कि क्या काम करने का कोई कम समय लगनेवाला विकल्प उपलब्ध है। देखिए कि क्या पूर्णतावाद की कीमत आपको कुछ अन्य गतिविधियों के न कर पाने के रूप में

चुकानी पड़ रही है। जैसा कि बेन ट्रेगो कहते हैं, "अपना समय बरबाद करने का सबसे खराब तरीका है, उस काम को भी कुशलतापूर्वक करना, जिसे करने की बिल्कुल भी आवश्यकता नहीं है।"

> One of the worst ways to waste your time is to do very efficiently that, which doesn't need to be done at all.
>
> **—Ben Tregoe**

जब आवश्यक हो, तो 'नहीं' कहना सीखें

कई बार आपका समय प्रबंधन गड़बड़ा जाता है, जब आपका कोई सहयोगी या मित्र आपकी किसी ऐसे कार्य में मदद माँगता है, जो दरअसल उसे करनी चाहिए। व्यक्ति आपका इतना करीबी और इतनी मिठास लिये होता है कि आपको इनकार करना मुश्किल हो जाता है। आप मदद करना स्वीकार कर लेते हैं और बाद में अफसोस करते हैं कि आपने इसे क्यों स्वीकार किया और आपने सही समय पर 'नहीं' कहने का साहस क्यों नहीं जुटाया।

अगर ये कहानी कुछ जानी-पहचानी सी लगती है, तो जान लीजिए कि आप अकेले नहीं हैं। 'नहीं' कहना सभी के लिए उतना ही मुश्किल होता है, खासकर जब आपका मित्र या रिश्तेदार काम को बड़ी मिठास के साथ आपको सौंपता है। यहाँ तक कि आपके बॉस भी अतिरिक्त काम बताते हुए कहते है कि 'मैं ऐसा सोचता हूँ कि केवल आप ही यह काम करने में सक्षम हैं' या 'मैं आपके अलावा किसी और पर भरोसा नहीं कर सकता'। किसी प्रिय व्यक्ति को 'नहीं' कहने के लिए बहुत इच्छाशक्ति, साहस और चतुराई की आवश्यकता होती है।

मैं यह नहीं कह रहा हूँ कि आपको अपने सहकर्मियों या मित्रों की सहायता नहीं करनी चाहिए, आखिरकार हम सामाजिक प्राणी हैं और कभी-कभी एक-दूसरे की मदद करना हम सभी के लिए जरूरी है; लेकिन हमेशा ध्यान रखें कि क्या यह आपके अपने समय प्रबंधन में फिट बैठता है या नहीं। हमेशा मदद देने के लिए तत्पर रहना एक अच्छी बात है, लेकिन इसका मतलब यह नहीं होना चाहिए कि लोग आपको अनुदत्त (granted) समझने लगें। आपको दोनों के बीच अंतर समझ लेना चाहिए।

सोशल मीडिया के युग में, हम अवांछित इ-मेल या संदेश या टेलिमार्केटिंग कॉल या SMS की अनवरत आवकरूपी चुनौती का सामना कर रहे हैं, जिसे नियंत्रित किए जाने की आवश्यकता है। जब आप अपना इ-मेल इनबॉक्स खोलते हैं, तो अक्सर महत्त्वपूर्ण इ-मेल आँखों के सामने नहीं होते। यदि आप अवांछित इ-मेल से छुटकारा

पाना चाहते हैं, तो इ-मेल में 'Unsubscribe' लिंक ढूँढ़कर सदस्यता रद्द कर दें, तो भविष्य में आपको इस प्रेषक से कोई इ-मेल प्राप्त नहीं होगी। वैकल्पिक रूप से, आप इस प्रेषक से आनेवाले इ-मेल के लिए एक फिल्टर सेट कर सकते हैं, जिससे इस प्रेषक से आनेवाले इ-मेल सीधे अलग फोल्डर में पहुँच जाएगी, जिसे आप अपनी सुविधानुसार देख सकते हैं।

अक्सर धार्मिक और सामाजिक संगठन अपने कार्य के लिए स्वयंसेवकों की खोज में रहते हैं। आपको बस यह देखना है कि क्या आप कोई नई जिम्मेदारी स्वीकार करने की स्थिति में हैं या नहीं। 'हाँ' या 'नहीं', कुछ भी कहने से पहले अपने आपसे पूछिए कि नया काम आपसे किस प्रतिबद्धता की अपेक्षा रखेगा। अपने धार्मिक या सामाजिक संगठन में कोई भी नई जिम्मेदारी स्वीकार करने से पहले, आपको कुछ प्रश्नों के जवाब ढूँढ़ने होंगे, जैसे—

- ➢ उनकी बैठकों की आवृत्ति क्या है?
- ➢ सामान्यत: बैठकों की समयावधि क्या होती है?
- ➢ क्या यह आपकी किसी अन्य प्राथमिकतावाली प्रतिबद्धताओं से टकराएगा?
- ➢ बैठकों में आपसे क्या अपेक्षा की जाती है, क्या आप सिर्फ एक भागीदार हैं या आपको कुछ पूर्व तैयारी वगैरह भी करनी होगी?

यदि आप नई जिम्मेदारी स्वीकार करने की स्थिति में नहीं हैं, तो विनम्रतापूर्वक और चतुराईपूर्वक बता दें।

'नहीं' कैसे कहें

1. **कारण शिष्टतापूर्वक और चतुराई से बताएँ**—एकदम से 'नहीं' कहना दूसरे व्यक्ति को चोट पहुँचा सकता है। 'नहीं' कहते वक्त आपको चतुराई बरतनी होगी, अगर आप चतुराईपूर्वक सही कारण बताते हैं, तो दूसरा व्यक्ति समझेगा कि आपके कारण उचित हैं।
2. **इसे शीघ्रातिशीघ कह दें**—कभी यह कहकर समय न माँगें कि आपको सोचने के लिए वक्त चाहिए। अगर आपने सोच लिया है कि आप 'हाँ' कहने की स्थिति में नहीं हैं और 'नहीं' कहने के अलावा कोई दूसरा विकल्प नहीं है, तो इसे स्पष्ट शब्दों में पहले मौके पर कह दीजिए, अन्यथा स्थिति मुश्किल हो सकती है। इसके अलावा यह आपकी नैतिक जिम्मेदारी भी है कि आप अपने 'नहीं' के बारे में जितनी जल्दी हो सके, बता दें, ताकि किसी दूसरे उपयुक्त व्यक्ति को वह कार्य सौंपा जा सके।

'नहीं' कहना सबसे कठिन कामों में से एक है, लेकिन आपको इसे चतुराईपूर्वक

करना होगा। मेरी एक कार्यशाला में एक महिला ने अपनी कहानी साझा की। वह अपनी कंपनी के प्रबंध निदेशक के निजी सहायक के रूप में काम कर रही थी। उसके बॉस उसे काम करने का समय दिए बिना, एक के बाद एक काम सौंपने के आदी थे। उसकी लंबित कार्यों की सूची लगातार बढ़ती जा रही थी और उसे देर तक काम करना पड़ता था, क्योंकि वह डरती थी कि यदि उसने आज का काम पूरा नहीं किया तो सुबह उसे ढेर सारे दूसरे काम भी मिल जाएँगे। निजी क्षेत्र की नौकरी में वह अपने बॉस की नाराजगी नहीं मोल ले सकती थी, जहाँ हमेशा बर्खास्तगी की तलवार लटकती रहती है। एक बार उसके बॉस ने उसे एक नया काम दिया, जो वह स्वीकार करने की स्थिति में नहीं थी। वह 'नहीं' कहना चाहती थी, लेकिन उसने सीधे-सीधे मना नहीं किया। उसने वह कार्य स्वीकार कर लिया और बॉस के कक्ष से बाहर आई और अपने लंबित कार्यों की एक सूची तैयार की, जिनमें से अधिकांश को उसी दिन किया जाना था। वह फिर से अपने बॉस के कक्ष में गई और अनुरोध किया कि चूँकि उसे नए कार्य पर ध्यान एवं समय देना है और वह महत्त्वपूर्ण लंबित कार्यों को टालना नहीं चाह रही है, तो कृपया किसी और को उन लंबित कार्यों में से कुछ महत्त्वपूर्ण कार्य करने के लिए कह दें। लंबित कार्यों की लंबी सूची देखने के बाद उसके बॉस आश्चर्यचकित रह गए। सभी कार्य उसी दिन दिए गए थे और पिछले दिन का कोई कार्य बाकी नहीं था। कुछ समय के लिए वे विचारमग्न हो गए और फिर कहा कि हे भगवान्! आप एक दिन में इतना काम सँभालती हैं! मैं तो आपको छोटे-छोटे कामों के लिए बार-बार बुलाते समय इसकी कल्पना भी नहीं कर सकता था। बॉस खुद ही उसके बचाव के लिए आगे आए और न केवल नई जिम्मेदारी वापस ले ली, बल्कि कुछ छोटे कार्य सौंपने के लिए बार-बार अपने कक्ष में बुलाने की बजाय उन्हें अपने कार्यों को पूरा करने के लिए समय देने पर भी ध्यान देना शुरू कर दिया। बॉस ने छुटपुट दिशा-निर्देशों के लिए उसे व्यक्तिगत रूप से कक्ष में बुलाने की बजाय अधिकतर निर्देश इंटरकॉम पर देना प्रारंभ कर दिया।

आप इस महिला द्वारा अपनाई गई तकनीक के पीछे की चतुराई देखिए। अगर उसने नए काम के लिए शुरुआत में ही मना करने की कोशिश की होती, तो उसके बॉस द्वारा यह नए काम को स्वीकार करने के खिलाफ उसका 'प्रतिरोध' माना जाता और उसका बॉस आक्रामक हो सकता था, लेकिन उसने पहले नई जिम्मेदारी को स्वीकार किया और फिर अपने बॉस को इस तरह राजी किया कि वह तो संगठन के हित में ही सोच रही है कि कहीं बाकी महत्त्वपूर्ण काम अधूरे न रह जाएँ या छूट न जाएँ। उसने चतुराई से मना किया और वह एक संभावित विरोधी को एक दोस्त में बदलने में कामयाब हो गई।

अपने वर्तमान कार्यों का मूल्यांकन करें

कार्यालय में या आपके धार्मिक या सामाजिक संगठनों में ऐसी जिम्मेदारियों की एक सूची तैयार करें, जिन्हें आपको लगता है कि आपको स्वीकार नहीं करना चाहिए था, अगर आपने उचित समय पर 'नहीं' कहने की हिम्मत जुटाई होती। अब सोचिए, आप किसे दोषी ठहराएँगे—उस व्यक्ति को, जिसने आपको काम सौंपा; या खुद को, जो सबसे उपयुक्त समय पर मना नहीं कर पाया।

यदि आप सोचते हैं कि आपने सही समय पर 'नहीं' कहने की भरसक कोशिश की थी, तो सोचिए, क्या कोई और तरीका होता, जो ज्यादा कारगर होता। भले ही, आप अपनी वर्तमान जिम्मेदारियों को छोड़ने की स्थिति में नहीं हैं, लेकिन मैं आशा करता हूँ कि अब आप भविष्य के लिए बेहतर तैयार होंगे।

G.O.P.T.A. POINTS

- ✓ किसी भी नौकरी या पेशे में, आपको अपने संगठन या समाज में आपके कारण होनेवाली मूल्यवृद्धि के लिए भुगतान किया जाता है। यदि आप अपनी प्रति घंटा आय में वृद्धि करना चाहते हैं, तो आपको पहले यह समझना होगा कि कमाई में वृद्धि आपके मूल्य के प्रत्यक्ष अनुपात में है और अपने मूल्य को बढ़ाने के लिए आपको कुछ और कौशल और गुण सीखने होंगे।
- ✓ अपने संगठनात्मक लक्ष्यों को व्यक्तिगत लक्ष्यों के ऊपर रखना सीखें।
- ✓ पेशा व्यक्ति से बड़ा होता है और यदि आप अपने पेशे को नई ऊँचाइयों तक ले जाने का प्रयास करते हैं, तो आपका पेशा आपको ऐसी बुलंदियों पर ले जाएगा, जो आपके लिए अभी कल्पना से भी परे हैं।
- ✓ सफल लोगों से सीखें।
- ✓ उत्पादकता में सुधार करने के लिए हमें अपनी कार्यक्षमता (efficiency) और प्रभावशीलता (effectiveness) में सुधार करने पर ध्यान केंद्रित करना होगा।
- ✓ बैठकें कम समय में ज्यादा उत्पादकता देनेवाली होनी चाहिए। याद रखें, आपके संगठन के लिए बैठकों की लागत होती है।
- ✓ घर पर, परिवार के सदस्यों के सभी महत्त्वपूर्ण दस्तावेजों के लिए अलग-अलग फोल्डर बनाइए।
- ✓ अपने सभी महत्त्वपूर्ण दस्तावेजों की कॉपी स्कैन करके स्वयं को इ-मेल कीजिए।

- ✓ मल्टीटास्किंग न केवल आपकी उत्पादकता बढ़ा सकता है, बल्कि पूरी तरह से अनुत्पादक कार्यों में होनेवाले समय की भारी बरबादी से बचाता है।
- ✓ पूर्णतावादी होने की कोशिश न करें।
- ✓ विनम्रतापूर्वक और चतुराईपूर्वक सबसे पहले अवसर पर 'नहीं' कहने की आदत डालें।

□

24

समय के हत्यारे तत्त्व

> If you love life, don't waste time, for time is what life is made up of.
>
> **—Bruce Lee**

A. समय बरबाद करनेवाले तत्त्व (Time Wasters)

हम सब घर में सब्जियाँ, फल, ब्रेड आदि काटने और मक्खन लगाने आदि कार्यों के लिए चाकू का उपयोग करते हैं; लेकिन हम अपनी उँगलियाँ, नाक या कान काटने के लिए चाकू का उपयोग नहीं करते हैं। आमतौर पर कोई भी नुकसानदेह तरीके से चाकू का प्रयोग नहीं करता है, जबकि वह ऐसा करने के लिए स्वतंत्र है, लेकिन जब टी.वी. देखने, इंटरनेट पर सर्फिंग करने, फेसबुक या व्हाट्सएप आदि की बात आती है, तो सब इनके अनचाहे इस्तेमाल में अपना समय बरबाद करने के लिए तैयार रहते हैं; वह भी भुगतान करने के बाद; यह सोचे या जाने बिना कि हमारे लिए इनके अभीष्ट उपयोग क्या थे।

हम मनोरंजक कार्यक्रम, शिक्षा और समाचार आदि के लिए टी.वी. खरीदते हैं, लेकिन आजकल, हम ऐसे टी.वी. धारावाहिकों में उलझ कर रह गए हैं, जो तरह-तरह के षड्यंत्र दिखाते रहते हैं। वे दुनिया की ऐसी तसवीर दिखाते हैं, जो लगभग अवास्तविक हैं।

हम मुख्य रूप से शैक्षिक उद्देश्य से इंटरनेट कनेक्शन लेते हैं और उसका अभीष्ट उपयोग कम समय में अधिक जानकारी या सुविधा हासिल करना है; लेकिन पिछले कुछ वक्त से ऐसा देखने में आ रहा है कि इंटरनेट से हमारे जीवन को अप्रत्यक्ष क्षति भी पहुँच रही है। हम इंटरनेट पर एक वेबसाइट से दूसरी वेबसाइट पर बेकाबू तरीके से भागते रहते हैं और घंटों इस जाल में फँसे रहते हैं। मैं इंटरनेट पर hyperlinking के समक्ष अधिकतर लोगों को असहाय पाता हूँ।

हम मोबाइल मुख्य रूप से अन्य लोगों से बातचीत के लिए खरीदते हैं। स्मार्टफोन के युग में भी, मोबाइल फोन का बुनियादी काम तो अन्य लोगों से बात करना ही है। दूसरा अच्छा और सकारात्मक उपयोग 'Organisor' के रूप में है, लेकिन आजकल हम मोबाइल का इस्तेमाल मोबाइल पर कोई रोमांचक खेल खेलने में या विभिन्न एप्लिकेशन के इस्तेमाल में या संगीत सुनने में या इंटरनेट का इस्तेमाल करने में, यूट्यूब, फेसबुक, इ-मेल, व्हाट्सएप जैसे एप्लिकेशन आदि में करते रहते हैं, जो न सिर्फ हमारे उत्पादक समय का एक बड़ा हिस्सा खा जाते हैं, साथ ही दिन के दौरान बार-बार विकर्षण (distractions) का कारण भी बनते हैं।

तकनीकी प्रगति ने हमें त्वरित संचार उपकरण उपलब्ध कराए हैं और कभी न खत्म होनेवाली जानकारी हम तक पहुँचाकर हमारा जीवन आसान बना दिया है, लेकिन यह तकनीकी प्रगति अपने साथ ऐसे उपकरण भी लेकर आई है, जो हमारा बहुत समय खा जाते हैं। अत्यधिक टेलीविजन देखना और अनचाही इंटरनेट सर्फिंग उस समय के लिए मनोरंजक तो हो सकता है; लेकिन लंबे समय में यह आपको एक under-achiever बना सकता है।

तो फिर इस परिदृश्य में हमें क्या करना चाहिए? मैं चाकू के उदाहरण पर लौटता हूँ। दिल की गहराइयों से हम सब जानते हैं कि चाकू का अभीष्ट उपयोग क्या है और यदि चाकू अनचाहे उपयोग के लिए इस्तेमाल किया जाए, तो यह हानिकारक हो सकता है। इसी तरह, अगर हम टी.वी., इंटरनेट और मोबाइल फोन के अत्यधिक उपयोग/दुरुपयोग के खतरों को समझ जाएँ, तो हम इनका उपयोग इनके अभीष्ट सकारात्मक उद्देश्यों, जैसे मनोरंजन, सुविधा और शिक्षा के लिए करने में अपना ध्यान केंद्रित कर सकते हैं।

टेलीविजन

अक्सर लोग सोचते हैं कि टेलीविजन विक्रेता को चुकाई गई राशि ही टेलीविजन की लागत है, लेकिन यहाँ मुझे आपको आगाह करना पड़ेगा कि आप एक टेलीविजन के लिए कम-से-कम 5 कीमतों का भुगतान करते हैं—

1. टी.वी. खरीदने के लिए किया गया भुगतान।
2. आपके सेवा प्रदाता को दिया जानेवाला मासिक भुगतान।
3. विज्ञापनों की लागत, जिसे अप्रत्यक्ष रूप से आपको उन उत्पादों की कीमतों में वृद्धि के रूप में चुकाना पड़ता है।
4. विभिन्न रिएलिटी शो से जुड़े SMS शुल्क।
5. दैनिक 3-4 घंटों का बहुमूल्य समय।

और इन सबसे ऊपर, तरह तरह के नकारात्मक इनपुट प्राप्त करना और समाज के बारे में मानसिकता बिगाड़ना है। आप धारावाहिकों और समाचारों में हर वक्त अपराध के बारे में देखते हैं। आप देखते हैं कि आप अपने भाइयों और बहनों, दोस्तों, सहयोगियों, कर्मचारियों, मालिकों, अधीनस्थों, पड़ोसियों या यूँ कहें कि किसी पर भी भरोसा नहीं कर सकते। ऐसी अविश्वास की नकारात्मक मानसिकता के साथ आप समाज में कैसे जी सकते हैं। नकारात्मकता इतनी प्रगाढ़ होती जा रही है कि लोग दूसरों में कुछ भी सकारात्मक देखना भूल गए हैं।

अब यह आपको तय करना है कि आपके टेलीविजन की असल लागत क्या है और टी.वी. देखना कितना महँगा और हानिकारक है, फिर भी यदि आप टेलीविजन देखना जारी रखना चाहते हैं, जिसे 'बुद्धू बक्सा' सही नाम दिया गया है, तो कम-से-कम आप मल्टीटास्किंग कर सकते हैं, क्योंकि टी.वी. देखने के लिए एकाग्रता की आवश्यकता नहीं होती है, आप टी.वी. देखते वक्त दूसरे काम भी निपटा सकते हैं, जैसे कपड़े इस्त्री करना या जरूरी कागजात छाँटना या सब्जियाँ काटना आदि।

आप मूल प्रसारण के समय टी.वी. सीरियल न देखकर अपना समय बचा सकते हैं। अपने सेट टॉप बॉक्स को अपना पसंदीदा सीरियल नियमित रूप से रिकॉर्ड करने के लिए सेट कर दें। सर्वविदित है कि एक 30 मिनट के टी.वी. कार्यक्रम में लगभग 8 मिनट के विज्ञापन होते हैं। यदि आप रिकॉर्ड किए गए कार्यक्रम देखते हैं, तो आप विज्ञापन, बेकार दृश्यों/गीतों को तेजी से आगे बढ़ा सकते हैं और समय बचा सकते हैं। अक्सर आपने यह देखा होगा कि कभी-कभी आपको 9.00-9.30 के दौरानवाला सीरियल देखना होता है और आप 08.45 से खाली होते हैं। इस स्थिति में आप 8.45 से 9.00 बजे के दौरान अपना समय सीरियल के इंतजार में बरबाद करते हैं, इस तरह आप वह धारावाहिक देखने के लिए 45 मिनट खर्च करते हैं। इसके विपरीत, यदि आप पहले से रिकॉर्ड किया हुआ धारावाहिक देख रहे हैं, तो आपको न सिर्फ अपने खाली समय में वह सीरियल देखने की आजादी होगी, बल्कि आपके सिर्फ 22 मिनट खर्च होंगे।

मैंने ऐसे कामों की सूची बनाने का भी प्रयास किया है, जो उन 10-15 मिनट के दौरान निपटाए जा सकते हैं, जब आप टेलीविजन पर अपने पसंदीदा धारावाहिक का इंतजार कर रहे होते हैं। आप कोई महत्त्वपूर्ण अपॉइंटमेंट (appointment) तय कर सकते हैं; आप 5-10 इ-मेल पढ़ सकते हैं; आप कुछ पत्रों या इ-मेल का जवाब दे सकते हैं; आप अगली बैठक के लिए एजेंडा तैयार कर सकते हैं; यदि आप एक लेखक हैं, तो आप एक या दो पृष्ठ लिख सकते हैं।

टेलीफोन/मोबाइल फोन

पुराने दिनों के पत्र या टेलीग्राम के मुकाबले तत्काल (instant) संचार का माध्यम होने के कारण 'टेलीफोन' समय और ऊर्जा बचाने के लिए बेहद शक्तिशाली उपकरण है। इसका आधुनिक अवतार 'मोबाइल' और इसके तकनीकी प्रतिस्थानी (counterpart) जैसे फैक्स मशीन और इंटरनेट मोडेम भी हमारे संचार को गति प्रदान कर रहे हैं और हमारा बेशकीमती समय और ऊर्जा बचा रहे हैं। जीवंत वीडियो बातचीत के नवीनतम विकास ने 'टेलीफोन' नामक इस बुनियादी सुविधा के मूल्य में वृद्धि की है।

लेकिन आजकल यह देखा जा रहा है कि मोबाइल फोन भी एक दोधारी तलवार की तरह बहुत नुकसान पहुँचा रहा है और हमारा बहुत समय बरबाद कर रहा है। कुछ उपयोगी तरकीबों का पालन करके इस नुकसान को रोका जा सकता है।

तय कीजिए कि कॉल करना आवश्यक है या नहीं—कभी-कभी हम सिर्फ hi-hello के लिए काल करते हैं या प्राप्त करते हैं। यदि आप समय के प्रति सजग हैं, तो आपको यह तय करने की आदत विकसित करनी होगी कि कॉल वास्तव में जरूरी है या नहीं। यद्यपि इनकमिंग कॉल पर आपका कोई वश नहीं है, लेकिन आप इसे यथासंभव छोटा रख सकते हैं।

बेहद लंबी बातचीत—हमेशा याद रखें कि जब आप कॉल करते हैं, तो लंबी बातचीत में आपका समय और धन दोनों खर्च होंगे। कभी-कभी एक पक्ष लंबी कॉल का बड़ा शौकीन होता है और आसानी से कॉल काटना नहीं चाहता है। यदि आप अपने कार्यस्थल पर हैं या किसी कार्य में व्यस्त हैं, तो यह अवांछित विघ्न पैदा कर सकता है। आपको कॉल को चतुराई से खत्म करना होगा। यदि आप कॉल कर रहे हैं, तो चर्चा के बिंदु पहले से तैयार रखें। यदि किसी और ने कॉल की है, तो शीघ्रातिर्शाघ्र बातचीत को मुख्य्य बिंदु की ओर ले जाने का प्रयास करें। यदि कोई अन्य व्यक्ति प्रारंभिक hi-hello से आगे बढ़ने के लिए तत्पर नहीं है, तो कम-से-कम आप तो अपनी तरफ से बच सकते हैं। आप जल्दी से यह कहकर बात खत्म कर सकते हैं कि आपको बॉस ने 5 मिनट के भीतर बुलाया है।

SMS या व्हाट्सएप के माध्यम से लंबे समय तक चैट से बचें—लंबी मैसेज चैट से कॉल करना हमेशा बेहतर विकल्प है। यदि बात लंबी होती है तो मैसेज टाइप करके भेजने में और फिर जवाब पढ़ने में और दोबारा अगला संदेश लिखने आदि में बहुत समय लगता है। बार-बार ऐसा करने से आपकी उत्पादकता प्रभावित होगी, अगर आपको लगता है कि आनेवाले मैसेज का जवाब देने में ज्यादा समय बरबाद होगा,

तो कॉल कर लें। कम-से-कम आपको तो अपनी तरफ से मैसेज के माध्यम से लंबी वार्त्तालाप प्रारंभ नहीं करनी चाहिए।

फालतू मिस्ड कॉल का जवाब देने से बचें—हालाँकि यह अजीब और असभ्य भी लग सकता है, लेकिन अगर आपको लगता है कि आनेवाली कॉल आपके लिए बहुत महत्त्व की नहीं है, तो इसे छोड़ दें। कॉल करनेवाला दोबारा कॉल करेगा।

उत्तर देनेवाली मशीन पर संदेश छोड़ें—अगर आप किसी को कॉल करते हैं और वह उपलब्ध नहीं है, लेकिन अगर उसका वॉइसमेल सक्रिय है, तो संदेश छोड़ दें। अगर आप उनसे आपको वापस कॉल करने का अनुरोध कर रहे हैं, तो अपनी कॉल का उद्देश्य और वांछित समय भी बताना न भूलें, जब आप उपलब्ध होंगे।

पसंदीदा और स्पीड डायल नंबर सेट करें—बार-बार कॉल किए जानेवाले नंबरों को Favourites या Speed Dial के रूप में सेट करें, जिससे आपको नाम ढूँढ़ने में समय की बचत होगी।

कॉल समाप्त करने की कला सीखें—भले ही दूसरे छोर पर व्यक्ति समय के प्रति ज्यादा सजग न हो, आपको तो पता होना चाहिए कि कॉल कब खत्म करनी है। इसे विनम्रता से कीजिए। 'तो फिर ठीक है' या 'अच्छा मिलते हैं' या 'कभी मिलते हैं' जैसे कुछ समापन जुमलों का अभ्यास कर लें, ताकि कॉल को समाप्त किया जा सके।

इंटरनेट (Internet)

इन दिनों, इंटरनेट भी एक अद्‍भुत संचार माध्यम है, लेकिन इसका अनचाहा उपयोग आपका बहुत समय बरबाद कर सकता है। यहाँ मैं इंटरनेट के उपयोग के दौरान समय बचाने की कुछ व्यावहारिक युक्तियाँ सुझा रहा हूँ।

इंटरनेट पर वांछित सामग्री की खोज कैसे करें—आजकल अधिकतर इंटरनेट ब्राउजर में 'Advanced Search' करने की सुविधा होती है, जिससे आपकी खोज के बेहतर परिणाम मिलते हैं। उदाहरण के लिए सर्वाधिक लोकप्रिय 'Google Search Engine' निम्नलिखित विकल्प प्रदान करता है—

All News Maps Images Videos More Search Tools

जब आप 'Search Tools' पर क्लिक करते हैं, तो आपको एक फिल्टर मिलता है, जैसे—

Any Country Any time All results

'Any time' का भी उप-फिल्टर होता है, जिससे कोई खोज उस वक्त के लिए की जा सके—

Any time Past hour Past 24 hours Past week Past month Past year Custom range

इसी प्रकार, जब आप 'More' पर क्लिक करते हैं, तो आपको एक sub-menu मिलता है—

Books Flights Apps

यदि आप सामान्य खोज के स्थान पर उपरोक्त विकल्पों का उपयोग करते हैं, तो आप अधिक समय बचा सकते हैं, क्योंकि आपके समक्ष सबसे प्रासंगिक खोज परिणाम प्रस्तुत होंगे।

अनावश्यक हाइपरलिंक (Hyperlink) क्लिक न करें—इंटरनेट का उपयोग करते समय हम हाइपरलिंक क्लिक करते-करते एक साइट से दूसरी साइट का अनचाहा भ्रमण करते रहते हैं और घंटों तक इसी जाल में फँसे रहते हैं, हाइपरलिंकिंग ऐसी खतरनाक चीज है। हाइपरलिंक्स पर क्लिक करते समय आपको सावधान रहना चाहिए।

अपने ब्राउजर में 'बुकमार्क' (Bookmark) सुविधा का उपयोग सीखें—यदि आप किसी पेज पर बाद में दोबारा आना चाहते हैं, तो उस पेज को 'बुकमार्क' कर लीजिए, ताकि भविष्य में इसे दोबारा ढूँढ़ने में समय न खर्च हो। आपका ब्राउजर एक 'Bookmark Manager' भी उपलब्ध कराता है, यथासंभव सामान्य बुकमार्क सूची में कुछ भी न सहेजें, अन्यथा यह सूची बहुत लंबी होती चली जाएगी, बल्कि भविष्य में आसान पुनर्प्राप्ति (retrieval) के लिए उचित फोल्डर में पृष्ठ को सहेजें।

इ-मेल

आजकल इ-मेल संचार का सर्वाधिक प्रचलित और सबसे तेज माध्यम है, जिसमें प्रत्येक संचार का रिकॉर्ड भी सुरक्षित रहने का अतिरिक्त लाभ है, लेकिन यदि इसका ठीक से इस्तेमाल न किया जाए तो आनेवाली इ-मेल का निरंतर प्रवाह आपके बहुमूल्य समय को बरबाद कर सकता है। याद रखें, इ-मेल आपकी सुविधा के लिए है और आपको इसे केवल उतना ही समय समर्पित करना चाहिए, **जितना जरूरी है**; उससे अधिक नहीं।

इ-मेल के बेहतर प्रबंधन के लिए यहाँ कुछ उपयोगी सुझाव दिए गए हैं—

संक्षिप्त रहें—संक्षिप्त इ-मेल सबसे अधिक प्रभावी है, इन दिनों अधिकांश लोग बहुत सारे इ-मेल देखने में व्यस्त रहते हैं। लंबी इ-मेल उनका वांछित ध्यान नहीं खींच पाएगी।

यदि कुछ अर्जेंट है तो इ-मेल का उपयोग न करें—कभी-कभी आपको तात्कालिक जवाब की आवश्यकता होती है और इ-मेल प्राप्तकर्ता की नजर से ओझल भी हो सकती है। इसलिए यदि तत्काल प्रतिक्रिया की आवश्यकता है, तो कॉल कर लें या इ-मेल भेजकर प्राप्तकर्ता को टेलीफोन से सूचित कर दें कि आपने इ-मेल भेजा है।

सही पता टाइप करें—गलत पता टाइप करना सबसे आम गलतियों में से एक है, जिसके परिणामस्वरूप इ-मेल अक्सर सही प्राप्तकर्ता तक नहीं पहुँचती है। कभी-कभी, प्राप्तकर्ता के इ-मेल पते में '.' या '_' आदि होते हैं, जिनमें चूक होने से इ-मेल पता गलत हो जाता है। आपके पास एक आसान समाधान है। भविष्य में गलतियों से बचने के लिए धीरे-धीरे अपने इ-मेल सिस्टम में 'Address Book' बनाएँ।

सुस्पष्ट विषय लिखें—आनेवाली इ-मेल के निरंतर प्रवाह में आपकी इ-मेल पर तभी ध्यान दिया जाएगा, यदि आपके विषय के पहले 4-5 शब्द ध्यानाकर्षित करें। उसी से पाठक यह तय करता है कि इ-मेल खोलना भी है या नहीं।

अपना इ-मेल पता हर किसी को न दें—हर किसी को अपना इ-मेल पता देना आवश्यक नहीं है। आपको चुनिंदा होना चाहिए। यदि आप किसी भी प्रेषक से अवांछित इ-मेल प्राप्त करते हैं, तो इ-मेल के नीचे दिया हुआ 'Unsubscribe' विकल्प ढूँढ़ें और आपका पता उनकी इ-मेल पतों की सूची से हट जाएगा।

अनावश्यक 'CC' या 'BCC' पते न जोड़ें—अक्सर लोग इ-मेल सेवा प्रदाता की 'सीसी' या 'बीसीसी' सुविधा का इस्तेमाल इ-मेल की प्रति किसी और को भेजने के लिए करते हैं, जिन्हें सचमुच इसकी आवश्यकता भी नहीं होती है। कृपया समझें कि जिस तरह आपका समय महत्त्वपूर्ण है, उसी तरह दूसरे व्यक्ति का समय भी महत्त्वपूर्ण है। बिना सोचे अनावश्यक प्रतियाँ न भेजें।

अपनी आवश्यकता के अनुसार, अपने इनबॉक्स की जाँच की आवृत्ति तय करें—पूरे दिन इ-मेल के लिए इनबॉक्स देखते रहने की आदत को बदलें। अपनी आवश्यकता के मुताबिक आवृत्ति तय करें और उसी अनुसार, इ-मेल की जाँच करें, अन्यथा आप पूरे दिन काम में ध्यान नहीं लगा पाएँगे। यदि संभव हो, तो अपने व्यक्तिगत सचिव को यह नियमित रूप से इ-मेल देखने का कार्य सौंप दें और वह आपको बताए कि कौन सी इ-मेल आपके द्वारा व्यक्तिगत रूप से देखी जानी चाहिए। आप अपने सचिव को इ-मेल की छँटनी करने के लिए और यहाँ तक कि कुछ कम महत्त्वपूर्ण इ-मेल का जवाब उसी के स्तर से देने के लिए प्रशिक्षित भी कर सकते हैं।

अनावश्यक इ-मेल डिलीट कर दें—'Delete' बटन से दोस्ती कर लें और इ-मेल पढ़ने के बाद यदि इसे सहेजना आवश्यक न हो, तो तुरंत डिलीट कर दें। महत्त्वहीन इ-मेल को तो बिना खोले ही डिलीट कर दें।

इ-मेल पर चैट प्रारंभ न करें—कभी-कभी इ-मेल लिखने में थोड़ा ही समय लगता है, लेकिन जवाब की प्रतीक्षा करने में ज्यादा वक्त लगता है। यदि इंतजार कुछ लंबा हो जाता है, तो आप इंटरनेट पर कुछ और खोजना शुरू करते हैं और फिर हाइपरलिंकिंग के जाल में पड़ जाते हैं। इसके बजाय, कॉल करके कम समय में बात कर लें।

जल्दबाजी में भावनात्मक इ-मेल न भेजें—कभी-कभी लोग किसी बात पर भावनात्मक हो जाते हैं और जल्दबाजी में इ-मेल भेज देते हैं और बाद में पछताते हैं। याद रखें, मुँह से निकले शब्दों की तरह ही भेजे गए इ-मेल को भी वापस नहीं लिया जा सकता है और यह प्राप्तकर्ता के रिकॉर्ड पर भी हमेशा रहता है। इसलिए ऐसे प्रकार के इ-मेल भेजते वक्त सावधान रहें, अन्यथा बाद में आपको क्षति प्रबंधन करने में बहुत समय बरबाद करना पड़ेगा।

यदि आप व्यस्त हैं तो स्वतः प्रतिक्रिया इ-मेल का उपयोग करें—यदि आप कहीं व्यस्त हैं और आप तत्काल इ-मेल देखने या जवाब देने की स्थिति में नहीं हैं, तो आप प्रेषक को यह बताने के लिए एक स्वतः प्रतिक्रिया (auto response) सेट कर सकते हैं कि आप व्यस्त हैं और अगर कुछ महत्त्वपूर्ण है, तो वह किस विशेष समय पर आपको कॉल कर सकता है।

नियमित इ-मेल के लिए टेम्प्लेट का उपयोग करें—मुझे ऐसे बहुत सारे इ-मेल मिलते हैं, जिनमें मिलते-जुलते प्रश्न पूछे जाते हैं। समान प्रकार के प्रश्नों के उत्तर देने के लिए आप मानक जवाबों का टेम्प्लेट सेट कर सकते हैं। यह बार-बार पूरा इ-मेल बनाने का समय बचाएगा।

किसी इ-मेल क्लाइंट का प्रयोग करें—इन दिनों इ-मेल प्रोग्राम, जैसे कि Microsoft Outlook या Mac Entourage आपको अपने इ-मेल कंप्यूटर पर डाउनलोड करने की, उन इ-मेल का जवाब देने की और जब आप ऑनलाइन हो, तब जवाब भेजने की सुविधा देते हैं। यह आपकी उत्पादकता में सुधार लाता है, क्योंकि आप इ-मेल पर उस वक्त भी काम कर सकते हैं, जब आप यात्रा कर रहे हों या ऑफलाइन हों।

B. समय के हत्यारे (Time Leaks & Time Killers)

बहुत सी चीजें आपके प्रभावी समय प्रबंधन में अड़चन पैदा करती हैं। समय के छोटे-छोटे रिसाव (Time Leaks) होते हैं, जिन्हें कम से कमतर किया जा सकता है और यदि इन समय के रिसावों से पूरी तरह छुटकारा पाना संभव नहीं है, तो कम-से-कम multitasking करके कुछ लाभ प्राप्त किया जा सकता है।

अपने कार्यस्थल/स्कूल के लिए आवागमन

जैसा कि आप सभी जानते हैं कि स्कूल बस, मेट्रो, ट्रेन या हवाई जहाज में यात्रा (Commuting Time) के दौरान अधिकतर लोग या तो कुछ भी नहीं करते हैं; या कुछ ऐसा करते हैं, जो समय की विशुद्ध बरबादी है, जैसे मोबाइल पर वीडियो गेम खेलना, गाने सुनते रहना, फेसबुक, व्हाट्सएप इत्यादि। अगर ये गतिविधियाँ आपके समय का एक बड़ा हिस्सा खा रही हैं, तो यह आपके लिए अच्छा नहीं है। समय का यह रिसाव हमारे इस गहन विश्वास की वजह से है कि हम अपने यात्रा के समय का सदुपयोग नहीं कर सकते। चूँकि मैं हमेशा सकारात्मक विश्वासों के द्वारा नकारात्मक मान्यताओं को बदलने पर जोर देता हूँ, मैं आपको एक विश्वास विकसित करने का सुझाव दूँगा कि **यात्रा के समय का उद्देश्यपूर्ण सदुपयोग किया जा सकता है**।

याद रखें, आप किसी भी नकारात्मक आदत से पूरी तरह छुटकारा नहीं पा सकते हैं, जब तक कि आप उसे सकारात्मक आदत से बदल नहीं लेते। यात्रा का समय बरबाद करना एक नकारात्मक समय उपयोग की आदत है और यदि आप इसे अपनी लक्ष्य-प्राप्ति के लिए यात्रा के समय के सदुपयोग की सकारात्मक आदत से बदलना चाहते हैं, तो पहला कदम आत्मनिरीक्षण की आदत विकसित करना होगा, ताकि यह देखा जा सके कि कौन सी गतिविधियाँ आपको अपने लक्ष्यों की ओर ले जा रही हैं और कौन सी गतिविधियाँ आपका समय खा रही हैं।

यह आसान है। एक बार जब आप यह करना शुरू करते हैं, तो मैं आपको आश्वासन दे सकता हूँ कि आप अपने लक्ष्यों की ओर बढ़ने के लिए अपने यात्रा के समय का कैसे सदुपयोग कर सकते हैं, इसके लिए मुझे कोई विशिष्ट सुझाव देने की जरूरत नहीं पड़ेगी। छात्र देखेंगे कि गाने सुनने के स्थान पर वे अपनी आवाज में पहले से दर्ज किए गए notes सुन सकते हैं। हमारे समय में, हमें यात्रा के समय का उपयोग करने के लिए किताब खोलकर पढ़ना पड़ता था और ऐसा करने में हमें हिचक होती थी कि दूसरे क्या सोचेंगे कि हम दिखावा कर रहे हैं, लेकिन इन दिनों तो वैसे भी इयरफोन हमारे रोजमर्रा की यात्रा का अटूट हिस्सा हैं और हमें अपनी बेहतरी के लिए इनका इस्तेमाल करने के लिए हिचकिचाने की भी जरूरत नहीं है। कामकाजी व्यक्ति या व्यवसायी कोई प्रेरक वीडियो या अपने व्यापार से संबंधित वीडियो यूट्यूब पर ऑफलाइन देखने के लिए सहेजकर रख सकते हैं या इंटरनेट का कोई उद्देश्यपूर्ण इस्तेमाल कर सकते हैं। इंटरनेट सर्फिंग, फेसबुक और यूट्यूब हमारे जीवन को समृद्ध बनाने के लिए बहुत शक्तिशाली माध्यम हैं। यह हमें तय करना है कि हम इन उपकरणों का उपयोग अपने लाभ के लिए करना चाहते हैं या हाइपरलिंक का अत्यधिक उपयोग या अनियंत्रित सर्फिंग करके अपना समय बरबाद करते रहना चाहते हैं।

यातायात जाम और पार्किंग की जगह के लिए खोज

अधिकतम यातायातवाले घंटों में आपको ज्यादा ट्रैफिक जाम मिलता है, क्योंकि सब कार्यस्थल तक पहुँचने के लिए जल्दी में होते हैं। आप ट्रैफिक जाम का कुछ नहीं कर सकते। आप आधा घंटा जल्दी घर छोड़ सकते हैं, ताकि समय पर कार्यालय पहुँचकर शांत वातावरण में तरोताजा दिमाग के साथ काम करना शुरू कर सकें। वैसे भी, इससे आपकी उत्पादकता में वृद्धि होगी, क्योंकि सुबह के वक्त आप बहुत सा काम पूरा कर लेंगे और आपको शाम को देर तक काम नहीं करना पड़ेगा।

पार्किंग स्थल के बारे में शायद आपने यह ध्यान दिया होगा कि यदि आप अपने वाहन को मुख्य बाजार में ही पार्क करना चाहते हैं, तो जगह ढूँढ़ना हमेशा मुश्किल होता है। आसान उपाय यह है कि बाजार के नजदीक एक जगह मिल जाए और लगभग 200–300 मीटर पैदल चलकर मुख्य बाजार पहुँच जाया जाए। वैसे भी, थोड़ा पैदल चल लेना स्वास्थ्य के लिए भी हितकर होगा।

अंतहीन कतारें

आजकल लगभग सबकुछ इंटरनेट की मदद से किया जा सकता है, जैसे आपके बिजली के बिल, मोबाइल बिल, स्कूल की फीस, बीमा प्रीमियम का भुगतान आदि। आप यात्रा के टिकट और फिल्म के टिकट भी ऑनलाइन खरीद सकते हैं। विभिन्न वस्तुओं की ऑनलाइन खरीद के लिए ऑनलाइन शॉपिंग पोर्टल अच्छे विकल्प हैं। अब आपको किताबों की दुकान पर जाने की जरूरत नहीं है, जब तक तुरंत ही पढ़ना जरूरी न हो। ये सभी बाजार जाने और लंबी कतार में खड़े होने के लिए लगनेवाले समय और ऊर्जा को बचाएँगे, भले ही आपको इन ऑनलाइन सुविधाओं के लिए कुछ अतिरिक्त पैसा खर्च करना पड़े।

आप किसी भी जगह प्रतीक्षा में लगनेवाले समय का कोई उत्पादक काम करके उस समय का उपयोग कर सकते हैं। उदाहरण के लिए यदि आप अस्पताल में अपनी बारी का इंतजार कर रहे हैं, तो आप अपने मोबाइल पर अपने इ–मेल देख सकते हैं या अपने मोबाइल पर कोई अन्य उत्पादक काम कर सकते हैं। मुख्य बात यह है कि आपको जागरूकता विकसित करनी होगी कि किसी भी जगह इंतजार करने के समय का उद्देश्यपूर्ण तरीके से सदुपयोग किया जा सकता है।

खराब उपकरण

जैसे ही कोई उपकरण आपको परेशान करना शुरू करे, तुरंत इसकी मरम्मत कराएँ या इसे बदल दें। यह उस समय और ऊर्जा का सही मूल्य होगा, जो आप अन्यथा बरबाद करने जा रहे हैं। अपने कंप्यूटर और मोबाइल के लिए अतिरिक्त समय तक की वारंटी लें, ताकि आपको अचानक भारी खर्चों का सामना न करना पड़े।

हवाई यात्रा

इन दिनों, हवाई यात्रा में आपका बहुत समय बरबाद होता है। इसमें लगनेवाले समय को बचाने के लिए कुछ सुझाव निम्नलिखित हैं—

- स्टॉपेज के समय की बचत करने के लिए नॉनस्टॉप फ्लाइट को प्राथमिकता दें, क्योंकि स्टॉपेजवाली उड़ान में तय स्टॉप के अतिरिक्त बाह्य कारणों से अतिरिक्त विलंब की सम्भावना भी होती है। अगर दूसरी उड़ान से जुड़ना है, तो अक्सर अदला-बदली में सामान छूट जाने का भय रहता है, क्योंकि कई बार एक उड़ान से दूसरी उड़ान के लिए सामान ले जाते वक्त सामान छूट जाता है। यदि किसी भी कारण से, आपको कनेक्ट करनेवाली उड़ान लेने की जरूरत है, तो कोशिश करें कि दूसरी उड़ान भी उसी कंपनी की हो।
- यदि संभव हो तो अपना सामान अपने साथ हाथ में ले जानेवाली वजन सीमा के भीतर रखें, ताकि आपको बाद में अपने सामान का इंतजार करने में समय न खराब करना पड़े और इससे सामान छूट जाने की संभावना भी खत्म हो जाती है।
- काउंटर पर तैनात स्टाफ से विनम्रतापूर्वक अनुरोध करें कि आपको ऐसी सीट दे, जिसकी बगलवाली सीट खाली हो। इससे आप यात्रा के दौरान अपना लैपटॉप बैग उस सीट पर रख सकेंगे, जिसमें आपके आवश्यक दस्तावेज और लैपटॉप होगा, जो यात्रा के दौरान आपको इस्तेमाल करना है। यदि संभव हो तो आपातकालीन निकास या सबसे आगे की सीट की तलाश करें, जिससे आप अपने लैपटॉप पर काम करने के लिए अपने सामने पर्याप्त जगह का आनंद ले सकेंगे।
- अपने 'Frequent Flyer Miles' का उपयोग करके उच्च श्रेणी में अपग्रेड करने की कोशिश करें, ताकि अधिक आराम से और कम विघ्न के साथ काम किया जा सके।
- आप हेडफोन अपने कानों में लगाकर अपनी बगलवाली सीट पर बैठे यात्रियों

के वार्त्तालाप से होनेवाले विघ्न से बच सकते हैं। वह यह सोचकर आपको परेशान नहीं करेगा कि आप संगीत का आनंद ले रहे हैं।

- आराम करने या काम करने के लिए एयरलाइंस के लाउंज का उपयोग करें—आप लाउंज में काम कर सकते हैं, अपने इलेक्ट्रॉनिक उपकरणों को चार्ज कर सकते हैं, जिन्हें आप विमान में उपयोग करने जा रहे हैं या लंबी यात्रा से पहले स्नान का आनंद ले सकते हैं या अपने कपड़े बदलकर अनौपचारिक कपड़े पहन सकते हैं, जो लंबी यात्रा के दौरान अधिक आरामदायक रहें।

अत्यधिक सामाजिकीकरण

सामाजिकीकरण आपके लिए और आपके कर्मचारियों के लिए सबसे अधिक समय खानेवाली गतिविधियों में से एक है। जहाँ तक कर्मचारियों की उत्पादकता का संबंध है, यह चिंता का एक बड़ा क्षेत्र माना जाता है, हालाँकि ब्रेक के दौरान अनौपचारिक सामाजिकीकरण कर्मचारियों के ज्ञान को बढ़ा सकता है और वे अपना मनोबल भी बढ़ा सकते हैं, लेकिन वास्तविक दुनिया में ऐसा होता नहीं है। दरअसल अधिकांश लोग अत्यधिक गपशप के अभ्यस्त हैं और आमतौर पर अपने संगठन और काम के माहौल की आलोचना करने में आनंद लेने के आदी हैं। राजनीति और क्रिकेट भी सामाजिकीकरण के लिए बड़े और सदाबहार मुद्दे हैं।

इन दिनों कई कंपनियों ने अपने कर्मचारियों के कॉल विवरण और इंटरनेट गतिविधियों की निगरानी करनी शुरू कर दी है, ताकि उन्हें अत्यधिक सामाजिकीकरण से रोका जा सके। यद्यपि इसका उपयोग संयमपूर्वक होना चाहिए, क्योंकि अत्यधिक कठोरता से कर्मचारियों में रोष उत्पन्न हो सकता है। इसलिए आपको अपने कर्मचारियों को अपने समय का सर्वोत्तम उपयोग करने के लिए प्रोत्साहित करना चाहिए।

सामाजिक समारोहों में देर से आनेवाले लोग

आपने देखा होगा कि कुछ लोग हमेशा देर से आते हैं। न तो वे अपने समय की परवाह करते हैं और न ही आपके समय की। आप लगभग 7 बजे कहीं मिलना तय करते हैं; या तो वे 8 या 8.30 बजे पहुँचकर कुछ बहाना बनाएँगे या आएँगे ही नहीं। वे आपको पहले से फोन करके बताएँगे भी नहीं, जिससे आप भी मुक्त हो जाएँ। ऐसी स्थिति में आप क्या करेंगे? यदि कोई इस तरह आपका समय बरबाद कर रहा है, तो आपको उसे विनम्रतापूर्वक समझाना चाहिए। अगर वह नहीं सुनता है, तो कम-से-कम आप तो अपने समय के स्वामी हैं और आप अपने समय के लिए निर्णय ले सकते हैं।

यदि किसी कारणवश, आप किन्हीं अपरिहार्य परिस्थितियों के कारण लेट हो गए हैं, तो आपका कर्तव्य है कि दूसरे पक्ष को सूचित कर दें कि आपको देरी हो रही है। आपको दूसरों के समय का भी ध्यान रखना सीखना होगा। किसी अन्य व्यक्ति को आपके लिए इंतजार कराना और सोचते रहना कि क्या हुआ होगा, पूरी तरह अनुचित है। अगर किसी कारणवश, आप अपनी देरी के लिए सूचित कर पाने की स्थिति में भी नहीं हैं, तो बाद में जितना जल्दी संभव हो, उन्हें पूरी बात बताकर अपना खेद व्यक्त कर दें। इससे अन्य व्यक्ति यह समझ जाएगा कि आपने ईमानदारी से प्रयास किए थे, लेकिन आपके नियंत्रण से बाहर कुछ था, जिसके कारण आप न तो तय वक्त पर पहुँच पाए और न ही सूचना दे पाए।

अवांछित आगंतुक

दूसरों को उनकी इच्छा से जब चाहे, आपका समय बरबाद न करने दें। सामाजिकीकरण जीवन का हिस्सा है और आप इससे पूरी तरह नहीं बच सकते हैं, लेकिन अगर कोई व्यक्ति आपका अत्यधिक समय बरबाद कर रहा है, तो आपको सावधान रहना चाहिए। जरा सोचिए, जैसे आप किसी और व्यक्ति को यह अनुमति नहीं देंगे कि वह आपकी जेब में से 500 रुपए का नोट निकाले और फाड़कर फेंक दे, उसी तरह आपको किसी और को अपना समय बरबाद करने की अनुमति नहीं देनी चाहिए।

मैं तो सुझाव दूँगा कि जब भी कोई व्यक्ति आपका बेवजह समय बरबाद करे, तो दृश्यीकृत करें कि वह आपकी जेब से रुपए निकाल रहा है और फाड़कर फेंक रहा है। इससे आप महसूस करने लगेंगे कि आपका समय कितना महत्त्वपूर्ण है। याद रखिए, समय आपके जीवन का एक हिस्सा है और आप किसी को भी इसका एक टुकड़ा खाने की इजाजत नहीं दे सकते। अगर कोई आपका समय बरबाद करता है, तो वह आपके साथ-साथ आपके संगठन को भी नुकसान पहुँचा रहा है।

> Remember, time is a portion of your life and you can't let anybody else to eat a pie of it. If somebody else wastes your time, he is causing a loss to you as well as your organisation.

आपने देखा होगा कि कुछ लोग कार्यालय के घंटों के दौरान लंबी अवधि के लिए आपके पास आकर गपशप करना शुरू करते हैं। कभी-कभी आप उलझन में पड़ जाते हैं कि उनसे छुटकारा कैसे पाया जाए। मैं कुछ युक्तियाँ सुझाता हूँ—

➢ उनका स्वागत तो कीजिए, लेकिन हाथ मिलाने के बाद भी खड़े रहिए। यह

एक संकेत होगा कि आप उन्हें कुरसी देकर ज्यादा देर बात करने के मूड में नहीं हैं और आप बातचीत को यथासंभव छोटा रखना चाहते हैं।

- जब आपको लगे कि उन्हें अब चले जाना चाहिए, तो खड़े हो जाइए और मुस्कुराते हुए कहिए, 'अच्छा तो ठीक है, फिर मिलते हैं।'
- कुछ न कुछ काम करना जारी रखिए। इससे उन्हें पता चल जाएगा कि आप ज्यादा वक्त तक उन्हें समय देने की स्थिति में नहीं हैं।
- उसे बताएँ कि आप बॉस का कोई जरूरी काम कर रहे हैं और आपको 10 मिनट के भीतर इस कार्य को पूरा करके बॉस को देना है।
- अपने कमरे के दरवाजे को सामान्यत: बंद रखने की आदत डालें। आगंतुक आपके कमरे में तभी आएगा, जब सचमुच उसे आपसे मिलना होगा या कोई काम होगा; यूँ ही चलते-फिरते नहीं चला आएगा।
- उन्हें विनम्रतापूर्वक बताएँ कि आप बहुत जरूरी काम कर रहे हैं, जो तुरंत खत्म करना है।
- आप अवांछित आगंतुक को यह कहकर टाल सकते हैं कि आप यह महत्त्वपूर्ण कार्य पूरा करके उनके कमरे में ही आ रहे हैं। याद रखें, अपने कमरे से किसी को जाने के लिए कहने से ज्यादा आसान है कि आप उसके कमरे में जाएँ और जब चाहें, वार्त्तालाप को खत्म करके वापस आ जाएँ। यदि आप एक छात्र हैं और संस्थान के छात्रावास में रहते हैं, तो यह युक्ति नियमित रूप से आनेवाले मित्र पर अपनाई जा सकती है।
- और सभी युक्तियों से ऊपर, अगर दूसरा व्यक्ति कोई भी इशारा नहीं समझ रहा और बिल्कुल भी जाने को तैयार नहीं है, तो चुपके से अपने दूसरे फोन से खुद को फोन कराइए और इस तरह बात कीजिए, जिससे लगे कि अब आपको कोई और महत्त्वपूर्ण कार्य करना है और बातचीत खत्म करना मजबूरी हो गई है।

अतिरिक्त लंबी टेलीफोन कॉल

कुछ लोग फोन पर बहुत लंबी बात करने के आदी होते हैं। वे अपने समय की कीमत नहीं समझते, यह उनके लिए तो ठीक है; लेकिन उन्हें आपका समय और कार्यक्रम खराब करने का कोई अधिकार नहीं है। आपको इस प्रकार के व्यक्तियों से समझदारी से निपटना होगा।

- उन्हें ऐसे वक्त कॉल कीजिए, जब आपको पता हो कि वे किसी जल्दी में

होंगे; जैसे कार्यालय जाने के लिए या दोपहर के भोजन के ब्रेक से पहले।

- मैं एक दूसरे मोबाइल की रिंगटोन खुद बजा देता था और कहता था, 'माफ कीजिए, दूसरे मोबाइल पर बॉस का फोन आ रहा है।'
- यदि आप उस वक्त बात नहीं करना चाहते, तो पहले से दर्ज SMS भेजकर सूचित कर दें कि अभी आप मीटिंग में हैं या आप गाड़ी चला रहे हैं और बाद में फोन करेंगे। आप बाद में अपनी सुविधानुसार फोन कर सकते हैं, यह कहते हुए कि आप बैठकवाले कमरे से बात करने के लिए बाहर निकल आए हैं। इससे बात की अवधि कम रहेगी।

C. समय के बचतकर्ता (Time Savers)

अगर जीवन आपके समक्ष विभिन्न चुनौतियाँ पेश करता है, तो आपके पास आज की दुनिया में उन चुनौतियों का सामना करने के लिए उपयोगी उपकरण भी उपलब्ध हैं, इन दिनों हमारे पास समय बचाने के इतने साधन हैं कि हम अपने काम को आसानी से और तेज गति से पूरा कर सकते हैं। टेलीफोन और मोबाइल फोन, फैक्स मशीन, कंप्यूटर और लैपटॉप, इंटरनेट, इ-मेल, फोटोकॉपी, कॉम्पैक्टर्स, सोशल मीडिया मैसेज, मोबाइल एप्लिकेशन, इंटरनेट बैंकिंग, भुगतान के पारंपरिक तरीकों की जगह RTGS/NEFT, ऑनलाइन बुकिंग, बिल और फीस के ऑनलाइन भुगतान, कंप्यूटर में speech recognition सॉफ्टवेयर, टाइपिंग में समय की बचत के लिए OCR सॉफ्टवेयर, ऑनलाइन बिक्री पोर्टल और इ-बुक रीडर, इत्यादि इतने ढेर सारे उपकरण हैं, जो समय बचा सकते हैं और आपकी दक्षता और उत्पादकता बढ़ा सकते हैं।

G.O.P.T.A. POINTS

- ✓ टी.वी. या इंटरनेट सर्फिंग या सोशल मीडिया आदि के अवांछित उपयोग में समय बरबाद मत कीजिए।
- ✓ याद रखिए, टेलीविजन की 5 अलग-अलग लागतें होती हैं।
- ✓ SMS या व्हाट्सएप के माध्यम से लंबी चैट या लंबी टेलीफोन काल न कीजिए।
- ✓ आनेवाली इ-मेल के अनंत प्रवाह को सँभालने की कला सीखिए।
- ✓ अपने कार्यस्थल/स्कूल के लिए यात्रा में लगनेवाले समय का सदुपयोग करना सीखिए।

✓ ट्रैफिक जाम में और पार्किंग स्थल की तलाश में समय बरबाद करने से बचिए।

✓ स्टॉपेज का समय बचाने के लिए नॉनस्टॉप फ्लाइट को प्राथमिकता दें और सामान खोने की संभावना से बचें।

✓ अत्यधिक सामाजिककरण आपके और आपके कर्मचारियों के लिए सबसे अधिक समय बरबाद करनेवाली गतिविधियों में से एक है।

✓ कार्यालय में अवांछित आगंतुकों से चतुराईपूर्वक निपटें।

✓ समय की बचत करने के लिए प्रौद्योगिकी और इंटरनेट का लाभ उठाएँ।

✓ Disturb करनेवाले व्यक्ति को इस तरह देखने की आदत विकसित करें, जैसे कि वह आपकी जेब से पैसे निकालकर फाड़ रहा है। याद रखें, समय आपके जीवन का एक हिस्सा है और आप किसी और को इसका टुकड़ा खाने की इजाजत नहीं दे सकते।

□

खंड-6

साल में 1000 Productive घंटे कैसे बढ़ाएँ

इस खंड में, आप सीखेंगे–

- साल में 1000 Productive घंटे कैसे बढ़ाएँ यानी प्रतिदिन 3 उत्पादक घंटे?
- अपने लक्ष्य-प्राप्ति के लिए इन 3 अतिरिक्त उत्पादक घंटों का कहाँ सदुपयोग करें?
- कैसे एक चमकदार हंस की तरह भीड़ में अलग नजर आएँ।

25

साल में 1000 Productive घंटे कैसे बढ़ाएँ

> Saving and investment of time does not mean that a day will come when you will have 30 hours or 100 hours a day at your will. But the real meaning is that your current time will be correctly utilised and will be saved & invested in your body, mind and soul.
>
> **—Time and Goal Guru**

अब हम इस पुस्तक के अंतिम भाग तक पहुँच गए हैं, जो बताएगा कि आप कैसे साल में 1000 Productive घंटे बढ़ा सकते हैं। यहाँ मैं कौसानी की खूबसूरत वादियों में अपनी एक 3 दिवसीय कार्यशाला का उदाहरण एक बातचीत के रूप में आपके साथ बाँटना चाहता हूँ। इसका विशेष कारण यह है कि मैं आपके साथ उन आशंकाओं को बाँटना चाहता हूँ, जो प्रतिभागियों के मन में आती हैं, जब मैं उन्हें बताता हूँ कि वे कैसे प्रतिदिन 3 घंटे अपनी दिनचर्या से बचा सकते हैं और उनका सदुपयोग अपने लक्ष्यों की प्राप्ति के लिए कर सकते हैं। यहाँ से, इस अध्याय के अंत तक वास्तविक बातचीत चलेगी।

कोई प्रतिभागी देर रात तक सो नहीं पा रहा था। सभी लोग जानना चाहते थे कि मेरे द्वारा बताए जा रहे सिद्धांतों का पालन करके कोई साल में 1000 Productive घंटे कैसे बढ़ा सकता है। सभी प्रतिभागियों ने देर रात गुपचुप मुलाकात करके एक फैसला किया कि वे सुबह नाश्ते के बाद के कार्यशाला प्रारंभ होने के निर्धारित वक्त 10 बजने का इंतजार नहीं करेंगे। यह एक नियम सा हो गया था कि हम सूर्योदय के समय वहाँ टहलते थे, जहाँ से सूर्योदय का नजारा सबसे खूबसूरत दिखाई देता था। रात में कृतज्ञता ध्यान और योग निद्रा के बाद अच्छी और गहरी नींद का आनंद लेकर सुबह के वक्त

सभी तरोताजा और स्फूर्ति महसूस कर रहे थे, यहाँ तक कि एक भी व्यक्ति अपने कमरे में सो नहीं रहा था, जब सब लोग सूर्योदय देखने के स्थान पर इकट्ठे हो गए, तो सूर्यदेव की पहली किरण के साथ बहुत चतुराई के साथ, एक प्रश्न हवा में उछाल दिया गया कि साल में 1000 उत्पादक घंटे कैसे बढ़ाए जा सकते हैं।

मैं उनके प्रयास पर मुस्कुराया। मुझे स्पष्ट हो गया था कि अब कोई भी नाश्ते के लिए इंतजार नहीं करनेवाला है और वे सब मिलकर मुझे इस प्रश्न का उत्तर तुरंत देने के लिए मजबूर करनेवाले हैं, आखिरकार यही तो वह सवाल था, जो उन्हें इतनी दूर इस कार्यशाला में खींचकर लाया था। मैं उनके सम्मिलित प्रयास के सामने नतमस्तक हो गया, क्योंकि मैं अच्छी तरह समझ रहा था कि इस गूढ़ प्रश्न का जवाब देने का सबसे उपयुक्त समय आ गया है और इस वक्त जो कुछ भी मैं उनके दिमाग में डालूँगा, वह उसे समझकर आत्मसात् करने के लिए मानसिक रूप से तैयार हो चुके हैं, फिर भी उन्हें और अधिक ग्रहणशील बनाने के लिए मैंने उन्हें अपने प्रश्न का उत्तर देने से पहले शारीरिक व्यायाम और प्राणायाम का एक दौर पूरा करने के लिए कहा। मैं भी वहीं नजदीक एक बड़ी शिला पर बैठ गया और अपना प्राणायाम जारी रखा। 15 मिनट तक प्राणायाम करने के बाद मैंने बोलना शुरू किया और सब लोग सुनने के लिए वहीं इकट्ठे हो गए। मैं गीली मिट्टी की सुगंध महसूस कर रहा था; वे सभी सीखने के लिए तैयार हो चुके थे।

मैंने बोलना जारी रखा, "अब हम कार्यशाला के निर्णायक चरण में पहुँच गए हैं, जो आपको बताएगा कि आप साल में 1000 Productive घंटे कैसे बढ़ा सकते हैं। जैसा कि आप देख सकते हैं, यहाँ महत्त्वपूर्ण शब्द हैं 'उत्पादक घंटे'। इस 'उत्पादक' शब्द का यहाँ क्या महत्त्व है? जैसा कि हम सभी जानते हैं कि हमारे पास सीमित समय है, यानी दिन में 24 घंटे। हम पहले ही विस्तार से चर्चा कर चुके हैं कि प्रभावी समय उपयोग का असली उद्देश्य समय की बरबादी को रोकना और उपलब्ध समय का सदुपयोग अपने लक्ष्यों की प्राप्ति के लिए करना है। इस कार्यशाला का जोर समय उपयोग संबंधी नकारात्मक आदतों से सकारात्मक आदतों की ओर बढ़ना है।"

मैंने जारी रखा, "जैसा कि हम जानते हैं कि व्यायाम, सुबह टहलना, ध्यान, पारिवारिक जीवन, कॅरियर, पर्यटन, सामाजिक सेवा आदि के लिए अतिरिक्त समय की आवश्यकता होती है। यदि हम अपने मौजूदा समय उपयोग के पैटर्न सुधारकर प्रतिदिन तीन घंटे बचा सकते हैं, तो इससे साल में लगभग 1000 घंटे प्राप्त होंगे। आजकल, सामान्यत: एक स्वस्थ व्यक्ति 70-75 साल की आयु तक जीवित रहता है, इसलिए 20-25 वर्ष की आयुवाले व्यक्ति को अपने शेष जीवन में 50,000 अतिरिक्त घंटे हासिल हो जाएँगे, जिनका सदुपयोग वह अपने लक्ष्य-प्राप्ति की दिशा में कुछ उत्पादक कार्य करने में कर सकता है।"

इससे पहले कि मैं अपनी बात समाप्त कर पाता, एक प्रश्न हवा में तैरने लगा, "लेकिन सर, ये तीन घंटे प्रतिदिन आएँगे कहाँ से?"

"जवाब सरल है," मैंने उत्तर दिया। "एक घंटा अपने सभी कामों को बाकायदा एक To-Do List में लिखकर, फिर उन कार्यों का प्राथमिकता निर्धारण करके अपनी उत्पादकता बढ़ाने से और जहाँ भी आवश्यक हो, काम को किसी और को सौंपने (delegation) से बचेगा।"

"प्रभावी समय प्रबंधन की तकनीकों का इस्तेमाल करके; अपनी दैनिक दिनचर्या को सही तरीके से व्यवस्थित करके; टी.वी. देखने/इंटरनेट/फेसबुक/व्हाट्सएप इत्यादि के इस्तेमाल में समय की बेहिसाब और अनचाही बरबादी को रोककर या कम करके एक और घंटा बचाया जाएगा। हम इन पहलुओं पर पहले ही विस्तार से चर्चा कर चुके हैं। आपको तो सिर्फ यह तय करना होगा कि आप टी.वी. पर क्या देखना चाहते हैं और इंटरनेट का क्या सदुपयोग करना चाहते हैं तथा किस समय और कैसे अपने कार्यस्थल एवं घर पर खुद को बेहतर तरीके से व्यवस्थित कर सकते हैं? यकीन कीजिए, एक महीने के अभ्यास के बाद आप प्रतिदिन एक घंटे से भी ज्यादा समय बचा पाएँगे।"

"एक और घंटा नींद के घंटों में एक घंटे की कमी करके बचाया जाएगा।"

मेरी बात बीच में ही काटकर, मनीषा ने आशंका प्रकट की, "लेकिन पर्याप्त नींद बहुत जरूरी है और अगर मैं अपने सोने का समय एक घंटा कम करूँगी तो लंबी अवधि में इससे शरीर में थकान बैठ जाएगी और इसका असर मेरी उत्पादकता पर नजर आएगा।"

"मैं आपको विश्वास दिलाता हूँ कि आपकी आशंका निर्मूल है," मैंने स्पष्ट किया, क्योंकि एक घंटे की नींद में कमी की भरपाई दो तरीकों से की जाएगी—

- सोते वक्त कृतज्ञता ध्यान और योग निद्रा के अभ्यास से नींद की गुणवत्ता में सुधार लाना एक तरीका होगा। जैसे कि पहले ही चर्चा की जा चुकी है, सोने से पहले कृतज्ञता ध्यान और योग निद्रा करना, न सिर्फ आपके मस्तिष्क से नकारात्मक विचार बाहर निकाल फेंकता है, साथ ही आपका अवचेतन मन कृतज्ञता ध्यान के कारण सकारात्मक विचारों और प्रसन्नतादायक व शांत ऊर्जा से भर जाता है। इस प्रकार आपकी नींद की गुणवत्ता में निश्चित रूप से सुधार होता है और आपका शरीर पहले से कम घंटों में ही पुनःस्फूर्त हो जाता है। इस वजह से कम-से-कम एक घंटे की बचत होगी, धीरे-धीरे जब आप अधिक निद्रा से बचाए गए, इस समय का सही उपयोग करना शुरू करेंगे और इसे व्यायाम और ध्यान (meditation) में निवेश करेंगे, तो समय की बचत दो घंटे या इससे भी अधिक हो जाएगी।
- व्यायाम और ध्यान आदि के द्वारा जाग्रत् अवधि के दौरान गुणवत्ता में सुधार

करने और कार्यों को ज्यादा आरामदायक तरीके से करना नींद की कमी में भरपाई का दूसरा माध्यम होगा। आप जानते हैं कि नींद की आवश्यकता दरअसल शरीर को विश्राम देने के लिए है, ताकि आपका शरीर दिन भर की थकान से छुटकारा पाकर रिचार्ज हो जाए। मैंने पहले से ही आपको ऐसे तरीके बता दिए हैं, जिनका इस्तेमाल करके आप अपना दिन ज्यादा आरामदायक तरीके से बिता सकते हैं। अगर सोने के लिए जाते वक्त आपका शरीर पहले के मुकाबले कम थका हुआ है, तो आपको पुनःस्फूर्त होने के लिए स्वतः ही कम समय की आवश्यकता होगी। यदि आप सुबह के वक्त लगभग 15 मिनट के लिए ध्यान करते हैं, तो यह आपके शरीर व मन, दोनों को विश्राम देगा और आपके जीवन के हर क्षेत्र में आपकी एकाग्रता सुधारेगा; चाहे घर पर या कार्यस्थल पर या कहीं और हो। दोपहर के खाने के बाद या दोपहर ढलते वक्त एक 15 मिनट की झपकी आपके शरीर और दिमाग को रिचार्ज कर देगी और आपका दिन अधिक आरामदायक बन जाएगा।"

"सोने के समय का एक और उपयोग है, उच्च आत्माओं से जीवन के जटिल प्रश्नों के उत्तर प्राप्त करना, लेकिन वह इस कार्यशाला का हिस्सा नहीं है और हम कभी और इसकी चर्चा करेंगे।" मैंने जारी रखा, "यदि आप नींद से बचाए हुए एक घंटे का सदुपयोग व्यायाम और ध्यान करने में करते हैं, तो आपका शरीर पुनःस्फूर्त हो जाएगा। अब यह वैज्ञानिक रूप से साबित हो चुका है कि शरीर न केवल नींद के दौरान, बल्कि व्यायाम और ध्यान के दौरान भी खुद को रिचार्ज करता है। यह भी वैज्ञानिक तौर पर साबित हो चुका है कि 20 मिनट का ध्यान 2 घंटे की नींद से बेहतर परिणाम प्रदान करता है। चूँकि इस कार्यशाला की मुख्य विषयवस्तु नकारात्मकता से सकारात्मकता की ओर बढ़ना है, आप देख सकते हैं कि यदि आप बचाए हुए समय का सदुपयोग शारीरिक और श्वसन व्यायाम (Pranayaam आदि) और ध्यान (meditation) के लिए करते हैं, तो आपका शरीर इस दौरान 1 घंटे की नींद से बेहतर तरीके से रिचार्ज हो जाएगा। इस तरह से, आप नींद के समय में से व्यायाम करने और ध्यान करने के लिए कम-से-कम एक घंटा चुरा सकेंगे, वह भी बिना शरीर को नुकसान पहुँचाए।"

"हूँ, अब मैं समझ गई," मनीषा बोली, "इस तरह से हम अपने शरीर की देखभाल करने में सक्षम होंगे।"

"सिर्फ शरीर ही नहीं, बल्कि मन और आत्मा की भी," मैंने हस्तक्षेप किया। "आप देख सकते हैं कि जब आप अपनी नींद से समय चुराते हैं (यानी शरीर की रिचार्जिंग करनेवाला समय) और उस बचाए हुए समय का सुबह टहलने, शारीरिक एवं श्वसन व्यायाम करने और ध्यान के माध्यम से अपने शरीर में ही निवेश करते हैं; तो कालांतर में

यह न सिर्फ आपको अच्छा स्वास्थ्य प्रदान करेगा, जिससे बार-बार होनेवाली बीमारियों के कारण बरबाद होनेवाले समय की बचत होगी; बल्कि आपके मस्तिष्क को और मजबूत बनाएगा और आपकी एकाग्रता और निर्णय लेने की शक्ति बेहतर हो जाएगी।

इसके अलावा, इन सभी अतिरिक्त गतिविधियों से प्राप्त ज्ञान आपको सकारात्मक सोच प्रदान करेगा, जिसका परिणाम सकारात्मक विश्वास प्रणाली के रूप में दिखेगा और इसकी वजह से आपको अपने जीवन में बेहतर परिस्थितियाँ और बेहतर परिणाम दिखाई देंगे; चाहे दृश्य हों या अदृश्य। आप सेवा करके अच्छे कर्म उत्पन्न करेंगे। आप अनुचित विचारों, शब्दों या कार्यों के कारण बुरे कर्म नहीं उत्पन्न करेंगे। इस प्रकार संचित सकारात्मक कर्मों के खाते का संतुलन भी बढ़ जाएगा। आप अच्छे या बुरे, उपयोगी या बेकार आदि के बीच भेद करने की क्षमता विकसित कर लेंगे। आप सीखेंगे कि समय का उपयोग कैसे करें; क्या खाएँ और क्या नहीं; क्या पढ़ें और क्या नहीं; इंटरनेट पर क्या देखें, क्या नहीं आदि। यही कारण है कि मैं कहता हूँ कि समय बचाया जा सकता है और निवेश किया जा सकता है। समय की बचत और निवेश का मतलब यह नहीं है कि कोई ऐसा दिन आएगा, जब आपकी मर्जी के अनुसार, दिन में 30 या 100 घंटे होंगे वरन् इसका असल अर्थ यही है कि वर्तमान में आप अपने समय का सही इस्तेमाल करके, बचाए हुए समय का अपने शरीर, मन और आत्मा में निवेश कर सकते हैं।"

मैंने जारी रखा, "समाप्ति से पहले, मैं पिछले तीन दिनों में सीखी हुई बातों का सारांश दोहराना चाहूँगा—

1. अपने जीवन के उद्देश्य की पहचान कीजिए। तदनुसार अपने जीवन के विभिन्न क्षेत्रों में लक्ष्य निर्धारित कीजिए। यह आपके अवचेतन मन को दिशाबोध देगा और आपके जीवन के विभिन्न क्षेत्रों में संतुलन बनाएगा और आपके ध्यान के क्षेत्रों को प्राथमिकता देगा और आप अपने समय के उपयोग को बेहतर तरीके से व्यवस्थित कर सकेंगे।
2. अपने अवचेतन मन की क्षमता का दोहन करने के लिए प्रतिबद्ध हो जाइए।
3. सकारात्मक सोच की शक्ति का दोहन कीजिए। जीवन के विभिन्न क्षेत्रों में नकारात्मकता से सकारात्मकता की ओर बढ़िए, चाहे नकारात्मक मान्यताएँ हों, नकारात्मक व्यवहार हो, नकारात्मक आदतें हों या नकारात्मक समय उपयोग के पैटर्न हों। अभी शुरू कीजिए। इस कार्यशाला में, मैंने आपको सैकड़ों अवधारणाएँ दी हैं। इस क्षण आपको जो बेकार लगें, उन पर विचार मत कीजिए। इस क्षण, सिर्फ उन बिंदुओं पर विचार कीजिए, जो आपके लिए उपयोगी हैं और जो आपकी जिंदगी बदलकर बेहतर बना सकते हैं और अपने जीवन के उद्देश्य को प्राप्त करने में आपकी मदद कर सकते हैं।

4. जीवन के विभिन्न क्षेत्रों में संतुलन बढ़ाने के लिए सकारात्मक प्रयास करें।
5. कारण और प्रभाव के सिद्धांत की क्षमता को समझिए और उसका दोहन कीजिए। समझिए कि आपको अपने भविष्य के लिए अच्छे सकारात्मक कर्मों को एकत्र करने का प्रयास क्यों करना चाहिए और यह कैसे करना है।
6. समझिए कि सही प्राथमिकता निर्धारण ही बेहतर उत्पादकता की कुंजी है।"

"मुझे पूरा यकीन है कि यदि आप ऐसा करते हैं, जो मैं जानता हूँ कि आप करेंगे," मैंने मुस्कुराते हुए कहा, "तो आप अपने जीवन में प्रतिदिन कम-से-कम 3 उत्पादक घंटे जोड़ सकते हैं; समय बचाकर उसका निवेश अपने शरीर, मन और आत्मा में कर सकते हैं।"

G.O.P.T.A. POINTS

✓ एक To-Do List में सभी कार्यों को लिखकर, फिर उन कार्यों का प्राथमिकता निर्धारण करके अपनी उत्पादकता बढ़ाने से और जहाँ भी आवश्यक हो, काम को किसी और को सौंपने (delegation) से एक घंटा बचाया जा सकता है।

✓ प्रभावी समय प्रबंधन की तकनीकों का इस्तेमाल करके; अपनी दैनिक दिनचर्या को सही तरीके से व्यवस्थित करके; टी.वी. देखने/इंटरनेट/फेसबुक/व्हाट्सएप इत्यादि के इस्तेमाल में समय की बेहिसाब और अनचाही बरबादी को रोककर या कम करके एक और घंटा बचाया जा सकता है।

✓ एक और घंटा नींद के घंटों में एक घंटे की कमी करके बचाया जा सकता है। नींद में इस कमी की भरपाई दो तरीकों से होगी। व्यायाम व ध्यान आदि के द्वारा जाग्रत् अवधि की गुणवत्ता में सुधार करके तथा कार्यों को ज्यादा आरामदायक तरीके से करके और सोते वक्त कृतज्ञता ध्यान व योग निद्रा के अभ्यास से नींद की गुणवत्ता में सुधार करके।

✓ यदि आप बचाए हुए समय का सदुपयोग शारीरिक एवं श्वसन व्यायाम (Pranayaam आदि) और ध्यान (meditation) के लिए करते हैं, तो आपका शरीर इस दौरान 1 घंटे की नींद से बेहतर तरीके से रिचार्ज हो जाएगा। इस तरह से, आप नींद के समय में से व्यायाम करने और ध्यान करने के लिए कम-से-कम एक घंटा चुरा सकेंगे, वह भी बिना शरीर तो नुकसान पहुँचाए।

✓ समय बचाकर उसका निवेश अपने शरीर, मन एवं आत्मा में कीजिए।

□

26

प्रतिदिन 3 उत्पादक घंटों का अपने लक्ष्य-प्राप्ति के लिए सदुपयोग

> A country is made out of the combined strength of its citizens. A society is made out of the combined strength of its people. Being a unit of the society, you have every right to be successful in life and shine like a bright swan.
>
> **—Time and Goal Guru**

यदि आप दिन में 3 घंटे बचाते हैं, तो आपको प्रभावी रूप से एक साल में 1000 से अधिक अतिरिक्त घंटे मिल जाते हैं। कल्पना कीजिए, आप किसी चीज में कितने कुशल हो जाएँगे, यदि लगभग 2 वर्षों तक आप प्रतिदिन 1 घंटा उसे देते रहें। यदि आप कुछ सुधारना चाहते हैं, तो आप किसी भी गतिविधि पर ध्यान केंद्रित कर सकते हैं और 5 वर्षों में आपकी पूरी दुनिया बदल जाएगी। यदि आप रोजाना एक घंटे तक व्यायाम और ध्यान करते रहें, तो सोचिए कि आप कितने फिट हो जाएँगे। अगर अपने काम से संबंधित कौशल सीखने या सुधारने में आप एक घंटा रोज लगाते हैं, तो सोचिए कि आपकी आमदनी कितनी बढ़ सकती है। एक घंटे पढ़ना या अगले 2 वर्षों तक प्रतिदिन एक घंटे किसी भी गतिविधि का अभ्यास करना आपके लिए चमत्कार कर सकता है।

क्या आप जानते हैं कि जीवन में 3 उत्पादक घंटे बढ़ाने की इस अवधारणा का पहला लाभार्थी कौन था? कोई अंदाजा! जवाब है, मैं खुद। आप शायद विश्वास नहीं करेंगे कि जब यह विचार पहली बार मेरे मन में आया, तो मैं खुशी से लगभग पागल सा हो गया; क्योंकि यह 24 घंटों में 3 घंटे जोड़ने की बात नहीं थी; यह तो दरअसल बाकी जरूरी कामों के अतिरिक्त, मेरे अधिकार में जो 2–3 घंटे रोजाना बचते थे, उनमें 3 उत्पादक घंटे

बढ़ाने की अवधारणा थी। फिर मैंने यह सोचना शुरू किया कि इन 3 अतिरिक्त उत्पादक घंटों का मैं क्या उपयोग करूँगा। परिवार को ज्यादा समय देना, स्वास्थ्य, शिक्षा और मौज-मस्ती के लिए अतिरिक्त समय ने मेरा ध्यान सर्वाधिक आकर्षित किया।

आज भी मैं प्रेरक पुस्तकें पढ़ने या यूट्यूब पर उपलब्ध प्रेरक वीडियो देखने के लिए कुछ समय अलग रखता हूँ। वे मेरे दिमाग को जोशो-जुनून और उम्मीद से भर देते हैं। जब आप देखते हैं कि दूसरे लोग कितना अच्छा कर रहे हैं, तो आप उम्मीद से भरपूर हो जाते हैं कि अपने ग्रह का भविष्य उज्ज्वल है। अगर कहीं नकारात्मकता है, तो ढेर सारी सकारात्मकता भी है और आप इस सकारात्मकता मिशन का एक हिस्सा बन सकते हैं।

मेरा सुझाव है कि आप अपने जीवन के किसी भी एक क्षेत्र को चुनें, जिसमें आपको सुधार की आवश्यकता महसूस होती हो और अगले 90 दिनों तक प्रतिदिन, बिना नागा किए, उस क्षेत्र को 1 घंटा समर्पित करें और परिणाम देखें। यदि आप स्वास्थ्य पर एक घंटा समर्पित करते हैं, तो आपको अंतर दिखाई देगा। यदि आप किसी कौशल को सुधारने के लिए एक अतिरिक्त घंटा समर्पित करते हैं, तो भी आपको 90 दिनों के भीतर अंतर नजर आएगा। 90 दिनों का प्रयोग आपके लिए बहुत कुछ बदल देगा।

आप जीवन के विभिन्न क्षेत्रों में निम्नलिखित गतिविधियों में से कुछ या अन्य कोई गतिविधि चुन सकते हैं—

1. **स्वास्थ्य**—सुबह टहलना, शारीरिक और श्वसन व्यायाम, ध्यान।
2. **आत्म-सुधार**—लाभकारी पुस्तकें पढ़ना, प्रेरक टेप सुनना, प्रेरक सेमिनारों में भाग लेना।
3. **परिवार**—परिवार के सदस्यों के साथ अधिक समय व्यतीत करना, एक साथ भोजन करना, बच्चों की बेहतर परवरिश पर समुचित ध्यान देना।
4. **कॅरियर**—कार्यस्थल पर आवश्यक कौशल में सुधार, उत्पादकता में सुधार और अधिक व्यवस्थित तरीके से काम करना।
5. **वित्त**—पुस्तकें आदि पढ़कर वित्त का प्रबंधन करने के लिए बुनियादी वित्तीय कौशल सीखना, ताकि वित्त की मूलभूत जानकारी, जैसे कि चक्रवृद्धि ब्याज, बचत पर मुद्रास्फीति का प्रभाव, वित्तीय अनुशासन आदि के बारे में जानकर उनका लाभ उठा सकें।
6. **आनंद/मौज मस्ती**—गिटार बजाने जैसा कोई कौशल सीखना, खाली समय में खेलों का आनंद लेना, जैसे शतरंज या क्रिकेट, नियमित अंतराल पर परिवार के साथ छुट्टियों का आनंद लेना।
7. **सामाजिक योगदान**—किसी सामाजिक उद्देश्य के लिए काम करना या धार्मिक/आध्यात्मिक गतिविधियों में ज्यादा समय देना।

यदि आप GOPTA का उपयोग करते हुए जीवन के विभिन्न क्षेत्रों में संतुलन बढ़ाने के लिए प्रतिदिन 3 घंटों का सदुपयोग करते हैं, तो मैं आपको बेजोड़ सफलता की गारंटी देता हूँ।

एक चमकदार हंस बनें

जब आप किसी चिड़ियाघर में हंसों का झुंड झील के किनारे मौज-मस्ती करते देखते हैं, तो आप उनकी खूबसूरती को निहारने के लिए रुकने को मजबूर हो जाते हैं। यूँ तो सभी हंस सुंदर दिखते हैं, लेकिन किसी खास हंस पर आपकी निगाहें टिककर रह जाती हैं, क्योंकि उसकी खूबसूरती बिल्कुल अलग होती है और आप उसे अपलक निहारते रह जाते हैं। जब आप उसे देखते हैं, तो आपका हृदय आनंदविभोर हो जाता है। इसके विपरीत, आप चिड़ियाघर में कौवे देखना पसंद नहीं करते, क्योंकि वे तो हर जगह दिखाई देते हैं और आपको उनमें देखने के लिए कुछ खास आकर्षण नहीं होता है।

यह मुझे आपके साथ मेरी वास्तविक जीवन की कहानी बाँटने के लिए मजबूर करता है। जब मैं कक्षा 8 में पढ़ता था, तो मेरा एक विषय था 'हस्तशिल्प' (Craft)। एक दिन, मेरी शिक्षिका ने एक चित्र बनाने का होमवर्क दिया। मैंने अच्छी सी तसवीर तैयार की, लेकिन जब मैं इसे कक्षा में ले जा रहा था, तो एक छात्र मुझसे टकरा गया और मेरी तसवीर का फ्रेम खराब हो गया। जब मेरी शिक्षिका ने इस फ्रेम को देखा, तो वे क्रोधित हो गईं। उन्होंने मुझे यह बताने तक का मौका नहीं दिया कि कोई और मुझसे टकरा गया था और उन्होंने टिप्पणी कर दी कि इस तरह के लापरवाह रवैये से मैं कभी भी सफल नहीं हो सकता। इसी दौरान, पीछे से एक और छात्र ने टिप्पणी की कि मैं हंसों के बीच काला कौवा नजर आऊँगा। इस टिप्पणी ने मेरे दिल की गहराइयों तक मुझे चोट पहुँचाई। मैं कौवा नहीं बनना चाहता था; मैं तो हंस बनना चाहता था, जिसे सब देखना पसंद करें। मैं घर लौटा और कमरे के एक कोने में दुबककर बहुत देर तक रोता रहा। मेरे बड़े भाई कुछ समय बाद मेरे पास आए और उन्होंने मुझसे पूछा कि क्या बात हो गई है। मैंने रोते-रोते उन्हें पूरी बात बताई। उन्होंने मुझे सांत्वना दी और मुझसे पूछा कि 'उसके कहने से तुम कौवे बन जाओगे क्या?' मैंने कहा, 'नहीं।' उन्होंने कहा, 'तो फिर तुम क्यों चिंता कर रहे हो कि दूसरा तुम्हारे बारे में क्या कह रहा है?' उन्होंने मुझे सलाह दी कि मुझे अपने काम को कक्षा में ले जाते वक्त अतिरिक्त एहतियात बरतनी चाहिए थी, जिससे टीचर को दिखाने से पहले वह खराब नहीं होता। अगर मैं भविष्य में सफलता चाहता हूँ, तो मुझे बेहद सावधानी से अपना काम करना चाहिए। उन्होंने मुझे सलाह दी कि जीवन में जो कुछ भी करो, गुणवत्ता का ध्यान रखो।

इस घटना ने मेरे अवचेतन मन पर स्थायी छाप छोड़ दी। मैंने शपथ ली कि जीवन में जो भी करूँगा, उसमें उच्च श्रेणी की गुणवत्ता डाल दूँगा, क्योंकि मैं कौवे की तरह नहीं दिखना चाहता था। यह सोच मेरे दिलो-दिमाग में गहराई तक पैठ गई और यह दर्शन तभी से मेरे जीवन का मार्गदर्शक बन गया और मैंने यह सुनिश्चित किया कि मैं एक कौवे की तरह न दिखूँ। जब मैं केंद्रीय उत्पाद शुल्क दिवस 1999 के अवसर पर मेरे राज्य के मुख्य सचिव से सर्वश्रेष्ठ निरीक्षक के रूप में पुरस्कार प्राप्त कर रहा था और जब मैं केंद्रीय उत्पाद शुल्क दिवस, 2008 के अवसर पर इस्पात राज्य मंत्री से सर्वश्रेष्ठ अधीक्षक के रूप में सम्मान पत्र प्राप्त कर रहा था, तब हमेशा मुझे यह मार्गदर्शक सिद्धांत याद रहा कि मुझे अपना सर्वश्रेष्ठ प्रदर्शन करना है, ताकि मैं कौवे जैसा न दिखूँ। मैं खुश था कि मैं अपनी उस प्रतिज्ञा को उस हद तक पूरा करने में सफल रहा कि मेरे विभाग ने मेरे प्रयासों को सम्मानित किया।

लेकिन जैसा कि आप जानते हैं, लक्ष्य क्रमिक होते हैं और आपको जीवन में नए क्षितिज तलाश करने पड़ते हैं। एक बार जब मैंने सुनिश्चित कर लिया कि मैंने जीवन में इतना कुछ तो कर लिया है कि मैं कम-से-कम कौवा नहीं दिखूँगा, तो मेरे सामने एक नई चुनौती थी और वह थी खुद को एक ऐसे चमकदार हंस के रूप में प्रोन्नत करना, जिसे सब देखना पसंद करें। यह एक बड़ी चुनौती थी, क्योंकि मुझे कुछ अलग करना था; ऐसा कुछ बहुत ही खास, जो दूसरे न कर रहे हों। मैंने समाज में अपने इर्द-गिर्द नजर दौड़ाई और पाया कि उन लोगों को सबसे ज्यादा पसंद किया जाता है, जो किसी भी तरह से समाज में योगदान दे रहे हैं। मैंने यह ढूँढ़ने में कुछ समय लगाया कि मैं अपने कौशल और अनुभव को समाज के वृहतर लाभ के लिए कैसे उपयोग कर सकता हूँ और मैंने पाया कि मैं समय प्रबंधन, लक्ष्य निर्धारण और लक्ष्य-प्राप्ति से संबंधित अपने अनुभवों को बाँट सकता हूँ, जो बड़े पैमाने पर समाज को लाभ पहुँचा सकते हैं और यही इस पुस्तक को लिखने के पीछे का असल उद्देश्य है। अब तो अधिकतम लोगों को उनकी वास्तविक क्षमताओं का पता लगाने और अपनी लक्ष्य-प्राप्ति के लिए उनका दोहन करने और जीवन के विभिन्न क्षेत्रों में संतुलन बनाए रखने के लिए प्रेरित करना ही मेरे जीवन का मुख्य उद्देश्य है।

मैं अपनी इस कहानी के माध्यम से सिर्फ इस बात पर प्रकाश डालना चाहता हूँ कि मैं एक मध्यमवर्गीय परिवार में पला-बढ़ा; अपने पड़ोस में स्थित एक बहुत ही साधारण से स्कूल में अध्ययन किया और मैं पढ़ाई में भी सिर्फ साधारण छात्र ही था। इन सबके बावजूद, सिर्फ एक विचार ने मेरी जिंदगी बदल दी कि मैं कौवे की तरह नहीं दिखना चाहता था। अगर मेरे जैसा एक साधारण छात्र एक उज्ज्वल हंस बनने की चाहत में जीवन में कुछ हासिल कर सकता है, तो आप मेरे साथ अपनी परिस्थितियों की तुलना करें। आप

तो पहले से हंस हैं। आपके पास ऐसे अच्छे अभिभावक हैं, जिन्होंने आपको अच्छे स्कूल में पढ़ने भेजा, जहाँ अच्छे शिक्षक हैं। आप औसत छात्र नहीं हैं, क्योंकि आप 12 सालों में अपनी कक्षा 12 उत्तीर्ण कर लेंगे, जबकि कुछ अन्य छात्र 13 या 14 या शायद इससे भी ज्यादा वर्षों में करेंगे। आप आधुनिक प्रौद्योगिकी के युग में रह रहे हैं, जहाँ सीखने के लिए इंटरनेट है और जीवन को सरल बनाने के लिए बहुत प्रकार के उपकरण मौजूद हैं। अच्छी शिक्षा और अनुकूल वातावरण के साथ, आप पहले से ही एक हंस हो चुके हैं।

क्या आपको नहीं लगता कि अब आप एक ऐसा उज्ज्वल हंस बनने के लिए बेहतर स्थिति में पहुँच चुके हैं, जिसकी ओर सब देखना चाहें?

मैंने जीवन में अपना निर्णय ले लिया है। अब फैसला करने की आपकी बारी है। याद रखें, एक देश अपने नागरिकों की संयुक्त ताकत से बनता है। एक समाज अपने लोगों की संयुक्त ताकत से बनता है। समाज की एक इकाई होने के नाते, आपको जीवन में सफल होने और एक उज्ज्वल हंस की तरह चमकने का पूरा अधिकार है।

मैं आप सभी को हार्दिक शुभकामनाएँ देता हूँ।

Happy G.O.P.T.A.

G.O.P.T.A. POINTS

- ✓ यदि आप कुछ सुधारना चाहते हैं, तो आप उस गतिविधि पर ध्यान केंद्रित कीजिए और 5 सालों में आपकी पूरी दुनिया बदल जाएगी।
- ✓ अपने जीवन के किसी भी एक क्षेत्र को चुनें, जहाँ आपको सुधार की आवश्यकता महसूस होती है और अगले 90 दिनों तक प्रतिदिन, बिना नागा किए, उस क्षेत्र को 1 घंटा समर्पित करें और परिणाम देखें।
- ✓ पुस्तकें आदि पढ़कर वित्त का प्रबंधन करने के लिए बुनियादी वित्तीय कौशल सीखिए, ताकि वित्त की मूलभूत जानकारी, जैसे कि चक्रवृद्धि ब्याज, बचत पर मुद्रास्फीति का प्रभाव, वित्तीय अनुशासन आदि के बारे में जानकर उनका लाभ उठा सकें।
- ✓ GOPTA का उपयोग करते हुए जीवन के विभिन्न क्षेत्रों में संतुलन बेहतर करने के लिए प्रतिदिन 3 घंटों का सदुपयोग कीजिए।
- ✓ आप पहले से ही हंस हैं; सबकी नजर में आने के लिए एक उज्ज्वल हंस बनने का प्रयास करें।

G.O.P.T.A. SUMMARY

इस पुस्तक में आपने अपने जीवन में प्रतिदिन 3 उत्पादक घंटे बढ़ाने और GOPTA की मदद से अपने लक्ष्यों को प्राप्त करने के लिए उस अतिरिक्त समय का सदुपयोग करने की सबसे शक्तिशाली और विस्तृत तकनीकें सीखी हैं, लेकिन याद रखें, गौप्टा के तीसरे अंग, यानी 'कार्य' के बिना आपके लिए कुछ भी नहीं बदलेगा। यदि आप अपने जीवन में बेहतर 'परिणाम' चाहते हैं, तो आपको 'कारणों' पर काम करना होगा।

समाप्ति से पहले, एक बार 26 अध्यायों की सुनहरी शिक्षा को दोहरा लिया जाए।

1. **समय प्रबंधन का महत्त्व**—बचपन से आपने अपने माता-पिता और बुजुर्गों को पैसा कमाने के लिए कड़ी मेहनत करते हुए देखा है, लेकिन समय को मुफ्त में बरबाद करते देखते रहे हैं। बेहतर समय उपयोग से आप कम समय में जरूरी चीजें कर पाते हैं, जिससे आपको अपने जीवन में जो कुछ भी करना चाहते हैं, उसे करने के लिए अधिक समय मिलता है।
2. **लक्ष्य निर्धारण का महत्त्व**—'लक्ष्य' एक ऐसी इच्छा है, जिस पर हम काम करने को तैयार हैं। लक्ष्य-प्राप्ति की इच्छा को तीव्र करने के लिए इच्छाओं को **लिख लें और** यह भी लिखें कि उस विशेष लक्ष्य को '**क्यों**' हासिल करना चाहते हैं। लक्ष्य-प्राप्ति के संदर्भ में 'दिशा' और 'गति' दोनों अलग-अलग अवधारणाएँ हैं।
3. **गौप्टा** (G.O.P.T.A.)—लक्ष्य निर्धारण और लक्ष्य-प्राप्ति की प्रक्रिया में दो घातक बाधाओं अर्थात् स्वयं को सीमित करनेवाले विश्वास और नकारात्मक समय उपयोग की आदतों पर काबू करने के लिए G.O.P.T.A., यानी 'लक्ष्योन्मुख सकारात्मक सोच एवं कार्य' की शक्ति का दोहन करें। विश्वास रखें कि जिस सर्वशक्तिमान ईश्वर ने आपको इस धरती पर भेजा है, उसने आपको अकेला नहीं छोड़ा है। अपने जीवन के हर क्षेत्र में नकारात्मक से सकारात्मक की ओर बढ़ें। चाय के प्याले के उदाहरण का दृश्यीकरण करते रहें।

4. **अवचेतन मन की शक्ति**—आप नए सकारात्मक विश्वासों को स्थापित करके और संचित नकारात्मक विश्वासरूपी विषाणुओं को बाहर निकालकर अपने अवचेतन मन की फिर से सकारात्मक प्रोग्रामिंग करके अपने सुनहरे भविष्य की इबादत स्वयं लिख सकते हैं। आपको 'क्या' (WHAT) पर अपना ध्यान केंद्रित किए रखना है। यदि आप अपने लक्ष्य को याद करते रहें और लगातार लक्ष्योन्मुख कार्य भी करते रहें, तो 'कैसे' (HOW) अपनी सुध आप लेगा। अपने अवचेतन मन को कोई भी इनपुट देने में चयनात्मक रहिए।
5. **सकारात्मक सोच**—आपका मन किसी भी अनुभव को दोबारा याद करने में सक्षम है। यह आप पर निर्भर है कि आपने भूतकाल में अपने मस्तिष्क को कैसे विचारों के इनपुट उपलब्ध कराए हैं। सकारात्मक पुष्टि दोहराते रहें—जिस परमपिता परमेश्वर ने मुझे इस दुनिया में भेजा है, उस परमपिता परमेश्वर ने मुझे अकेला नहीं छोड़ा है।
6. **जीवन के विभिन्न क्षेत्रों में अपना मूल्यांकन करें**—आपका अवचेतन मन जीपीएस की तरह काम करता है। आपको अनिवार्य रूप से इसे वांछित गंतव्य और जीवन के हर क्षेत्र में वर्तमान स्थिति का इनपुट प्रदान करना होगा। सफलता की यात्रा का आनंद लें। 'असफलता' शब्द को दो अलग-अलग अर्थों में परिभाषित किया जा सकता है—'सफलता की कमी' और 'अपनी वास्तविक क्षमता की तुलना में कम अच्छा प्रदर्शन'। जीवन के सभी क्षेत्रों में लक्ष्य निर्धारित करें। यदि आप अपने पेशे को नई ऊँचाइयों तक ले जाने का प्रयास करते हैं, तो आपका पेशा आपको ऐसी ऊँचाइयों पर ले जाएगा, जो अभी आपके लिए कल्पना से भी परे हैं।
7. **लक्ष्य निर्धारण प्रक्रिया**—अपने जीवन के हर क्षेत्र में आप जो भी प्राप्त करना चाहते हैं, वह लिख लीजिए; चाहे यह पारिवारिक लक्ष्य हों, कॅरियर लक्ष्य हों, वित्तीय लक्ष्य हों या अन्य कुछ। पहचानें कि आप किसी लक्ष्य विशेष को 'क्यों' हासिल करना चाहते हैं। लक्ष्य SMARTER होना चाहिए। इसे ऐसे लिखना चाहिए, जैसे कि इसे पहले ही हासिल किया जा चुका हो। अपने 'कमजोर' बिंदुओं के कारण निराश न हों; इसके बजाय, अपने 'मजबूत' बिंदुओं को और मजबूत करते हुए उनसे अधिकतम लाभ लेने का प्रयास कीजिए, साथ ही, 'कमजोर' बिंदुओं पर काम करके सुधार की कोशिश जारी रखिए। 'आरामदेह सुविधा क्षेत्र' और 'बदलाव के प्रति आंतरिक प्रतिरोध' पर विजय प्राप्त करें। आवश्यक कुशलताओं और सहायता की पहचान कीजिए। अपने लक्ष्य दूसरों के साथ साझा कीजिए।

8. **अपना जीवन उद्देश्य पहचानें**—आपका जीवन उद्देश्य किसी 'मूल्य' में हो सकता है। जब आप हमेशा अपने जीवन के उद्देश्य के बारे में सोचना शुरू करते हैं, तो आपका जीवन उद्देश्य आपके अवचेतन मन को सक्रिय कर देगा। अपने जीवन के उद्देश्य में कमाई के अवसरों की तलाश कीजिए। आत्म-प्रतिबद्धता का अर्थ है खुद के प्रति जवाबदेही। पहचानिए कि आप क्या विरासत छोड़ना चाहेंगे।
9. **अपने जीवन की जिम्मेदारी लीजिए**—जो कौशल सीखने की आवश्यकता है, सीखें। जिस तरह के व्यवहार का अभ्यास करना आवश्यक है; करें। उन चीजों पर ध्यान केंद्रित करें, जो आपको सफलता प्राप्ति की ओर ले जाती हैं। पूर्व तैयारी और अभ्यास के महत्त्व को समझिए। आपकी प्रतियोगिता खुद के साथ है; पहले से कहीं ज्यादा बेहतर बनकर आपको खुद को सुधारना होगा। सुविचारित जोखिम लेने से मत डरिए। याद रखिए, सिर्फ आपको ही अपने सपनों के लिए काम करना होगा; कोई और आपके सपनों पर काम करनेवाला नहीं है।
10. **सकारात्मक मूल्य और आदतें**—समझिए कि सफलता के अतिरिक्त, पैसा अच्छे काम का सह-उत्पाद (By-product) है। कृतज्ञ होना सीखिए; यह आपके मानसिक अवरोधों को खोलेगा और आपको अपने लक्ष्यों को प्राप्त करने में मदद करेगा। कृतज्ञता शर्तरहित होनी चाहिए। जीवन के विभिन्न क्षेत्रों में अव्वल होने के लिए कृतज्ञ हों। अपनी आय के दशमांश का नियमित दान आपको प्रचुरता की मानसिकता प्रदान करता है। अपने दशमांश के छोटे होने का विचार न करें। आप छोटे से शुरुआत कर सकते हैं और धीरे-धीरे अपना योगदान बढ़ा सकते हैं। यदि आप अपनी वर्तमान जीवनस्थिति से संतुष्ट नहीं हैं और इसमें सुधार चाहते हैं, तो अपनी आदतों और नजरिए की जाँच करें। आय बढ़ाने के लिए अच्छी वित्तीय आदतें अपनाएँ और कमाई के भीतर रहना सीखें। समाज में अपना मूल्य बढ़ाने के लिए अपनी कुशलताओं में निरंतर सुधार करते रहें, जिससे आपकी आय में वृद्धि हो।
11. **आजीवन विद्यार्थी बनें**—सकारात्मक उपयोगी विचार पाने के लिए आपको आजीवन शिक्षार्थी बनना होगा। अच्छी किताबें चुनने के लिए सचेत प्रयास करें। अच्छी पुस्तकों का अपना छोटा सा पुस्तकालय बनाएँ। जब हम किसी पुस्तक को पढ़ते हैं, तो हम उन पुस्तकों के लेखकों से जुड़ जाते हैं, जैसे कि वे सीधे हमसे बात कर रहे हों और हमें मार्गदर्शन दे रहे हों। स्वयं के सुधार के लिए अपनी आय का 5-10 प्रतिशत भाग अलग रखें। अपने कॅरियर/पेशे से

संबंधित विशेष कौशल सीखिए।

12. **अपनी कुशलताओं में नजरिए का तड़का लगाएँ**—चाहे आपके पास अपने क्षेत्र में सबसे बेहतरीन कौशल भी है, तो भी आपको एक जीतनेवाला और निष्कपट दृष्टिकोण विकसित करना होगा। बचपन से सकारात्मक व्यवहार की आदत विकसित करें। अभिभावक बच्चे के सबसे अच्छे शिक्षक हैं, क्योंकि बच्चा ज्यादातर समय घर पर रहता है। ऐसे व्यक्ति बनें, जो आप दूसरों में देखते हैं। सकारात्मक पुष्टियाँ नकारात्मक पुष्टियों के सबसे मजबूत प्रतिकार (antidotes) हैं। प्रगतिशील रहें। हमेशा नए क्षितिज की तलाश करते रहें।
13. **कर्म सिद्धांत का लाभ लें**—सकारात्मक कर्मों के प्रभावों के संचित भंडार में वृद्धि ही वर्तमान जीवन का अंतिम लक्ष्य है। यदि आप अपने जीवन में आनंद ले रहे हैं, तो आप अपने संचित सकारात्मक कर्मों के खाते में जमापूँजी धीरे-धीरे खत्म कर रहे हैं। अपने संचित सकारात्मक कर्मों के खाते की भरपाई करने के लिए 60 साल की उम्र की प्रतीक्षा करने की कोई आवश्यकता नहीं है। एक योगदानकर्ता बनें, न कि सिर्फ चूषक। जब भी आप किसी भी परिणाम को नापसंद करते हैं, तो उसके कारणों की ओर देखने की प्रवृत्ति विकसित कीजिए।
14. **आत्म अनुशासन की शक्ति का दोहन करें**—अस्वीकृति, बाधाएँ और असफलताएँ जीवन का हिस्सा हैं। आपको दैनिक आधार पर अपने लक्ष्यों की ओर बढ़ने के अनुशासन का पालन करना होगा। खुद को प्रतिदिन कुछ ऐसा करने के लिए अनुशासित कीजिए, जो आपको अपने जीवन के उद्देश्य की ओर ले जाए।
15. **अपने लक्ष्यों पर ध्यान केंद्रित रखें**—गंतव्य पर ध्यान दें, बाधाओं पर नहीं। जो व्यक्ति सही चीजों पर ध्यान केंद्रित करते हैं, वे उन लोगों की तुलना में अधिक प्राप्त करते हैं, जो अपने प्रयासों में लक्ष्योन्मुख ध्यान केंद्रित नहीं करते हैं। बेहतर फोकस के लिए विशिष्ट (Specific) रहें। अपने उत्पाद और सेवा की गुणवत्ता पर ध्यान दें। विकर्षणों से बचें, पर्याप्त नींद का आनंद लें।
16. **लक्ष्य निर्धारण एवं प्राप्ति में सामान्य भूलें**—अलिखित लक्ष्य सिर्फ एक इच्छा है। अवास्तविक लक्ष्य निर्धारित न करें। अपने आरामदेह सुविधा क्षेत्र से बाहर आने के लिए तैयार रहें। लक्ष्यों को प्राप्त करने के पीछे पर्याप्त प्रेरणा देने के लिए उचित पुरस्कार निर्धारित करें।
17. **छात्रों एवं अभिभावकों के लिए विशेष**—सफल लोग हमेशा समाधान के

बारे में सोचते हैं, जबकि असफल लोग परिस्थितियों या भाग्य को दोष देते रहते हैं और कभी भी अपने आरामदेह सुविधा क्षेत्र से बाहर नहीं आना चाहते हैं। निडर होकर बड़े सपने देखिए। याद रखिए, आपकी प्रतिस्पर्धा अपनी आंतरिक क्षमता से है। अपनी क्षमता से कम उपलब्धि हासिल करनेवाला (Underachiever) मत बनिए। योगदान के बारे में समुचित दृष्टि आपको जीवन में सफल होने में मदद करेगी और आपके समस्त कार्यों के पीछे एक प्रेरणा शक्ति होगी। परीक्षा में 1 अंक के महत्त्व को समझिए। अपने कॅरियर से संबंधित फेसबुक और यूट्यूब पेज का उपयोग करें। चयनित कॅरियर के अनुसार ही अपनी नियमित पढ़ाई के विषय चुनिए। आजीवन शिक्षार्थी बनिए। याद रखें, आपका सपना आपका सपना है और कोई भी आपके सपनों पर काम करनेवाला नहीं है। निरंतर नए कौशल सीखते रहिए।

18. **अग्रिम नियोजन**—प्रभावी समय प्रबंधन के लिए अग्रिम कार्ययोजना बनाना और सही प्राथमिकताएँ निर्धारित करना प्रारंभिक बिंदु हैं। योजना में खर्च किए गए हर मिनट से आपकी उत्पादकता में वृद्धि होगी। अपने चरम/कम प्रदर्शन के घंटों के अनुसार, प्राथमिकताएँ निर्धारित करें। अविभाजित ध्यान के साथ समय के छोटे-छोटे टुकड़े बनाएँ। अपने कार्यदिवस को स्कूल की तरह सत्रों में बाँट लें।

19. **प्राथमिकता निर्धारण-सकारात्मक भेदभाव की कला**—एक अच्छी प्राथमिकता निर्धारण प्रणाली में अनिवार्य रूप से तीन चरण शामिल हैं—लिखित To-Do List, महत्त्व और तात्कालिकता के अनुसार, प्राथमिकता का क्रम निर्धारित करना और प्रभावी 'delegation'। To-Do List बनाने/अद्यतन करने और इसे प्राथमिकता के अनुसार, क्रमबद्ध करने में प्रतिदिन लगभग 5-10 मिनट खर्च करने से प्रतिदिन आपका लगभग एक घंटा समय बच सकता है। 80/20 सूत्र को याद रखें अर्थात् परेटो सिद्धांत। जो भी काम आप किसी भी अन्य व्यक्ति को नि:शुल्क या भुगतान करके सौंप सकते हों, सौंप देना चाहिए। आप अपनी टीम के मुखिया हैं और आपकी प्रभावशीलता आपकी टीम की संयुक्त प्रभावशीलता का कुल योग ही है और एक मुखिया की जिम्मेदारी अपनी टीम का समुचित मार्गदर्शन और टीम के सदस्यों की मुख्य क्षमताओं को विकसित करने की होनी चाहिए।

20. **टालमटोल**—जब भी आप टालमटोल के लिए ललचाएँ, विलंब के नकारात्मक परिणामों के बारे में सोचिए। बड़े कार्यों को छोटे भागों में बाँटना हमेशा उपयोगी होता है। एक flowchart तैयार करें और अगले

चरण पर ध्यान केंद्रित करते हुए काम करना शुरू कर दें। चतुराई से 'नहीं' कहना सीखें। टालमटोल के कारण सभी संभावित जोखिमों को तौलें। सबसे महत्त्वपूर्ण कार्यों पर ध्यान केंद्रित करने के लिए कम महत्त्वपूर्ण कार्यों को स्थगित करें।

21. **अपने स्वास्थ्य का ध्यान रखें**—शरीर के सभी तीन आयामों, यानी शरीर, मन और आत्मा के लिए स्वास्थ्य लक्ष्य बनाएँ। आपको तय करना होगा कि आप कितना समय सुबह टहलने और शारीरिक व्यायाम को देंगे; कितना समय ध्यान में लगाएँगे, ताकि आपके मन की कार्यक्षमता बेहतर हो और आपका अपने ईश्वर के साथ संबंध और मजबूत हो। अच्छा स्वास्थ्य आपका जन्मसिद्ध अधिकार है, जब तक आप जानबूझकर खराब स्वास्थ्य या बीमारी के लिए इस अधिकार को छोड़ नहीं देते। अपने SMARTER लक्ष्यों के लिए अपना 'WHY' खोजना शुरू कीजिए। आपको अच्छे स्वास्थ्य के लाभ के साथ-साथ खराब स्वास्थ्य के प्रतिकूल प्रभाव भी लिखने चाहिए। GOPTA की मदद से, आपको भोजन से संबंधित 3 सजग चुनाव करने की आदत विकसित करनी चाहिए—क्या खाएँ और क्या न खाएँ (जंक फूड से पौष्टिक आहार की ओर बढ़ें); कितना खाएँ (अत्यधिक मात्रा में खाने से उचित मात्रा में खाने की ओर बढ़ें) और कब खाएँ (खाने की आवृत्ति और समय का सही निर्धारण करें)। ध्यान आपके शरीर, मन और आत्मा, सभी के लिए फायदेमंद है।

22. **निद्रा-शरीर के जीर्णोद्धार का वक्त**—निद्रा-चक्रों को समझें। गहन-निद्रा का चरण निद्रा-चक्र का सबसे महत्त्वपूर्ण हिस्सा है, जिसके दौरान शरीर सबसे अधिक रिचार्ज होता है और आपके शरीर के विभिन्न अंगों की दिन के दौरान हुई थकावट से निजात पाने के लिए एक तरह से मरम्मत हो जाती है। चूँकि गहन निद्रा के चरण की अवधि एक चक्र से दूसरे चक्रों में कम होती चली जाती है, इसलिए वस्तुतः आपके शरीर को पहले 3 या 4 चक्रों की नींद के बाद और निद्रा चक्रों की आवश्यकता नहीं है। आपके मस्तिष्क को तरोताजा रखने के लिए लगभग 20 मिनट या उससे भी कम समय की एक छोटी सी झपकी पर्याप्त है, ताकि आप शेष बचे दिन में ठीक से काम कर सकें। आपके शरीर के लिए सप्ताहांत सिर्फ एक और दिन है। सप्ताहांत पर भी नियमित निद्रा-चक्र को न तोड़ें। 'कृतज्ञता ध्यान' और 'योग निद्रा' का आनंद लें। सही वक्त पर जागने के लिए अपने गुर्दों की मदद लीजिए। व्यायाम और ध्यान आदि करके जाग्रत् अवधि की गुणवत्ता में सुधार कीजिए और ज्यादा आरामदेह तरीकों से काम कीजिए।

23. **जीवन के विभिन्न क्षेत्रों में व्यवस्थापन**—आप वास्तव में मूल्य के लिए भुगतान प्राप्त करते हैं, समय के लिए नहीं। अपना मूल्य बढ़ाने के लिए आपको कुछ और कौशल और गुण सीखने होंगे। अपने व्यक्तिगत लक्ष्यों को संगठनात्मक लक्ष्यों के अधीन रखना सीखें। पेशा व्यक्ति से बड़ा होता है और यदि आप अपने पेशे को नई ऊँचाइयों तक ले जाने का प्रयास करते हैं, तो आपका पेशा आपको ऐसी बुलंदियों पर ले जाएगा, जो आपके लिए अभी कल्पना से भी परे हैं। उत्पादकता में सुधार करने के लिए हमें अपनी कार्यक्षमता (Efficiency) और प्रभावशीलता (Effectiveness) में सुधार करने पर ध्यान केंद्रित करना होगा। बैठकें कम समय में ज्यादा उत्पादकता देनेवाली होनी चाहिए। याद रखें, आपके संगठन के लिए बैठकों की लागत होती है। घर पर परिवार के सदस्यों के सभी महत्त्वपूर्ण दस्तावेजों के लिए अलग-अलग फोल्डर बनाइए। अपने सभी महत्त्वपूर्ण दस्तावेजों की कॉपी स्कैन करके स्वयं को इ-मेल कीजिए। विनम्रतापूर्वक और चतुराईपूर्वक सबसे पहले अवसर पर 'नहीं' कहने की आदत डालें।

24. **समय के हत्यारे तत्त्व**—टी.वी. या इंटरनेट सर्फिंग या सोशल मीडिया आदि के अवांछित उपयोग में समय बरबाद मत कीजिए। अपने कार्यस्थल/स्कूल के लिए यात्रा में लगनेवाले समय का सदुपयोग करना सीखें। समय की बचत करने के लिए प्रौद्योगिकी और इंटरनेट का लाभ उठाएँ। Disturb करनेवाले व्यक्ति को इस तरह देखने की आदत विकसित करें, जैसे कि वह आपकी जेब से रुपए निकालकर फाड़ रहा है। याद रखें, समय आपके जीवन का एक हिस्सा है और आप किसी और को इसका टुकड़ा खाने की इजाजत नहीं दे सकते।

25. **साल में 1000 Productive घंटे कैसे बढ़ाएँ**—एक To-Do List में सभी कार्यों को लिखकर, फिर उन कार्यों का प्राथमिकता निर्धारण करके अपनी उत्पादकता बढ़ाने से और जहाँ भी आवश्यक हो, काम को किसी और को सौंपने (Delegation) से एक घंटा बचाया जा सकता है। प्रभावी समय प्रबंधन की तकनीकों का इस्तेमाल करके; अपनी दैनिक दिनचर्या को सही तरीके से व्यवस्थित करके; टी.वी. देखने/इंटरनेट/फेसबुक/व्हाट्सएप इत्यादि के इस्तेमाल में समय की बेहिसाब और अनचाही बरबादी को रोककर या कम करके एक और घंटा बचाया जा सकता है। एक और घंटा नींद के घंटों में एक घंटे की कमी करके बचाया जा सकता है। नींद में इस कमी की भरपाई दिन के वक्त ज्यादा आरामदेह तरीके से कार्य करके और सोते वक्त कृतज्ञता

ध्यान और योग निद्रा के अभ्यास से होगी। समय बचाकर उसका निवेश अपने शरीर, मन और आत्मा में कीजिए।

26. **प्रतिदिन 3 उत्पादक घंटों का अपनी लक्ष्य-प्राप्ति के लिए सदुपयोग—** यदि आप कुछ सुधारना चाहते हैं, तो आप उस गतिविधि पर ध्यान केंद्रित कीजिए और 5 सालों में आपकी पूरी दुनिया बदल जाएगी। GOPTA का उपयोग करते हुए जीवन के विभिन्न क्षेत्रों में संतुलन बेहतर करने के लिए प्रतिदिन 3 घंटों का सदुपयोग कीजिए। आप पहले से ही हंस हैं; सबकी नजर में आने के लिए एक उज्ज्वल हंस बनने का प्रयास करें।

अगर आपको लगता है कि आपने इस पुस्तक को पढ़कर अपने लाभ के लिए अच्छे से आत्मसात कर लिया है, तो मैं आपको एक चुनौती देता हूँ। यूँ ही किसी भी पृष्ठ को खोलें और बाएँ और दाएँ दोनों पन्नों को एक बार फिर से पढ़ें। आप देखेंगे कि इस बार आप कुछ ऐसा उपयोगी पढ़ रहे हैं, जो पहली बार पढ़ते वक्त नजर से चूक गया था। मेरा मानना है कि अब तक आप स्पष्ट रूप से G.O.P.T.A. की असीम शक्ति को समझ चुके हैं। मैं दृढ़ता से अनुशंसा करता हूँ कि यदि आप इस पुस्तक में दिए गए सिद्धांतों का पूरी तरह से अपनी लक्ष्य-प्राप्ति के लिए दोहन करना चाहते हैं, तो आपको कम-से-कम एक बार फिर से पुस्तक पढ़नी चाहिए।

□

डॉ. संजय कुमार अग्रवाल को जानिए

दुनिया भर में अपने प्रशंसकों और अनुयायियों के बीच 'टाइम एंड गोल गुरु' के नाम से मशहूर, डॉ. संजय कुमार अग्रवाल एक विख्यात लेखक, GOPTA NLP ट्रेनर, ट्रांसफॉरमेशनल लाइफ कोच और कॉरपोरेट ट्रेनर हैं, जिनकी भारी माँग है। उन्हें अमेरिका की कैलिफोर्निया स्थित, यंग साइंटिस्ट यूनिवर्सिटी ने Confederation of International Accreditation Commission की संस्तुति पर Honorary Doctorate of Excellence (Management) से नवाजा है।

वह भारत सरकार के वित्त मंत्रालय में 25 वर्षों से भी अधिक समय तक काम कर चुके हैं। मुंबई के सी.एस.आई. एयरपोर्ट पर, केंद्रीय उत्पाद शुल्क खुफिया महानिदेशालय में वरिष्ठ खुफिया अधिकारी के रूप में काम करते हुए उन्हें जीवन के विभिन्न क्षेत्रों के लोगों से मिलने-जुलने और जीवन में उनकी आकांक्षाओं तथा समस्याओं के अध्ययन का अवसर मिला। उन्होंने पाया कि अधिकांश लोग जीवन में जिन सबसे बड़ी चुनौतियों का सामना करते हैं, उनमें जीवन के विभिन्न क्षेत्रों में संतुलन का अभाव, समय का दुरुपयोग, लक्ष्योन्मुख दूरदर्शिता की कमी, सोने के खराब तौर-तरीके आदि शामिल हैं। इस कारण वर्तमान और भविष्य की पीढ़ी की मानसिकता पर काम करने के लिए उन्होंने भारत सरकार की अपनी बढ़िया नौकरी से वी.आर.एस. ले लिया।

उन्होंने समय के प्रबंधन एवं लक्ष्य प्राप्ति के विषय पर 'साल में 1000 Productive घंटे कैसे बढ़ाएँ' (अंग्रेजी एवं हिंदी में), 'लर्निंग वेड्स अर्निंग्स' (अंग्रेजी एवं हिंदी में) और 'एस.आई.पी. इन लर्निंग' जैसी सर्वाधिक बिकनेवाली पुस्तकें लिखी हैं। आई.सी.एन. डिजिटल मीडिया ग्रुप के सीनियर एसोसिएट एडिटर के रूप में, लेखों की उनकी सीरीज, Excellence with G.O.P.T.A.© पूरी दुनिया में बेहद लोकप्रिय है।

उन्होंने G.O.P.T.A. (जो पहली बार उनकी कॉपीराइटवाली पुस्तक 'How to Add 50000 Productive Hours to Your Life' में सामने आया) की अवधारणा का न्यूरो लिंग्विस्टिक प्रोग्रामिंग (एनएलपी) के साथ GOPTA NLP के ब्रैंड नेम से

संयोजन (Fusion) किया है और वे GOPTA NLP पर कार्यशालाओं का आयोजन करते हैं तथा पूरी दुनिया में GOPTA NLP की फ्रेंचाइजी देते हैं।

GOPTA Success Pvt. Ltd. (जो समय के प्रबंधन, लक्ष्यों की प्राप्ति, प्रभावशाली नेतृत्व, सोने के तौर-तरीकों में सुधार, जीवन के विभिन्न क्षेत्रों में संतुलन बनाने, तनाव प्रबंधन, नेटवर्क निर्माण से पूर्ण न्यूरो लिंग्विस्टिक कार्यक्रम के आयोजन करती है) के चेयरमैन के रूप में, उनका सपना दुनिया भर के लोगों को उनके लक्ष्य की दिशा में तेजी से ले जाना है।

[http://goptasuccess.com/signature-workshops/]

इस वर्ष पूरे भारतवर्ष और दुबई, सिंगापुर, ऑस्ट्रेलिया, मलेशिया, मॉरीशस, यूके, यूएसए, कनाडा और अफ्रीका में जीवन को बदलनेवाली कार्यशालाओं के आयोजन पर जोर है।

इस पुस्तक को उनकी बेहद लोकप्रिय कार्यशालाओं के भागीदारों के विशेष आग्रह पर लिखा गया है। [http://goptasuccess.com/signature-workshops/]

उनके विषय में अधिक जानकारी के लिए, कृपया http://bit.ly/Signature-Workshops-Sanjay-Kumar-Agarwal और tripleyourchances.in/tyc विजिट करें। अपने संगठन में उन्हें आमंत्रित करने के लिए 'टीम, टाइम एंड गोल गुरु' को sanjay@tripleyourchances.in पर लिखें।

वेबसाइट : tripleyourchances.in/tyc

फेसबुक पेज : www.facebook.com/timeandgoalguru

ब्लॉग : www.timeandgoalguru.blogspot.com व www.timeandgoalguru.wordpress.com

लिंकडिन : www.linkedin.com/in/sanjaykumaragarwal

[**नोट :** डॉ. संजय कुमार अग्रवाल पेशेवर चिकित्सक नहीं हैं। उन्होंने यंग साइंटिस्ट यूनिवर्सिटी, कैलिफोर्निया, अमेरिका से Honorary Doctorate of Excellence (Management) प्राप्त किया है।]

'Triple Your Chances'™
Signature workshop for success & growth

[http://tripleyourchances.in/tyc]

यह कार्यशाला वर्तमान और भविष्य की पीढ़ियों की मानसिकता में सकारात्मक बदलाव लाने के उद्देश्य से, 'समय प्रबंधन' और 'लक्ष्य-निर्धारण' और 'लक्ष्य-प्राप्ति' में लेखक को आजीवन शोध का परिणाम है। उनके वर्तमान फोकस क्षेत्र भारत, सिंगापुर, दुबई, ब्रिटेन, ऑस्ट्रेलिया और मॉरीशस हैं। यह कार्यशाला आपको पहचानने में मदद करेगी—

- ✓ जीवन में आपके लक्ष्य क्या हैं,
- ✓ अपनी शक्तियों और कमजोरियों की पहचान कैसे करें,
- ✓ मान्यताओं, व्यवहार, आदतों या समय के उपयोग के पैटर्न के स्तर पर नकारात्मक से सकारात्मकता की ओर कैसे बढ़ें,
- ✓ सकारात्मक सोच की शक्ति का उपयोग कैसे करें,
- ✓ अपने लक्ष्यों को प्राप्त करने के लिए फोकस की शक्ति का दोहन कैसे करें,
- ✓ 2-3 वर्षों की अवधि में क्या कौशल विकसित करने की आवश्यकता है, जो आपको आजीवन मददगार होगा,
- ✓ जीवन के विभिन्न क्षेत्रों में संतुलन कैसे बनाए रखें,
- ✓ अपने मूलभूत लक्ष्यों की उपलब्धि के लिए अपने समय का सबसे अधिक कुशलतापूर्वक उपयोग कैसे करें,
- ✓ टी.वी., इंटरनेट और सोशल मीडिया के अत्यधिक इस्तेमाल से स्वयं को कैसे रोकें,
- ✓ अपने लाभ के लिए सोशल मीडिया का उपयोग कैसे करें,
- ✓ खुशी का सही मतलब क्या है और इसे कैसे खोजना है,
- ✓ सफलता क्या है और इसे कैसे हासिल करना है,
- ✓ अपने लक्ष्यों की प्राप्ति के लिए 'कर्म सिद्धांत' का उपयोग कैसे करें,
- ✓ नकारात्मक आदतों से छुटकारा कैसे पाएँ और सबसे प्रमुख, यह विश्वास विकसित करने के लिए कि आप भी सफल हो सकते हैं।

यदि आप जानना चाहते हैं कि कैसे GOPTA™—'लक्ष्योन्मुख सकारात्मक सोच एवं कार्य' का उपयोग करके प्रतिदिन 3 उत्पादक घंटे प्राप्त कर सकते हैं, (प्रतिवर्ष लगभग 1000 उत्पादक घंटे, यानी अगले 50 वर्षों में 50,000 उत्पादक घंटे), जो आप जीवन के विभिन्न क्षेत्रों में अपने लक्ष्यों को प्राप्त करने और आपके जीवन के विभिन्न क्षेत्रों में संतुलन बनाए रखने में इस्तेमाल कर सकते हैं, तो आप इस कार्यशाला से लाभ ले सकते हैं।

□□□